Wolfgang Niess

Der 9. November

Wolfgang Niess

Der 9. November

Die Deutschen und ihr Schicksalstag

C.H.Beck

Mit 25 Abbildungen

www.chbeck.de
Umschlaggestaltung: Kunst oder Reklame, München
Umschlagabbildungen: Revolution 1918, akg-images;
Putschversuch der NSDAP in München 1923, akg-images;
Reichspogromnacht 1938, akg-images/Hans Asemissen;
Attentat im Münchner Bürgerbräukeller 1939, akg-images/Sammlung Berliner Verlag; Grenzöffnung 1989, Brandenburger Tor, akg-images
Satz: Fotosatz Amann, Memmingen
Druck und Bindung: Druckerei C.H.Beck, Nördlingen
Gedruckt auf säurefreiem, alterungsbeständigem Papier
(hergestellt aus chlorfrei gebleichtem Zellstoff)
Printed in Germany
ISBN 978 3 406 77731 8

myclimate

klimaneutral produziert
www.chbeck.de/nachhaltig

1

Der 9. November – Kein Tag wie andere

«Der 9. November ist der deutsche Schicksalstag.» So begann Bundestagspräsident Wolfgang Schäuble am 9. November 2018 seine Ansprache zur Gedenkveranstaltung des Deutschen Bundestages. «An diesem Datum verdichtet sich unsere jüngere Geschichte in ihrer Ambivalenz, mit ihren Widersprüchen, ihren Gegensätzen. Das Tragische und das Glück, der vergebliche Versuch und das Gelingen, Freude und Schuld: All das gehört zusammen. Untrennbar.»[1]

Mehr als jeder andere Tag des Jahres bewegt der 9. November die Deutschen. Landauf, landab finden Gedenkveranstaltungen statt. Die Medien erinnern regelmäßig an spezifische historische Facetten. Immer wieder wurde das Datum als Nationalfeiertag ins Spiel gebracht. Die Kultusministerkonferenz hat dazu aufgerufen, in jedem Jahr am 9. November einen Projekttag in den Schulen durchzuführen. Die Bundeszentrale und die Landeszentralen für politische Bildung haben Materialien erarbeitet, die helfen sollen, den historischen Gehalt des 9. November in seiner ganzen sachlichen und emotionalen Komplexität zu entschlüsseln und zu verstehen.

Es sind vor allem vier herausragende Ereignisse, die meist mit dem 9. November verbunden werden:

- die Revolution, die am 9. November 1918 die Monarchien in Deutschland beseitigte und zur Gründung der ersten deutschen Republik führte («Ausrufung der Republik»)
- der Hitler-Putsch von 1923
- die Novemberpogrome des Jahres 1938, mit denen die öffentliche Gewalt gegen die deutschen Juden eine neue Eskalationsstufe erreichte
- der Fall der Berliner Mauer am 9. November 1989.

In allen Fällen weist die Datierung eine gewisse Unschärfe auf. Die Novemberrevolution nahm bereits einige Tage zuvor in Kiel ihren Anfang, aber mit dem Sieg und der Ausrufung der Republik in Berlin wurde der 9. November zum Symboltag der demokratischen Umwälzung. Hitlers Putsch in München begann am 8. November und scheiterte am folgenden Tag. Die reichsweiten Novemberpogrome wurden am späten Abend des 9. November initiiert und hatten ihren Schwerpunkt am 10. November. Zum Sturz der Berliner Mauer kam es am 9. November kurz vor Mitternacht, gefeiert wurde in den Nacht- und Morgenstunden des 10. November. Es ist deshalb nicht nur sinnvoll, sondern auch legitim, ein fünftes Ereignis hinzuzufügen, das oft deshalb nicht berücksichtigt wird, weil es – wie Hitlers Putschversuch – am 8. November stattfand:

- das gescheiterte Attentat von Georg Elser auf Adolf Hitler im Jahr 1939.

Auch dieses Attentat gehört sachlich und terminlich in den Kontext des 9. November.

Ethisch wie emotional markieren 1938 und 1989 die Spannweite. Der 9. November 1938 steht «für den unvergleichlichen Bruch der Zivilisation, für den Absturz Deutschlands in die Barbarei»,[2] so Bundespräsident Frank-Walter Steinmeier bei der erwähnten Gedenkveranstaltung, der 9. November 1989 gilt als «der glücklichste Tag der Deutschen».[3] Vor allem die extreme Spannung zwischen tiefster Scham und Schuld einerseits und größter Freude andererseits hat 1990 verhindert, dass der 9. November zum Nationalfeiertag des vereinten Deutschland wurde. Für viele war es unvorstellbar, beides an einem Tag zusammenzubringen.

Die Gedenkstunde des Deutschen Bundestages am 9. November 2018 kann vor diesem Hintergrund gar nicht genügend gewürdigt werden. Erstmals in der deutschen Geschichte hat die politische Elite des Landes den Versuch unternommen, den 9. November in seiner ganzen Bandbreite in den Blick zu nehmen – mit großem Ernst und Nachdenklichkeit, mit Sensibilität und aufrichtigem Bekenntnis zur Verantwortung für die Gräueltaten der Nazizeit, mit Freude und Dankbarkeit. Der Versuch ist mehr als gelungen, die Veranstaltung wurde eine Sternstunde des Parlaments und der deutschen Demokratie.

1918 – 1923 – 1938 – 1989 – und immer der 9. November. Das begründet den ganz besonderen Ruf des 9. November als «Schicksalstag» der Deutschen. Der *Völkische Beobachter* hat den Begriff allerdings schon 1927 benutzt, die *Süddeutsche Zeitung* erstmals 1946, auch Historiker haben ihn bisweilen verwendet, um auf die besondere Bedeutung des Datums hinzuweisen. Aber erst der Fall der Mauer hat ihm den entscheidenden Auftrieb gegeben, so dass heute in Medien, Politik und politischer Bildung fast flächendeckend vom «Schicksalstag» gesprochen wird. Die Bundeszentrale für politische Bildung verwendet den Begriff als Titel für Bücher und Materialien, das ZDF und n-tv als Sendungstitel, die Deutsche Welle in ihrem Internetauftritt. Kaum eine Zeitung oder ein Magazin, das auf den «Schicksalstag» verzichtet, wenn vom 9. November in der deutschen Geschichte die Rede ist.

Die griffige Formulierung soll vordergründig vor allem die herausragende Bedeutung des 9. November unterstreichen. Zugleich aber lädt sie das Datum mit mystischer Bedeutung auf, indem sie das «Schicksal» als über menschlichem Handeln stehende Kategorie ins Spiel bringt. Am 9. November scheinen geheimnisvolle Mächte im Hintergrund zu wirken. Vor solchem Denken sollten wir uns hüten – ganz besonders im Hinblick auf den 9. November. Wo die Metaphysik ins Spiel kommt, hören die Fragen auf. Zusammenhänge und Hintergründe verschwinden im mystischen Nebel. Das trübt den Blick und behindert Aufklärung.

Es ist bemerkenswert, wie häufig die genannten Ereignisse nebeneinander abgehandelt werden, ohne mögliche Zusammenhänge näher zu untersuchen. Gelegentlich wird auf der metaphysischen Ebene nach Verbindendem gesucht: «Am neunten November tritt die ideologische Leidenschaft in einen Wettbewerb mit der kühl organisierenden und vorausblickenden Vernunft – und die Affekte gewinnen.»[4] Mitunter werden die vier Novemberdaten der Jahre 1918, 1923, 1938 und 1989 ergänzt um andere, wenig bedeutsame Ereignisse in anderen Jahren. Zu welchen Erkenntnissen es allerdings führen könnte, den Tod des RAF-Terroristen Holger Meins 1974 in die Reihe der Novemberdaten aufzunehmen,[5] erschließt sich beim besten Willen nicht. Anekdotisches Aneinanderreihen ersetzt nicht Geschichtsschreibung. 2017 erschien gar ein Taschenbuch mit dem Titel *9. November – Schicksalstag der Deutschen. Heiteres und Besinnliches einer am 9. November Geborenen.*

Der 9. November taugt nicht als Perlenschnur, an der entlang einzelne Geschichten erzählt werden, er eignet sich auch nicht, um metaphysische Spekulationen anzustellen. Es ging und geht am 9. November seit 1918 um konkrete und handfeste Politik, auch um Geschichtspolitik.

Vier meiner fünf Novemberdaten sind eng aufeinander bezogen. Der Putschversuch von 1923 war Hitlers Reaktion auf die Novemberrevolution und die Ausrufung der Republik am 9. November 1918, die für ihn ein traumatisches und lebensprägendes Ereignis waren. Die Novemberpogrome 1938 konnten in dieser Form nur im Kontext der jährlichen Münchner NSDAP-Feierlichkeiten für die «Gefallenen der Bewegung» am 8./9. November initiiert werden. Auch das Attentat Georg Elsers 1939 war an keinem anderen Tag des Jahres denkbar. Es war nur möglich im Rahmen des jährlich am 8. November mit großer Zuverlässigkeit stattfindenden Auftritts Hitlers im Münchner Bürgerbräukeller bei den «Alten Kämpfern». Diese Zusammenhänge erschließen sich aber nur dann vollständig, wenn man nicht nur die vier «Großereignisse» betrachtet, sondern auch den Umgang mit dem 9. November als geschichtspolitisch hoch aufgeladenem Symbol.

Der 9. November hat – beginnend mit dem Jahr 1918 – eine eigene Geschichte, die zu erzählen ist. Er ist genau seit diesem Zeitpunkt ein ganz besonderer Tag der deutschen Geschichte. Deshalb beginnt meine Geschichte des 9. November nicht im Jahr 1848, als in Wien der Revolutionär und Paulskirchenabgeordnete Robert Blum von den Kräften der Gegenrevolution standrechtlich erschossen wurde. Sachlich gehört diese Hinrichtung durchaus in meinen Kontext, aber sie hat dem 9. November als Datum noch keine eigene historische Bedeutung gegeben. Erst mit dem Sieg der Novemberrevolution beginnt das Ringen um den 9. November als historisches Symbol. Es war bis 1945 Teil des erbitterten Kampfs zwischen Demokraten und den Feinden der Demokratie. In der Zeit der deutschen Teilung wurde der 9. November benutzt, um nicht demokratisch legitimierte Herrschaft ideologisch zu stützen. In der alten Bundesrepublik geriet der 9. November als Symbol der Demokratie fast völlig in Vergessenheit und wurde in erster Linie zum Symbol der abscheulichen Verbrechen an den deutschen Juden und der Shoah. Die «Friedliche Revolution», die 1989 zum Sturz der Mauer führte, brachte den Durchbruch der Demokratie auch in der DDR und erweiterte den Blick auf den

9. November um wichtige Aspekte. In der Gegenwart zeigt sich im Gedenken und in den Debatten um den 9. November wie im Brennglas das jeweilige historisch-politische Selbstverständnis der Bundesrepublik, insbesondere ihr Umgang mit der nationalsozialistischen Vergangenheit, aber auch mit ihrer Demokratiegeschichte.

In dieser Hinsicht markiert der 9. November 2018 einen Wendepunkt. Erstmals hat in der Gedenkstunde des Bundestages ein deutsches Staatsoberhaupt ausführlich den 9. November 1918 als «Meilenstein der deutschen Demokratiegeschichte» gewürdigt – ohne den 9. November 1938 zu vernachlässigen. Beides gehört zusammen, alle Facetten des 9. November gehören zusammen und machen wesentliche Elemente der deutschen Geschichte aus.

Folgen wir also der Spur des 9. November durch das 20. Jahrhundert bis in die Gegenwart – und starten wir da, wo alles begann, am 9. November 1918 …

2

«Es lebe die deutsche Republik» – Die Novemberrevolution 1918

Der 9. November 1918 war ein Samstag, ein normaler Arbeitstag in den Berliner Betrieben.[1] Es war ein typischer Novembertag: neun Grad, trüb, in der Frühe regnete es. Wie an jedem anderen Werktag machten sich die Arbeiter auf den Weg in die Fabriken. Am Morgen schien noch alles wie gewohnt – aber es lag etwas in der Luft. Seit drei, vier Tagen hatte sich eine flirrende Anspannung über die Stadt gelegt. Nachrichten von der Küste waren durchgesickert. Matrosen der Hochseeflotte hätten sich geweigert, zu einem letzten Gefecht in einem erkennbar verlorenen Krieg auszulaufen. In Kiel und anderen Städten an der Küste sei es zu Aufständen gekommen. Bremen, Hamburg und Kiel seien in den Händen von Arbeiter- und Soldatenräten, hatte der *Vorwärts*, das Zentralorgan der Sozialdemokratischen Partei Deutschlands (SPD), am Vortag berichtet, allerdings erst auf Seite drei.[2] In München sei sogar der König abgesetzt worden und Bayern jetzt Freistaat und Republik, hieß es. Aber sicher konnten die einfachen Arbeiter sich nicht sein, die am 9. November auf dem Weg in die Fabriken waren. Die Reichshauptstadt war inzwischen von allen Verbindungen zur Außenwelt abgeschnitten. Der Zugverkehr von und nach Berlin war auf Anordnung des militärischen Oberbefehlshabers eingestellt worden. Versammlungen waren verboten. Über die Stadt war der Belagerungszustand verhängt, es herrschte Pressezensur.

Immer mehr Truppen sah man nun in der Stadt. Beunruhigend war auch, dass der Oberkommandierende in den Marken – so der offizielle Titel des Militärbefehlshabers – allen auf Urlaub in Berlin befindlichen Offizieren befohlen hatte, sich «feldmarschmäßig ausgerüstet» am 8. November, mittags 12 Uhr auf der Kommandantur am Schinkelplatz zu melden. Am Abend des 8. November waren am Halleschen Tor schwer bewaffnete Infanterieeinheiten, Maschinengewehr-Kompanien und leichte Feldartillerie gesehen worden, die in schier endlosen

Kolonnen vorbeizogen. Es braute sich etwas zusammen in der Hauptstadt.

Es waren ausgemergelte Männer und dürre Frauen mit fahlen Gesichtern, die sich am Morgen des 9. November auf den Weg in die Fabriken machten. Schon seit zwei, drei Jahren gab es nicht mehr genügend zu essen, und was es gab, hätte man in Friedenszeiten wohl nur an Schweine verfüttert. Die Grippe grassierte und forderte auch in Berlin viele Menschenleben. Das alles war vollends unerträglich geworden, seit die Heeresleitung erklärt hatte, man müsse einen Waffenstillstand schließen. Der Krieg war verloren, warum jetzt noch weiterkämpfen, leiden und hungern? Jetzt musste mit alledem Schluss sein. Vor allem mit dem Krieg. Sofort!

Seit einigen Wochen hatte sich diese explosive Stimmung immer mehr aufgebaut, in den letzten Tagen spürte man, dass ein kleiner Funke genügte. Nachdem es am 8. November zu Verhaftungen gekommen war, beschloss der Vollzugsausschuss des Arbeiter- und Soldatenrates Berlin, für den 9. November zum Generalstreik und zu Massendemonstrationen aufzurufen. Der Arbeiter- und Soldatenrat war die illegale Organisation der Berliner Arbeiter, in der sich auch Vertreter sozialistischer Parteien und Gruppen zusammengefunden hatten. Ein Gremium, in dem man sich beriet und abstimmte, aber keine Revolutionszentrale. Noch in der Nacht entstanden zwei Flugblätter, die am frühen Morgen verteilt wurden, aber nur in kleiner Auflage und in wenigen Betrieben. Im einen, unterzeichnet vom Vollzugsausschuss des Arbeiter- und Soldatenrates, hieß es: «Arbeiter, Soldaten, Genossen! Die Entscheidungsstunde ist da! ... Wir fordern nicht Abdankung einer Person, sondern Republik! Die sozialistische Republik mit allen ihren Konsequenzen. Auf zum Kampf für Friede, Freiheit und Brot. Heraus aus den Betrieben. Heraus aus den Kasernen! Reicht Euch die Hände. Es lebe die sozialistische Republik.»[3] Das andere stammte von der Spartakusgruppe, entschiedenen sozialistischen Kriegsgegnern um Karl Liebknecht. Ihr Flugblatt forderte die Beseitigung der Dynastien, die Wahl von Arbeiter- und Soldatenräten, die Übernahme der Regierung durch deren Beauftragte sowie die sofortige Verbindung mit der russischen Arbeiterrepublik. Es endete mit einem «Hoch auf die sozialistische Republik!»[4] Die Spartakusgruppe war zwar im Vollzugsausschuss des Arbeiter- und Soldatenrates vertreten, aber sie betrieb Propaganda für ihre eigenen Ziele. Nicht nur am 9. November.

In der Morgenausgabe des *Vorwärts*, den in diesen Tagen fast jeder Berliner Arbeiter zu lesen versuchte, erschien am 9. November ein Aufruf des Parteivorstands und der Reichstagsfraktion der SPD vom Vorabend. Darin wurden die Arbeiter vor «Unbesonnenheiten» gewarnt. Die SPD-Spitze habe am 7. November ultimativ eine Reihe von Forderungen erhoben, die zum Teil bereits erfüllt worden seien. Noch nicht erledigt sei die «Kaiserfrage», man erwarte aber den Rücktritt des Monarchen unmittelbar nach dem Abschluss des Waffenstillstands und habe das Ultimatum bis zu diesem Zeitpunkt verlängert. Die Arbeiter wurden aufgefordert, einige wenige Stunden Geduld aufzubringen und mit allen Aktionen abzuwarten. «Eure Kraft und Eure Entschlossenheit verträgt diesen Aufschub.»[5]

Philipp Scheidemann, seit 1917 neben Friedrich Ebert einer der beiden SPD-Vorsitzenden, war unsicher, ob das an diesem Morgen tatsächlich noch galt. Scheidemann hatte eine ausgezeichnete Nase für Stimmungen, er spürte, was angesagt und notwendig war. Seit Anfang Oktober 1918 war Philipp Scheidemann als Staatssekretär (in unserem heutigen Sprachgebrauch: Minister) Mitglied der Reichsregierung, und wusste, dass inzwischen von Kiel bis München die Stimmung eindeutig war: «Fort mit dem Kaiser!»

Am frühen Morgen des 9. November, noch vor sieben Uhr, rief Scheidemann zum wiederholten Mal drängend in der Reichskanzlei an und erklärte, die Abdankung Wilhelms II. sei überfällig. Wenn der Kaiser nicht sofort zurücktrete, dann wisse er nicht, wie er und die anderen Männer der SPD-Spitze die Leute noch davon abhalten könnten, auf die Straße zu gehen. Scheidemann kündigte an, sein Amt als Staatssekretär niederzulegen, wenn der Kaiser in einer Stunde nicht zurückgetreten sei. Auch Reichskanzler Prinz Max von Baden saß wie auf Kohlen, aber er hatte keine Neuigkeiten aus dem Großen Hauptquartier im belgischen Spa, wohin sich der Kaiser einige Tage zuvor zurückgezogen hatte.

Prinz Max hatte erst am 3. Oktober das Amt des Reichskanzlers und das des Preußischen Ministerpräsidenten übernommen. Er galt als liberal und sollte vor allem im Ausland, besonders bei den Kriegsgegnern, den Eindruck erwecken, es habe sich etwas geändert im preußischmilitaristischen Deutschland. Aus diesem Grund hatte er auch die Aufgabe, Sozialdemokraten und bürgerliche Demokraten mit in die Regierung einzubeziehen. Seine erste gewichtige Amtshandlung war es, bei den Gegnern um Waffenstillstand zu ersuchen. Der großherzogliche Prinz aus dem Südwesten hatte die undankbare Aufgabe nur übernommen, weil er mit dem Kaiser verwandtschaftlich verbunden war und dieser ihm seine Unterstützung zugesagt hatte. Doch als ihm der Druck in Berlin zu groß wurde, hatte sich Wilhelm II. zu seinen Generälen nach Spa abgesetzt. Max hatte schon seit Tagen keinen Zugang mehr zum Kaiser und fühlte sich zugleich vollständig abhängig von ihm.

Am Morgen des 9. November war der Oberbefehlshaber in den Marken noch sehr zuversichtlich, dass in der Reichshauptstadt eine Revolution verhindert oder sofort niedergeschlagen werden könnte. Generaloberst Alexander von Linsingen wusste zwar, dass inzwischen in vielen Städten des Deutschen Reiches Arbeiter- und Soldatenräte die Macht übernommen hatten, aber er war der festen Überzeugung, dass noch nichts verloren sei, solange Berlin gehalten werden konnte. Er hatte die Bildung von Räten ausdrücklich verboten und vorsorglich in den vergangenen Tagen als besonders kaisertreu geltende Truppenteile zur Verstärkung in die Stadt geholt. Mehrere Tausend Soldaten, darunter die Garde und die Naumburger Jäger, sicherten im Zentrum das Regierungsviertel und wichtige strategische Punkte. Sie waren mit Maschinengewehren ausgerüstet, mit Artillerie und Panzerkraftwagen. Auch Flugzeuge mit Bomben standen bereit. Der Oberbefehlshaber war auf alles vorbereitet. Am Abend des 7. November hatte er dem Kanzler versichert, er könne Berlin «unter allen Umständen» halten. «Er würde allerdings unter Umständen scharf zufassen, auch Artillerie verwenden müssen.» Der Kanzler war einverstanden. «Beschränkungen wurden ihm von mir in keiner Weise auferlegt», erklärte Max von Baden später lapidar in seinen Erinnerungen.[6]

Gegen acht Uhr begann in den ersten Betrieben der Generalstreik. Arbeiter machten sich in Demonstrationszügen auf den Weg in die Innenstadt. Ernste Entschlossenheit prägte diese Demonstrationszüge. Fröhliche Gesichter sah man am Morgen des 9. November nicht. Keiner der Demonstranten wusste, ob er den Abend dieses Tages erleben würde. Sie machten sich dennoch auf den Weg, weil jetzt endlich Schluss sein musste, koste es, was es wolle.

Um 9 Uhr trat in der Reichskanzlei das Regierungskabinett zusammen, nahm den Rücktritt Scheidemanns zur Kenntnis und vertagte sich auf 12 Uhr. Vom Kaiser gab es nichts Neues. Der Austritt der Sozialdemokraten aus der Regierung des Prinzen Max war eine Wende in buchstäblich letzter Minute. Nur so konnte die SPD vermeiden, in den Strudel des untergehenden Kaiserreichs gezogen zu werden, und es gelang ihr mit dieser Volte sogar, zu einem entscheidenden Faktor der Revolution zu werden.

Am Morgen des 9. November tagten im völlig überfüllten SPD-Fraktionszimmer des Reichstages die Mitglieder des Partei- und des Fraktionsvorstands gemeinsam mit den Berliner Betriebsvertrauensleuten der Partei. Die einlaufenden Nachrichten und Berichte widersprachen sich zum Teil erheblich, aber sie ließen doch keinen Zweifel mehr zu: Die Arbeiter marschierten. Die SPD musste handeln, wenn sie den Kontakt zur Berliner Arbeiterschaft nicht verlieren wollte. Der SPD-Reichstagsabgeordnete Otto Wels eröffnete die Sitzung mit klaren Worten: «Die Würfel sind gefallen! Geredet wird nicht mehr! Heraus aus den Betrieben, auf die Straßen.» Wels verkündete den versammelten Betriebsvertrauensleuten auch die Parole, mit der sich die SPD äußerst erfolgreich zurück ins Spiel brachte: «Von heute ab gibt es keinen Streit mehr in der Arbeiterschaft, heute kämpfen wir den Entscheidungskampf unter dem alten gemeinsamen Banner.» Die im Krieg erfolgte Abspaltung der Unabhängigen Sozialdemokratischen Partei (USPD) von der SPD sollte von nun an ganz in den Hintergrund treten. «Heute mischt sich vielleicht unser Blut mit dem unserer Arbeiterbrüder im gemeinsamen Kampf. Komme, was kommen mag, jetzt heißt es vorwärts, durch Kampf zum Sieg.»[7] Die Sitzung dauerte nur wenige Minuten, dann machten sich die Vertrauensleute auf den Weg zu ihren Kollegen, die zum Teil schon auf dem Marsch in die Berliner Innenstadt waren.

Inzwischen war es zehn Uhr geworden, und es waren bereits Hunderttausende unterwegs. Auch Frauen waren dabei – zum Teil mit Kindern. Die spärlich vorhandenen Waffen wurden in den hinteren Reihen der Demonstrationszüge getragen. Die Demonstranten suchten keine Konfrontation, und doch schien sie unvermeidlich. Truppe und Polizei hatten den Befehl, von der Schusswaffe Gebrauch zu machen. Zeitweise lag eine fast nicht zu ertragende Spannung über der Hauptstadt.

Was sich im November 1918 Bahn brach, war zunächst vor allem eine gewaltige Sehnsucht nach Frieden. Mehr als vier Jahre dauerte inzwischen der Erste Weltkrieg. Er hatte Millionen Soldaten das Leben gekostet, und auch in der Heimat herrschten Hunger und Not. Dazu kam ab Juni die Spanische Grippe, der im Lauf weniger Monate Zehntausende zum Opfer fielen. Im Sommer 1918 scheiterte die letzte Offensive an der Westfront. Seit dem Kriegseintritt der USA griffen immer mehr frische amerikanische Truppen in die Kämpfe ein. Jeden Monat kamen 250 000 Mann zusätzlich an die Front. Die Oberste Heeresleitung (OHL), der im Laufe des Krieges diktatorische Macht zugewachsen war – mit Generalfeldmarschall Paul von Hindenburg als symbolischer Spitze und Generalleutnant Erich Ludendorff als strategischem Kopf –, befürchtete, dass ein Durchbruch unmittelbar bevorstehe.

Als am 25. September Bulgarien um Waffenstillstand ersuchte, war der Weg nach Mitteleuropa für die alliierten Truppen frei und die Verbindung mit der verbündeten Türkei blockiert. Damit war in Ludendorffs Augen die Entscheidung gefallen. Plötzlich und sehr vehement verlangte deshalb die OHL Ende September, so schnell wie möglich einen Waffenstillstand zu erreichen. Aber nicht nur das. Weil US-Präsident Woodrow Wilson angekündigt hatte, er werde einen Verständigungsfrieden keinesfalls mit den bisherigen Machthabern schließen, sollten nach dem Willen der OHL auch die sogenannten Mehrheitsparteien im Reichstag an der Regierung beteiligt und die Reichsverfassung geändert werden.

Alles musste jetzt blitzschnell gehen. Schon am 3. Oktober wurde Prinz Max von Baden Kanzler einer neuen Regierung, in die auch Sozialdemokraten, Linksliberale und die Zentrumspolitiker eintraten. Unmittelbar nach ihrem Zustandekommen bat die neue Regierung den amerikanischen Präsidenten darum, einen Waffenstillstand herbeizuführen. Mit unvorstellbarer Geschwindigkeit wurde dann eine Verfassungsreform durchgepeitscht, und bereits Ende Oktober war das Deutsche Reich de jure eine parlamentarische Monarchie.

Für die deutsche Öffentlichkeit kam all das völlig überraschend. Hatte man nicht Russland im Frühjahr einen Siegfrieden aufgezwungen? Warum sollte das nicht auch im Westen möglich sein? Die deutschen Truppen standen doch weit in Frankreich. Die meisten Deutschen verstanden nicht, was da geschah. Das nationale Lager war fassungslos. Die einfachen Soldaten und Arbeiter dagegen hofften vor allem, dass jetzt Leiden und Sterben möglichst schnell ein Ende haben würden.

Doch daraus wurde nichts. Die hektischen Aktivitäten der deutschen Politik überzeugten die amerikanische Regierung nicht. Sie wollte genau wissen, ob das deutsche Volk nun tatsächlich die Macht hatte, sein Schicksal selbst zu bestimmen. Diplomatische Noten wurden ausgetauscht, die Amerikaner forderten Garantien. Das ging den deutschen Militärs dann doch zu weit. Am 24. Oktober vollzogen sie eine Kehrtwende. Die Heeresleitung ordnete an, den militärischen Kampf mit aller Kraft wieder aufzunehmen, und die Seekriegsleitung befahl der Flotte, sich für eine große Schlacht gegen die Royal Navy bereit zu machen. Es war ein Geheimbefehl, den auch der Reichskanzler nicht kannte, man kann es auch eine Meuterei der Admirale gegen die neue Regierung nennen. Die Flotte wurde vor Wilhelmshaven zusammengezogen, am 30. Oktober sollte sie in Richtung Themsemündung auslaufen.

Offiziell sollte es auf Übungsfahrt in die Nordsee gehen, aber auf den Schiffen sickerte durch, was die Flottenleitung tatsächlich plante. Matrosen durchschauten, dass damit alle Bemühungen um den scheinbar so nahen Waffenstillstand hintertrieben werden sollten. In der Nacht vor dem Auslaufen kam es auf einigen Schiffen zur offenen Meuterei. Zeitweise lagen sich Schiffe der Flotte mit gefechtsbereiten Geschützen und Torpedorohren drohend gegenüber. Dann gaben die Meuterer auf. Der Flottenchef ließ sie festnehmen und an Land in Arrest bringen. Weil er sich der Besatzungen nicht mehr sicher war, blies er jedoch das Flottenunternehmen ab und schickte die Schiffe wieder zu ihren Standorten zurück.

Das dritte Geschwader machte sich durch den Nord-Ostsee-Kanal auf den Rückweg nach Kiel. Weil dessen Kommandeur den Eindruck hatte, wieder Herr der Lage zu sein, ließ er während der Durchfahrt weitere 49 Matrosen festnehmen, die er für Rädelsführer hielt. Sie wurden in Kiel inhaftiert, alle anderen erhielten Landurlaub. Aber den Matrosen stand der Sinn nicht nach Vergnügen, ihnen lag vor allem daran, ihre verhafteten Kameraden frei zu bekommen. Verhandlungen scheiterten, es kam zu Demonstrationen. Arbeiter schlossen sich an, die Meuterei wurde zum Aufstand, und der breitete sich mit atemberaubender Geschwindigkeit aus. In Kiel übernahmen die Revolutionäre am 4. November die Macht, in Lübeck und Brunsbüttel am 5. November. Hamburg, Bremen und Wilhelmshaven folgten am 6., Hannover, Oldenburg, Braunschweig, Köln und München am 7. November. Dann Leipzig und die meisten großen Städte Westdeutschlands. Innerhalb weniger Tage erfasste die revolutionäre Bewegung das ganze Land. Berlin allerdings war am Morgen des 9. November noch in der Hand des alten Regimes.

Nicht nur die militärische Führung, auch der Kaiser hatte viel zur revolutionären Stimmung beigetragen, weil er nicht bereit war, persönliche Konsequenzen aus der offenkundigen Niederlage zu ziehen. Immer stärker setzte sich im Oktober die Auffassung durch, mit dem Kaiser an der Spitze werde es keinen schnellen Waffenstillstand geben, Wilhelm II. müsse zurücktreten. Selbst in monarchistischen Kreisen forderte man die Abdankung des Kaisers, um eine Revolution zu vermeiden. Russland war warnendes Beispiel.

Die Entwicklung in Russland sah aber auch die übergroße Mehrheit der sozialistischen Arbeiterbewegung in Deutschland nicht als Hoffnung, sondern als Bedrohung. Die deutsche Sozialdemokratie hatte sich in den Kriegsjahren über die Frage, ob die Reichstagsfraktion der SPD Kriegskredite bewilligen sollte, nicht nur zerstritten, sondern gespalten. Nach heftigen internen Zerwürfnissen und verbunden mit tiefgreifenden persönlichen Verletzungen, waren die Gegner einer Bewilligung aus der SPD-Fraktion gedrängt worden und hatten schließlich im April 1917 eine eigene Partei gegründet, die Unabhängige Sozialdemokratische Partei Deutschlands. Die russische Februarrevolution von 1917 sahen sowohl SPD als auch USPD positiv, denn sie zeigte: Eine Revolution war möglich, selbst im rückständig-reaktionären Russland! Den Staatsstreich der Bolschewiki im November 1917 – nach dem russischen Kalender als *Oktoberrevolution* bezeichnet – beobachteten beide Parteien aber mehrheitlich mit Skepsis. Als Lenin dann im Januar 1918 die Duma rigoros beiseiteschob, weil die Parlamentswahlen nicht das Ergebnis erbracht hatten, das er sich gewünscht hatte, war das Urteil in der SPD klar: Dies konnte und durfte nicht die Strategie deutscher Sozialdemokraten sein. Für sie konnte der Weg zum Sozialismus nur ein demokratischer sein. Das sah die Mehrheit in der USPD genauso.

Allerdings gab es in der USPD auch Gruppen, die vom entschiedenen Vorgehen der Bolschewiki fasziniert waren. Zu ihnen gehörten der Spartakusbund um Karl Liebknecht und Rosa Luxemburg und die Gruppe der Revolutionären Obleute. Bei den Obleuten handelte es sich um Betriebsvertrauensleute, die sich im Verlauf des Krieges vor allem in der Berliner Metall- und Rüstungsindustrie zusammengefunden hatten. Sie hatten bereits 1917 begonnen, erste Streiks zu organisieren, und registrierten im Herbst 1918 sehr genau die zunehmend revolutionäre Stimmung in den Betrieben. Es war vor allem ihrer Verankerung in der Berliner Arbeiterschaft zu verdanken, dass sich am 9. November 1918 schier endlose Züge auf den Weg in die Innenstadt machten. Die Hauptstadt erlebte die größte Massendemonstration ihrer Geschichte.

Unter dem Eindruck dieser gewaltigen Massen löste sich dann recht schnell die Anspannung. Es zeigte sich, dass die allermeisten Soldaten nicht bereit waren, auf Demonstranten zu schießen. Immer mehr Truppenteile verbrüderten sich mit den marschierenden Arbeitern, verteilten Waffen, verweigerten ihren Offizieren den Gehorsam, wählten Soldatenräte und schlossen sich der Revolutionsbewegung an. Selbst die Naumburger Jäger gingen zu den Aufständischen über.

An der Kaserne der Garde-Füsiliere in der Chausseestraße fielen allerdings noch am Vormittag tödliche Schüsse. Als sich ein Demonstrationszug der Kaserne näherte, wurde er von den Soldaten jubelnd begrüßt. Sie riefen den Demonstranten zu, sie seien von ihren Wachmannschaften eingesperrt worden und würden daran gehindert, die Kaserne zu verlassen. Man solle sie befreien, sie wollten sich anschließen. Die demonstrierenden Arbeiter und Soldaten ließen sich nicht zweimal bitten. Sie brachen die Türen der Kaserne auf und stürmten hinein. Ein Offizier erschoss drei der eindringenden Demonstranten gezielt aus der Menge heraus. Der 26-jährige Erich Habersaath, Metallarbeiter und führender Kopf der sozialistischen Jugendbewegung, der Monteur Franz Schwengler und der Gastwirt Richard Glatte waren die ersten Toten des 9. November. Am Ende des Tages waren es 15, fast ausschließlich Demonstranten, die von Offizieren erschossen worden waren.

Gegen elf Uhr hörte der Reichskanzler aus dem Großen Hauptquartier, dass Wilhelm II. sich entschieden habe abzudanken, der Text der Abdankungserklärung folge in einer halben Stunde. Der Kanzler wartete vergeblich. Um einer Absetzung des Kaisers durch die Revolutionäre zuvorzukommen, gab er dann kurz vor Mittag eine Erklärung an das

Übergabe der Berliner Garde-Ulanen-Kaserne an die Mitglieder des Arbeiter- und Soldatenrates am 9. November 1918. Fast überall weigerten sich Soldaten, auf Demonstranten zu schießen.

Wolffsche Telegraphenbüro, die wichtigste Berliner Presseagentur: «Der Kaiser und König hat sich entschlossen dem Throne zu entsagen», hieß es da. Friedrich Ebert solle Reichskanzler werden, und es sollten Wahlen für eine Verfassunggebende Nationalversammlung ausgeschrieben werden, die dann über die künftige Staatsform entscheiden solle.[8]

Praktisch zeitgleich erschien eine Extraausgabe des *Vorwärts* mit der übergroßen Schlagzeile «Generalstreik!» Im Text hieß es: «Der Arbeiter- und Soldatenrat von Berlin hat den Generalstreik beschlossen. Alle Betriebe stehen still. Die notwendige Versorgung der Bevölkerung wird aufrechterhalten. Ein großer Teil der Garnison hat sich in geschlossenen Truppenkörpern mit Maschinengewehren dem Arbeiter- und Soldatenrat zur Verfügung gestellt. Die Bewegung wird gemeinschaftlich geleitet von der Sozialdemokratischen Partei Deutschlands und der Unabhängigen Sozialdemokratischen Partei Deutschlands. Arbeiter, Soldaten, sorgt für Aufrechterhaltung der Ruhe und Ordnung. Es lebe die soziale Republik!»[9]

Als der Text in Druck ging, war das reines Wunschdenken der SPD-Spitze. Von einer Leitung der Bewegung durch die SPD konnte keine Rede sein, sie hatte keinerlei Einfluss auf das Zustandekommen des Generalstreiks, und auch die USPD konnte nicht im Ernst für sich in Anspruch nehmen, diese gewaltige Massenerhebung zu «leiten». Die Arbeiter und Soldaten wollten ein sofortiges Ende des verlorenen und sinnlosen Krieges, und sie waren bereit, alles beiseite zu schaffen, was der Verwirklichung dieser Forderung im Weg stand. Die Revolutionsbewegung war am 9. November vor allem eine radikale Friedensbewegung. Frieden – jetzt! Es gab kein einheitliches politisches Gesamtprogramm, die Bewegung war spontan und vielfältig, und sie hatte viele lokale und regionale Zentren.

Um die Mittagszeit waren Regierungsgebäude und Ämter besetzt, Arbeiter und Soldaten entwaffneten Offiziere, entfernten Kokarden und Schulterstücke der kaiserlichen Armee von den Uniformen, bildeten Soldatenräte. Ähnlich problemlos verlief es im Kriegsministerium. Das Polizeipräsidium am Alexanderplatz war dagegen wie eine Festung hergerichtet worden: Auf den Treppen, in den Gängen und an den Fenstern hatte man Maschinengewehre in Stellung gebracht. Im Lichthof standen kriegsmäßig ausgerüstete Schutzleute, eine Jägerkompanie und eine Infanterie-Abteilung. Aber auch diese Trutzburg wurde eingenommen. Es wurden Hunderte von politischen Gefangenen befreit. Am frühen Nachmittag war die ganze Innenstadt mit dem Regierungsviertel, dem Gelände um den Reichstag und das Schloss von demonstrierenden Arbeitern und Soldaten besetzt. Vom Reichstag, vom Brandenburger Tor und vom Roten Rathaus wehten rote Fahnen. Es gab nun keinen Zweifel mehr am vollständigen Sieg der Revolution. Berlin – und damit letztlich das Deutsche Reich insgesamt – war in den Händen der Revolutionsbewegung.

Im Reichstagsgebäude ging es schon seit den Morgenstunden zu wie in einem großen Heerlager, hielt der SPD-Fraktionsvorsitzende Philipp Scheidemann später in seinen Erinnerungen fest. Mittags stürmte nun ein Haufen von Arbeitern und Soldaten zu dem Tisch im Speisesaal, an dem Scheidemann gemeinsam mit Friedrich Ebert und anderen Spitzenpolitikern der SPD saß. An die fünfzig Mann drängten Scheidemann, herauszukommen und zu reden. Es gebe Gerüchte, dass Karl Liebknecht, der mit Abstand populärste Politiker der Spartakusgruppe, die «Sozialistische Republik» ausrufen wolle. Dem wollte Scheidemann unter allen Umständen zuvorkommen. Also sprach er von der Balustrade eines Fensters im Reichstag zu den Menschen vor dem Gebäude. Ohne Absprache mit seinem Kollegen und designierten Reichskanzler Friedrich Ebert rief er den Versammelten spontan zu: «Das Volk hat auf der ganzen Linie gesiegt. Das alte Morsche ist zusammengebrochen; der Militarismus ist erledigt! Es lebe die deutsche Republik!»[10]

Friedrich Ebert war wenig erfreut über Scheidemanns Proklamation. Als Scheidemann an den Tisch im Speisesaal des Reichstags zurückkam, war Ebert vor Zorn dunkelrot im Gesicht. Er tobte, schlug auf den Tisch und schrie Scheidemann an: «Du hast kein Recht, die Republik auszurufen! Was aus Deutschland wird, ob Republik oder was sonst, das entscheidet eine Konstituante!»[11] Ebert war kein Monarchist, sondern überzeugter Republikaner. Er hatte aber offenbar im vertraulichen Gespräch mit dem immer noch amtierenden Reichskanzler Max von Baden Zusagen gemacht, an die er sich gebunden fühlte.

Gleich dreimal rief Karl Liebknecht in diesen Stunden tatsächlich die «Sozialistische Republik» aus. Im Tiergarten etwa zum selben Zeitpunkt wie Scheidemann, am frühen Nachmittag dann zweimal am Schloss, einmal von einem Kraftwagen aus und ein zweites Mal vom Balkon über dem Portal IV des Schlosses.[12] Dort forderte er die Versammelten zum Schwur auf die Freie Sozialistische Republik und die Weltrevolution auf. Viele Hände erhoben sich, und am Mast der Kaiserstandarte wurde die rote Fahne gehisst.

Prinz Max von Baden startete am Nachmittag des 9. November einen letzten Versuch, einen scheinbar systemimmanenten Übergang zu bewerkstelligen. Er übertrug dem SPD-Vorsitzenden Friedrich Ebert das Amt des Reichskanzlers. Staats- und verfassungsrechtlich gab es dafür keinerlei Grundlage, und die revolutionäre Dynamik ging innerhalb eines Tages darüber hinweg. Schon am 10. November war von einem Reichskanzler Ebert keine Rede mehr.

Was sich am 9. November 1918 in Berlin ereignete, war alles andere als ein Spaziergang. Die Arbeiter, die am Morgen ihre Fabriken verließen und in die Innenstadt zogen, mussten mit dem Schlimmsten rechnen, wussten nicht, was sie erwarten würde. Sie machten sich dennoch auf den Weg und liefen auch nicht auseinander, als die ersten Schüsse fielen und die ersten Toten zu beklagen waren. Polizei- und Armeeführung waren entschlossen, diese Arbeiterdemonstrationen zusammenzuschießen. Sie waren vorbereitet, und sie wussten, was auf dem Spiel stand. Die Truppen waren schwer bewaffnet und hätten ein Massaker unter den Demonstranten anrichten können. Dass es nicht dazu kam, lag nicht an der Einsicht der militärischen Führung, sondern am Widerstand der Soldaten.

Es war kein Mob, der am 9. November die Berliner Straßen eroberte. Es waren disziplinierte, zielorientierte, entschlossene Arbeiter und Soldaten, die nach mehr als vier Jahren Krieg mit schlimmsten Entbehrungen endlich Frieden und ein auskömmliches Leben in Sicherheit und Würde wollten, die den bislang Herrschenden nicht mehr vertrauten und sie für ein Hindernis auf dem schnellen Weg zum Frieden und zu einem gerechten Volksstaat hielten. Es kam am 9. November nicht zu Plünderungen, nicht zur Misshandlung von Offizieren. Rangabzeichen und Kokarden wurden von den Offiziers-Uniformen abgerissen, die Kennzeichen der alten Armee. Das war alles. Ein starkes Symbol für die einfache Vorstellung von der gleichen Würde aller Menschen, die als Utopie in den Köpfen vieler Demonstranten steckte.

Theodor Wolff, der Chefredakteur des *Berliner Tageblatts*, schrieb am Abend seinen Leitartikel, der am nächsten Morgen zu lesen war, und er schreckte vor Superlativen nicht zurück: «Die größte aller Revolutionen hat wie ein plötzlich losbrechender Sturmwind das kaiserliche Regime mit allem, was oben und unten dazu gehörte, gestürzt. Man kann sie die größte aller Revolutionen nennen, weil niemals eine so fest gebaute, mit so soliden Mauern umgebene Bastille so in einem Anlauf genommen worden ist. Es gab noch vor einer Woche einen militärischen und zivilen Verwaltungsapparat, der so verzweigt, so ineinander verfädelt, so tief eingewurzelt war, dass er über den Wechsel der Zeiten hinaus seine Herrschaft gesichert zu haben schien. Durch die Straßen von Berlin jagten die grauen Autos der Offiziere, auf den Plätzen standen wie Säulen der Macht die Schutzleute, eine riesige Militärorganisation schien alles zu umfassen, in den Ämtern und Ministerien thronte eine scheinbar unbesiegbare Bürokratie. Gestern früh war, in Berlin wenigstens, das alles noch da. Gestern Nachmittag existierte nichts mehr davon.»[13]

Nach dem erfolgreichen Sturz des Kaiserreichs wurden am Morgen des 10. November in allen Berliner Fabriken und Kasernen Arbeiter- und Soldatenräte gewählt. Das ging vor allem auf die Initiative der Revolutionären Obleute zurück, die sich durch die SPD-Führung nicht an den Rand drängen lassen wollten. Die Reichshauptstadt folgte damit dem Muster aller anderen Städte, in denen die revolutionäre Bewegung sich durchgesetzt hatte. Schon bei Streiks in den Kriegsjahren hatten die Arbeiter Räte gewählt, einfache Organe der Organisation und Führung, weil weder die Parteien noch die Gewerkschaften solche Streiks offiziell führen konnten und wollten. Die meisten Mitglieder der Räte waren gestandene Gewerkschafter und Sozialdemokraten beider Parteien.

Mit den Sowjets in der russischen Revolution hatten diese Räte kaum mehr als den Namen gemeinsam. Sie waren kein Instrument einer Partei, so wie die deutsche Novemberrevolution nicht das Werk einer Gruppe oder Partei war. Weder die Revolutionären Obleute noch der Spartakusbund oder andere Gruppen der radikalen Linken konnten in Anspruch nehmen, die Revolution «gemacht» zu haben. Anders als der Staatsstreich der Bolschewiki ein Jahr zuvor war die deutsche Novemberrevolution tatsächlich eine Revolution: eine spontane Erhebung großer Volksmassen, die einen Regimewechsel herbeiführten und sich dabei außerhalb der Bahnen des alten Regimes bewegten.

Die Arbeiter- und Soldatenräte verkörperten in den ersten Novembertagen diese Revolutionsbewegung. Sie waren Inhaber der politischen, der administrativen, der polizeilichen und auch der militärischen Gewalt. Die Groß-Berliner Arbeiter- und Soldatenräte sollten sich am Nachmittag des 10. November im Rundbau des Circus Busch versammeln, um stellvertretend für die gesamte Revolutionsbewegung eine provisorische Regierung für das Deutsche Reich zu wählen.

Am Morgen des 10. November erschien der *Vorwärts* mit der Schlagzeile «Kein Bruderkampf».[14] Das SPD-Zentralorgan traf damit die Stimmung in der Arbeiterschaft: Nach den Jahren des Streits über Krieg und Kriegskredite sollte die sozialdemokratische Bewegung jetzt einheitlich handeln. Bereits am 9. November hatten erste Gespräche über eine gemeinsame Regierung zwischen den beiden sozialdemokratischen Parteien stattgefunden. Zu einer Verständigung war es aber noch nicht gekommen. Am folgenden Morgen setzten die Spitzen von SPD und

USPD dann alles daran, der Räteversammlung am Nachmittag einen gemeinsamen Regierungsvorschlag präsentieren zu können. Über die Wunden, die im jahrelangen Streit geschlagen worden waren, versuchte man hinwegzukommen.

Der SPD-Spitze war inzwischen klar, dass die Übertragung des Reichskanzleramtes Ebert in den Reihen der sozialistischen Arbeiterbewegung keinerlei Legitimationsgrundlage für Regierungshandeln verschaffte. Sie akzeptierte, dass die neue Regierung am Nachmittag des 10. November von der Räteversammlung im Circus Busch bestimmt werden würde, und sie war zu großen Zugeständnissen gegenüber der USPD bereit, um der Versammlung einen gemeinsamen Vorschlag präsentieren zu können: Die SPD akzeptierte Parität mit der kleinen Schwester, sie erkannte offiziell an, dass die Macht bei den Arbeiter- und Soldatenräten lag, sie stimmte zu, dass erst später über den Wahltermin für eine Verfassunggebende Nationalversammlung entschieden werden sollte.

Die Spitze der neuen Regierung sollte aus jeweils drei Vertretern beider Parteien bestehen. Friedrich Ebert und Hugo Haase, die beiden Parteichefs, sollten gleichberechtigte Vorsitzende werden. Für die SPD wurden daneben Philipp Scheidemann und Otto Landsberg benannt, für die USPD Wilhelm Dittmann und Emil Barth, der aus dem Kreis der Revolutionären Obleute kam. Karl Liebknecht lehnte es ab, als Vertreter der USPD in eine gemeinsame Regierung einzutreten. Wie wäre wohl die Revolution weiter verlaufen, wenn er sich anders entschieden und die Zuständigkeit für Militärfragen für sich reklamiert hätte?

Als Ebert und Haase um 17 Uhr das Ergebnis der Verhandlungen in der Versammlung der Groß-Berliner Arbeiter- und Soldatenräte präsentierten, wurden sie enthusiastisch gefeiert. Liebknecht dagegen erntete Buhrufe, als er erklärte, mit den «Regierungssozialisten», also der SPD, könne es keine Koalition geben. Die neue Regierung wurde mit überwältigender Mehrheit gewählt. Sie nannte sich «Rat der Volksbeauftragten». Auch ein Organ, das die Regierung kontrollieren sollte, wurde geschaffen: der «Vollzugsrat der Groß-Berliner Arbeiter- und Soldatenräte». Übergangsweise war das Deutsche Reich ab dem 10. November eine Art Räterepublik.

Ohne dass dies in der Räteversammlung besonders betont wurde, hatten die beiden Parteispitzen sich darauf verständigt, dass die bisherigen

Je drei Vertreter der SPD und der USPD wurden am 10. November 1918 von den Berliner Arbeiter- und Soldatenräten an die Spitze der Revolutionsregierung gewählt. Dieser «Rat der Volksbeauftragten» war eine Art sechsköpfiger Reichskanzler.

bürgerlichen Staatssekretäre im Amt bleiben sollten. Sie galten offiziell als «technische Gehilfen» des Rates der Volksbeauftragten, waren aber de facto weitgehend selbständige Ressortchefs, denen lediglich je ein Beauftragter der SPD und der USPD als Kontrollinstanz zur Seite gestellt wurden. Kaum im Amt, beschloss der Rat der Volksbeauftragten, den liberalen Berliner Rechtsprofessor Hugo Preuß zum Staatssekretär des Inneren zu berufen und mit der Ausarbeitung eines Verfassungsentwurfs zu beauftragen. Preuß war unter den deutschen Professoren für Staatsrecht wohl der einzige Demokrat und zudem mit demokratischen Verfassungsvorbildern bestens vertraut. Seine Berufung war ein deutliches Angebot zur Zusammenarbeit an die demokratischen Kräfte im Bürgertum. Die Regierung war also keineswegs «rein sozialistisch», sondern bezog von Anfang an bürgerliche Demokraten mit ein. An der Spitze der Regierung stand der Rat der Volksbeauftragten als eine Art sechsköpfiger Reichskanzler, der über die Richtlinien der Politik entschied.

Schon nach zwei Tagen, am 12. November 1918, erließ der Rat der Volksbeauftragten einen «Aufruf an das deutsche Volk». Dieser Aufruf verkündete mit Gesetzeskraft, dass von nun an in Deutschland alle Parlamente in direkter, allgemeiner, freier, gleicher und geheimer Wahl bestimmt werden sollten. Frauen bekamen das Wahlrecht. Das Preußische Dreiklassenwahlrecht und andere Klassenwahlrechte wurden abgeschafft. Die Zensur wurde aufgehoben, ab sofort galten Meinungs- und Versammlungsfreiheit. Für Betriebe und Behörden wurde der Acht-Stunden-Tag verkündet.[15] Der USPD-Volksbeauftragte Wilhelm Dittmann nannte diesen Aufruf später in seinen Erinnerungen die «Magna Charta» der deutschen Revolution und unterstrich damit seine historische Bedeutung. Deutschland war eines der ersten Länder der Erde, in denen Frauen aktives und passives Wahlrecht erhielten.

Die Revolutionsregierung setzte klassische liberale Freiheitsrechte in Kraft und machte zugleich deutlich, dass das neue Staatswesen eine soziale Republik sein sollte. Ausnahmegesetze und zeitweilige Einschränkungen sozialer Rechte wurden aufgehoben. Die Regierung erklärte allgemein, «das sozialistische Programm» verwirklichen zu wollen, kündigte aber zugleich an, sie werde «die geordnete Produktion aufrecht erhalten, das Eigentum gegen Eingriffe Privater sowie die Freiheit und Sicherheit der Person schützen.» Das war weit mehr Entgegenkommen, als man im Unternehmerlager und in den bürgerlichen Parteien erwartet hatte, nachdem seit Jahrzehnten der «Sozialismus» das große Ziel der Sozialdemokratie war; der Sozialismus, zu dem nach allgemeinem Verständnis die Überführung der großen Fabriken aus Privateigentum in Gemeineigentum gehörte. Die Regierung machte deutlich, dass sie in der Sozialisierungsfrage – zumindest vorerst – keine großen Schritte unternehmen wollte.

Der Entwurf für den «Aufruf des Rates der Volksbeauftragten an das Deutsche Volk» stammte vom USPD-Vorsitzenden Hugo Haase. Natürlich hatte er ihn nicht innerhalb eines Tages aus dem Nichts erarbeitet, sondern sich an Forderungen beider Parteien und gemeinsamen Parteiprogrammen aus der Vorkriegszeit orientiert. Die beiden Parteispitzen gingen nun also daran, all das umzusetzen, was die Sozialdemokratie seit Jahrzehnten als dringende Forderungen bezeichnet hatte. Sie setzten damit klare politische und soziale Signale, die gar nicht deutlich genug hervorgehoben werden können. Zum ersten Mal sollte auf deutschem Boden ein demokratischer und sozialer Rechtsstaat entstehen, der mit dem Frauenwahlrecht ein grundlegendes Emanzipationsziel verwirklichte. Das ging weit über die Freiheitsrechte bürgerlicher Republiken hinaus. Unter den großen europäischen Staaten war die deutsche Republik einer der Vorreiter bei der Gleichberechtigung der Frau und der sozialen Emanzipation.

Nach dem Verständnis der beiden Parteispitzen war diese demokratische und soziale Republik die Basis des Sozialismus, dessen Verwirklichung innerhalb der deutschen Sozialdemokratie schon seit den 1890er Jahren als Angelegenheit von Jahrzehnten und nicht von Tagen galt. Barth hatte in der beschließenden Sitzung des Rates der Volksbeauftragten den Versuch unternommen, konkrete Sozialisierungsmaßnahmen in die Proklamation aufzunehmen, und konnte sich damit nicht durchsetzen.[16] Er scheiterte nicht etwa, weil seine Kollegen Sozialisierung grundsätzlich ablehnten, sondern weil keine der beiden Parteien bislang konkrete Vorstellungen davon entwickelt hatte, wie denn eigentlich dieser Übergang zum Sozialismus ganz praktisch-politisch vonstattengehen sollte. Womit sollte man beginnen? Was bedeutete Überführung ins Eigentum des Staates oder der Gesellschaft konkret? Wie konnte man gewährleisten, dass die Produktion nicht völlig zusammenbrach, wenn bestimmte Industriezweige verstaatlicht oder vergesellschaftet wurden?

Keine der beiden Parteien verfügte über ein Aktionsprogramm, das auch nur den Anspruch erhoben hätte, Leitlinien für die Steuerung eines solchen Sozialisierungsprozesses zu geben. Beide Parteispitzen sahen darin in den Novembertagen 1918 aber auch kein entscheidendes Manko, weil sie der Auffassung waren, dass in Zeiten der Not ohnehin nicht sozialisiert werden könne. Sozialisierungsmaßnahmen hätten nach ihrer Überzeugung in dieser Situation die Aufrechterhaltung der Produktion gefährdet, und das wollten sie unter allen Umständen vermeiden – genau wie die führenden Männer in den Gewerkschaften. Die Freien Gewerkschaften neigten ohnehin seit langem dazu, sich ganz auf die konkrete Verbesserung der Lage der Arbeiter zu konzentrieren und das kapitalistische Wirtschaftssystem stillschweigend als gegebenen Rahmen zu akzeptieren.

Schon seit mehr als einem Jahr waren Gewerkschaften und Unternehmer insgeheim im Gespräch über «die Zeit danach», über die Zeit nach dem Ende des Krieges. Wirkliche Bewegung kam in die Sache aber erst, als die Oberste Heeresleitung im September 1918 die sofortige Einleitung von Waffenstillstandsverhandlungen forderte und damit eingestand, dass der Krieg verloren war. Nun hatten beide Seiten den ernsthaften Willen, sich zu verständigen. Die Novemberrevolution beschleunigte dann die Einigung rasant. Bereits am 15. November schlossen Gewerkschaften und Unternehmerverbände ein Abkommen, mit dem erstmals die Gewerkschaften als Interessenvertretung der Arbeiterschaft anerkannt wurden. Beide Seiten verständigten sich auch darüber, die gesamte deutsche Wirtschaft in Zukunft gemeinsam und paritätisch zu organisieren. Die Gewerkschaften sollten in allen grundsätzlichen Fragen der Wirtschaft bis hinein in die einzelnen Branchen paritätisch mitentscheiden.[17] Die traditionellen Gegensätze zwischen Arbeitgebern und Arbeitnehmern wurden damit entschärft.

Die Gewerkschaftspresse feierte das «Stinnes-Legien-Abkommen» – benannt nach den Verhandlungsführern beider Seiten – als «Sieg von seltener Größe» und als «Magna Charta» der deutschen Arbeiter. Die politische Isolierung und Ohnmacht der Gewerkschaften seien jetzt überwunden. Gewürdigt wurde auch die von den Volksbeauftragten bereits verfügte und hier noch einmal festgeschriebene Einführung des Achtstundentags, für den Millionen von Arbeitern 30 Jahre hindurch am 1. Mai demonstriert hatten. Die von den Volksbeauftragten in Aussicht gestellten weiteren sozialpolitischen Verfügungen ließen darauf hoffen, dass die zentralen Forderungen der Gewerkschaften, insbesondere nach materieller Absicherung der Arbeitnehmer gegen die Folgen von Krankheit, Unfällen, Arbeitslosigkeit und im Alter, erfüllt würden und dass die Verfassung der neuen Republik einen Katalog sozialer Grundrechte enthalten würde.

Andererseits hatten auch die Arbeitgeber keineswegs das Gefühl, eine Niederlage erlitten zu haben, im Gegenteil. Als auch die Revolutionsregierung das Abkommen zustimmend zur Kenntnis nahm, hatten die Industriellen allen Grund zur Zufriedenheit. Weniger als eine Woche nach dem Sturz der Monarchie wurde mit dem Abkommen der Fortbestand der Wirtschaftsordnung einschließlich der privaten Verfügungsgewalt über die Produktionsmittel sowohl von den größten Massenorganisationen der Arbeiterschaft als auch von der Revolutionsregierung bis auf weiteres garantiert. Das war ein außerordentlich starkes Bollwerk gegen alle Sozialisierungsforderungen, die von der USPD, aber auch von vielen Mehrheitssozialdemokraten erhoben wurden.

Die langfristige Bedeutung des Abkommens zwischen Unternehmern und Gewerkschaften kann gar nicht hoch genug veranschlagt werden. Zum ersten Mal in der deutschen Geschichte wurde mit diesem Abkommen der Gedanke der Sozialpartnerschaft in die Organisation des Wirtschaftslebens eingeführt, der heute die Grundlage der sozialen Marktwirtschaft deutscher Prägung ist. Mit dem Betriebsrätegesetz folgte dann im Januar 1920 auch noch die betriebliche Mitbestimmung von Arbeitervertretungen, die heute ein besonderes Merkmal der deutschen Wirtschaft ist.

Gelegentlich ist im Nachhinein argumentiert worden, das alles wäre auch ohne Revolution verwirklicht worden. Die Revolution sei unnötig gewesen, weil das Deutsche Reich ja schon mit den Reformen im Oktober eine parlamentarische Regierungsform bekommen habe. Die parlamentarische Monarchie existierte freilich nur auf dem Papier und hatte keinerlei Einfluss auf die Entscheidungen der führenden Militärs, die nach wie vor die Macht im Staat hatten. Auch Kaiser Wilhelm II. und sein letzter Reichskanzler Max von Baden waren nicht dauerhaft bereit, sich auf eine vom Parlament gewählte und kontrollierte Regierung einzulassen. Das zeigen ihre später niedergeschriebenen Erinnerungen sehr deutlich. Die Eliten des Kaiserreichs waren entschiedene Gegner der Demokratie, und sie blieben das in ihrer großen Mehrheit. «Die Ansicht, dass es in Deutschland möglich gewesen wäre, das unter dem Prinzen Max von Baden eingeleitete System parlamentarischer Regierung im Frieden auch ohne Revolution fortzusetzen und zu festigen, entspringt einem (...) Optimismus, der die Nachprüfung nicht verträgt», hielt Theodor Wolff zum ersten Jahrestag der Revolution fest, «in einem kaiserlichen Deutschland hätte das Militär leicht immer wieder das Parlament in die Ecke gedrückt.»[18] Das Volk musste tatsächlich auf die Straße gehen und sich die Macht erkämpfen, damit die parlamentarische Republik mit liberaler und sozialer Verfassung Wirklichkeit werden konnte. Ohne Revolution keine Demokratie.

Warum aber ist auch mehr als einhundert Jahre danach so wenig darüber bekannt, was wir der Revolution von 1918/19 verdanken? Warum wird nicht Jahr für Jahr daran erinnert, dass diese Revolution die wesentlichen Grundlagen der heutigen demokratischen Gesellschaft in Deutschland geschaffen hat, dass sie eine der stärksten Wurzeln der Bundesrepublik ist?

Jahrzehntelang wurde die Weimarer Demokratie, die 1919 als Ergebnis der Revolution entstand, fast nur von ihrem Ende her betrachtet. Die gescheiterte und zerstörte Republik, an deren Ende die Nationalsozialisten an die Macht kamen, schien bestenfalls als Negativfolie zu taugen, aber keine positiven Beiträge zu einer demokratischen Erinnerungskultur beisteuern zu können. Das galt noch mehr für die Novemberrevolution von 1918, die schon von den Zeitgenossen nach kurzer Zeit nicht mehr als Meilenstein der deutschen Demokratiegeschichte wahrgenommen wurde. Einer der Gründe dafür ist gewiss, dass viele der Reformen mit großer Selbstverständlichkeit umgesetzt wurden und zunächst kaum auf Widerstand stießen. Zweitens spielt sicher auch eine Rolle, dass Friedrich Ebert am 6. Februar 1919 zur Eröffnung der Nationalversammlung in Weimar erklärte, die Regierung der Volksbeauftragten habe sich als «Konkursverwalter des alten Regimes» verstanden: «Wir haben der Nationalversammlung nicht vorgegriffen.»[19] Unter Gesichtspunkten politischer Taktik war diese Behauptung verständlich, sachlich ist sie falsch, aber sie prägt unser Bild von der Politik der Volksbeauftragten bis heute. Drittens schließlich – und dies ist der Hauptgrund für die Geringschätzung der Revolution – wurden ihre großen Erfolge schnell von politischen Kämpfen überlagert, die das positive Bild der Revolution ins Negative gewendet haben.

Der Spartakusbund lehnte bereits unmittelbar nach der Beseitigung der Monarchie allgemeine Wahlen zu einer Nationalversammlung ab und propagierte «Alle Macht den Räten». Viele Zeitgenossen sahen russische Verhältnisse drohen. Unternehmer finanzierten mit Millionenbeträgen Kampagnen gegen den «Bolschewismus». Alles drehte sich in der politischen Propaganda im November und Dezember 1918 um die Wahl der Nationalversammlung. Dabei war diese Wahl nicht wirklich gefährdet.

Am 16. Dezember trat im Berliner Abgeordnetenhaus der Erste Allgemeine Kongress der Arbeiter- und Soldatenräte Deutschlands zusammen. 490 Delegierte der Arbeiter- und Soldatenräte aus ganz Deutschland waren nach Berlin gekommen. Dieser Reichsrätekongress war die legitime Vertretung der Revolutionsbewegung, und er wurde sowohl von der SPD als auch von der USPD als letzte und höchste Entscheidungsinstanz anerkannt. Er stimmte im Verlauf seiner sechstägigen Zusammenkunft mit einer überwältigenden Mehrheit von 80 Prozent für Wahlen zu einer Verfassunggebenden Nationalversammlung bereits am 19. Januar 1919. Der revolutionäre Souverän bekannte sich also völlig eindeutig zur parlamentarischen Demokratie, und keine Gruppe der radikalen Linken war personell und strukturell in der Lage, einen Staatsstreich durchzuführen. Das unterschied die Lage in Deutschland elementar von der in Russland ein Jahr zuvor. Liebknecht und seine politischen Freunde machten zwar lautstark Propaganda, aber objektiv stellte der sogenannte Bolschewismus keine ernsthafte Gefahr dar. Subjektiv sahen das viele Zeitgenossen ganz anders. Die Propaganda beider Lager führte zu hysterischen Ängsten.

Der Reichsrätekongress traf neben der Weichenstellung in Richtung parlamentarische Demokratie zwei weitere Richtungsentscheidungen. Er beschloss eine demokratische Umgestaltung der Armee, und er beauftragte die Regierung, sofort mit der Sozialisierung der dafür reifen Industrien zu beginnen. Die drei Beschlüsse in ihrer Gesamtheit deuten an, worum es der Revolutionsbewegung im November und Dezember tatsächlich ging: nicht um irgendeine Art von Räterepublik, sondern um parlamentarische Demokratie *und* eine insgesamt demokratische Gesellschaft. Der Obrigkeitsstaat des Kaiserreichs sollte «demokratisiert» werden. In Verwaltung und Armee sollte demokratischer Geist herrschen. Natürlich auch in Schulen, Universitäten und Gerichtssälen. Und nicht zuletzt sollte im Bergbau mit der Sozialisierung begonnen werden, die beide sozialistische Parteien seit langem forderten.

Über das Ziel einer umfassend demokratischen und sozialen Republik bestanden zwischen den Regierungsparteien kaum Differenzen. Während es der SPD-Spitze allerdings mit der Wahl der Nationalversammlung nicht schnell genug gehen konnte, wollte die Mehrheit der USPD zuvor eine Reihe von Reformen einleiten, um die Demokratisierung der deutschen Gesellschaft unumkehrbar zu machen. Dabei ging es der USPD-Spitze um die Verschiebung des Wahltermins um einige Monate, keinesfalls länger.

Gemeinsam standen SPD und USPD in den Revolutionsmonaten vor gewaltigen Alltagsproblemen. Das Millionen-Heer musste zurückgeholt werden, die Menschen mussten mit Nahrung und Brennstoff versorgt werden, die Wirtschaft musste von Kriegs- auf Friedensproduktion umgestellt werden und wieder in Gang kommen, Arbeitsplätze mussten geschaffen werden. Bei alledem meinte vor allem die SPD-Spitze, auf Experten des alten Regimes nicht verzichten zu können. Das gab der Revolution über kurz oder lang einen konservativen Zug. Die bürgerlichen Staatssekretäre verstanden es mit Hilfe ihrer Ministerialbürokratie vorzüglich, ihre Interessen im Spiel zu halten.

In noch stärkerer Weise galt dies für die führenden Militärs. Schon am Abend des 10. November rief General Wilhelm Groener in der Reichskanzlei an, der Nachfolger Ludendorffs als strategischer Kopf der OHL. Groener sagte der neuen Regierung die Unterstützung der Heeresleitung und insbesondere ihres Chefs Generalfeldmarschall von Hindenburg zu. Dieses Angebot kam Ebert, der im Rat der Volksbeauftragten für Militärfragen zuständig war, sehr gelegen. Er nahm es dankend an und erkannte nicht, wie vergiftet es war. Die Volksbeauftragten sahen in erster Linie, dass durch die Unterstützung der Heeresleitung die schnelle Rückführung des deutschen Heeres auf deutschen Boden gewährleistet war. Dies war eine der wichtigen Bedingungen im Waffenstillstandsvertrag, der am 11. November in Compiègne unterzeichnet wurde. Die Oberste Heeresleitung verfolgte allerdings viel weitergehende Ziele. Ihr ging es vor allem darum, möglichst viel vom Geist des Preußischen Offizierskorps in die neue Zeit hinüberzuretten. Groener war sicher: Wenn es gelänge, die ersten Wochen zu überstehen, dann könnte man die Revolution womöglich Zug um Zug eindämmen, vielleicht sogar rückgängig machen.

Hartnäckig hält sich bis heute die Vorstellung, Ebert und Groener hätten im Verlauf ihres Telefonats am Abend des 10. November ein «Bündnis gegen die Revolution» beschlossen. Davon kann bei genauer Betrachtung der Quellen jedoch keine Rede sein. Groener hat zwar Jahre später, nach Eberts Tod, vor Gericht und auch in seinen Erinnerungen von einem «Bündnis» gesprochen, aber es ging ihm dabei wohl in erster Linie darum, Ebert posthum gegen die massiven Anfeindungen von rechts in Schutz zu nehmen, denen der Reichspräsident ausgesetzt gewesen war. Eberts Verhalten in den ersten Wochen der Revolution spricht klar gegen die These, er habe sich bereits am 10. November mit Groener verbündet. Zu einem gemeinsamen und abgestimmten Vorgehen gegen die radikale Linke kam es frühestens in der Nacht vom 23. auf den 24. Dezember. Was Ebert angeht, war das dann entstehende Bündnis auch eine Reaktion auf die Politik der radikalen Linken in den Wochen zuvor.

Während Ebert wochenlang zu lavieren versuchte, um sich verschiedene politische Optionen beim Weg zur parlamentarischen Demokratie offenzuhalten, war die Haltung der führenden Militärs zur Revolution von Beginn an eindeutig. Offiziere des Heeres nutzten vielfach schon den Rückmarsch von der Front dazu, Arbeiter- und Soldatenräte aufzulösen. Kaum eine Woche nach dem 9. November ließ Groener auch bereits vorfühlen, ob mit Ebert vielleicht der große Schlag einer Gegenrevolution zu machen wäre. Oberst Hans von Haeften, der Vertreter der OHL bei der Reichskanzlei, unterbreitete dem Chef der Reichskanzlei, Ministerialdirektor Walter Simons, den Vorschlag, «fünfzehn gut disziplinierte Divisionen» in Berlin einmarschieren zu lassen, die Arbeiter- und Soldatenräte aufzulösen, Ebert zum vorläufigen Reichspräsidenten mit diktatorischer Gewalt zu proklamieren, sofort den Reichstag einzuberufen und eine provisorische Reichsverfassung zu schaffen. Haeften selbst nannte sein Vorhaben den «Versuch einer Gegenrevolution». Ebert wurde am 18. November von diesem Vorschlag unterrichtet. Er hielt sich bedeckt, was Haeften zu der Deutung veranlasste, Ebert werde bei einem Erfolg der Aktion mitmachen, aber nicht die Initiative ergreifen.

Unter strikter Geheimhaltung wurden dann tatsächlich 150 000 Mann mit schweren Waffen um Berlin zusammengezogen, detaillierte Pläne für Aufmarsch, Besetzung strategisch wichtiger Punkte und «Säuberung» der Hauptstadt erarbeitet:

«10.12. Einzug der Garde-Kavallerie-Schützen-Division. Besetzung der Hauptgebäude, Anschlagen der Begrüßungsproklamation der Regierung. (...) 11.12. Einzug der Deutschen Jäger-Division in Berlin, der 1. Garde-Division in Potsdam. Waffen und Kriegsmaterial abgeben. Bekanntmachung: Wer ohne Waffenschein noch Waffen im Besitz hat, wird erschossen (...) Wer sich unberechtigt eine Beamteneigenschaft zugelegt, wird erschossen. Durchsuchung unsicherer Stadtteile.»[20]

Bis ins Detail listeten die Pläne auf, wie in den folgenden Tagen weiter verfahren werden sollte. Gleich zu Beginn des Putsches sollte Ebert zum Präsidenten ausgerufen werden. Groeners Ziel war es, zunächst auf die gemäßigten Kräfte der Revolution um Ebert zu setzen und mit deren Billigung bzw. Unterstützung gegen die radikale Linke vorzugehen. Erst in einem zweiten Schritt sollte dann die Revolution insgesamt rückgängig gemacht werden. Getarnt wurde der geplante Putsch als feierliche Rückkehr der Berliner Truppen von der Front, aber es sickerte dann doch das eine oder andere durch. Die Stimmung in der Hauptstadt wurde immer nervöser.

Nicht nur, aber auch wegen der Aktivitäten der Obersten Heeresleitung verloren die Arbeiter- und Soldatenräte in diesen Wochen nach und nach an Einfluss. Sie waren zunächst unverzichtbar für die Aufrechterhaltung des öffentlichen Lebens und der Ordnung gewesen, aber je mehr die hergebrachte Verwaltung wieder in Gang kam, desto stärker wurden sie im Alltag an den Rand gedrängt. Vom Rat der Volksbeauftragten erhielten sie nicht die notwendige Rückendeckung und Unterstützung. In Konfliktfällen sprach sich dieser fast immer gegen das «Hineinregieren» der Räte in die Verwaltung aus. All das trug nicht zur Beruhigung bei. In den Arbeiter- und Soldatenräten machte sich die Befürchtung breit, die Revolution werde zurückgedreht.

Kleinere Schießereien, zu denen es Anfang Dezember allenthalben kam, heizten die Stimmung immer mehr an. Besonders gravierend waren drei Ereignisse, die in Berlin fast zeitgleich am 6. Dezember stattfanden. Sie steigerten das ohnehin vorhandene Misstrauen der radikalen Linken gegen die Regierung immens. Erstens wurde eine angemeldete und friedliche Demonstration des Spartakusbundes mit Maschinengewehren beschossen. Karl Liebknecht machte die Regierung ganz direkt für die 14 Toten und 30 Verletzten verantwortlich. Zweitens versuchte eine Gruppe Bewaffneter, den Vollzugsrat des Groß-Berliner Arbeiter- und Soldatenrates zu verhaften, das Organ zur Kontrolle der Regierung. Und drittens schließlich marschierten mehrere Kolonnen Matrosen und Soldaten vor der Reichskanzlei auf und wollten Friedrich Ebert zum Präsidenten der Republik küren. Ebert ließ sich darauf nicht ein, aber Putschgerüchte machten nun noch mehr als zuvor die Runde.

Nach den Ereignissen des 6. Dezember erschien auch der geplante feierliche Einmarsch der von der Front zurückgekehrten Berliner Truppen für viele in einem ganz neuen – und wie man heute weiß, absolut realistischen – Licht. Gemeinsam planten der Vollzugsrat und der Rat der Volksbeauftragten nun Vorsichtsmaßnahmen gegen etwaige militärische Aktionen. Insbesondere bestanden die Revolutionsorgane darauf, dass der geplante Truppeneinmarsch ohne schwere Waffen und nur mit Taschenmunition erfolgte. Ebert gab deutlich zu erkennen, dass er nicht bereit war, mit den Militärs gemeinsame Sache zu machen. In der Obersten Heeresleitung schwankte man zwischen Wut, Kampfbereitschaft und Depression. Im Umkreis von Berlin stünden «kampfbereit neun gute Divisionen» mit etwa 150 000 Mann, die willens seien, «scharf zu schießen, um die Ordnung im Lande wieder herzustellen», notierte Oberst Albrecht von Thaer, einer der wichtigsten Offiziere der OHL, am 10. Dezember in sein Tagebuch. Er bedauerte, dass man Ebert offenbar ins Vertrauen gezogen hatte. «Natürlich will Ebert sich auf die Hilfe der Armee stützen. Dazu ist sie ihm gut. Er will so von der Herrschaft der Spartakisten sich frei machen, aber ihm ist dabei offenbar Angst vor dem eigenen Mut und vor seiner Entscheidung.» Groener sitze ganz zusammengesunken im Klubsessel, notierte Thaer: «Ja, da ist nun leider eben wieder kein Mann da, der den Kopf hinhalten und den Befehl zum gleichzeitigen konzentrischen Einmarsch in Berlin geben will.»[21] Vor einem offenen Militärputsch ohne Zustimmung oder gar gegen den Willen Eberts schreckte die OHL am Ende doch zurück. Das hätte den Bürgerkrieg bedeutet, und den wollte sie im Moment nicht riskieren.

Vierzehn Tage später jedoch, in der Nacht vom 23. auf den 24. Dezember, ergab sich aufgrund eines Konflikts zwischen dem Rat der Volksbeauftragten und der in Berlin zum Schutz der Revolution stationierten Volksmarinedivision eine neue Gelegenheit für die Militärs. In dieser Nacht kamen die SPD-Volksbeauftragten zu der Überzeugung, sich gegen die Volksmarinedivision nur mit Hilfe von Truppen der OHL durchsetzen zu können. Deshalb erteilten sie der OHL die Genehmigung, gegen diese vorzugehen. Am Morgen des 24. Dezember wurden Schloss und Marstall, wo die Volksmarinedivision untergebracht war, von Truppen der Heeresleitung mit Artillerie beschossen. Schon in der Nacht hatte die OHL ihren Einheiten den Befehl erteilt, wichtige strategische

Punkte in der Reichshauptstadt zu besetzen, so wie es bereits im Aktionsplan für den 10. Dezember und die nachfolgenden Tage vorgesehen war. Sie ging nicht nur gegen die Volksmarinedivision vor, wie mit den SPD-Volksbeauftragten abgestimmt, sondern versuchte die Gelegenheit zu nutzen, um all die Ziele zu erreichen, die sie seit längerem im Blick hatte.

Dieser Weihnachts-Putsch scheiterte am Widerstand der Berliner Arbeiter, die aus den Betrieben kamen und sich schützend vor die Volksmarinedivision stellten, bis der Rat der Volksbeauftragten als Gesamtgremium die Einstellung aller Kämpfe befahl. Aufgrund der undurchsichtigen Vorgänge in der Nacht vor Heiligabend gelang es aber der OHL, SPD- und USPD-Volksbeauftragte so gegeneinander auszuspielen, dass sich die USPD nach Weihnachten aus der Regierung zurückzog. Wenige Tage später erfolgte auch der Austritt der USPD aus der preußischen Regierung. Die Positionen von Haase, Dittmann und Barth im Rat der Volksbeauftragten übernahmen die Sozialdemokraten Gustav Noske und Rudolf Wissell. Die USPD-Spitze verzichtete ohne Not auf die mit der Regierungsbeteiligung verbundene Macht, auf ihren Einfluss innerhalb der Regierung. Mitverantwortlich für diese Entwicklung war auch der zunehmende Einfluss des linken Flügels der USPD, der bereits seit längerem darauf drängte, die gemeinsame Regierung mit der SPD zu verlassen und die gesamte Zusammenarbeit mit der Schwesterpartei zu beenden.

In beiden Parteien waren die kooperationsbereiten Kräfte in der zweiten Dezemberhälfte immer mehr ins Hintertreffen geraten. Nach dem Austritt der USPD-Volksbeauftragten aus der Regierung gewannen in der SPD-Spitze diejenigen Kräfte die Oberhand, die mit militärischer Gewalt für Ruhe und Ordnung sorgen wollten. Jetzt begaben sich die SPD-Volksbeauftragten vollends in eine fatale Abhängigkeit von der Heeresleitung.

Die Propaganda des Spartakusbundes gegen die angeblichen «Bluthunde und Arbeitermörder» in der Regierung war im Verlauf des Dezembers immer maßloser geworden. Je weiter die Polarisierung innerhalb der Arbeiterbewegung voranschritt, desto mehr reifte im Spartakusbund der Entschluss, die USPD zu verlassen und mit anderen Gruppen der radikalen Linken eine eigenständige Partei zu gründen. Im Festsaal des Preußischen Abgeordnetenhauses entstand am 29./30. Dezember die «Kommunistische Partei Deutschlands» (KPD).

Das Programm für die neue Partei stammte von Rosa Luxemburg. Es war unter dem Titel «Was will der Spartakusbund?» bereits am 14. Dezember in der *Roten Fahne* abgedruckt worden, der Tageszeitung der Spartakusgruppe. Neben einem entschiedenen Bekenntnis zum Sozialismus als einzigem Ausweg aus Krieg und Chaos enthielt es auch deutliche Aussagen gegen alle terroristischen Strategien: «Der Spartakusbund wird nie anders die Regierungsgewalt übernehmen als durch den klaren, unzweideutigen Willen der großen Mehrheit der proletarischen Masse in ganz Deutschland, nie anders als kraft ihrer bewussten Zustimmung zu den Aussichten, Zielen und Kampfmethoden des Spartakusbundes.»[22] Das Parteiprogramm enthielt eine klare Absage an jede putschistische Taktik und lehnte die Diktatur einer Partei in der Art der Bolschewiki entschieden ab. Kaum eine Woche nach seiner Verabschiedung schienen allerdings führende Köpfe der jungen KPD ihr eigenes Programm vergessen zu haben.

Die OHL setzte nach der herben Schlappe zu Weihnachten ganz auf Freiwilligenverbände, für die sie vorwiegend Offiziere und Unteroffiziere des alten Heeres anwarb, häufig Männer mit nationalistischem oder völkischem Hintergrund. Einige dieser Freikorps-Kämpfer trugen bereits das Hakenkreuz auf dem Stahlhelm. Eine Einheit des kaiserlichen Heeres war allerdings mobil geblieben, und die OHL bezog sie in besonderer Weise in ihre Planungen ein: die Garde-Kavallerie-Schützen-Division. Sie wurde von ihrem Ersten Generalstabsoffizier Waldemar Pabst zu einer konterrevolutionären Eliteeinheit geformt, die keine Hemmungen kannte. Die Männer der Garde-Kavallerie-Schützen-Division waren bereit, auch auf Unbewaffnete zu schießen, sie schreckten auch vor Mord nicht zurück, wenn er befohlen wurde.

In der immer mehr polarisierten und aufgeladenen Atmosphäre genügte ein geringer Anlass, um die Lage völlig eskalieren zu lassen. Anfang Januar 1919 war dies die Entlassung des Berliner Polizeipräsidenten Emil Eichhorn. Während nach dem Rückzug der USPD aus der Regierung alle anderen USPD-Funktionsträger ihre Posten konsequenterweise räumten, hielt Eichhorn an seinem Amt fest. Eine Aktion gegen Eichhorns Entlassung entwickelte sich am 5. Januar zu einer gewaltigen Großdemonstration, wie sie Berlin seit dem 9. November nicht mehr gesehen hatte. Mehr als eine halbe Million Menschen waren auf den Straßen, und es ging ihnen offenkundig nicht nur um Eichhorn, sondern um die gesamte Entwicklung der Revolution, mit der sie unzufrieden waren. Sie hatten tiefer greifende Veränderungen und auch eine schnellere Verbesserung ihrer materiellen Lage erwartet. Einzelne bewaffnete Gruppen besetzten im Lauf des Tages Gebäude im Zeitungsviertel. Unter dem Eindruck der überwältigenden Massendemonstration wurde ein Revolutionsausschuss gegründet, dem Vertreter der Revolutionären Obleute, der KPD und der Berliner USPD angehörten. In einem flammenden Appell rief dieser Ausschuss am Abend des 5. Januar zum Sturz der Regierung auf. Völlig ungeplant und chaotisch wurde so aus einer Demonstration gegen die Entlassung des Polizeipräsidenten der «Spartakusaufstand» – so werden die Berliner Januarkämpfe bis heute vielfach irreführend bezeichnet.

Für den folgenden Tag rief der Revolutionsausschuss wieder zu Demonstrationen auf, doch nun mobilisierte auch die SPD ihre Anhängerschaft. Auf jeder der beiden Seiten folgten mehr als eine halbe Million Menschen den Aufrufen. Die Demonstranten standen sich auf den Straßen Berlins gegenüber, aber es kam nicht zu größeren oder gar bewaffneten Auseinandersetzungen. Bereits an diesem 6. Januar wurde dem Revolutionsausschuss klar, dass der Aufruf zum Sturz der Regierung ein gewaltiger politischer Fehler gewesen war. Die Reichsleitung der USPD startete Vermittlungsversuche, Zehntausende von Arbeitern demonstrierten für die Vermeidung von Blutvergießen. Aber der nur noch aus SPD-Politikern bestehende Rat der Volksbeauftragten war inzwischen davon überzeugt, dass er seine Autorität nun auch mit militärischen Mitteln durchsetzen musste. Die Regierung lehnte Verhandlungen über die Freigabe der besetzten Zeitungsgebäude ab, bestand auf schneller und bedingungsloser Räumung. Mit der Bemerkung «Einer muss der Bluthund sein» übernahm der SPD-Volksbeauftragte Gustav Noske die politische Verantwortung für den anstehenden Militäreinsatz. Die Militärs drängten auf eine möglichst weitreichende Operation. Sie wollten sich die Gelegenheit nicht entgehen lassen, nun endlich umfassend mit der radikalen Linken abzurechnen. Ihnen ging es nicht um einige Zeitungsgebäude und die Pressefreiheit, sondern um die Macht in der Stadt und im Reich.

Die radikale Linke rief am 6. Januar 1919 zum Sturz der Regierung auf. Ihre Anhänger besetzten Verlagsgebäude im Zeitungsviertel. Es kam zu heftigen Kämpfen.

Bereits am 12. Januar waren alle besetzten Gebäude freigekämpft – nicht von Truppen der OHL, sondern von republikanischen Einheiten, die sich der sozialdemokratischen Regierung zur Verfügung gestellt hatten. Erst danach rückten die Freikorps der Heeresleitung in die Hauptstadt ein und führten «Säuberungsaktionen» durch. Am 15. Januar wurden Karl Liebknecht und Rosa Luxemburg ermordet, die wichtigsten Köpfe der jungen KPD. Dieser politische Mord belastete die entstehende Republik dauerhaft und schwer.

Luxemburg und Liebknecht wurden am 15. Januar in einer Wohnung in Berlin-Wilmersdorf aufgespürt und dann ins Hotel Eden gebracht, wo Hauptmann Waldemar Pabst und der Stab der Garde-Kavallerie-Schützen-Division Quartier bezogen hatten. Papst schilderte die Situation in einem späteren Gespräch so: «Erst wurde mir Herr Liebknecht vorgeführt. Von diesem Ereignis benachrichtigte ich sofort telefonisch den Oberbefehlshaber, Herrn Noske, und den General der Infanterie, Freiherr von Lüttwitz. Noske befahl, beide Gefangenen sofort in das Untersuchungsgefängnis Moabit zu transportieren, fügte hinzu: Es ist unbedingt dafür Sorge zu tragen, dass die geistigen Häupter der Gegenrevolution auf dem Wege nach Moabit nicht durch Anhänger befreit werden oder ihnen etwa ein Fluchtversuch gelingt.»

Nach Pabsts Überzeugung waren Luxemburg und Liebknecht keine gewöhnlichen Gegner: «beide waren überragende politische Führer, Agitatoren und Propagandisten. Ich habe sie beide sprechen hören». Für ihn war klar: «Die müssen weg! Die sind so gefährlich, wenn wir die haben, da gibt's nichts zu winseln, dann müssen wir selber Richter sein.» Pabst zog es erst gar nicht in Erwägung, den offiziellen Befehl Noskes tatsächlich zu befolgen und die beiden nach Moabit bringen zu lassen. Er entschloss sich, sie ermorden zu lassen. Pabst stellte «Transportkommandos» aus Freiwilligen zusammen, die sich zum Schein auf den Weg nach Moabit machen sollten, und erteilte ihnen entsprechende Aufträge. «Ich musste mir also, auf einen einfachen Nenner gebracht, einige Todesarten ausdenken, die ich den Transportführern zur Empfehlung mitgab: Bei Karl Liebknecht war es leicht: Auf der Flucht erschossen!» Rosa Luxemburg sollte nach dem Vorschlag Pabsts auf dem Weg ins Gefängnis Moabit von «einem Unbekannten aus der Menge heraus» erschossen werden. Papst verpflichtete alle Beteiligten zum Stillschweigen bis an ihr Lebensende.[23]

Bei der Umsetzung dieser Pläne ging manches schief. Die Täuschungsmanöver des Hauptmanns Pabst scheiterten an der dilettantischen Ausführung. Liebknecht wurde aus nächster Nähe von vorn erschossen, Luxemburgs Leiche in den Landwehrkanal geworfen. Noch in der Nacht flogen die Lügen im Fall Liebknecht auf. «Es ist nicht wahr, dass Karl Liebknecht bei einem Fluchtversuch erschossen worden ist. Einwandfreie Zeugen haben im Leichenschauhaus festgestellt, dass die Erschießung Karl Liebknechts aus nächster Nähe von vorn geschehen ist. An der Stirn ist die kleine Einschussöffnung mit den Brandwunden, am Hinterkopf befindet sich die größere Ausschussöffnung.»[24]

Schon am frühen Morgen des 16. Januar erhielt Pabst den Befehl, sich umgehend in der Reichskanzlei zu melden. Der Befehl kam vom Chef der Obersten Heeresleitung Generalfeldmarschall von Hindenburg höchstpersönlich. Pabst blieb nichts anderes übrig, als ihn zu befolgen, aber er wappnete sich. Telefonisch setzte er die Regimenter seiner Division in Marsch und befahl ihnen, strategisch wichtige Gebäude zu beset-

Trauerzug zur Beisetzung von Rosa Luxemburg am 13. Juni 1919. Sie war auf Befehl des Ersten Generalstabsoffiziers der Garde-Kavallerie-Schützen-Division, Hauptmann Waldemar Pabst, am 15. Januar 1919 ermordet worden. Ihre Leiche wurde erst am 31. Mai im Landwehrwehrkanal entdeckt.

zen. Er selbst ließ sich von etwa 40 «ausgesucht guten Leuten» zur Reichskanzlei begleiten. Selbst vor einem offenen Militärputsch schreckte Papst nicht zurück. «Etwa 10 Minuten vor 7 betrat ich die Reichskanzlei, weil ich ganz genau wusste, dass das Schicksal meiner Kameraden und das meinige in guten Händen lag. Denn die ersten Truppen der Division konnten schon bald nach 8 in Berlin eintreffen und den ausgewählten Angehörigen der Stabs-Eskadron hatte ich, vor Betreten der Reichskanzlei, den klaren Befehl gegeben: Wenn ich nicht bis 8 Uhr 15 wieder heraus bin, wird die Reichskanzlei besetzt und jeder Widerstand mit der Waffe in der Hand gebrochen.»[25]

So weit kam es allerdings nicht. Um 8 Uhr konnte Pabst die Reichskanzlei verlassen. «Ich kehrte auf den Wilhelmsplatz zurück, zunächst einmal mit einem donnernden Hurra empfangen von unseren Leuten, die aber dann gleich danach ihre Enttäuschung darüber zum Ausdruck gaben, dass sie die Reichskanzlei nicht hatten stürmen dürfen.»[26] Fak-

Antisemitismus war schon 1919 im rechten Lager weit verbreitet. Wahlplakat der DNVP.

tisch lag die militärische Macht in Berlin am 16. Januar 1919 in den Händen der Garde-Kavallerie-Schützen-Division, nicht in den Händen des Rates der Volksbeauftragten.

Am 19. Januar 1919 wurden im ganzen Deutschen Reich knapp 37 Millionen Deutsche an die Wahlurnen gerufen, um eine Verfassunggebende Nationalversammlung zu wählen – darunter mehr als 19 Millionen Frauen. Wahlberechtigt waren alle Erwachsenen ab einem Alter von 21 Jahren. Die Frauen hatten erstmals in Deutschland das allgemeine Wahlrecht – eine der großen Errungenschaften der Revolution, die danach nie mehr in Frage gestellt wurde. Die SPD wurde mit knapp 38 Prozent der Stimmen zwar stärkste Partei, blieb aber deutlich hinter den Erwartungen der Parteispitze zurück. Die katholische Zentrumspartei und die linksliberalen Demokraten erreichten jeweils knapp 20 Prozent. Gemeinsam verfügten die drei Parteien über eine Dreiviertelmehrheit. Die USPD kam auf 7,6 Prozent, weniger als ein Fünftel der SPD-Stimmen. Für die nationalliberale DVP stimmten 4,4 Prozent, für die deutschnationale DNVP 10,3 Prozent der Wähler. Die KPD hatte sich gar nicht an den Wahlen beteiligt – gegen das Plädoyer von Luxemburg und Liebknecht. Etwa 15 Prozent der Abgeordneten waren entschiedene Gegner der Demokratie auf der politischen Rechten. Auf der linken Seite des Spektrums waren es Mitte Januar 1919 weniger als fünf Prozent.

Am 6. Februar 1919 trat die Nationalversammlung zu ihrer konstituierenden Sitzung zusammen – im ruhigen Weimar, nicht im politisch aufgewühlten Berlin. Am 11. Februar wählte sie Friedrich Ebert mit 277 von 379 abgegebenen Stimmen zum Reichspräsidenten, am folgenden Tag wurde die Regierung eingesetzt, auf die sich SPD, DDP und Zentrumspartei verständigt hatten. An ihrer Spitze stand Philipp Scheidemann als Reichsministerpräsident. Er führte ein Mitte-Links-Bündnis von bürgerlichen Demokraten, katholischem Zentrum und Sozialdemokraten, man spricht bis heute von der Weimarer Koalition. Damit war formal die Zeit des Übergangs vorbei. Alle Staatsorgane waren gewählt, und mit der Verabschiedung der Verfassung am 31. Juli 1919 war die parlamentarische Republik vollendet.

Die Weimarer Verfassung hatte durchaus Mängel – wie jede Verfassung –, aber sie war eine der besten, freiheitlichsten und sozialsten Verfassungen ihrer Zeit. Sie hat sich bewährt, solange ein entschiedener Demokrat wie Friedrich Ebert das starke Amt des Reichspräsidenten innehatte. In der Verfassung zeigte sich in vielfältiger Weise der Kompromiss zwischen Sozialdemokratie und bürgerlichen Demokraten, der das Fundament der gesamten Weimarer Republik bildete. Sie war insofern ein getreuer Spiegel der politischen Kräfteverhältnisse, wie sie im Frühjahr 1919 bestanden. Diese Kräfteverhältnisse sollten sich allerdings sehr schnell ändern.

3

Von der «größten aller Revolutionen» zum «Dolchstoß» – Der 9. November wird nicht Nationalfeiertag

Im Lauf des Frühjahrs 1919 kam es zu großen Streiks in verschiedenen Industrierevieren des Landes. Dabei spielte die materielle Lage eine bedeutsame Rolle. Während des Krieges waren die Reallöhne massiv gesunken, in vielen Arbeiterfamilien herrschte bittere Not. Nach der Revolution erwarteten sie nun eine rasche und deutliche Verbesserung ihrer Situation. Als die nicht eintrat, begehrten die Arbeiter im Ruhrgebiet und im mitteldeutschen Industrierevier auf, in Berlin entwickelte sich im März ein Generalstreik zum Aufstand. Im April folgten wieder Streiks im Ruhrgebiet. Nur selten war das Motiv eine grundsätzliche Ablehnung der parlamentarischen Demokratie, wie etwa im Fall der Münchner Räterepublik, die am 7. April ausgerufen wurde.

Stets jedoch schlugen Freikorps und Truppen der Regierung die Proteste nieder und gingen dabei mit großer Brutalität vor. Die politische Verantwortung dafür trug Gustav Noske, der als Reichswehrminister stur den Kurs weiterverfolgte, den die Regierung im Januar eingeschlagen hatte. Für ihn war der Einsatz militärischer Gewalt nicht Ultima Ratio, sondern einzige Option. Er ließ den vielfach rechtsextrem orientierten Freikorps nahezu vollständig freie Hand. Das führte bei einem Teil der sozialistischen Arbeiterschaft zu nachhaltiger Verbitterung.

Noch gravierender war die Veränderung der Stimmung in bürgerlichen Kreisen.[1] Dort hatten noch im Januar die positiven Erwartungen überwogen. Man war froh über den glimpflichen Verlauf der Revolution gewesen, die entstehende Republik wurde als «Verheißung eines Neubeginns» begrüßt.[2] Zugleich gab es aber erhebliche Vorbehalte gegenüber dem Zustandekommen dieser Republik – selbst bei den liberalen Kräften, die später die Republik trugen. Schon nach wenigen Monaten wurde die Revolution zum reinen «Zusammenbruch» umgedeutet, dem die großen Ziele gefehlt hätten. Die Liberalen distanzierten sich aber auch aus politisch-strategischen Überlegungen von ihr, sie wollten der politischen Rechten keine Angriffsfläche bieten.[3]

Das katholische Milieu lehnte die Revolution ab. Bereits Ende November ließ der Münchener Erzbischof Michael v. Faulhaber einen Hirtenbrief von den Kanzeln verlesen, in dem es hieß, sie könne nach christlichen Grundsätzen nicht gebilligt werden.[4] Das brachte manchen Politiker der Zentrumspartei nicht nur in Gewissenskonflikte, sondern auch unter Rechtfertigungsdruck: Wie konnte man eine Republik stützen, die angeblich durch einen Verstoß gegen die göttliche Ordnung zustande gekommen war?

Ähnlich war die Haltung der protestantischen Kirchen. Die Revolution wurde als Verstoß gegen die Pflicht gebrandmarkt, die jeder Untertan der gottgewollten Obrigkeit schuldig sei. Auch aufgrund des traditionellen Bündnisses von Thron und Altar in Preußen fiel den Lutheranern der Zugang zu einer Republik außerordentlich schwer, an deren Beginn eine Revolution stand.[5]

Das deutschnationale und monarchistische Milieu war angesichts der Revolution in eine Art Schockstarre gefallen. Es hatte in den entscheidenden Novembertagen keinen ernsthaften Versuch gegeben, die Monarchie zu retten. Das Stillhalten war aber nicht mit einem Bekenntnis zur neu entstehenden Republik verbunden. Sobald sich die «alten Mächte» wieder einigermaßen sicher fühlten, vertraten sie lautstark ihre gewohnten Positionen. In der *Kreuzzeitung* war am 31. Dezember 1918 zu lesen, die Revolution habe alles genommen, worauf «wir» stolz waren. «Was die Feinde in jahrelangem Ringen nicht geschafft haben, haben wir selber uns angetan. Unseren kämpfenden Truppen haben wir den Dolch in den Rücken gestoßen.»[6]

Vergleichbar mit einer Epidemie, verbreitete sich im Frühjahr 1919 diese Dolchstoßthese im Land. Die Oberste Heeresleitung hatte sich schon im Herbst 1918 aus der Verantwortung für den verlorenen Krieg gestohlen. Es waren Politiker, die am 11. November den Waffenstillstandsvertrag unterzeichnen mussten – ein militärgeschichtlich beispielloser Vorgang. Schon bald setzten die Generäle die Legende in Umlauf, ohne Revolution hätte der Krieg noch lange fortgesetzt, vielleicht sogar gewonnen werden können. Die Revolution in der Heimat sei der Dolchstoß in den Rücken des kämpfenden Heeres gewesen. Ähnliche Äußerungen kamen aus den Reihen der national orientierten protestantischen Kirchenleitungen.[7]

Die Dolchstoßlegende wurde sehr schnell zentraler Bestandteil der Kampfideologie der extremen Rechten, sie war aber weit über den Kreis der kompromisslosen Gegner der Republik hinaus attraktiv, denn sie kam «einem im bürgerlich konservativen Deutschland weit verbreiteten Bedürfnis entgegen, sich durch Selbsttäuschung den Konsequenzen der Katastrophe von 1918 zu entziehen».[8] Vielen erschien sie plausibel, weil beim Abschluss des Waffenstillstandes am 11. November die deutschen Truppen noch tief in Feindesland standen.

In dieser Stimmungslage kam es im April 1919 in der Nationalversammlung zu einer grundsätzlichen Debatte über die Revolution und den 9. November. Hintergrund war die Frage von Feiertagen in der neuen deutschen Republik. Für die Repräsentanten der sozialdemokratischen Parteien lag der Gedanke nahe, den 9. November zum Nationalfeiertag zu machen. Wenn ein Tag Symbol für den Beginn der Demokratie im Land war, dann der 9. November. Der SPD-Führung war allerdings bewusst, dass ihre bürgerlichen Koalitionspartner dafür wohl kaum zu gewinnen waren. Drängender stand in den Augen der Sozialdemokraten zunächst die Frage im Raum, wie die Republik mit dem 1. Mai umgehen sollte, dem traditionellen Kampf- und Feiertag der internationalen Arbeiterbewegung. Da die Revolution von Arbeitern und Soldaten getragen und zum Erfolg geführt worden war, lag es auf der Hand, den 1. Mai zum Feiertag zu machen und der Arbeiterschaft durch dieses Symbol zu signalisieren, dass der neue Staat auch ihr Staat sei.

So legte die Reichsregierung am 10. April 1919 einen Gesetzentwurf vor, dessen Ziel es war, den 1. Mai als Nationalfeiertag einzuführen. Vom 9. November war zunächst nicht die Rede. Aber sogar der 1. Mai war in den Regierungsfraktionen heftig umstritten und wurde auf Antrag der DDP nur einmalig für 1919 mit der Maßgabe zum Feiertag gemacht, die Maikundgebungen zugleich zu Demonstrationen «für einen gerechten Frieden, für sofortige Befreiung der Kriegsgefangenen, für die Räumung der besetzten Gebiete und für volle Gleichberechtigung im Völkerbund» zu machen.[9] Selbst die Linksliberalen waren nicht zu einem symbolischen Zugeständnis an die Arbeiterbewegung bereit, der Deutschland die Demokratie verdankte. Erst 1934 wurde der 1. Mai dauerhaft zum gesetzlichen Feiertag gemacht – nun mit ganz anderen Absichten.

Dass die Nationalversammlung am 15. April 1919 auch über den 9. November debattierte, war einem Antrag der USPD zu verdanken, die forderte, sowohl den 1. Mai als auch den 9. November zu «Nationalfesttagen» zu erklären und zu allgemeinen Feiertagen zu machen.[10] Dieser Antrag stieß auf heftige Kritik der politischen Rechten. Der Abgeordnete Költzsch (DNVP) erklärte, der 9. November sei «der Tag, der uns die Marine, der uns das Heer über den Haufen warf. Der Tag, der es unsern Feinden in die Hand gab, dass sie uns behandeln konnten, wie sie wollten, unwürdig wie ein Sklavenvolk.»[11] Auch die Linksliberalen gingen auf Distanz. Dr. Pachnicke erklärte für die DDP, man könne nicht dafür stimmen, den 9. November zu feiern. «Revolutionen treten ein – das lehrt uns die Geschichte –, wenn Reformen versäumt werden. Darum braucht nicht jede Revolution ein Glück zu sein, und vollends war die letzte Revolution in der militärischen Lage, in der wir uns befanden, kein Glück für uns, das wir zu feiern hätten.»[12]

Hugo Haase (USPD) gab sich in seiner Replik kämpferisch und überzeugt, dass die Zeit trotz aller Widerstände auf seiner Seite sei. «Am 9. November haben die Volksmassen das alte Regime beseitigt und die Neugestaltung Deutschlands angebahnt. Ich verstehe es sehr wohl, dass den Herren von der Rechten, ja auch den Herren in der Demokratischen Partei diese Erinnerung nicht angenehm ist, dass sie den 9. November am liebsten aus der Erinnerung des Volkes auslöschen möchten, denn sie haben die Revolution ja nur widerwillig über sich ergehen lassen.» Die Arbeiterklasse könne sich aber durchaus damit abfinden, dass diese Nationalversammlung der Revolution noch «verständnislos, ja feindlich» gegenüberstehe, denn sie sei überzeugt, dass die Revolution «sich bis zum siegreichen Ende fortsetzen wird.»[13]

Der Antrag der USPD wurde mit großer Mehrheit abgelehnt, auch von der SPD, die dadurch im Zusammenspiel mit der DDP wenigstens für 1919 den 1. Mai als Feiertag zu retten versuchte. Dass die Sozialdemokraten in der Nationalversammlung aus taktischen Gründen gegen die eigene Überzeugung stimmten, zeigen die Vorgänge in der Preußischen Landesversammlung. Dort hatte die USPD am 12. April den Antrag gestellt, den 1. Mai und den 9. November zu Feiertagen zu erklären.[14] SPD und USPD stimmten gemeinsam dafür, aber die meisten bürgerlichen und nationalen Mitglieder der Landesversammlung sabotierten die Abstimmung, so dass die Versammlung nicht beschlussfähig und der Antrag damit abgelehnt war. Bei diesem Ergebnis blieb es auch ein halbes Jahr später. Am 28. November 1919 lehnte die Preußische Landesversammlung den Antrag der USPD ab, den 9. November als gesetzlichen Feiertag einzuführen – gegen die Stimmen der beiden sozialdemokratischen Fraktionen.[15]

Erfolgreicher waren die sozialdemokratischen Parteien in Sachsen, wo sowohl der 1. Mai als auch der 9. November per Gesetz zum Feiertag gemacht wurden. Andere Länder folgten, auch in Thüringen, Braunschweig und Anhalt wurde der 9. November gesetzlicher Feiertag. Es gab in den folgenden Jahren allerdings immer wieder Versuche, diese gesetzlichen Feiertage abzuschaffen oder durch eingreifende Gesetzgebung des Reichstags zu streichen. Dabei ging es ganz offensichtlich nicht um arbeitsfreie Tage, sondern um Symbolpolitik. Weit über das nationale Lager hinaus waren die bürgerlichen Parteien nicht bereit, sich wirklich zu Republik und Revolution zu bekennen. Die Ideale von 1848 waren 70 Jahre lang unter preußisch-deutscher Machtpolitik verschüttet worden. Im bürgerlichen Lager dachte und fühlte die weitaus überwiegende Mehrheit national, nicht demokratisch.

Als am 7. Mai 1919 die Friedensbedingungen bekannt wurden, die dem Deutschen Reich nach dem Willen der ehemaligen Kriegsgegner auferlegt werden sollten, tobte wochenlang ein Sturm der nationalen Empörung im Land, dem sich kaum einer entgegenzustellen wagte. Von einem «Friedensvorschlag der Vergewaltigung» war die Rede, von «Gewalt ohne Maß und Grenzen», die dem deutschen Volk angetan werde, von einem «Gewaltfrieden», aus dem «neuer Hass zwischen den Völkern und im Verlauf der Geschichte neues Morden erwachsen» werde. Am 12. Mai sprach Scheidemann in der Nationalversammlung davon, dass das deutsche Volk erdrosselt werden solle. «Welche Hand müsste nicht verdorren, die sich und uns in solche Fesseln legte? (…) Dieser Vertrag ist nach Auffassung der Reichsregierung unannehmbar.»[16] Da substanzielle Änderungen nicht zu erreichen waren, trat die Regierung Scheidemann zurück. Allerdings gab es auch keine Alternative zur Unterzeichnung, und so übernahm der Sozialdemokrat Gustav Bauer das Amt des Reichsministerpräsidenten. Am 28. Juni setzten schließlich Außenminister Hermann Müller (SPD) und Reichsverkehrsminister Johannes Bell (Zentrum) im Spiegelsaal von Versailles ihre Unterschriften unter den Friedensvertrag.

Im Eifer der nationalen Empörung über den «Gewaltfrieden» erinnerte kaum einer daran, dass das Deutsche Reich Russland im Friedensvertrag von Brest-Litowsk die Abtretung weitaus größerer Gebiete, Bevölkerungsanteile, Industrieanlagen und Bodenschätze aufgezwungen hatte. Ganz offensichtlich war man in Berlin nicht wirklich bereit, die eigene militärische Niederlage anzuerkennen. Die nationale Propaganda bestritt zudem jede deutsche Verantwortung für das Zustandekommen des Krieges, und mit Hilfe der Dolchstoßlegende gelang es der politischen Rechten, Revolution und Republik für alle Folgen des verlorenen Krieges verantwortlich zu machen. Alle Schwierigkeiten und Demütigungen, die ganze Not und alles Elend der Nachkriegszeit wurden der Revolution und der Republik in die Schuhe geschoben.

Aber nicht nur DNVP und DVP bekämpften in den ersten Jahren die Republik bis aufs Messer, sondern auch die große Mehrheit der deutschen Historiker. Mit ihren weitverbreiteten Standardwerken zur deutschen Geschichte trugen sie wesentlich zur historisch-politischen Orientierung des Bürgertums bei. Fritz Hartungs *Deutsche Geschichte*, die 1920 erstmals erschien und bis 1952 in vielen Auflagen gedruckt wurde, war ein einziges Loblied auf das Kaiserreich. Hartung war ein vehementer Verfechter der Dolchstoßthese. Deutschland habe sich mit gebundenen Händen und Füßen übermütigen Feinden ausgeliefert, müsse Frondienste leisten, ohne damit auch nur Ruhe und Sicherheit erwerben zu können. «Mit selbstbewusstem Stolz verkünden wir in der Welt, dass wir die freieste Verfassung, das demokratischste Wahlrecht haben. Aber diese Freiheit bedeutet (...) nichts anderes als staatliche Unordnung und Zuchtlosigkeit».[17]

Der an der Berliner Friedrich-Wilhelms-Universität lehrende Dietrich Schäfer formulierte 1919: «Die Männer des 9. November (...) haben Deutschland in einen Zustand versetzt, wie es ihn elender und hoffnungsloser nie gesehen hat.»[18] In seiner vielgelesenen zweibändigen *Deutschen Geschichte* ließ Schäfer kein gutes Haar am neuen Staat: «An die Stelle des Kaiserreichs trat die Republik. Sie verkündete Frieden, Freiheit und Brot. Sie hat Unfrieden, Knechtschaft und Hunger gebracht.»[19] Die Revolution schilderte er wie Dantes Inferno: «Jetzt waren alle Höllengeister losgelassen. Roheste Beute- und Genussgier, brutale Missachtung jeder Art von Recht und Sitte wurden tägliche Übung. Raub und Plünderung, Erpressung und Diebstahl, Lug und Trug, Gewalttat und Arglist sind in deutschen Landen wohl niemals in dem Maße an der Tagesordnung gewesen wie in den Wochen und Monaten nach der Revolution.»[20]

Ganz ähnlich klang das 1919 auch bei Gustav Stresemann. Der DVP-Vorsitzende zog am 5. November 1919 in der Wochenschrift *Deutsche Stimmen* eine vernichtende Bilanz: «Überall Niederbruch, fast nirgends ein Anfang von Neuem. – Das ist die Novemberstimmung, in der das deutsche Volk den Jahrestag der Revolution begeht. (...) Der Friede war nur noch unter Opfern zu erkaufen, aber dass er zum Niederbruch unserer ganzen Weltstellung führte, das ist die Errungenschaft der Revolution. Und deshalb wird der Revolutionstag nie nationaler Gedenktag in Deutschland werden. Die Revolution und die Republik, beide vermögen dem Gemüt des deutschen Volkes nichts zu geben. Die leidenschaftliche Auflehnung der deutschen akademischen Jugend und Schuljugend in den gebildeten Ständen gegen den Geist des 9. November zeigt uns den Weg in die neue Zukunft. (...) Die gemütsarme und in der Niedertrampelung unserer nationalen Ehre gemütsrohe Revolution hat bei dieser Jugend ausgespielt und sich damit um ihr Zukunftsgedenken im deutschen Volke gebracht. Sie wird nie mit deutscher Größe, sondern sie wird nur in Verbindung mit dem deutschen Elend der Gegenwart genannt und von späteren Geschlechtern verflucht werden.»[21]

Aus ganz anderen Gründen waren linke Sozialdemokraten mit der Entwicklung unzufrieden, etwa Heinrich Ströbel (USPD), der im November und Dezember 1918 Preußischer Ministerpräsident gewesen war. Er kritisierte in seinem Rückblick, dass bislang eine grundlegende Demokratisierung der Gesellschaft unterblieben sei, und fürchtete, dass «Junker und Großbourgeoisie» nur darauf brannten, der Republik «bei erster Gelegenheit den Todesstoß zu versetzen».[22]

Der Leitartikel des KPD-Zentralorgans *Die Rote Fahne* «Zum 9. November» verwies 1919 auf die Oktoberrevolution und stellte fest, die deutschen Arbeiter müssten aus dem «heiligen Feuer der russischen Revolution» Mut und Kraft schöpfen, um ihr eigenes Werk, die proletarische Revolution in Deutschland, zu vollenden. Der 9. November sei kein Grund zum Feiern, denn es sei auch der Tag des beispiellosen Verrats der «Mehrheitssozialisten» an der Revolution. An dieser Haltung hielt die KPD in den folgenden Jahren fest.[23]

Auch der Demokrat und Chefredakteur des *Berliner Tageblatts*, der am 10. November 1918 das Schlagwort von der «größten aller Revolutionen» geprägt hatte, schrieb ein Jahr später von einem grauen Novembertag, «an dem ein Regime zusammenstürzte, das niemand mehr hielt.» Jetzt klagte Theodor Wolff darüber, dass da keine Marseillaise gewesen sei, welche die Herzen fortgerissen habe. Dass die Marseillaise nicht 1789, sondern 1792 komponiert und erst weitere drei Jahre später zur französischen Nationalhymne gemacht wurde, erwähnte er nicht – und das war durchaus symptomatisch. Linke Intellektuelle und die Minderheit der Demokraten im Bürgertum formulierten schnell die höchsten Erwartungen unterschiedlichster Art an die junge Republik und verklärten dabei auch historische Vorbilder, insbesondere die große Französische Revolution. Was die Zukunft anging, gab sich Wolff allerdings durchaus optimistisch und setzte auf die Bildungseinrichtungen: «Die deutsche Republik wird bestehen bleiben, wenn es gelingt, Schule und Universität zu ihren Verkündern zu machen, kommende Generationen in demokratischem Empfinden zu erziehen. Nicht heute, sondern in zwanzig Jahren möge man anfragen, ob es noch viel vom alten Geiste gibt!»[24]

Davon war man allerdings 1919 weit entfernt. An deutschen Hochschulen herrschte durchweg der schwarz-weiß-rote Geist des Kaiserreichs, nicht das Schwarz-Rot-Gold der Republik. Als sich am 21. Februar 1919 an der Münchner Universität die Nachricht von der Ermordung des bayerischen Ministerpräsidenten Kurt Eisner verbreitete, herrschte ein derartiger Jubel, dass Prof. Wilhelm Röntgen seine Vorlesung aussetzen musste, notierte der Münchner Gymnasialprofessor Josef Hofmiller in seinem *Revolutionstagebuch 1918/19*. Er hielt auch fest, dass die Schüler seiner Schule «die Nachricht von der Ermordung Eisners mit Jubel aufnahmen. Im Hof unten schrie alles ‹Hurra›».[25]

Nur im sozialdemokratischen Milieu überwog zum ersten Jahrestag im November 1919 positive Stimmung, mitunter sogar eine gewisse Euphorie. Der *Vorwärts* nannte den 9. November 1918 den «größten

Wendepunkt in der Geschichte des deutschen Volkes und der Arbeiterschaft»[26]. Natürlich habe die Umwälzung des November 1918 nichts Vollkommenes geschaffen, sondern «nur etwas Entwicklungsfähiges, Werdendes», betonte Friedrich Stampfer, der Chefredakteur. Aber man dürfe nicht verkennen, «dass hier die Arbeiterklasse einem großen Staat die Zeichen ihres Geistes aufgeprägt hat. Das arbeitende Volk hat aus dem Trümmerfall des Weltkriegs die demokratische Republik Deutschland geschaffen, niemand wird auf Dauer imstande sein, ihm in diesem Hause, das es sich selbst gebaut hat, eine Knechtsrolle aufzuzwingen.»[27]

Etwa 70 Veranstaltungen führte die SPD allein in Berlin im November 1919 durch. Den Gewerkschaften gelang es, mit den Arbeitgebern eine demonstrative «Arbeitsruhe» zu verabreden – 1919 und auch noch in den folgenden Jahren. Die breite Hauptströmung der SPD wollte nicht in Vergessenheit geraten lassen, dass die Revolution 1918 die Geburtsstunde der deutschen Republik war. Sie wollte den 9. November nicht kampflos den Dolchstoß-Demagogen überlassen.

Deren Thesen prägten allerdings die politische Debatte auf Jahre hinaus. Populäre Kriegshelden wie Hindenburg verstärkten die Legende immer wieder aufs Neue. In seinen 1920 erschienenen Erinnerungen wählte Hindenburg ganz direkt das geläufige mythologische Bild: «Wie Siegfried unter dem hinterlistigen Speerwurf des grimmigen Hagen, so stürzte unsere ermattete Front; vergeblich hatte sie versucht, aus dem versiegenden Quell der heimatlichen Kraft neues Leben zu trinken.»[28]

Schon 1920 hatte sich die Stimmung im Land massiv verändert. Im März 1920 putschten Truppen der Reichswehr unter General Walther Freiherr von Lüttwitz gegen die Republik. Der ostpreußische Generallandschaftsdirektor Wolfgang Kapp wurde «Reichskanzler» der Putschistenregierung. Als die Reichswehrführung sich weigerte, die Republik zu schützen und gegen die Putschisten vorzugehen, riefen Regierung, Sozialdemokratie und Gewerkschaften zum Generalstreik auf. Der «Kapp-Lüttwitz-Putsch» brach nach wenigen Tagen zusammen. In der Folge fanden bereits am 6. Juni 1920 Wahlen zum Reichstag statt. Ihr Ergebnis zeigte, dass sich die politischen Verhältnisse im Vergleich zum Januar 1919 grundlegend verändert hatten. Die SPD erreichte nur noch 21,6 Prozent der Stimmen – nach 37,9 Prozent bei der Wahl zur Nationalversammlung im Januar 1919. Sie hatte in weniger als einein-

Kapp-Lüttwitz-Putsch im März 1920. Die Regierung floh aus Berlin, weil die Reichswehr sich weigerte, gegen die putschenden Verbände vorzugehen.

halb Jahren mehr als 40 Prozent ihrer Wählerschaft verloren. Die USPD kam auf 17,9 Prozent der Stimmen, mehr als doppelt so viel wie im Januar 1919, und war nun fast auf Augenhöhe mit der SPD. Die KPD blieb mit 2,1 Prozent eine Splitterpartei. Gravierender noch war die Entwicklung im bürgerlichen Lager. DVP und DNVP, die Parteien der nationalen und nationalistischen Rechten, verdoppelten ihren Stimmenanteil auf knapp 29 Prozent. Große Verlierer waren die liberalen Demokraten, die von 18,5 auf 8,3 Prozent absacken. Die «Weimarer Koalition» verlor im Juni 1920 ihre Mehrheit.

Angesichts dieses politischen Erdrutsches war von nun an gar nicht mehr daran zu denken, den 9. November zum Nationalfeiertag zu machen. 1920 kam der 11. August als nationaler Feiertag ins Gespräch, der Tag, an dem der Reichspräsident die Verfassung unterzeichnet hatte. Aber trotz mehrerer Anläufe gelang es den jetzt bürgerlich geführten Regierungen nicht, eine Reichstagsmehrheit dafür zu gewinnen. Ab 1921 fanden dennoch amtliche Verfassungsfeiern an diesem Tag statt, wobei sich die Suche nach einem Festredner oft schwierig gestaltete. Selbst ein Vernunftrepublikaner wie der renommierte Historiker Prof. Hermann

Oncken lehnte 1921 eine Ansprache «aus gesundheitlichen Gründen» ab und plädierte zugleich für den 18. Januar als Gedächtnis- oder Sammlungstag der Republik. Dieser Termin entspreche «der allgemeinen Stimmung».[29] Am 18. Januar 1871 war in Versailles das Deutsche Kaiserreich ausgerufen worden.

An den Universitäten wurde weiterhin das Kaiserreich hochgehalten. In Tübingen feierte man seit 1921 den Reichsgründungstag, um den Bemühungen der Regierung entgegenzutreten, den Verfassungstag als Feiertag zu etablieren. Bei universitären Feiern wurde laufend die Vergangenheit in strahlenden Farben beschworen, jede Kriegsschuld Deutschlands bestritten und Revanche für Versailles gefordert. Die symbolische Ebene universitärer Feierlichkeiten war vollständig antirepublikanisch besetzt. Beim Antritt seines Amtes als Rektor der Berliner Humboldt-Universität erklärte beispielsweise der Althistoriker Eduard Meyer, der 9. November habe zur Selbstentmannung eines ganzen Volkes geführt. Der Tag war für Meyer das Symbol des politischen, geistigen und moralischen Niedergangs eines Volkes, das plötzlich und vollständig versagt habe – in seinen Augen ein einmaliger Vorgang in der Weltgeschichte. 1924 äußerte er die Befürchtung, ein Volk, das einmal der Demokratie verfallen sei, komme davon nicht wieder los.[30]

Adolf Hitler erlebte den Beginn der Revolution im Lazarett, sie war sein politisches Erweckungserlebnis. So jedenfalls beschrieb er es im ersten Band von *Mein Kampf*, den er 1924 während seiner Festungshaft in Landsberg formulierte. Das Kapitel «Die Revolution» endet mit dem Satz: «Ich aber beschloss nun, Politiker zu werden.» Auch wenn diese Entscheidung sicher erst ein Jahr später in München fiel: Der Nationalsozialismus verstand sich in allererster Linie als Bewegung gegen die Revolution von 1918/19. Kein Tag des Jahres reizte Hitler mehr als der 9. November, in pathetischen Appellen und Schwüren unverhüllt den gewaltsamen Sturz der Republik zu fordern. Dieser Staat sei ins Leben gerufen worden, rief er beispielsweise bei seiner Rede am 9. November 1927 im Münchner Bürgerbräukeller, «von einer Koalition von Zuhältern, Dieben, Deserteuren, Einbrechern und Schiebern, und an der Spitze der Organisator dieser genialen Methode, der internationale Hebräer, der Jude».[31] Klares Ziel war es, die «Schmach» von 1918 durch die Beseitigung der eigentlich Schuldigen, der Feinde im Inneren auszumerzen. Den Begriff «Novemberverbrecher» verwendete Hitler öffentlich erstmals am 18. September 1922. Er machte die «Novemberverbrecher» nicht nur für den Dolchstoß gegen das deutsche Heer, sondern auch für die Unterzeichnung des Versailler Friedensvertrages verantwortlich.

Im *Völkischen Beobachter*, dem amtlichen Parteiorgan der Münchner Reichsleitung der NSDAP, wurde über den 9. November in aller Regel auf der Titelseite berichtet. «Wie an keinem anderen Tag wurde schon vor 1923 am 9. November im ‹Völkischen Beobachter› dazu aufgefordert, das Rad der Geschichte herumzureißen, der am 9.11.1918 errichteten ‹jüdischen Blutdiktatur› ‹brutalen Widerstand› entgegenzusetzen und die ‹völkische Wiedergeburt› Deutschlands zu organisieren. In diesem Sinne galt der 9. November den Nationalsozialisten als Tag der innerstaatlichen Kampfansage gegen die Republik von Weimar und die Juden.»[32]

Diese Kampfansage wurde allerdings außerhalb der Münchner Stadtgrenzen kaum zur Kenntnis genommen. Der *Völkische Beobachter* war zu Beginn der zwanziger Jahre das unbedeutende Presseorgan einer völkisch-antisemitisch-nationalistischen Splittergruppe, wie es sie in München zuhauf gab. Dabei wäre es vermutlich geblieben, wenn es nicht zum 9. November 1923 gekommen wäre, der im Grunde schon am Abend des Vortags begann ...

4

Nur die Spitze des Eisbergs – Der «Hitler-Putsch» 1923

Was in München Rang und Namen hatte, kam am Abend des 8. November 1923 in den Münchner Bürgerbräukeller: der bayerische Ministerpräsident Eugen Ritter von Knilling und mehrere seiner Minister, der Landeskommandant der Reichswehr Generalleutnant Otto von Lossow und der Landespolizeichef Oberst Hans Ritter von Seißer, ebenso der Kabinettschef des Kronprinzen Rupprecht von Bayern. Auch die Spitzen der bayerischen und der Münchner Behörden, der Wirtschaft, der Vaterländischen Verbände und Vereinigungen saßen im Saal, um den Bayerischen Generalstaatskommissar Gustav Ritter von Kahr zu hören.[1]

Kommerzienrat Eugen Zentz, einer der bekanntesten bürgerlichen Nationalen und führendes Mitglied der Vaterländischen Verbände, hatte die beste Gesellschaft der Landeshauptstadt in das renommierte Lokal geladen, wo Kahr unter dem Titel «Vom Volk zur Nation» eine programmatische Rede halten wollte. Der Termin wurde symbolträchtig genau zwischen den fünften Jahrestag der Münchner und den der Berliner Revolution gelegt. Man erwartete, dass der Generalstaatskommissar sein Programm für die Zukunft Bayerns und des Deutschen Reiches erläutern würde, man wollte dabei sein, wenn er die Notwendigkeit einer nationalen Diktatur in Berlin unterstreichen und für Bayern vielleicht sogar die Rückkehr zur Monarchie ankündigen würde.[2]

Schon um 19.15 Uhr war der Saal bis auf den letzten Platz gefüllt. Nur noch wenige Prominente wurden eingelassen.[3] Adolf Hitler hatte Kahr gebeten, nicht mit seinem Vortrag zu beginnen, bevor er da sei, aber Kahr fing wie vorgesehen um 20.15 Uhr an und meinte nur lapidar, für Herrn Hitler werde sich schon noch ein Platz im Raum finden.[4]

Kahr sprach in seinem «Manifest an die deutsche Nation» davon, dass der Kampf gegen den Marxismus der wesentliche Punkt eines Programms für die deutsche Zukunft sei – gemeint waren vor allem Sozialdemokraten, aber auch Kommunisten. Die breiten Massen müssten für die nationale Staatsgemeinschaft wiedergewonnen, die Ausstrahlung des Marxismus in die bürgerlichen Schichten müsse vernichtet werden. Nur so sei die Einheit der Nation zu erreichen. Die große Aufgabe der Zeit sei es, die Massen aus der geistigen Herrschaft des Marxismus zu lösen und sie an die nationale Staatsgemeinschaft zu fesseln.[5] In dem Moment, in dem Kahr ausführte: «In der Zeitaufgabe der Schaffung eines neuen Menschen liegt die sittliche Berechtigung der Diktatur, denn sie bietet die einzige Möglichkeit, die Grundlage des neuen Geschlechts freier Deutscher zu schaffen», da wurden die Saaltüren aufgestoßen, ein schweres Maschinengewehr wurde rasselnd hereingeschoben, und durch die erschreckte Menge drängte sich ein Stoßtrupp Bewaffneter, voran Adolf Hitler.[6]

Hitler hielt eine Pistole in der Hand und schrie: «Soeben ist die nationale Revolution ausgebrochen!» An verschiedenen Stellen des Saals zogen nun Hitlers «Kampfbundleute», die als angebliche Zuhörer dort gesessen hatten, Pistolen und Handgranaten aus den Taschen. Es ging drunter und drüber, Hitler blieb im Gedränge stecken. «Nun sprang Hitler, der sich mit Fäusten und Ellbogen Platz zu schaffen suchte und einfach nicht mehr vom Platze kam, auf einen Stuhl, brüllte ‹Ruhe!›, lud durch und feuerte einen Schuss an die Decke. Während seine Leute sich vor verschiedenen Würdenträgern aufbauten, wurde es fast schlagartig still. (...) Mit vor Erregung fast überschlagender Stimme verkündete er nun nochmals den Anbruch der nationalen Revolution, warnte, der Saal sei von 600 Schwerbewaffneten umstellt, wenn nicht gleich Ruhe eintrete, lasse er ein Maschinengewehr auf die Galerie bringen, und beruhigte, Reichswehr und Landespolizei rückten bereits unter der Hakenkreuzfahne heran. Die bayerische Regierung sei abgesetzt, eine provisorische Reichsregierung werde gebildet.»[7] Dann forderte Hitler Kahr, Lossow und Seißer auf, mit ihm in ein Nebenzimmer zu kommen: «Ich garantiere für Ihre Sicherheit.»[8]

Aus heutiger Sicht erscheint gespenstisch und grotesk, was sich an jenem Abend im Münchner Bürgerbräukeller abgespielt hat – und vor allem erklärungsbedürftig. Warum besetzte Hitler den Saal, um eine «nationale Revolution» auszurufen? Wie war es möglich, dass er fünf Jahre nach Kriegsende über einen paramilitärischen Verband mit weit mehr als 600 Schwerbewaffneten und Maschinengewehren verfügte? Warum bat er den Generalstaatskommissar, den Landespolizeichef und den Kommandeur der bayerischen Reichswehrtruppen in ein Nebenzimmer? Ohne einen Blick in die sehr spezielle Geschichte Bayerns seit 1918 sind die Ereignisse des 8. und 9. November 1923 nicht zu verstehen.

Schon zwei Tage bevor in Berlin am 9. November 1918 die Revolution siegte, war in München der Freistaat Bayern ausgerufen und die Herrschaft der Wittelsbacher beendet worden. Kurt Eisner (USPD) wurde erster Ministerpräsident und regierte mit einer revolutionären Übergangskoalition aus SPD und USPD. Bei den Landtagswahlen am 12. Januar 1919 erhielt Eisners USPD weniger als drei Prozent der abgegebenen Stimmen, so dass – auch aus seiner Sicht – sein Rücktritt als Ministerpräsident unausweichlich war. Auf dem Weg zur konstituierenden Sitzung des Landtags, bei der er den Rücktritt bekannt geben wollte, wurde Eisner am 21. Februar von einem beurlaubten Leutnant mit antisemitischer und nationalistischer Gesinnung erschossen.

Dieser politische Mord prägte die Stimmung in München im Frühjahr 1919. Er führte zu heftigsten Auseinandersetzungen nicht nur im Landtag, sondern auch zwischen dem Landtag und den nach wie vor amtierenden Arbeiter- und Soldatenräten. In den aufgewühlten und unübersichtlichen Verhältnissen wurde am 7. April 1919 in München eine erste, stark von Intellektuellen geprägte Bayerische Räterepublik ausgerufen. Sie war nach einer Woche bereits am Ende, wurde dann aber unter starkem Einfluss der KPD weitergeführt. Freiwilligenverbände schlugen diese Räterepublik Anfang Mai im Auftrag der Reichsregierung und der vom Landtag gewählten bayerischen Regierung mit großer Brutalität nieder.

Im Frühjahr und Sommer 1919 entstanden in Bayern unzählige Einwohnerwehren mit insgesamt bis zu 400 000 Mann, bewaffnet mit Handfeuerwaffen bis hin zu Maschinengewehren, die aus Beständen des alten Heeres und von Freikorps stammten, deren Auflösung jetzt begann. Diese Wehren waren wie besessen von der Vorstellung, «man müsse sich gegen eine Bedrohung von links zur Wehr setzen, und dabei sei jedes Mittel recht.»[9] Sie wurden von den Behörden nicht nur geduldet, sondern nach Kräften unterstützt. Angesichts der Reduzierung der Reichswehr auf 100 000 Mann, die der Versailler Friedensvertrag vorschrieb, sah man in ihnen auch eine Art paramilitärischer Einsatzreserve.

Nach der Niederschlagung der Räterepublik wählte der Landtag eine neue Regierung, die sich auf SPD, Bayerische Volkspartei und DDP stützte und von Johannes Hoffmann (SPD) geführt wurde. Daneben aber bestand nun eine Art Militärregime, das den Primat der Politik nur bedingt anerkannte.[10] Die Stimmung driftete nach rechts, der Landtag wurde immer mehr an den Rand des politischen Geschehens gedrängt. Im November 1919 wurde die Bayerische Königspartei gegründet, deren Ziel es war, die Monarchie wiederherzustellen. Ihre Repräsentanten bezeichneten die Annahme der Weimarer Verfassung durch den bayerischen Landtag als «Landesverrat». Ab 1920 kursierten in diesem Umfeld Pläne zur Errichtung einer Diktatur. Man nahm Kontakt mit den französischen Besatzungsgenerälen in Mainz und Speyer auf, um Unterstützung für eine Loslösung Bayerns vom Deutschen Reich zu bekommen.[11]

Während des Kapp-Lüttwitz-Putsches im März 1920 schloss sich zwar die VII. (bayerische) Reichswehrdivision nicht den Berliner Putschisten an, nötigte aber am 14. März gemeinsam mit den Einwohnerwehren die Regierung Hoffmann zum Rücktritt. Zwei Tage später wählte der Landtag auf Vorschlag der Bayerischen Volkspartei den bisherigen Regierungspräsidenten von Oberbayern Gustav Ritter von Kahr zum Ministerpräsidenten. Kahr war erklärter Monarchist und stand in den Augen vieler für Ruhe, Sicherheit und Ordnung.[12] Die vollziehende Gewalt wurde dem Kommandeur der VII. Reichswehrdivision General Arnold v. Möhl übertragen. Ziel dieses Staatsstreichs war es nicht nur, die SPD dauerhaft aus der bayerischen Regierung zu drängen, gestützt auf die Einwohnerwehren, ließ Kahr auch die Arbeiter- und Soldatenräte auflösen und arbeitete darauf hin, Bayern zur «Ordnungszelle des Reiches» zu machen. Von dieser «Ordnungszelle» aus sollte das angeblich im Chaos des Sozialismus versinkende Deutsche Reich gerettet werden.

Bayern entwickelte sich jetzt sehr schnell zum Rückzugs- und Aktionsraum völkischer, nationalrevolutionärer und nationalistischer Kräfte aus ganz Deutschland. Wem anderswo der Boden zu heiß wurde, der flüchtete in die «Ordnungszelle». Putschisten und Freischärler aus dem Baltikum kamen nach Bayern, ebenso die Führer der aufgelösten Marinebrigade Ehrhardt. Von hier aus organisierte Kapitän Hermann Ehrhardt seine Organisation «Consul», auf deren Konto viele der politischen Morde der extremen Rechten gingen – zwischen 1919 und 1922 waren es insgesamt 354.[13] Auch General Erich von Ludendorff, der starke Mann der Obersten Heeresleitung im Weltkrieg, nahm nun Residenz in einer Villa in Ludwigshöhe vor München und wurde als «Nationalfeldherr» zur Hoffnung aller völkisch-nationalistischen Kräfte, die «nur ein Ziel kannten: die Republik zu stürzen».[14] Das antisozialistische und konterrevolutionäre Regime Kahrs verwandelte Bayern in ein «Eldorado für Rechtsextremisten aus ganz Deutschland».[15]

Trotz seines heftigen Widerstandes musste Kahr auf Verlangen der Alliierten und der Reichsregierung im Sommer 1921 die bayerischen Einwohnerwehren auflösen. Er blieb allerdings auf hartem Konfrontationskurs zur Reichsregierung, bis schließlich die Bayerische Volkspartei die Reißleine zog, um den Konflikt mit Berlin etwas zu entschärfen. Kahr musste am 12. September 1921 als Ministerpräsident zurücktreten und kehrte auf seinen früheren Posten als Regierungspräsident von Oberbayern zurück.

Auch unter Kahrs Nachfolgern entwickelte sich allerdings die «Ordnungszelle Bayern» immer weiter zum Zentrum der gegenrevolutionären Kräfte aller Spielarten.[16] Die riesige bayerische Einwohnerwehr existierte zwar nicht mehr, aber kleinere Organisationen und Kampfbünde waren erhalten geblieben, etwa der «Bund Oberland», die «Reichsflagge», die «Vaterländischen Vereine Münchens» oder die Sturmabteilung (SA) der NSDAP. Zwischen ihnen und der Reichswehr gab es vielfältige geheime Verbindungen. Am 1. Januar 1921 war die Begrenzung der Reichswehr auf 100 000 Mann in Kraft getreten. Um sie zu umgehen, förderte die Reichswehr die paramilitärischen Wehrverbände. Sie unterhielt geheime Waffenlager und Alarmeinheiten, baute eine «Schwarze Reichswehr» auf und versuchte Verstärkungsverbände und ausgebildete Auffüllreserven zu schaffen und zu erhalten.[17] Die illegalen Kampfverbände wurden im Umgang mit Waffen aller Art geschult und verfügten auch über schwere Geschütze, mitunter sogar über Panzer und Flugzeuge.[18]

Die bayerische Reichswehr unterstützte aber nicht nur paramilitärische Verbände der nationalistischen und völkischen Rechten, sie wurde selbst schon früh zu einem Sammelbecken reaktionärer, antirepublikanischer Kräfte, unter denen es in den frühen zwanziger Jahren auch immer mehr Anhänger Hitlers und seiner NSDAP gab.[19]

Hitler war im Januar 1919 nach München gekommen. Der Gefreite war im Krieg als Meldeläufer an der Westfront eingesetzt, mehrfach verwundet und mit dem Eisernen Kreuz Zweiter und Erster Klasse ausgezeichnet worden. Die Revolution hatte er im Lazarett Pasewalk in Vorpommern erlebt. Hitler war noch Soldat der Reichswehr, als er nach München kam, und er versuchte es wegen des regelmäßigen Einkommens so lange wie möglich zu bleiben. Erst am 31. März 1920 wurde er schließlich entlassen. Zunächst war er «Vertrauensmann», später wurde er zur nationalen Schulung und Überwachung seiner Kameraden eingesetzt. Rasch erwarb er sich den Ruf, «national zuverlässig» zu sein.[20] Seine politische Karriere begann Hitler nicht nur während seiner Zeit im Dienst der Reichswehr, sondern geradezu in deren Auftrag.

Von entscheidender Bedeutung war dabei Hauptmann Karl Mayr, der am 30. Mai 1919 das Kommando über die Aufklärungs- und Propagandaabteilung der bayerischen Reichswehr übernahm. Im Auftrag Mayrs beobachtete Hitler die Deutsche Arbeiterpartei, eine kleine völkische Splitterpartei, die am 5. Januar 1919 in München gegründet worden war. In der zweiten Septemberhälfte 1919 trat Hitler der Partei bei – offiziell mit der Mitgliedsnummer 555. Da die Zählung erst bei 501 begann, war er das 55. Parteimitglied und das siebte Mitglied im Parteiausschuss.[21] Vermutlich hatte Hitlers Vorgesetzter auch bei dieser Mitgliedschaft die Finger im Spiel, denn der Hauptmann stand dem Gedankengut der Deutschen Arbeiterpartei nahe. Am 20. September 1920 schrieb er an den im Exil lebenden Putschisten Wolfgang Kapp: «Die nationale Arbeiterpartei muss die Basis geben für den starken Stoßtrupp, den wir erhoffen. (...) Ich habe sehr tüchtige junge Leute auf die Beine gebracht. Ein Herr Hitler z. B. ist eine bewegende Kraft geworden, ein Volksredner 1. Ranges. In der Ortsgruppe München haben wir über 2000 Mitglieder, während es im Sommer 1919 noch keine 100 waren.»[22]

Im Lauf eines Jahres wurde Hitler zum populärsten Redner der Deutschen Arbeiterpartei, die sich im Februar 1920 in «Nationalsozialistische Deutsche Arbeiterpartei» umbenannte. Ende 1920 hatte er auf über 30 Massenveranstaltungen gesprochen – meistens vor 800 bis 2500 Personen – und auf vielen kleineren, innerparteilichen Versammlungen. Rasch wurde er für die Bewegung unentbehrlich.[23] Als es ihm am 3. Februar 1921 gelang, 6500 Zuhörer im Circus Krone, Münchens größtem Saalbau, zu «glühender Begeisterung» mitzureißen, begann er selbst an sein Charisma zu glauben. Er sah sich nun als «Trommler» der kommenden nationalen Revolution. Drei Monate später empfing ihn Ministerpräsident von Kahr. Mit seiner hämmernden Agitation gegen die Republik fand Hitler nicht nur immer mehr Hörer und fanatische Gefolgsleute, er befand sich damit auch im Einklang mit der amtlichen bayerischen Politik. «Jetzt war er politisch salonfähig.»[24]

Es gab eine ganze Reihe früher Gönner Hitlers, die «dem Bierkellerdemagogen» den Weg in die Münchner Gesellschaft, in die Salons der wohlhabenden und einflussreichen Bürger öffneten. Bereits im Mai 1921 wurde auch General Ludendorff auf ihn aufmerksam, «dessen Name allein ausreichte, um Hitler weitere Türen zu öffnen.»[25]

Überraschend gab Hitler dann am 11. Juli 1921 seinen Rückzug bekannt, weil er seine herausragende Stellung innerhalb der Partei nicht genügend gewürdigt sah. Die Parteiführung kapitulierte sofort und akzeptierte Hitlers Bedingungen für einen Wiedereintritt. Am 26. Juli wurde er mit der Nummer 3680 erneut Mitglied der NSDAP. Die ordentliche Hauptversammlung am 29. Juli wählte ihn zum neuen Vorsitzenden und übertrug ihm diktatorische Befugnisse.[26]

Ludendorff näherte sich Hitler nun noch mehr, sah in ihm den einzigen Mann, «der die Massen zu mobilisieren verstand.»[27] Auch Ernst «Putzi» Hanfstaengl trug wesentlich zum fulminanten Aufstieg Hitlers in der Münchner Gesellschaft bei. Er stammte aus einer Kunsthändlerfamilie und machte Hitler insbesondere mit Elsa Bruckmann bekannt, der Frau des Verlegers Hugo Bruckmann. Bei ihren Soireen konnte Hitler Kontakte mit Industriellen und Militärs, Adligen und Akademikern knüpfen und sie für seine Sache gewinnen.[28] Mit finanzieller Unterstützung aus diesen Milieus konnte die Partei den *Münchner Beobachter* kaufen und am 8. Februar 1922 in eine Tageszeitung umwandeln. Mit diesem *Völkischen Beobachter* gewann die NSDAP breite Resonanz in völkischen Kreisen. Die Zahl der Parteimitglieder stieg rasant an.[29]

Ohne die Unterstützung einflussreicher Kreise in Bayern wäre Hitler ein unbedeutender Biersaalpropagandist geblieben. Sie hielten auch ihre schützende Hand über ihn, als die NSDAP im November 1922 in Preußen, Sachsen und Thüringen verboten wurde, weil der Staatsgerichtshof sie als staatsgefährdend eingestuft hatte. Die Bayerische Staatsregierung ignorierte das Urteil.[30] So war Hitler zu Beginn des Krisenjahres 1923 eine durchaus ernstzunehmende Größe in der bayerischen Politik.

Die Reichsregierung hatte Ende 1922 um ein zweijähriges Moratorium bei den Reparationszahlungen gebeten, die Deutschland im Versailler Vertrag auferlegt worden waren. Die Regierungschefs der Alliierten hatten das abgelehnt. Deutschland war mit seinen Zahlungen im Rückstand. Es fehlten Kohlelieferungen im Wert von 24 Millionen Goldmark, und von 200 000 Meter Telegrafenmasten waren erst 65 000 geliefert worden. Verglichen mit den bereits geleisteten Zahlungen von 1,48 Milliarden Goldmark, war dies allerdings kaum der Rede wert. Frankreich und Belgien ließen dennoch am 11. Januar 1923 etwa 60 000 Soldaten ins Ruhrgebiet einmarschieren. Das sorgte in ganz Deutschland für helle Empörung. Am 13. Januar proklamierte die Reichsregierung eine Kampagne des «passiven Widerstandes» gegen die Besetzung. Die Beamten im Ruhrgebiet wurden angewiesen, die Anordnungen der Besatzungsmächte nicht zu befolgen. Alle Reparationslieferungen wurden eingestellt.

Frankreich reagierte mit einer Verhaftungs- und Ausweisungsaktion, um den Widerstand zu brechen. Der passive Widerstand schlug bald auch in aktive Widerstandshandlungen um, viele formell aufgelöste Freikorps entstanden wieder neu, und die Reichswehr förderte das nach Kräften. Sie stellte auch die Mittel bereit, mit denen im besetzten Gebiet Sabotageakte durchgeführt wurden. Der Chef der Heeresleitung, General Hans von Seeckt, handelte damit der offiziellen deutschen Politik zuwider, aber im Einvernehmen mit Reichswehrminister Otto Geßler (DDP) und dem parteilosen Reichskanzler Wilhelm Cuno.

Hitler nutzte die Ruhrbesetzung zu einer umfassenden propagandistischen Offensive, die sich allerdings nicht primär gegen Frankreich, sondern gegen die Berliner Republik richtete. Gleich am 11. Januar 1923 sprach er im Circus Krone über das Thema «Nieder mit den Novemberverbrechern». Für Hitler war klar: «Die deutsche Wiedergeburt nach außen ist erst dann möglich, wenn die Verbrecher zur Verantwortung gezogen und ihrem gerechten Schicksal überliefert werden». [31] An den offiziellen Kundgebungen gegen die Ruhrbesetzung am 14. Januar nahm

Hitler nicht teil. Er setzte vielmehr für den 27. Januar 1923 einen Parteitag an, bei dem er auf 12 Massenkundgebungen sprechen wollte. 6000 demonstrativ aufgebotenen SA-Männern sollten Standarten verliehen werden. Das ging in der aufgewühlten Situation des Januar 1923 selbst der bayerischen Regierung zu weit. Sie verhängte den Ausnahmezustand und verbot die Abhaltung des Parteitags.[32] Hitler gab jedoch nicht klein bei, und am Ende kam es zu einem Kompromiss: Nachdem er zugesagt hatte, nicht zu putschen, wurde der Parteitag genehmigt.[33]

Die nächste Kraftprobe folgte am 1. Mai 1923. Trotz eines Verbots führte Hitler parallel zur traditionellen Maikundgebung der sozialistischen Arbeiterbewegung eine bewaffnete Massendemonstration durch, angeblich mit dem Ziel, die Wiederkehr «eines neuen 9. November 1918» zu verhindern. Reichswehr und Landespolizei schritten ein und entwaffneten die SA-Einheiten. Hitler wurde klar, dass all seine hochfliegenden Pläne, die Regierung in Berlin zu stürzen, von vornherein zum Scheitern verurteilt waren, wenn die bayerische Reichswehrdivision und die Landespolizei gegen ihn standen. Er musste deren Führungen für seine Pläne gewinnen und suchte dafür die Unterstützung Ludendorffs. Jetzt entstand die Konstellation, die im November 1923 den Putsch prägen sollte.

Schon nach wenigen Monaten hatte sich im Ruhrgebiet gezeigt, dass der passive Widerstand kaum zum Erfolg führen würde – wohl aber über kurz oder lang zu einer völligen Zerrüttung der Wirtschaft und der Staatsfinanzen. In Gesprächen mit den Alliierten kam die Reichsregierung nicht weiter. Frankreich bestand darauf, dass der passive Widerstand ohne Wenn und Aber beendet werden müsse, ehe verhandelt werden könne. Dazu aber war in Deutschland noch niemand bereit. Die Folge war eine Hyperinflation ungekannten Ausmaßes.[34] Im Oktober 1922 entsprach eine Goldmark von 1914 1000 Reichsmark. Im Juli 1923 waren es 100 000 RM, Anfang Oktober 100 Millionen RM, Ende Oktober 10 Milliarden RM, Mitte November 1 Billion RM. Ende 1922 kostete ein Dollar 4000 RM, im November 1923 4,2 Billionen RM.[35]

Nur die Besitzer von Sachwerten überstanden die Inflation einigermaßen glimpflich, wer Geldvermögen hatte oder von seiner Hände Arbeit lebte, geriet in existenzielle Nöte. Hunger und Elend machten sich in allen Teilen Deutschlands breit. Es kam zu Plünderungen und Schießereien, Fabrikverwaltungen und Villen wurden gestürmt. Arbeiterunruhen, wilde Streiks und Hungerrevolten führten Anfang August 1923 zum Sturz der Regierung und am 13. August zur Bildung einer großen Koalition, die von der DVP bis zur SPD reichte. Gustav Stresemann (DVP) wurde Reichskanzler und beendete am 26. September den passiven Widerstand, «um das Leben von Volk und Staat zu erhalten», wie es im Aufruf der Regierung an die Bevölkerung hieß. Auch die menschliche Bilanz des Ruhrkampfes war erschütternd: 132 Tote, 11 Todesurteile, 150 000 Ausgewiesene.[36] Für die nationale Rechte war Stresemanns Politik allerdings schlimmster «nationaler Verrat». Ihre Propaganda geißelte das Reichskabinett als «jüdisch-marxistische Volksverräter».[37]

Die sich verschärfende Krise hatte die NSDAP im Jahresverlauf immer stärker werden lassen. Zwischen Februar und November 1923 traten 35 000 neue Mitglieder ein, so dass die Partei am Vorabend des Putsches 55 000 Mitglieder hatte.[38] Parallel dazu hatten die völkisch-nationalistischen Gruppen ihre Zusammenarbeit verstärkt. Im Februar war die «Arbeitsgemeinschaft Vaterländischer Kampfverbände» gegründet worden, ab April übernahm die Reichswehr die militärische Ausbildung aller Verbände, lieh Waffen aus und leistete erhebliche Zahlungen. Im Gegenzug waren die Verbände bereit, sich im Mobilmachungsfall der Reichswehr zu unterstellen.[39]

Der «Deutsche Tag» in Nürnberg am 2. September 1923 wurde zu einer Heerschau des Rechtsextremismus. 10 000 Mann marschierten auf, und die drei stärksten völkisch-nationalistischen Wehrbünde – «Reichsflagge», SA und «Oberland» – schlossen sich unter dem Namen «Kampfbund» mit einem eigenen politischen Programm zusammen: «gegen die marxistische Bewegung, die Internationale in jeder Form, das Judentum als Fäulniserreger im Völkerleben, den Pazifismus, den Geist der Weimarer Verfassung, die Erfüllungspolitik, das parlamentarische System mit seiner öden Mehrheitsanbetung, das internationale Kapital und den Klassenkampf».[40]

Am 12. September 1923 wetterte Hitler als Redner in einer frenetisch tobenden Massenversammlung: «Diese Novemberrepublik geht zu Ende. (...) Sie ist reif dazu moralisch. Welche Berechtigung hat dieser Staat denn noch? (...) Es gibt nur zweierlei: Hakenkreuz oder Sowjetstern! Internationale Weltdespotie oder das Heilige Reich Deutscher

Nation!» [41] Seit Mussolinis «Marcia a Roma» im Oktober 1922, der zu Mussolinis Ernennung zum Regierungschef geführt hatte, träumte auch Hitler von einem Marsch auf Berlin. Warum sollte Vergleichbares nicht auch in Deutschland möglich sein – mit der «Ordnungszelle» Bayern als Ausgangspunkt.

Hitler war keineswegs der Einzige in München, der so dachte. Die Bayerische Staatsregierung reagierte massiv auf den Abbruch des passiven Widerstands im Ruhrgebiet. Noch am 26. September verhängte sie den Ausnahmezustand nach Artikel 48, Absatz 4 der Reichsverfassung, übertrug die vollziehende Gewalt dem Regierungspräsidenten von Oberbayern und ernannte ihn zum Generalstaatskommissar. Offiziell wurden die Maßnahmen mit der «starken Erregung» in Bayern begründet, der Kahr aufgrund seiner besonderen Beziehungen zu den Organisationen der Völkischen und der Nationalisten entgegenwirken könne. In der Sache aber war Kahrs Ernennung eine Kampfansage an Berlin.

Das Reich reagierte mit einer Notverordnung des Reichspräsidenten, die den Ausnahmezustand über das ganze Reich verhängte und die vollziehende Gewalt Reichswehrminister Geßler übertrug. Verfassungsrechtlich waren die Verhältnisse klar. Artikel 48 ermächtigte Landesregierungen lediglich «bei Gefahr im Verzuge» dazu, für ihr Gebiet «einstweilige Maßnahmen» zu treffen. Entscheidungen des Reiches hatten eindeutig Vorrang. Ausdrücklich hieß es dort auch: «Die Maßnahmen sind auf Verlangen des Reichspräsidenten oder des Reichstages außer Kraft zu setzen.» Die SPD forderte deshalb, das Reich solle die Aufhebung des bayerischen Ausnahmezustandes verlangen, konnte sich aber innerhalb der Regierung nicht durchsetzen. Der Kanzler und die bürgerlichen Kabinettsmitglieder waren überzeugt, dass Bayern nicht nachgeben würde, und hielten es daher für besser, die Aufhebung der bayerischen Maßnahmen gar nicht erst einzufordern.[42]

Schon in den folgenden Tagen zeigte sich, wie realistisch diese Einschätzung war. Nach heftigen antisemitischen Angriffen des *Völkischen Beobachters* gegen den Reichskanzler und den Chef der Heeresleitung verbot Reichswehrminister Geßler die Parteizeitung der NSDAP und erteilte Kahr Anweisung, dieses Verbot umzusetzen. Kahr weigerte sich schlichtweg, und auch der Kommandeur der in Bayern stehenden Reichswehrtruppen, General Otto von Lossow, war nicht bereit, das Verbot des *Völkischen Beobachters* zu vollstrecken. Das war zwar ein eindeutiger Fall von Befehlsverweigerung, aber in dem sich zuspitzenden Konflikt konnte die Reichsregierung nicht damit rechnen, dass die Heeresleitung militärische Gewalt einsetzen würde, um Lossows Ablösung zu erzwingen. Schon beim Kapp-Lüttwitz-Putsch hatte Seeckt die Devise ausgegeben: Reichswehr schießt nicht auf Reichswehr.[43]

Die Republik steuerte nach der ökonomischen Katastrophe auch auf eine tiefe politische Krise zu. Parallel zu den Auseinandersetzungen mit Bayern kam es im September 1923 zu separatistischen Unruhen im Rheinland, die sich im Oktober und Anfang November bis hin zur Ausrufung einer «Rheinischen Republik» und einer «Pfälzischen Republik» steigerten. Zugleich waren in Sachsen und Thüringen sozialdemokratische Minderheitsregierungen von der parlamentarischen Tolerierung durch die KPD abhängig. Das eröffnete den «proletarischen Hundertschaften» der KPD Spielräume, die sie in keinem anderen deutschen Land hatten. Ab Mitte August rechnete das Politbüro der KPdSU in Moskau mit einer weiteren Zuspitzung der Krise in Deutschland und hatte entschieden, revolutionäre Aktionen vorzubereiten.

Massiv trugen Ende September auch die Unternehmerverbände zur Verschärfung der inneren Krise im ganzen Land bei. Sie forderten die Aufhebung des Achtstundentages, der in den Tagen der Revolution eingeführt worden war. Die Zechenbesitzer an der Ruhr verlangten eine Verlängerung der täglichen Arbeitszeit im Bergbau von sieben auf achteinhalb Stunden. Der Vorstoß hatte vor allem das Ziel, die Regierung zu spalten und die SPD wieder hinauszudrängen, nachdem sie die unpopuläre Beendigung des passiven Widerstandes mitgetragen hatte. Insbesondere Hugo Stinnes, Deutschlands mächtigster Unternehmer, war inzwischen zum Staatsstreich entschlossen. Das Ende der Großen Koalition sollte lediglich eine Etappe auf dem Weg zur «nationalen Diktatur» sein. Dem US-amerikanischen Botschafter Alanson B. Houghton erklärte Stinnes am 15. September 1923 ganz unumwunden, die Arbeiter müssten nun länger und schwerer arbeiten. Er habe aber Zweifel, dass die Arbeiterschaft dieser Forderung nachkommen werde, sie müsse dazu gezwungen werden. «Deshalb, sagte er, muss ein Diktator gefunden werden, ausgestattet mit Macht, alles zu tun, was irgendwie nötig ist. So ein Mann muss die Sprache des Volkes sprechen und selbst bürgerlich sein, und so ein Mann steht bereit.» In zwei oder drei Wochen werde von Bayern eine große Bewegung ausgehen, die entschlossen sei, die alten Monarchien wieder herzustellen.[44]

Anfang Oktober hing das Schicksal der deutschen Demokratie für einige Tage an einem seidenen Faden. Nach einer Nachtsitzung des Kabinetts am 3. Oktober teilte Stresemann dem Reichspräsidenten das Scheitern der Großen Koalition mit. Ebert beauftragte Stresemann allerdings sofort wieder mit der Bildung einer Regierung, und bereits am 6. Oktober waren sämtliche Partner der Großen Koalition zu der Einsicht gelangt, «dass es zur Fortsetzung ihrer Zusammenarbeit keine mehrheitsfähige Alternative gab.»[45] Stinnes war es nicht gelungen, den Industrieflügel der DVP-Fraktion, dem er selbst angehörte, weiter auf Konfrontationskurs gegen Stresemann zu halten.

Mit der Bildung des zweiten Kabinetts Stresemann war vorerst die Demokratie gerettet, aber die Gruppe um Stinnes verfolgte ihre Pläne weiter, die vom Parlament gewählte Regierung durch einen Diktator oder ein Direktorium aus wenigen Männern mit diktatorischer Gewalt zu ersetzen. Seeckt war in diese Pläne einbezogen. Neben ihm sollten zwei Exponenten der Ruhrindustrie einem Direktorium angehören: Friedrich Minoux, ehemals leitender Manager des Stinnes-Konzerns, und Otto Wiedfeldt, früher Direktor der Krupp-Werke und jetzt Botschafter in Washington. Auch der Name Kahr fiel immer wieder in den Kreisen, die im Herbst über die angebliche Notwendigkeit einer nationalen Diktatur sprachen. Treibende Kräfte im Hintergrund waren neben den Industriellen um Stinnes vor allem die DNVP, der Alldeutsche Verband und der Bund der Landwirte.[46]

Seit seiner Ernennung zum Generalstaatskommissar setzte Kahr alles daran, die gesamte vaterländische Bewegung in Bayern unter seiner Führung zusammenzufassen. Unterstützt vom bayerischen Kronprinzen Rupprecht, war er dabei sehr erfolgreich. Lediglich der von Hitler geführte Kampfbund zögerte zunächst, ließ sich dann aber durch Kahrs Aktivitäten davon überzeugen, dass der es ernst meinte. Schon am 29. September ließ Kahr den aus der Haft entflohenen und durch Haftbefehl des Oberreichsanwalts gesuchten Kapitän Hermann Ehrhardt aus Tirol nach Bayern holen. Dessen Bund Wiking hatte etwa 10 000 Mann unter Waffen und war zu dieser Zeit der wohl schlagkräftigste paramilitärische Kampfverband. Nach und nach begannen Ehrhardts Männer in Oberfranken an der Grenze zu Thüringen und Sachsen aufzumarschieren. Parallel dazu intensivierte die bayerische Reichswehr die militärische Ausbildung der nationalen und völkischen Kampfverbände. Nun stellten sich auch Hitler und der Kampfbund hinter Kahr. Hermann Kriebel, der militärische Führer des Kampfbundes, wurde intensiv in die Aufmarschplanung einbezogen. Die Kommandoverhältnisse wurden geklärt, die Rolle der einzelnen beteiligten Organisationen festgelegt. Offiziell ging es bei alledem um den Schutz der bayerischen Grenze, tatsächlich aber ergibt sich aus den ergriffenen Maßnahmen ganz eindeutig, «dass Kahr zu diesem Zeitpunkt den festen Willen hatte, von Bayern aus den Marsch auf Berlin anzutreten.»[47]

Parallel zu diesen Vorbereitungen eskalierte der Konflikt zwischen Bayern und dem Reich weiter. Nach dessen Befehlsverweigerung im Hinblick auf den *Völkischen Beobachter* forderte Seeckt Lossow schriftlich auf, Konsequenzen zu ziehen und seinen Abschied einzureichen. Auch das verweigerte Lossow, gestützt auf Kahr und die bayerische Landesregierung. Darauf enthob ihn der Reichswehrminister am 20. Oktober seines Kommandos und zog damit längst fällige Konsequenzen aus Lossows Befehlsverweigerungen.[48] Im Gegenzug holten Generalstaatskommissar und Staatsminister zum bisher massivsten Schlag gegen das Reich aus: Noch am gleichen Tag wurde Lossow zum Bayerischen Landeskommandanten ernannt, die in Bayern stationierte VII. Reichswehrdivision auf den Freistaat verpflichtet und Lossow mit deren Führung beauftragt. Kahr erklärte, Bayern betrachte es als seine heilige Pflicht, eine Hochburg des bedrängten Deutschtums zu sein, und habe der «hehren Aufgabe treu zu bleiben, unserem deutschen Vaterland die innere Freiheit wiederzugeben». Das war der offene Verfassungsbruch durch die Bayerische Staatsregierung.[49] Am 22. Oktober wurden in allen Standorten der VII. Reichswehrdivision die Einheiten auf die Bayerische Staatsregierung verpflichtet – «als Treuhänderin des deutschen Volkes bis zur Wiederherstellung des Einvernehmens zwischen Bayern und Reich».

Zwei Tage später weihte Lossow bei einer Sitzung im Münchner Wehrkreiskommando die Führer der Vaterländischen Verbände in geheime Pläne für eine «Herbstübung 1923» ein. Die hatte zum Ziel, die VII. Reichswehrdivision durch Eingliederung der paramilitärischen Verbände auf drei Divisionen zu verstärken. Lossow sprach dabei auch konkret von der Möglichkeit, auf Berlin vorzurücken und eine nationale Diktatur auszurufen. Geheimbefehl Ia Nr. 800/23 für die Herbstübung 1923 vom 26. Oktober ordnete an, dass die Vorbereitungen für die Verstärkung «sofort» in Angriff genommen werden sollen, damit die Verstärkung «in dreimal 24 Stunden nach Eintreffen des Ausführungsbefehls abgeschlossen ist». Mit dem Schutz der bayerischen Grenze gegen angeblich marodierende kommunistische Banden waren solche Maßnahmen nicht ernsthaft zu rechtfertigen.

Der Reichsrat, die Vertretung der Länder, hatte sich am 24. Oktober einmütig auf den Standpunkt der Reichsregierung gestellt. Bayern war politisch und moralisch isoliert. Am 27. Oktober drohte der Reichspräsident formell die Reichsexekution an. Kahr brach daraufhin jede Verbindung mit dem «marxistischen» Berlin ab. Gegenüber der Presse erklärte er, Bayern werde nun führend und aktiv auf die deutschen Verhältnisse einwirken, um den Anstoß zu einem Wandel zu geben.[50]

Es ging in München Ende Oktober/Anfang November nicht mehr um die Frage, ob man losschlagen würde, sondern nur noch darum, wann. Zum Marsch auf Berlin waren nicht nur die völkisch-nationalistischen Einheiten des Kampfbundes und des Kapitäns Ehrhardt, sondern wohl auch die meisten bayerischen Reichswehrbataillone bereit. Aber weder Lossow noch Kahr konnten sich entschließen, den ersten Schritt zu tun. Beide wollten vielmehr den «Herren im Norden» den Vortritt lassen, also Seeckt und seinen Mitstreitern mit ihren Direktoriumsplänen.[51]

Seeckt hatte Stresemann bereits am 24. Oktober unverhohlen zum Rücktritt aufgefordert. Als dann am 2. November die SPD-Minister die Regierung verließen, weil die bürgerliche Regierungsmehrheit zwar mit einer militärischen Reichsexekution gegen die verfassungsgemäß gewählten SPD/KPD-Regierungen in Sachsen und Thüringen vorging, sich aber jedem klaren Vorgehen gegen Bayern verweigerte, hielt Seeckt die Stunde eines Direktoriums für gekommen. Angeblich auf Wunsch des Reichspräsidenten schrieb er an einen seiner Kandidaten, den deutschen Botschafter in Washington Otto Wiedfeldt, die nächste Reichsregierung könne keine parlamentarische mehr sein: «Es muss dann ein kleines Kabinett mit Direktoriums-Charakter und Ausnahme-Vollmachten folgen.» Seeckt bot dem ehemaligen Krupp-Direktor an, Reichskanzler in diesem Direktorium zu werden. Am 3. November traf Seißer in Berlin ein, um im Auftrag des bayerischen Triumvirats Gespräche mit wichtigen Kontaktmännern, insbesondere mit Seeckt zu führen. Alle rieten den Bayern zum Abwarten, noch sei die Zeit nicht reif. Man müsse Hunger und Kälte noch wirken lassen, dann werde es zu Unruhen kommen. Über das Gespräch mit Seeckt notierte Seißer: «Ich schilderte kurz die Auffassung in Bayern und das großdeutsche Ziel Kahrs: Schaffung einer vom Parlament freien nationalen Diktatur, die mit durchgreifenden Maßnahmen gegen den sozialistischen Unrat vorgeht. Seeckt: Das ist auch mein Ziel, aber ich habe es erheblich schwieriger als Sie in Bayern. Zweifel an Stresemann. Unterschied im Tempo, aber nicht im Ziel. Legaler Weg muss gegangen werden.»[52]

Was Seißer dann in München über seine Berliner Gespräche berichtete, zeigte Wirkung bei Kahr und Lossow. Bei einem Treffen mit den Führern der Vaterländischen Verbände warnte Kahr am 6. November vor eigenmächtigen Aktionen. «Jeder Versuch, in Berlin eine nationale Regierung einzusetzen, habe gemeinsam und nach vorbereiteten Plänen zu erfolgen.» Lossow erklärte gegenüber Hitler, er solle doch noch zwei oder drei Wochen warten, «bis die übrigen Bezirkskommandeure gewonnen seien». Dann könne man den Staatsstreich versuchen. Doch Hitler war nicht bereit, noch länger zu warten und dabei möglicherweise die Initiative zu verlieren.[53]

Er ließ deshalb Kahr um eine Unterredung noch vor dessen überraschend anberaumter Rede am Abend des 8. November bitten. Kahr ließ ihm mitteilen, dass dies nicht möglich sei. Für Hitler ein Alarmzeichen ersten Ranges: Er fürchtete, ausgebootet zu werden. Am 7. November fiel dann bei einem Treffen der Kampfbund-Führer die Entscheidung, am 8. November im Bürgerbräukeller den ersten Schlag zu führen.[54]

Als Hitler nach seinem spektakulären Auftritt Kahr, Lossow und Seißer ins Nebenzimmer bat, ging es ihm darum, die drei Männer, die sich plötzlich so zögerlich verhalten hatten, wieder für die gemeinsame Sache zu mobilisieren – nun natürlich unter seiner Führung. Einerseits entstand im Nebenzimmer eine Drohkulisse: Bewaffnete besetzten Tür und Fenster, und Hitler erklärte: «Niemand verlässt lebend das Zimmer ohne meine Erlaubnis!» Andererseits entschuldigte er sich förmlich für seine Aktion. Er habe vollendete Tatsachen schaffen müssen, um den dreien die Übernahme der Ämter zu erleichtern, die er ihnen zugedacht habe. Die Reichsregierung und die bayerische Regierung seien abgesetzt. Kahr werde Landesverweser in Bayern. Unter Kahr werde der ehemalige Landespolizeichef Pöhner Ministerpräsident mit diktatorischen Vollmachten. Die Reichsregierung führe er selbst, das Kommando über die nationale Armee übernehme Ludendorff, Lossow werde Reichswehrminister, Seißer Polizeiminister. «Ich weiß, dass den Herren der Schritt schwer fällt, der Schritt muss aber gemacht werden. Man muss es den Herren erleichtern, den Absprung zu schaffen. Jeder hat den Platz einzunehmen, auf den er gestellt wird, tut er das nicht, hat er keine Daseinsberechtigung. Sie müssen mit mir kämpfen, mit mir siegen oder mit mir sterben.»[55]

Die drei schwiegen lange, warfen Hitler dann vor, er habe sein ihnen gegebenes Ehrenwort gebrochen, nicht zu putschen. Alle Überredungsversuche Hitlers führten nicht zum Ziel. Deshalb entschied er sich, auf Ludendorff zu warten, und hoffte, dass dessen Autorität Wirkung zeigen würde.

Hitler ging allein zurück in den Saal, dessen Ausgänge von Bewaffneten besetzt waren. Wer versucht hatte hinauszukommen, war von den SA-Leuten geschlagen und mit Füßen getreten worden.[56] Die Stimmung im Saal war absolut gegen das ganze Unternehmen. Hitler kam eigentlich nur zurück, um den Versammelten zu sagen, dass es noch etwas dauern würde. Er wiederholte, dass der Reichspräsident und «die Regierung der Novemberverbrecher in Berlin» für abgesetzt erklärt seien. «Eine neue deutsche Regierung wird in Bayern, hier in München, heute noch ernannt. Es wird sofort gebildet eine deutsche nationale Armee.» Mit den Verbrechern, die Deutschland heute tief zugrunde richteten, müsse abgerechnet werden. «Die Aufgabe der provisorischen deutschen nationalen Regierung ist, mit der ganzen Kraft dieses Landes und der herbeigezogenen Kraft aller deutschen Gaue den Vormarsch anzutreten in das Sündenbabel Berlin, das deutsche Volk zu retten.»[57]

Der Historiker Karl Alexander von Müller beschrieb später die Szene, die er als Augenzeuge erlebte: «Ich kann mich nicht erinnern, je in meinem Leben einen solchen Umschwung der Massenstimmung in wenigen Minuten erlebt zu haben. Sicher gab es noch viele, die nicht bekehrt waren, aber die Stimmung der Mehrheit hatte völlig umgeschlagen. Hitler hatte sie mit einigen Sätzen umgedreht, wie man einen Handschuh umdreht. Es hatte fast etwas von einem Hokuspokus, von einer Zauberei. Laute Zustimmung rauschte auf, kein Widerspruch mehr zu hören. Jetzt erst sagte er in tiefem Ernst, wie mit Rührung in der Stimme: ‹Draußen sind die Herren Kahr, Lossow, Seißer, sie ringen schwer mit dem Entschluss. Kann ich ihnen sagen, dass Sie hinter ihnen stehen werden?› ‹Ja! Ja!› scholl es sturmartig anschwellend von allen Seiten. ‹In einem freien Deutschland›, rief er leidenschaftlich über die Menge, ‹ist auch Platz für ein selbständiges Bayern! Das kann ich Ihnen sagen: Entweder beginnt heute Nacht die deutsche Revolution oder wir sind alle morgen früh tot!›»[58]

Völlig euphorisiert ging Hitler ins Nebenzimmer zurück und erklärte dort gegenüber Kahr, man werde ihn vor Begeisterung auf die Schultern heben, wenn er mitmache. Dann traf Ludendorff ein, «höchst erbittert über Hitlers eigenmächtiges Handeln und mehr wohl über den Vorgriff in der Personalstellenbesetzung.» Zugleich aber war er entschlossen, die Chance zu nutzen, die sich auftat. «Der Schritt ist getan, es handelt sich um das Vaterland und die große nationale völkische Sache, und ich kann Ihnen nur raten, gehen Sie mit uns, tun Sie das gleiche.»[59]

Lossow war der Erste, der auf Ludendorffs Linie einschwenkte und sein Einverständnis mit einem Handschlag besiegelte. Seißer war der Zweite, der dem «legendären Feldherrn des Krieges» die Hand reichte und vorbehaltlos sein Einverständnis erklärte. Kahr zögerte lange, schlug dann aber mit spezifisch bayerischer Perspektive ein: «Meine Herren, wir sind doch schließlich alle Monarchisten. Ich bin hier der Vertreter des Königs. Ich bin bereit, die Leitung der Geschicke Bayerns als Statthalter der Monarchie zu übernehmen.»[60]

Als die Männer zurückkamen, jubelte der ganze Saal begeistert, und es entwickelte sich eine eindrucksvolle Szene, «eine Art Rütli-Schwur» auf offener Bühne, so v. Müller. Hitler peitschte die Versammlung noch einmal auf und schloss mit blasphemischer, pseudoreligiöser Inbrunst: «Ich will jetzt erfüllen, was ich mir heute vor fünf Jahren als blinder Krüppel im Lazarett gelobte: nicht zu ruhen und zu rasten, bis die Novemberverbrecher zu Boden geworfen sind, bis auf den Trümmern des heutigen kummervollen Deutschlands ein Volk wieder auferstanden sein wird, ein Deutschland der Macht und der Größe, der Freiheit und

Herrlichkeit. Amen!» Das abschließende Deutschlandlied konnte der Großteil der Versammelten «vor Rührung nicht mitsingen».[61]

Während Hitlers Auftritt im Bürgerbräukeller versammelten sich im Löwenbräukeller etwa 1800 Mitglieder des Kampfbundes, davon etwa ein Drittel in Uniform. Dazu kamen später SA-Männer und Männer des Bundes Oberland. Um 21 Uhr erhielt Ernst Röhm, der Führer des Bundes Reichskriegsflagge, die telefonische Mitteilung «Glücklich entbunden!» und gab daraufhin unter donnerndem Applaus bekannt, dass eine neue Regierung gebildet worden sei. Die Einheiten setzten sich in Richtung Bürgerbräukeller in Marsch. An verschiedenen Stellen der Stadt nahmen sie dort deponierte Waffen in Empfang, der Bund Reichskriegsflagge im studentischen Korpshaus Palatia, das II. Bataillon des SA-Regiments München im Keller des Klosters am St.-Anna-Platz, wo 3000 Gewehre eingelagert worden waren, die früher der Einwohnerwehr gehört hatten.[62]

In den ersten Stunden des Putsches versuchten die Verbände, Kasernen der Reichswehr und der Polizei sowie Regierungsgebäude, Transportzentren, Kommunikationszentren und Presseeinrichtungen zu besetzen. Einige dieser Unternehmen waren erfolgreich – beispielsweise die Besetzung des Wehrkreiskommandos –, andere scheiterten kläglich, wie etwa die Einnahme der Stadtkommandantur.[63] Besondere Schwierigkeiten gab es in zwei Kasernen. Als Hitler davon berichtet wurde, machte er sich auf den Weg dorthin. Ludendorff blieb im Bürgerbräukeller zurück und ließ das Triumvirat schon bald gehen, weil aktuell nichts mehr zu tun war. Kahr, Lossow und Seißer verließen nacheinander den Saal und waren nicht mehr unter Kontrolle der Putschisten.

Bevor die Versammlung aufgelöst wurde, setzte Rudolf Heß eine Anzahl prominenter Geiseln fest. Ministerpräsident v. Knilling und die anwesenden Minister gehörten ebenso dazu wie der Kabinettschef des Kronprinzen und der Münchner Polizeipräsident. Die meisten Mitglieder der legalen Staatsregierung und eine Anzahl der höheren Münchner Polizeiführer waren so für die Dauer des Putsches außer Gefecht gesetzt. Gegen 22.30 Uhr war der Saal geräumt.[64] Hitler war entsetzt, als er nach 23 Uhr zurückkam und das Triumvirat nicht mehr vorfand, aber Ludendorff erklärte ihm barsch, «er verbitte sich jeden Zweifel an dem Ehrenwort eines deutschen Offiziers. Dabei blieb er bis zum Morgengrauen.»[65]

Straßensperre beim Hitler-Putsch. In der Bildmitte der spätere Reichsführer SS Heinrich Himmler.

Gemeinsam formulierten Hitler und Ludendorff in der Nacht im Bürgerbräukeller eine «Proklamation an das deutsche Volk! Die Regierung der Novemberverbrecher in Berlin ist heute für abgesetzt erklärt worden. Eine provisorische deutsche National-Regierung ist gebildet worden. Diese besteht aus General Ludendorff, Adolf Hitler, General von Lossow, Oberst von Seisser.» Entsprechende Plakate wurden in München angeschlagen. In einem Erlass erklärten die Putschisten: «Die führenden Schufte des Verrats vom 9. November 1918 sind von heute ab als vogelfrei erklärt. Jeder Deutsche, welcher Ebert, Scheidemann, Oskar Cohn, Paul Levi, Theodor Wolff, Georg Bernhard und ihre Helfer und Helfershelfer ausfindig machen kann, hat die Pflicht, sie tot oder lebendig in die Hände der völkischen nationalen Regierung zu liefern.»[66]

Als diese Texte aufgesetzt wurden, war das Triumvirat bereits dabei, die Seiten zu wechseln. Lossows nachgeordnete Generäle – Artillerieführer Generalmajor Friedrich Kreß von Kressenstein, Infanterieführer Generalmajor Adolf Ritter v. Ruith und der Münchner Stadtkommandant Generalmajor Jakob Ritter v. Danner – waren nicht bereit, Lossows Kurs

Proklamation
an das deutsche Volk!
Die Regierung der November-
verbrecher in Berlin ist heute
für abgesetzt erklärt worden.
Eine provisorische deutsche
National-Regierung
ist gebildet worden.
Diese besteht aus
General Ludendorff, Adolf Hitler
General von Lossow, Oberst von Seisser

Proklamation der Putschisten, die am 9. November 1923 plakatiert wurde.

mit zu tragen, und hatten sofort Gegenmaßnahmen eingeleitet, als sie von den Vorgängen im Bürgerbräukeller gehört hatten. Das machten sie Lossow in kleinster Runde unmissverständlich klar. Der vollzog daraufhin eine Kehrtwende und erklärte, er habe die Aktion im Bürgerbräukeller von vornherein nur Theater spielend aus einer akuten Notlage heraus mitgemacht. Hitler habe ihn mit der Pistole bedroht, er fühle sich deshalb an seine Zusage nicht gebunden.[67] Ähnlich argumentierte Seißer und schließlich auch Kahr, als ihm klar geworden war, dass die bayerische Reichswehrdivision den Putsch nicht mitmachen würde. Um 2.50 Uhr setzte die Heeresfunkstelle München einen eindeutigen Funkspruch ab: «Generalstaatskommissar v. Kahr, General v. Lossow, Oberst v.

Seisser lehnen Hitler-Putsch ab. Mit Waffengewalt erpresste Stellungnahme in Bürgerbräukeller-Versammlung ungültig. Vorsicht gegen Missbrauch obiger Namen geboten.»[68]

Zu diesem Zeitpunkt waren in Berlin bereits weitreichende Entscheidungen getroffen worden. Als Reichskanzler Stresemann am späten Abend von einer gewöhnlich gut informierten Journalistin erfuhr, dass Hitler in München erfolgreich geputscht habe und sich anschicke, den Marsch auf Berlin anzutreten, rief er: «Finis Germaniae!»[69] Aber kampflos wollte Stresemann das Ende Deutschlands nicht erwarten, sondern berief sofort eine Sitzung des Kabinetts ein. Gegen Mitternacht versammelten sich die Mitglieder der Reichsregierung, der Reichspräsident, der Chef der Heeresleitung, der preußische Ministerpräsident Otto Braun und der preußische Innenminister Carl Severing in der Reichskanzlei. Man entschied, in Berlin zu bleiben. Die Polizei wurde angewiesen, das Regierungsviertel zu schützen. Alle Wehrkreiskommandos wurden verständigt. Der Personen- und Frachtverkehr nach Bayern wurde ebenso unterbrochen wie alle finanziellen Transaktionen. Stresemann verfasste einen Aufruf an das deutsche Volk, der den Aufruf Hitlers für null und nichtig erklärte und jedem, der den Aufforderungen der Putschisten nachkommen sollte, ein Verfahren wegen Hoch- und Landesverrats androhte.

Reichspräsident Ebert übertrug mit Zustimmung des Kabinetts die diktatorischen Vollmachten, die bis dahin der Reichswehrminister innegehabt hatte, in erweiterter Form an Seeckt und gab diesem zugleich das Recht zur Ausübung der Vollmachen Eberts als Oberbefehlshaber der Reichswehr.[70] Damit fiel Seeckt eine diktatorische Machtfülle zu. Offenbar sahen Ebert, Stresemann und Geßler darin den einzigen Weg, um die bayerische Reichswehr in eine geschlossene Frontstellung gegen die Putschisten zu bringen. Aber niemand konnte sicher sein, dass der Auftrag, gegen die Putschisten vorzugehen, Seeckt davon abhalten würde, selbst zu putschen. «Die entscheidende Macht lag seit dem frühen Morgen des 9. November in den Händen eines Gegners der Republik.»[71]

Hitler und seine führenden Mitstreiter hatten in der Nacht das Wehrkreiskommando zu ihrer Zentrale gemacht. Dort setzte sich erst gegen Morgen die Erkenntnis durch, dass man mit der Loyalität des Triumvirats nicht mehr rechnen konnte. Hitler standen zu diesem Zeitpunkt etwa 2500 Bewaffnete zur Verfügung. Am Vormittag erwartete er zwar weitere Verstärkung, aber seine Kräfte waren bei weitem zu schwach, um sich gegen Reichswehr und Landespolizei zu behaupten, falls diese sich gegen den Putsch stellen würden. Auch im Bürgerbräukeller und bei den mehr oder weniger ziellos durch die Stadt ziehenden Kampfbundleuten waren im Lauf der Nacht Optimismus und Siegeszuversicht verflogen. Der 1946 in Nürnberg hingerichtete Hans Frank berichtet in seinen Erinnerungen, wie er mit seinen «paar Mann» in der Nacht vor die Schwere-Reiter-Kaserne zog und dort zu hören bekam, die Reichswehr mache diesen Putsch des Herrn Hitler nicht mit. «Aufs schwerste beunruhigt, zogen wir nun langsam und vorsichtig bis hinüber zur Marsfeldkaserne (...) Dort verbrachte ich in einer unruhigen Gemeinschaft von etwa zweihundert ‹Männern der Revolution›, die in dem gleichen ‹malerischen› Freischärlergewande wie ich ungeordnet in den großen Parterreräumen standen, erregt plauderten und von Stunde zu Stunde ob des Ausbleibens weiterer Weisungen Hitlers oder Ludendorffs immer besorgter wurden, die Nachtstunden.» Das stundenlange Warten und die Ungewissheit zermürbten die Männer, die am Abend zuvor aufgebrochen waren, um irgendetwas «Großes» zu vollbringen. «Allgemein wussten wir plötzlich, allerdings ohne jede konkrete Nachricht, dass der Putsch fehlgeschlagen war. Ich selbst konnte auch in diesen Unterredungen mit den anderen nicht das geringste Genaue über den eigentlichen Sinn des ganzen Unternehmens oder gar über die zu erwartenden Pläne erfahren.» Morgens gegen fünf Uhr hieß es dann, die Männer sollten «so wie alle» zum Bürgerbräukeller kommen. Dort erlebte Frank «im Großen das gleiche Bild, wie das, was wir in der eben verlassenen Kaserne selbst erlebt hatten. Rauch, Nachtdunst, Müdigkeit lag über den vielen Hunderten, die da an Tischen herumsaßen oder auf zusammengerückten Stühlen lagen.»[72] Jeder Mut hatte diese Männer verlassen, es war ein Bild der Trostlosigkeit.

Am frühen Morgen trafen auch Hitler und sein Gefolge wieder im Bürgerbräukeller ein. Inzwischen hatte Ludendorff aus zuverlässiger Quelle erfahren, dass Kahr, Lossow und Seißer sich nicht an ihr Wort vom Abend gebunden fühlten und gegen die Verbände des Kampfbundes vorgehen wollten. Damit war dem Putsch seine Grundlage entzogen, denn dessen unabdingbare Voraussetzung war von Anfang an gewesen, dass sich die bayerische Reichswehrdivision und die Landespolizei beteiligten. Einen Plan B hatte keiner der Kampfbundführer, auch Hitler nicht. Kriebel machte den Vorschlag, nach Rosenheim auszuweichen und sich dort neu zu sammeln. Hitler und Ludendorff versprachen sich davon nichts. Von Ludendorff kam dann die Idee, eine Art Propagandazug in die Münchner Innenstadt zu unternehmen. Hitler und er verbanden damit die vage Hoffnung, die nach ihrer festen Überzeugung begeistert jubelnde Münchner Bevölkerung könnte zu einem Umdenken in den unteren Offiziersrängen und bei den Mannschaften von Landespolizei und Reichswehr führen.

Die Kampfbundführer sehnten ein Wunder herbei und wussten doch sehr genau, dass die Lage völlig aussichtslos war. Aber es schien besser, irgendetwas zu tun, und sei es noch so sinnlos, als weiterhin im trüben Licht des Bürgerbräukellers zu hocken und sich mit Klagen und Debatten im Kreis zu drehen. In jedem Fall würde der Marsch in die Innenstadt – von der Feldherrnhalle war zunächst gar keine Rede – die Stimmung in der Truppe verbessern.

Die Kampfverbände der Putschisten nahmen jedenfalls am späteren Vormittag vor dem Bürgerbräukeller Aufstellung. Die Männer sollten in drei Kolonnen zu je vier Reihen nebeneinander marschieren: der Stoßtrupp Hitler links, das SA-Regiment München in der Mitte und der Bund Oberland rechts. An der Spitze marschierten die Führer, vor ihnen eine Schützenkette und Fahnenträger. «Es war ein eindrucksvolles Bild, wie die zwölf Mann breite Kolonne die ganze Straße ausfüllte. Aber vom militärischen Standpunkt aus war es ungeschickt, denn die eng zusammengedrängten Kräfte ließen sich nicht beweglich einsetzen.»[73] Vieles deutet in der Tat auf einen reinen Propagandamarsch hin, bei dem es um den äußeren Schein ging und nicht um militärische Schlagkraft, aber die Einheiten führten nicht nur Handfeuerwaffen mit, sondern auch Maschinengewehre.

Es war schon fast Mittag, als sich die etwa 2000 Mann starke Kolonne endlich in Bewegung setzte und auf der Rosenheimer Straße zur Ludwigsbrücke marschierte. Dort trafen die Putschisten auf Polizeikräfte, die sie rasch unter Drohungen beiseiteschieben konnten. Danach zogen die Putschisten durch das Isartor weiter Richtung Marienplatz im Herzen der Stadt, wo sie plötzlich beschlossen, zum Wehrkreiskommando zu marschieren. Es war Ludendorff, der ganz spontan auf den Gedanken gekommen war, Röhm einen ehrenden Besuch abzustatten, der mit seinen Männern das frühere Kriegsministerium immer noch besetzt hielt. Am oberen Ende der Residenzstraße, als der Zug zum Odeonsplatz an die Feldherrnhalle kam, traf er auf den zweiten, größeren Polizeikordon. «Da kommen's, Heil Hitler!», schrie ein Zuschauer. Dann fielen Schüsse. Wer zuerst geschossen hat, wurde nie geklärt, aber es kam zu einem wilden Schusswechsel, der fast eine halbe Minute andauerte. 18 Menschen wurden tödlich getroffen: 4 Polizisten, 13 Putschisten und ein Passant, den die Nazi-Propaganda später auch zu einem «Märtyrer der Bewegung» machte. Einer der Marschierer, Heinrich Wilhelm Trambauer, hatte sich mitsamt seiner Hakenkreuzfahne, blitzschnell auf den Boden geworfen. Das Blut erschossener Putschisten tränkte die Fahne, Trambauer floh mit dem blutigen Tuch, das später zur mythenumrankten «Blutfahne» wurde.[74]

Unter den Toten war Max Erwin von Scheubner-Richter, einer der Initiatoren des Putsches. Er war Arm in Arm mit Hitler in vorderster Linie marschiert, unmittelbar hinter den Standartenträgern. Der Journalist Heribert Prantl hat im November 2018 berichtet, sein Onkel Hans sei unter den Bereitschaftspolizisten gewesen, die seinerzeit den Putsch beendeten. «Bei vielen Geburtstagsfeiern hat er davon erzählt: ‹I hob selsmals auf den Hitler angelegt, aber: I hob an ned dawischt, den Hund.› Onkel Hans war ein hünenhafter Kerl. Er verstand das so zu erzählen, dass es einen immer wieder schauderte – weil er, wie er einem zu verstehen gab, ein paar Sekunden lang, die Weltgeschichte hätte verändern können.»[75] Ähnliche Gedanken formuliert auch der britische Historiker Ian Kershaw in seiner monumentalen zweibändigen Hitler-Biografie: «Hätte die Kugel, die Scheubner-Richter tötete, 30 Zentimeter weiter rechts getroffen, wäre die Weltgeschichte anders verlaufen.»[76] Es hätte aber auch schon genügt, wenn die Justiz in den Monaten nach dem Putschversuch unabhängig und sachbezogen ihre Aufgabe erledigt hätte.

Hitler wurde am 9. November nicht getroffen, sondern vom fallenden Scheubner-Richter zu Boden gerissen. Dabei renkte er sich seine linke Schulter aus. Schnell war Dr. Walter Schultze zur Stelle, der Chef der Ambulanz der Münchner SA. Er schob Hitler in seinen in der Nähe geparkten Wagen und fuhr mit hoher Geschwindigkeit davon. Hitler gelangte schließlich in Hanfstaengls Haus in Uffing südlich von München, wo ihn die Polizei am Abend des 11. November aufspürte und verhaftete. Hanfstaengls Frau berichtete später, Hitler sei bei seiner Ankunft in Uffing verzweifelt gewesen. Für immer wieder kolportierte Selbstmordabsichten gibt es allerdings keine belastbaren Belege. «Er war deprimiert, aber gelassen, in einen weißen Bademantel gekleidet, seinen verletzten linken Arm in einer Schlinge, als die Polizei eintraf, um ihn zum Gefängnis in der alten Festung Landsberg am Lech zu eskortieren, einer Kleinstadt etwa 60 Kilometer westlich von München.»[77]

Unter den getöteten Putschisten war auch Oberlandesgerichtsrat Theodor von der Pfordten, Rat am Bayerischen Obersten Landgericht. Bei ihm fand man den ausformulieren Text einer neuen Verfassung, die an die Stelle der Weimarer Verfassung hätte treten sollen. Sie bedrohte jeden mit der Todesstrafe, der weiterhin an einem Parlament teilnahm, verfügte die Dienstenthebung jüdischer Beamter und führte Standgerichte mit der Befugnis ein, Todesstrafen zu verhängen.[78] Dieser Entwurf weist große Übereinstimmung mit dem Entwurf einer «Notverfassung» auf, der in den norddeutschen nationalkonservativen Kreisen um Justizrat Claß entstanden war.

Auch das zeigt: Es existierten deutlich mehr Verbindungen zwischen den nationalkonservativen und deutschnationalen Kreisen auf der einen und den völkisch-nationalistischen Gruppierungen auf der anderen Seite, als die Bezeichnung «Hitler-Putsch» nahelegt. Die Berliner *Vossische Zeitung* machte schon im Leitartikel ihrer Abendausgabe vom 9. November auf diesen Sachverhalt aufmerksam: «Herr v. Kahr entpuppt sich, wenn man in die Tiefe der Ereignisse gräbt, als der wirklich Schuldige. Denn er hat den Hitler und Ludendorff nur vorgemacht, was sie nachäfften. Er ist ja der erste gewesen, der sich über die Schranken der Reichsverfassung hinweggesetzt hat. Er hat offenen Widerstand gegen die Reichsregierung gepredigt. Er ist der ‹starke Mann› gewesen, den die norddeutschen Hitler-Organisationen und mit ihnen die deutschnationale Partei ersehnt haben. (...) Die den großdeutschen Zielen nachstrebenden Hitler und Ludendorff haben nur dem weißblauen Kahr zuvorkommen wollen. Das ist das Geheimnis des gestrigen Abends.»[79]

Der Hitler-Putsch war nicht nur Hitlers Putsch. Mitglieder der bayerischen Regierung und Armeeführung hatten zuvor monatelang die

Meinung vertreten, das Reich müsse von der «Ordnungszelle Bayern» aus gerettet werden. Kahrs Ernennung zum Generalstaatskommissar diente nicht nur dem Ziel, die «vaterländischen», nationalistischen und völkischen Verbände einzubinden, sondern gab zugleich der Auseinandersetzung mit dem angeblich «marxistisch-jüdisch» verseuchten Berlin eine neue Qualität. Unmittelbar nach seiner Ernennung zum Generalstaatskommissar traf Kahr Vorbereitungen, um unter dem Deckmantel des Grenzschutzes militärischen Druck gegen den Norden aufzubauen. Er ließ keine Gelegenheit verstreichen, bestehende Konflikte mit Berlin zu eskalieren. Die Verbände von Hitlers Kampfbund waren in den Wochen vor dem Putsch von der bayerischen Reichswehrdivision auf Befehl Lossows ausgebildet worden. Auch sie sollten im Rahmen der «Herbstübung 1923» zur Verstärkung der bayerischen Reichswehr herangezogen werden. Höchste Repräsentanten des Freistaats waren also massiv in Bestrebungen verwickelt, die Republik auf gewaltsamem Weg zu beseitigen.

All dies sollte im Prozess gegen die Putschisten möglichst nicht zur Sprache kommen oder zumindest so verschleiert werden, dass es nicht für Aufsehen sorgte. Den herrschenden Kräften in Bayern ging es darum, den Schaden so weit wie möglich zu begrenzen. Dafür galt es zunächst sicherzustellen, dass der Prozess in Bayern stattfand. Zuständig für Hochverratsvergehen war allerdings der Staatsgerichtshof zum Schutz der Republik in Leipzig, ein vom Reichstag mit dem Republikschutzgesetz von 1922 installiertes oberstes Richtergremium. Der Staatsgerichtshof erließ deshalb pflichtgemäß Haftbefehle gegen die Hitlerputschisten, aber die wurden von den bayerischen Behörden nicht ausgeführt. Der bayerische Justizminister Franz Gürtner erklärte am 21. November gegenüber einem Vertreter der Reichsregierung, «mit Ausnahme der Linken seien sämtliche Parteien der Auffassung, dass der Prozess nicht vor dem Staatsgerichtshofe stattfinden dürfe, sondern einem bayerischen Gericht vorbehalten bleiben müsse. Keine bayerische Regierung würde sich dieser Stimmung widersetzen können.»[80]

Wie so häufig in diesen Monaten gab die Reichsregierung gegenüber Bayern klein bei, und so wurde den Anführern des Putsches vom 26. Februar bis zum 27. März 1924 vor dem Volksgericht München der Prozess gemacht. Bei Verhandlungsbeginn hatte Hitler Mutlosigkeit,

Verzweiflung und Depression hinter sich gelassen. Er sah nun eine große Chance darin, den Gerichtssaal als Propagandabühne in eigener Sache und gegen die verhasste Republik nutzen zu können. Das Ziel der Anklagevertretung und des Gerichts, ihn allein ins Scheinwerferlicht zu stellen, kam seinen Intentionen sehr entgegen. Der Vorsitzende Richter ließ ihm alle Freiheiten und akzeptierte bereitwillig stundenlange Propagandareden. Offenbar sollte Hitler nicht verärgert werden, denn der hatte im Vorfeld damit gedroht, die Verstrickung Kahrs, Lossows und Seißers und insbesondere die Rolle der bayerischen Reichswehr aufzudecken.[81] Um sicherzugehen, dass nichts davon publik wurde, fand ein großer Teil der Sitzungen unter Ausschluss der Öffentlichkeit statt. Die Verhandlungsführung offenbarte aber auch, dass der Vorsitzende Richter Georg Neithardt ganz persönlich dem Gedankengut Hitlers ausgesprochen nahestand und entsprechend agierte. So ersetzte er ohne Skrupel «ein ungünstiges Protokoll von Ludendorffs erstem Verhör» durch ein anderes, aus dem hervorging, dass Ludendorff von den Putschvorbereitungen nichts gewusst habe. Ludendorff sei «noch das einzige Plus», das Deutschland besitze, soll Neidhardt vor Prozessbeginn erklärt haben. Ludendorff wurde freigesprochen – was der allerdings als Beleidigung ansah.[82]

Am 1. April 1924 wurde Hitler zu einer Haftstrafe von fünf Jahren und einer Geldstrafe von 200 Goldmark verurteilt. Er erhielt damit die niedrigste Strafe, die für Hochverrat möglich war, verbunden mit der Aussicht auf vorzeitige Entlassung.

Die Urteilsbegründung liest sich wie die Begründung eines Freispruchs: «Auch das Gericht ist zu der Überzeugung gelangt, dass die Angeklagten bei ihrem Tun von rein vaterländischem Geiste und dem edelsten selbstlosen Willen geleitet waren. Alle Angeklagten, die in die Verhältnisse genauen Einblick hatten – und die übrigen ließen sich von den Mitangeklagten als ihren Führern und völkischen Vertrauensmännern leiten –, glaubten nach bestem Wissen und Gewissen, dass sie zur Rettung des Vaterlandes handeln müssten und dass sie dasselbe täten, was kurz zuvor noch die Absicht der leitenden bayerischen Männer gewesen war. Das rechtfertigt ihr Vorgehen nicht, aber es gibt den Schlüssel zum Verständnis ihres Tuns. Seit Monaten, ja Jahren waren sie darauf eingestellt, dass der Hochverrat von 1918 durch eine befreiende Tat wettgemacht werden müsste.»[83]

Eine Abschiebung des österreichischen Staatsbürgers Hitler, die nach dem Gesetz zum Schutz der Republik eigentlich zwingend hätte erfolgen müssen, lehnte das Gericht ab. Hitler betrachte sich als Deutschen. Er habe im Krieg gedient und sei verwundet worden. Deshalb könne die Vorschrift des § 9 Absatz II des Republikschutzgesetzes ihrem Sinn und ihrer Zweckbestimmung nach keine Anwendung finden.[84] Vor Prozessbeginn hatte es durchaus Anstrengungen der bayerischen Justiz gegeben, Hitler nach Österreich abzuschieben, aber die österreichische Bundesregierung hatte die Aufnahme ganz entschieden abgelehnt.[85]

Dass dieses Urteil vom 1. April 1924 juristisch und politisch ein Skandal war, steht heute außer Zweifel. National und nationalistisch gesinnte Zeitgenossen sahen das anders. Im Leitartikel der *Münchner Neuesten Nachrichten* vom 2. April 1924 hieß es: «Wir machen keinen Hehl daraus, dass unsere menschlichen Sympathien auf Seiten der Angeklagten in diesem Prozess und nicht auf Seiten der Novemberverbrecher vom Jahre 1918 stehen. Es ist auch juristisch richtig, einen Unterschied zwischen den Männern von 1918 und den Männern vom November 1923 zu machen. Die Männer vom November 1918 sind Landesverräter ...»[86]

Hitler trat seine leichte Strafe in Landsberg an, «wo er unter Bedingungen inhaftiert war, die eher einem Hotel als einem Gefängnis glichen.»[87] Er fand in Landsberg Gelegenheit, ein fast 800 Seiten umfassendes zweibändiges Werk zu diktieren, dessen erster Band 1925 unter dem Titel *Mein Kampf. Eine Abrechnung* veröffentlicht wurde. Band zwei erschien im folgenden Jahr. Daneben empfing Hitler in den Landsberger Monaten mehr als 500 Besucher, bevor er selbst strikte Einschränkungen verordnete, weil es ihn zu sehr in Anspruch nahm, ständig Hof zu halten.

Die NSDAP, die Deutschvölkische Freiheitspartei und die am Putsch beteiligten Bünde «Oberland» und «Reichskriegsflagge» waren unmittelbar nach dem Putschversuch verboten worden.[88] Die völkische Bewegung zersplitterte in ihre Bestandteile. Kahr und Lossow konnten sich noch bis ins Jahr 1924 in ihren Ämtern halten, dann mussten sie gehen. Lossow, weil Seeckt dessen Befehlsverweigerungen keinesfalls auf sich beruhen lassen wollte. Kahr, weil Bayern nach dem Desaster des Hitlerputsches dringend für eine Deeskalation in den Konflikten mit dem Reich sorgen musste. Mit mäßigem Erfolg bemühte sich die bayerische Politik in Verhandlungen mit Berlin darum, manche der eigenstaatlichen Privilegien wiederzuerlangen, die Bayern im Bismarckreich zugestanden worden waren, aber den Anspruch, die Weimarer Republik am bayerischen Wesen genesen zu lassen, ließ man fallen. Von der «Ordnungszelle» war keine Rede mehr. Bayern war nach dem Putsch nicht mehr der «Hexenkessel aufständischer Rechtsradikaler»,[89] der es zwischen 1920 und 1923 gewesen war. Stefan Zweig schrieb später: «In diesem Jahr 1923 verschwanden die Hakenkreuze, die Sturmtrupps, und der Name Adolf Hitler fiel beinahe in Vergessenheit zurück. Niemand dachte mehr an ihn als einen möglichen Machtfaktor.»[90]

Das aber wäre nicht im Sinne der mehr oder weniger stillschweigenden Übereinkunft gewesen, die dem Münchner Prozess gegen Hitler und seine Kumpane zugrunde lag. Die Sympathien für die völkischen Nationalisten waren in Bayern keineswegs verschwunden. Immer wieder zogen erregte Menschenmassen durch das Stadtzentrum von München und ließen Hitler hochleben.[91] Der Völkische Block, die größte Gruppierung in der nun zersplitterten völkischen Bewegung, bekam bei den Landtagswahlen am 6. April 1924 in München 33 Prozent der Stimmen – einen höheren Stimmenanteil als Sozialdemokraten und Kommunisten zusammen.

Vor allem aber konnte sich Hitler auch nach dem 9. November 1923 auf seine Unterstützer und Förderer aus den Kreisen der bayerischen Eliten verlassen. Schon zum Weihnachtsfest 1924 wurde er vom bayerischen Justizminister Franz Gürtner begnadigt. Er musste also nur einen Bruchteil seiner ohnehin äußerst milden Strafe absitzen. Hitler bedankte sich später bei Gürtner und berief ihn 1933 als Reichsjustizminister in sein Kabinett. Wenige Monate nach seiner Ernennung zum Reichskanzler beförderte er den Vorsitzenden Richter Georg Neithardt zum Münchner Oberlandesgerichtspräsidenten. Am 27. Februar 1925 gründete Hitler die NSDAP neu – in ebenjenem Bürgerbräukeller vom 8./9. November 1923.

5

«Geburtsstunde der Republik» oder «Landesverrat» – Der 9. November und der Kampf um die Weimarer Demokratie

Es grenzt an ein Wunder, dass die deutsche Republik die Krisen des Jahres 1923 überstand – und ausgerechnet Hitlers Putschversuch leitete die Wende zum Positiven ein. Eine allmähliche Konsolidierung der Republik war im ersten Halbjahr 1924 deutlich erkennbar. Mit der Währungsreform vom 15. November 1923 war es gelungen, die Hyperinflation zu stoppen und Geldwertstabilität herzustellen. Der Dawes-Plan brachte kurzfristig eine spürbare Entlastung bei den Reparationsverpflichtungen. Die Wirtschaft begann wieder Fuß zu fassen. Wie sich nach und nach zeigte, markierte der 9. November 1923 das Ende von gewaltsamen Aufstands- und Putschversuchen. Die nationale Rechte musste erkennen, dass sie mit einer raschen Beseitigung der verhassten Demokratie nicht mehr rechnen konnte, die Kommunisten mussten ihre Hoffnungen auf eine «Oktoberrevolution» begraben. Die Republik hatte sich durchgesetzt, und es ging aufwärts.

Im Wahlverhalten schlug sich das allerdings noch nicht nieder, als turnusmäßig am 4. Mai 1924 Reichstagswahlen stattfanden. Die nationale und nationalistische Rechte ging aus ihnen deutlich gestärkt hervor. Die DNVP gewann mehr als 4 Prozent hinzu und kam nun auf 19,5 Prozent, die wegen des NSDAP-Verbots stellvertretend kandidierende Deutschvölkische Freiheitspartei erreichte 6,6 Prozent der Stimmen. Die in den Vorjahren an Regierungen beteiligten Parteien verloren etwa ein Drittel. Lediglich die Zentrumspartei blieb stabil. Die DVP Stresemanns kam nur noch auf 9,2 Prozent der Stimmen, die Demokraten landeten bei 5,7 Prozent, die Sozialdemokraten bei 20,5 Prozent. Die KPD, zu der im Oktober 1920 die USPD-Linke gestoßen war, erreichte nun 12,6 Prozent. Die Regierungsbildung war schwierig, weil es in der DVP große Vorbehalte gegen eine Beteiligung der SPD gab. Es kam zu einer Minderheitsregierung von Zentrum, DVP und DDP.

Die KPD der Weimarer Republik war weder koalitionsfähig noch koalitionswillig und spielte als machtpolitischer Faktor keine Rolle. 1924 kam die Kommunistische Internationale in Moskau zu der Überzeugung, dass von einer revolutionären Situation in Deutschland keine Rede mehr sein konnte, und Stalin formulierte im Herbst erstmals als neue Strategie den «Aufbau des Sozialismus in einem Land». Im selben Jahr proklamierte die Komintern die Sozialfaschismusthese, nach der die Sozialdemokratie eine linke Spielart des Faschismus sei. Sie fiel bei den deutschen Kommunisten auf besonders fruchtbaren Boden, deren Presse jährlich am 9. November den angeblichen Verrat der SPD an der Revolution anprangerte.

Bereits am 7. Dezember 1924 wurde erneut gewählt, und nun war im Ergebnis auch die Stabilisierung der Republik zu erkennen. Die SPD gewann 5,5 Prozent hinzu, während die KPD 3,6 Prozent verlor. Die Deutschvölkische Freiheitspartei verlor 3,6 Prozent und landete bei nur noch 3 Prozent. Ihre Verluste kamen am stärksten der DNVP zugute, die 1 Prozent hinzugewann. Im bürgerlichen Lager gab weiterhin die nationale Rechte den Ton an. Der neuen bürgerlichen Regierung gehörte nun auch die DNVP an – ein deutlicher Ruck nach rechts.

Auch in den Jahren der Stabilisierung zeichnete die Presse der nationalen Rechten am 9. November ein Bild des Niedergangs und stellte diesen als Folge von Revolution und parlamentarischer Demokratie dar.[1] Die stark von agrarischen Interessen geprägte *Deutsche Tageszeitung* erklärte zum Verfassungstag 1924, von den Symbolen der neuen Republik könne keinerlei Begeisterung ausgehen. «Die Entstehung von Schwarz-rot-gold ist nun einmal im Herzen des Volkes unlösbar verknüpft mit Zeiten der tiefsten Erniedrigung des deutschen Volkes. Es ist für viele, sehr viele, das Symbol der Revolution, der Unterwerfungssucht und des allgemeinen Zusammenbruchs.»[2] Über den 9. November war 1924 in dem Blatt zu lesen, dass sich das deutsche Volk mit diesem Tag auseinandersetzen müsse, «denn er hat ihm in jeglicher Beziehung sein gesundes Blut vergiftet. Diese Auseinandersetzung ist gar keine Frage der Staatsform, sondern sie ist eine Frage der Kriminalität. Es gibt keine Staatsform, die Verbrecher schützt. Sie werden zur Verantwortung gezogen, wenn ihre Zeit da ist, in der Republik oder in der Monarchie.»[3]

Im Lauf des Jahres 1924 hatten sich die Bemühungen verstärkt, den Tag der Gründung des Deutschen Kaiserreichs zum Nationalfeiertag zu erheben. Für die Linke und für überzeugte Republikaner war das eine Provokation, aber in Teilen des Bürgertums stieß das Ansinnen auf Zustimmung, weit über das nationale Lager hinaus. So machte sich beispielsweise auch die der Zentrumspartei nahestehende *Kölnische Volkszeitung* für den 18. Januar als Nationalfeiertag stark und meinte, es werde «gut sein, wenn die Erinnerung an jene hässlichen, grauen, düsteren Novembertage bald für immer versinkt und an ihre Stelle die ewige Mahnung aufsteigt, einig, einig, einig zu sein.»[4] Am 17. Januar 1925 brachte die DNVP einen entsprechenden Gesetzesantrag ein. Er wurde im Reichstag von der DVP und der Deutschvölkischen Freiheitspartei unterstützt, aber mit 193 gegen 138 Stimmen abgelehnt.[5]

Erfolglos waren allerdings auch die immer wieder unternommenen Versuche, den Verfassungstag zum Nationalfeiertag der Republik zu machen. Vom 9. November als Nationalfeiertag sprach inzwischen niemand mehr. Die USPD existierte nicht mehr, und die Sozialdemokraten wussten sehr genau, dass sich dafür im Reichstag niemals eine Mehrheit fände. Die Weimarer Republik blieb dauerhaft eine Republik ohne Nationalfeiertag, auch wenn regelmäßig Feierlichkeiten aus Anlass des Verfassungstages stattfanden.

Lediglich für die Sozialdemokratie blieb der 9. November ein Tag zum Feiern. «Es lebe die Republik!», titelte der *Vorwärts* am 9. November 1924: «Die Sozialdemokratie steht mit beiden Füßen auf dem Boden der Wirklichkeit, auf dem Boden der Deutschen Republik, die sie selbst geschaffen hat und die zu schützen ihre Aufgabe ist. (...) von diesem Boden, auf dem wir Fuß gefasst und unsere Fahne gehisst haben, lassen wir uns nicht vertreiben. Wir sind bereit, ihn gegen jedermann zu verteidigen, und wir sind sicher in der Überzeugung, dass uns das auch gelingen wird.»[6]

Alle kämpferische Entschlossenheit konnte jedoch nicht darüber hinwegtäuschen, dass die Sozialdemokratie auch in den Zeiten der politischen und wirtschaftlichen Stabilisierung immer stärker unter Druck geriet. Die Dolchstoßlegende war zur schärfsten Waffe der nationalen und nationalistischen Rechten im Kampf gegen die Republik geworden. Jahrelange Versuche, den Streit mit Hilfe eines Reichstags-Untersuchungsausschusses zu versachlichen, scheiterten. Insbesondere Sozialdemokraten wurden immer wieder aufs Neue beschuldigt, durch die Revolution die Niederlage des Deutschen Reiches verschuldet zu haben.

Der folgenreichste dieser Fälle betraf das Staatsoberhaupt selbst. Friedrich Ebert wurde 1924 von einem Redakteur der *Mitteldeutschen Presse* vorgeworfen, durch sein Verhalten im Munitionsarbeiterstreik im Januar 1918 die Kriegsniederlage mit verschuldet zu haben. Der Reichspräsident ging dagegen juristisch vor, und das Magdeburger Amtsgericht verurteilte den Redakteur am 23. Dezember 1924 wegen Beleidigung des Staatsoberhauptes. Es stellte aber zugleich fest, Ebert habe durch seine Beteiligung am Munitionsarbeiterstreik im strafrechtlichen Sinn Landesverrat begangen. Ebert verschleppte wegen dieses Prozesses eine dringend nötige Blinddarmoperation, erlitt einen Blinddarmdurchbruch und starb am 28. Februar 1925 an dessen Folgen. Zum Nachfolger wurde am 26. April 1925 Paul von Hindenburg gewählt, ausgerechnet der 77-jährige ehemalige Generalfeldmarschall, ein deutschnational fühlender Monarchist. Das nationale Lager jubelte und witterte Morgenluft.

Die DNVP hatte schon zur Jahreswende die Chance erkannt, durch eine Regierungsbeteiligung die Republik noch weiter nach rechts zu rücken. Auch dem neuen Reichspräsidenten war sehr daran gelegen, auf diese Weise die SPD von der Regierung fernzuhalten. Die Haltung der DNVP zur Republik war in dieser Phase ambivalent und durchaus auch widersprüchlich, ihre Position zum 9. November blieb jedoch hart und unversöhnlich. Der Tag war für sie unauflöslich mit dem «Geist des Landesverrats»[7] verbunden. Die Kriminalisierung der Novemberrevolution betrieben keineswegs nur die Nationalsozialisten.

Bei Hitler allerdings gehörte die rüde Diffamierung der Revolutionsbewegung als Bande von Kriminellen zum «Standardrepertoire in seinen Reden und Schriften».[8] Seine Anhänger waren begeistert, wenn er sich – wie etwa im Januar 1928 im Münchner Hofbräuhaus – über «diese seltene Mischung von Salonliteraten, Salonmarxisten, Zuhältern, Dieben, Deserteuren» ausließ.[9]

Daneben hatte die NS-Propaganda allerdings mit dem 9. November 1923 eine neue große Geschichte gefunden, die sie seit der Neugründung der Partei Jahr für Jahr am 9. November erzählte. Es war die Geschichte von Helden, die im Kampf für das Vaterland ihr Leben geopfert hätten.

Es war die Geschichte eines großen Verrats, den «nationale» Politiker am 9. November 1923 begangen hätten. Es war die Geschichte einer neuen Weltanschauung und einer Volksbewegung, die sich unter «schweren Kämpfen, mit Schmerzen und nicht ohne eigene menschliche Schuld» nach oben ringe und sich nach und nach von allem ablöse, «was den Weg zur deutschen Freiheit nicht gehen will oder nicht gehen kann.»[10]

«Ehre, Freiheit, Vaterland! – Dem Gedenken der im Kampf um Deutschlands Wiedergeburt gefallenen Kameraden» – das waren die großen Überschriften auf der Titelseite des *Völkischen Beobachters* am 8./9. November 1925. In einem Kasten mit Trauerflor mitten auf der Titelseite präsentierte das Zentralorgan der NSDAP in alphabetischer Reihenfolge die Namen der 16 «Gefallenen» des 9. November 1923 mit ihren Berufen und Geburtsdaten. Artikel über den 9. November 1918 brachte das Blatt erst auf der vierten Seite.

1926 erklärte Hitler den 9. November zum «Reichstrauertag» der NSDAP. Zum Jahrestag zeigte die Titelseite des *Völkischen Beobachters* fast ausschließlich einen großen Kasten mit Trauerrand: «Wir gedenken der Toten». Ein markanter einleitender Text verknüpfte die beiden Novemberdaten ganz direkt: «Der 9. November, der Tag der Revolution, die im Jahre 1918 Deutschlands Größe brach, der Tag, der uns im Jahre 1923 die bittersten Stunden bescherte, als der edelste Freiheitswille deutschen Frontkämpfer- und Jugendgeistes in Blut und Elend zu Boden geschlagen wurde, dieser 9. November ist und wird uns immer der Tag innerer Einkehr und rückschauenden, ehrfurchtsvollen Gedenkens sein.»[11]

Die enorme Bedeutung des 9. November für das Selbstverständnis der Partei zeigte sich auch im Umfang der jährlichen Beschäftigung mit dem Thema. 1927 widmete der *Völkische Beobachter* ihm vier Seiten mit den Überschriften: «Der neunte Jahrestag der Novemberrevolte», «Die Börsenrevolte des Judentums», «Die neunjährige Selbstentlarvung von Demokratie und Marxismus», «Die Toten des 9. November», «Der Staat und der 9. November», «Der 9. November ein Deutscher Schicksalstag!»

Die Propaganda begann nun das Scheitern des «Marschs auf Berlin» zur notwendigen Voraussetzung für den zukünftigen Erfolg zu stilisieren. «Nichts ist für eine junge geschichtliche Bewegung, die eine große Sendung vor sich hat, gefährlicher als ein rascher und leichter Sieg, denn dieser führt eine solche Menge mittelmäßiger und minderwertiger Men-

Zeremonielle Fahnenweihe auf dem Reichsparteitag in Nürnberg am 3. September 1933. Durch Berührung mit der «Blutfahne» vom 9. November 1923 weihte Hitler regelmäßig neue Fahnen und Standarten der Parteiorganisationen.

schen in ihre Reihen, dass sie ihre idealen Ziele nicht mehr zu erreichen vermag.»[12] Dadurch wurde dem Sterben der «Blutzeugen» ein geradezu mythischer «Sinn» zugeschrieben. Symbolträchtig wurde die gerettete SA-Fahne des 9. November 1923 zur «Blutfahne» erhoben. Neue Standarten der SS und andere Parteifahnen wurden durch Berührung mit dem Tuch der Blutfahne geweiht.

All das wurde von der weitaus überwiegenden Mehrheit der Bevölkerung vermutlich noch 1928 als irritierende Spinnerei einer kleinen, rechtsextremen Sekte betrachtet – wenn sie es überhaupt wahrnahm. Bei den Wahlen im Mai 1928 kam die NSDAP nur auf 2,6 Prozent der Stimmen. Und doch gingen genau von dieser Wahl entscheidende Impulse für die Zerstörung der Republik aus.

Die DNVP verlor fast ein Drittel ihrer Wählerschaft und rutschte auf 14,2 Prozent ab. Die «Bürgerblockstrategie» galt nun als gescheitert, und es kam zu einer Radikalisierung der Partei. Alfred Hugenberg, der mit seinem Medienkonzern die Hälfte der deutschen Presse kontrollierte, wurde zum Parteivorsitzenden gewählt, und es setzte sich die Auffassung durch, dass die DNVP keinesfalls konstruktiv in parlamentarischen Regierungen mitarbeiten dürfe. Mit diesem Staat könne es keinen Frieden geben, es gehe nun vielmehr darum, ihm «endgültig den Garaus zu machen.»[13] Zum zehnjährigen Jubiläum der Republik waren für die DNVP die Fronten endgültig geklärt.

Die SPD dagegen gewann im Mai 1928 hinzu und war mit 29,8 Prozent der abgegebenen Stimmen mehr als doppelt so stark wie die DNVP als zweitstärkste Partei. Seit November 1923 waren die Sozialdemokraten nicht mehr an Reichsregierungen beteiligt gewesen, aber nun führte kein Weg an ihnen vorbei. Am 28. Juni wurde Hermann Müller, der dieses Amt bereits 1920 für einige Monate ausgeübt hatte, zum Reichskanzler ernannt. Er führte eine Große Koalition, deren politische Spannweite von der SPD bis zur DVP reichte. Sie firmierte zunächst als «Kabinett der Persönlichkeiten», bevor sie im Frühjahr 1929 dann auch förmlich geschlossen wurde. Diese Verschiebung der Kräfteverhältnisse nach links weckte Widerstand. Eine SPD-geführte Reichsregierung war für Hindenburg und seine Entourage schwer erträglich. Auch einflussreiche Kreise in Industrie und Wirtschaft sowie das gesamte nationale Lager waren daran interessiert, diesen Zustand möglichst bald zu beenden.

In die Amtszeit der Großen Koalition fielen die Feierlichkeiten zum zehnjährigen Bestehen der Republik. Unter organisatorischer und finanzieller Schirmherrschaft der Reichsregierung wurde 1928 eine Wanderausstellung auf den Weg gebracht. Deren Leitgedanke war es, «dass die Revolution völlig aus dem Spiel bleibt und lediglich als geschichtliches Faktum hingenommen wird, dass dagegen der hinter der Revolution beginnenden 10jährigen Wiederaufbauarbeit ein geistiges Denkmal gesetzt wird» – so der zuständige Staatssekretär in der Reichskanzlei Hermann Pünder am 27. Dezember 1928 in einem Brief an Reichswirtschaftsminister Julius Curtius (DVP).[14] Dieser Grundgedanke prägte auch den Sammelband *Zehn Jahre deutsche Geschichte 1918–1928*,[15] der nach Aussage Pünders «amtlich sehr sorgfältig vorbereitet war» und somit als offizielle Selbstdarstellung gelten kann. Er war offenbar der kleinste gemeinsame Nenner zwischen SPD und DVP.

Vor allem die vom *Vorwärts* repräsentierte Hauptströmung der SPD hielt die Erinnerung an den 9. November und die Revolution wach. Es verging kein Jahr ohne ausführliche Würdigung des 9. November in der Parteipresse, kein Jahr ohne Revolutionsfeiern in zahlreichen Ortsvereinen und beim Reichsbanner Schwarz-Rot-Gold, das 1924 als demokratischer Wehrverband zum Schutz der Republik gegründet worden war. Die Partei bekannte sich klar zur Republik, ohne dabei deren demokratische und soziale Defizite aus dem Blickfeld zu verlieren. Der *Vorwärts* trug entscheidend dazu bei, den 9. November nicht den Dolchstoß-Demagogen zu überlassen und daran zu erinnern, dass die Novemberrevolution 1918 die Geburtsstunde der deutschen Republik war.[16]

Das war bei der Zentrumspartei und den bürgerlichen Demokraten anders. Für die zentrumsnahe *Germania* blieb die Revolution auch nach zehn Jahren verwerflich. «Unsere Einstellung zu den Geschehnissen des 9. November gestattet kein festliches Erinnern und führt daher auch zur scharfen Ablehnung des Gedankens, ihn als nationalen Feiertag zu begehen.» Zugleich aber betonte das Blatt, die nach dem 9. November entstandene deutsche Republik sei «so legitim, wie es nur ein Staat sein kann. Ihm gehört unser Leben und Wirken, und ihn tragen wir mit Herz und Hand in eine glückhafte deutsche Zukunft.»[17] Bereits kurz darauf war dieses Bekenntnis zur Republik in der Zentrumspartei nicht mehr selbstverständlich. Auf dem Kölner Parteitag wurde im Dezember 1928 der konservative Prälat Ludwig Kaas zum neuen Parteivorsitzenden gewählt, «dessen Staatsideal nicht der parlamentarische Parteienstaat, sondern eine autoritäre Führerdemokratie war».[18]

Auch die Haltung der bürgerlichen Demokraten zum 9. November und zur Republik war nach zehn Jahren zwiespältig. Der DDP-Reichstagsabgeordnete und Reichsinnenminister a. D. Wilhelm Külz brachte es 1928 auf die Formel: «Nicht wir kamen zur Republik und zur Demokratie, sondern Republik und Demokratie kamen über Nacht und in der Nacht zu uns. Die Frage war in dem Dunkel des Jahres 1918 nicht so gestellt, ob wir uns von der Monarchie abwenden und der Demokratie zuwenden wollten oder nicht, sondern wir mussten uns der Demokratie zuwenden, ob wir wollten oder nicht.»[19]

Die nationale Rechte nutzte das runde Jubiläum zu massiven Angriffen auf die Republik, die sich nur noch wenig von der Propaganda der

Nationalsozialisten unterschieden. Die auflagenstarken Zeitungen aus dem Hugenberg-Konzern (*Berliner Lokal-Anzeiger, Der Tag, Der Montag*) brachten ausführliche Rückblicke auf die Situation im deutschen November 1918 und betonten: «Der 9. November ist der Tag, an dem die Minderwertigen des Volkes, die Feigen und die Meuterer ... endgültig die Oberhand bekamen über die Tapferen und die Treuen im Lande.»[20]

Sonderbeilagen der großen Zeitungen sollten die Verlogenheit und Erbärmlichkeit der vorangegangenen Jahre veranschaulichen.[21] Zum ersten Mal wurden in diesem Zusammenhang auch Karikaturen «berühmter Novemberlinge» gedruckt,[22] die den grotesken Charakter der Revolution hervorheben sollten, wobei der «Novemberling» nur eine feinere Umschreibung des nationalsozialistischen «Schädlings» war.[23]

Die Übernahme von Inhalten der NSDAP-Propaganda durch die Presse des Hugenberg-Konzerns und andere Zeitungen der nationalen Rechten verschaffte dieser Propaganda das Massenpublikum, das sie allein im *Völkischen Beobachter* nie gefunden hätte. Dessen Auflage betrug 1928 etwa 15 000 Exemplare. Zu diesem Zeitpunkt war die NSDAP eine kleine rechtsextreme Splitterpartei, erst danach begann ihr Siegeszug, und er begann mit der Radikalisierung der DNVP und ihrer Wende hin zur NSDAP.

Im März 1930 kam die Regierung der Großen Koalition an ihr Ende. Sie scheiterte nicht nur, weil man sich über einige Bruchteile von Prozentpunkten bei den Beiträgen zur Arbeitslosenversicherung nicht einigen konnte, wie gelegentlich kolportiert wird. Und sie scheiterte auch nicht nur an den Folgen der Weltwirtschaftskrise, die mit dem «Schwarzen Freitag» an der Wall Street, dem 24. Oktober 1929, ihren Anfang nahm. Im Konflikt um die Sanierung der Arbeitslosenversicherung ging es um eine sozialpolitische Kernfrage, um das Konzept der Sozialpartnerschaft, einen zentralen Bestandteil des Gründungskompromisses der Weimarer Republik, den das Unternehmerlager nun aufkündigte. Vor allem aber zielte die Beseitigung der Großen Koalition darauf, die parlamentarische Regierungsweise durch ein Präsidialregime zu ersetzen. Dieses sogenannte «Hindenburg-Kabinett» sollte «antiparlamentarisch» und «antimarxistisch» sein und wurde bereits seit Monaten sorgfältig vorbereitet. Nicht aus einer Notlage heraus, sondern mit kühler Überlegung machten sich der Reichspräsident und seine Berater daran, «jetzt eine einschneidende Veränderung des Verfassungssystems und der gesellschaftlichen Machtverhältnisse zugunsten der alten Eliten in Armee, Bürokratie und Wirtschaft zu bewirken.»[24]

Der bisherige Fraktionsvorsitzende der Zentrumspartei, Heinrich Brüning, stand als Reichskanzler an der Spitze des ersten Präsidialkabinetts, das am 30. März 1930 installiert wurde und sich ausschließlich auf den Reichspräsidenten und dessen Notverordnungsrecht stützte. Als der Reichstag von seinem verfassungsmäßigen Recht Gebrauch machte, Notverordnungen aufzuheben, löste ihn der Reichspräsident kurzerhand auf, wohl wissend, dass Neuwahlen zu einer deutlichen Stärkung der NSDAP führen würden. Hindenburg machte Ernst mit der Beseitigung der Republik.

Große Sieger der Reichstagswahl am 14. September 1930 waren die Nationalsozialisten, die nun 18,3 Prozent der Stimmen bekamen und zweitstärkste Partei wurden, hinter den Sozialdemokraten mit 24,5 Prozent. Die DNVP verlor mehr als die Hälfte ihrer Wähler, kam nur noch auf 7 Prozent, aber das führte nicht zu einer Kursänderung. Die Artikel zum 9. November 1930 in der deutschnationalen Presse zeigten sehr deutlich, dass sie nur noch zwei Lager kannte, das der «Marxisten» und das des «nationalen» Deutschland. Hier deutete sich bereits die Koalition an, die am 30. Januar 1933 die Regierungsgeschäfte übernehmen sollte: «Begriffen die Marxisten, die heute noch Deutschland von der Novemberrevolte her mechanistisch beherrschen, dass die Frontkämpfergeneration mit den Alten und Jungen sich in der Fremde des marxistischen Deutschland schon ein eigenes geistiges Deutschland geschaffen hat, dann würden sie die Aussichtslosigkeit einer Verteidigung ihres Novembersystems eingestehen müssen ... Im heutigen Volke schwelt keine Revolte mehr. Großes wird! In den nationalen Millionenmassen deutschen Volkstums flammt die geistige Revolution des deutschen Nationalismus. Es geht nicht mehr um Parteien. Es geht um Deutschland!»[25]

Der Aufmacher des *Vorwärts* am 9. November 1930 stammte von dem Historiker Ludwig Bergsträsser, der jahrelang Reichstagsabgeordneter der DDP war und nun zum Jahrestag der Revolution in die SPD eintrat. Er betonte: «Der Zusammenbruch des 9. November war für den Augenblick das Chaos, aber er war auch die Geburtsstunde der deutschen Republik. Von vornherein war die Sozialdemokratie eine Stütze der Republik, sie war zahlenmäßig immer die stärkste; sie war dem Elan, der Hingabe der Masse ihrer Anhänger nach die kräftigste; sie war zeitweise die selbstloseste». Bergsträsser sah sehr klar, dass es in diesen Tagen um den Bestand der Republik ging. «Wir stehen heute, nach 12 Jahren, mitten im ernstesten Kampf. Wenn wir in 13 Jahren, 1943, das 25jährige Jubiläum der Republik begehen wollen, müssen wir heute schon, gerade heute, arbeiten. Wir müssen uns jeden Augenblick bewusst sein, dass es um die große Frage des Staates geht, ob freie Republik oder faschistische Kaserne».[26]

Als Kanzler von Hindenburgs Gnaden trieb Brüning die Entmachtung des Parlaments voran, und der Reichstag verzichtete auf ernsthafte Gegenwehr. In der großen Krise betrieb Brüning eine Wirtschaftspolitik mit verheerenden Auswirkungen. Sein oberstes Ziel war die endgültige Befreiung Deutschlands von Reparationszahlungen, und er war fest entschlossen, die Krise zu nutzen, um dieses Ziel zu erreichen. Ihm war nicht daran gelegen, Wirtschaftskrise und Massenarbeitslosigkeit möglichst rasch und effektiv zu bekämpfen, er arbeitete geradezu auf eine Verschärfung der Krise hin, um sein außenpolitisches Ziel zu erreichen. Millionen von Arbeitslosen und die damit verbundene Verelendung nahm er in Kauf, auch die Ängste vor Abstieg und Verelendung, die einen großen Teil der Gesellschaft erfassten. In diesem Klima wollte es die SPD nicht zu Neuwahlen kommen lassen und entschloss sich zu einer Politik der Tolerierung Brünings.

Dass der Kanzler dennoch das Vertrauen des Reichspräsidenten verlor, hatte viel mit der immer enger werdenden Zusammenarbeit von DNVP und NSDAP zu tun, zu denen sich nun auch der «Stahlhelm» gesellte, mit 500 000 Mann der größte paramilitärische Kampfverband des nationalen Lagers. Die gemeinsame Großkundgebung der drei Organisationen am 11. Oktober 1931 in Bad Harzburg und die damit verbundenen gewaltigen Aufmärsche beeindruckten den Reichspräsidenten. Auch Brünings Umgang mit der 1932 ablaufenden Amtszeit des Reichspräsidenten trug seinen Teil zur Entfremdung zwischen Hindenburg und Brüning bei. Hindenburg wollte auf eine formelle Wahl verzichten und hielt es für angemessen, sich ohne Gegenkandidaten durch ein Plebiszit im Amt bestätigen zu lassen. Dass Brüning sich auf diese Vorstellungen nicht einlassen konnte, nahm Hindenburg ihm sehr übel, auch wenn er im 2. Wahlgang mit 53 Prozent der Stimmen über Hitler siegte. Der erzielte allerdings mit 36,8 Prozent weit mehr als nur einen Achtungserfolg.

Der Weg führte von Brüning zu Papen, dann zu Schleicher und schließlich zu Hitler. Die Etappen des weiteren Zerstörungsprozesses der Republik im Einzelnen zu schildern würde den hier gegebenen Rahmen sprengen. Es war kein direkter Weg, der zum 30. Januar 1933 führte, sondern ein reichlich verschlungener und keineswegs ein zwangsläufiger. Die sich langsam bessernde wirtschaftliche Lage und die Verluste der NSADP bei der Reichstagswahl am 6. November 1932 – sie erreichte 33,1 Prozent nach 37,4 Prozent am 31. Juli 1932 – führten im demokratischen Lager sogar zu der Hoffnung, Hitlers Zeit könnte bald vorbei sein.

Im *Vorwärts* war am Tag nach der Novemberwahl zu lesen: «Eines steht fest: Deutschlands Zukunft wird nicht faschistisch.»[27] Auch der Leitartikel zum 9. November zwei Tage später war kämpferisch: «Die Demokratie ist es, die dem Proletariat den Weg zur Selbstbefreiung öffnet. Welchen Grund hätten denn die Herren von heute und vorgestern, ihren Klassenkampf von oben gegen die Demokratie zu führen, wenn nicht die Demokratie eine Eroberung des Klassenkampfs von unten wäre!? Ihr wollt den Sieg des Sozialismus, so schützt die Republik, verteidigt die Demokratie, und ihr werdet siegend beenden, was der 9. November 1918 begonnen hat!»[28] Den nächsten Jahrestag des 9. November erlebten zahlreiche Kommunisten und Sozialdemokraten in Konzentrationslagern. Nicht wenige waren bereits ermordet worden.

6

Opferkult und Propaganda – Die Usurpation des 9. November durch das NS-Regime

Im nationalsozialistischen Deutschland herrschte von Anfang an Terror. Schon im März 1933 entstanden erste Konzentrationslager. Zugleich inszenierte sich das Regime als Verkörperung der «Volksgemeinschaft». Aus dem Verbot von konkurrierenden Parteien und Gewerkschaften machte die Propaganda das Ende von Parteienstreit und Interessengegensätzen. Gleich in den ersten Monaten wurde die sozialistische Arbeiterbewegung zerschlagen und zugleich der 1. Mai als «Tag der Nationalen Arbeit» zum arbeitsfreien Feiertag gemacht. Das Regime eignete sich den traditionellen Kampftag der internationalen Arbeiterbewegung an, pervertierte ihn für seine propagandistischen Zwecke und radierte ihn damit zugleich als Feiertag seiner Gegner aus.

Ein ähnlicher Prozess fand auch im Hinblick auf den 9. November statt. Die mit den Schlagworten «Dolchstoß» und «Novemberverbrecher» operierende Deutung der Revolution wurde nun zu einem «wichtigen Bestandteil der offiziellen Staatsideologie».[1] Zugleich entfaltete das Regime einen opulenten Helden- und Opferkult, der von nun an jedes Jahr am 8./9. November in München inszeniert wurde. Hitler höchstpersönlich hob die Münchner Feierlichkeiten zum 9. November aus der Taufe, nachdem er schon in den Jahren zuvor den «Opfermarsch» und die «Gefallenen der Bewegung» immer mehr zum Mythos gemacht hatte. Den 9. November 1923 stilisierte er zum eigentlichen Geburtstag der NSDAP, zur elementaren Voraussetzung für ihren Erfolg und damit zugleich zum Beginn des deutschen «Wiederaufstiegs» und des «Dritten Reiches».

Mehr als jeder andere Tag des Jahres war der 9. November mit der Geschichte der Partei verbunden. Der Kampf gegen die Ergebnisse des 9. November 1918 war identitätsstiftend für die NSDAP gewesen und hatte direkt zum 8./9. November 1923 geführt. Die Toten eines ziellosen Demonstrationszuges im Anschluss an einen dilettantischen und gescheiterten Putsch nahm die NS-Propaganda zum Anlass, eine mythische Geschichte von Opfer, Auferstehung und Erfüllung zu erzählen, eine Geschichte, die großes pseudoreligiöses Potential hatte und die Erinnerung an die Novemberrevolution fast vollständig überlagerte. Hitler eignete sich den Feiertag seiner entschiedensten Gegner an und machte ihn mit Hilfe der «Gefallenen der Bewegung» zum weihevollsten Tag im nationalsozialistischen Festtagskalender. Jahr für Jahr kamen die Führungskader der Partei und ihrer Gliederungen nach München, um die Inszenierung mitzuerleben. Das Münchner Treffen war der wichtigste Termin in ihrem Kalender.

Bereits am 12. März 1933, drei Tage nachdem die Nationalsozialisten auch in Bayern die Macht übernommen hatten, reiste Hitler nach München und legte auf den Stufen der Feldherrnhalle einen Kranz mit der Aufschrift «Und ihr habt doch gesiegt!» nieder.[2] Ende 1933 stiftete er den sogenannten «Blutorden», das Ehrenzeichen vom 9. November 1923, das an alle Personen ausgegeben werden konnte, die beim Putsch aktiv eingesetzt oder in Alarmbereitschaft versetzt worden waren. Der «Blutorden» war äußerst prestigeträchtig und galt als höchste Auszeichnung der NSDAP.[3]

Im November 1933 wurde ein Bronzedenkmal in Form einer Tafel in der seitlichen Bogenöffnung der Feldherrnhalle zur Residenzstraße aufgestellt. Zentral waren darauf die Namen der insgesamt 16 toten Putschisten aufgeführt, darüber die Widmung: «Am 9. Nov. 1923 fielen vor der Feldherrnhalle sowie im Hof des Kriegsministeriums folgende Männer im treuen Glauben an die Wiederauferstehung ihres Volkes». Auf seiner Rückseite trug das Denkmal die Inschrift «Und Ihr habt doch gesiegt!». Unterhalb des Denkmals brachte man als Geste der Versöhnung eine Gedenktafel mit den Namen der vier getöteten Landespolizisten von 1923 an.

Bereits 1933 fanden in München ausgiebige Feierlichkeiten statt. Seit dem späten Abend des 7. November stand die «Geburtsstadt der Bewegung», so der *Völkische Beobachter*, «im Zeichen des größten Tages der nationalsozialistischen Freiheitsbewegung. Die Stadt ist, von den Vorstädten bis ins Stadtinnere hinein, ein einziger Wald von Fahnen und Transparenten.»[4] Ziel war in diesem ersten Jahr vor allem die Inszenierung der «wahren, großen Volksgemeinschaft», wie der Münchner Gauleiter Adolf Wagner in der offiziellen Programmbroschüre erläuterte. «Wir wollen endlich singen und sagen: Deutschland, Deutschland, über alles in der Welt! Das sei der Sinn des 9. November 1933. Und wenn dieser Sinn Gemeingut aller Deutschen wird, dann hat das Blutopfer der zwei Millionen Gefallenen im Weltkrieg, der Gefallenen an der Feldherrnhalle und jener SA-Kameraden, die in den letzten 10 Jahren ihr Leben gaben, seinen Zweck erfüllt.»[5]

Am 8. November übergaben die Freikorps ihre Fahnen an die SA und reihten sich symbolträchtig in die braunen Kolonnen ein. Am Abend traf Hitler im Bürgerbräukeller mit den «Alten Kämpfern» zusammen. Dieser «historische Appell im Bürgerbräukeller» fand von nun an jedes Jahr statt und war die exklusivste Veranstaltung der ritualisierten Münchner November-Feierlichkeiten. Etwa 3000 «Alte Kämpfer» nahmen regelmäßig teil, es gab kaum reservierte Tische, so dass der Eindruck einer kameradschaftlichen Versammlung erweckt wurde. «Im Biersaal hatte man ein Rednerpult an derjenigen Stelle aufgestellt, von der Hitler 1923 den Staatsstreich verkündet hatte. Die vermeintliche Einschussstelle von Hitlers Kugel in der Decke war durch ein goldfarbenes Hakenkreuz markiert.»[6]

Am Ablauf dieses Abends hat sich bis 1943 kaum etwas geändert. Regelmäßiger Kern- und Höhepunkt des Abends war Hitlers Rede, in der jedes Jahr drei Elemente wiederkehrten: die Parteierzählung, die Deutung des 9. November 1923 und der aktuelle politische Bezug.[7] Die Ausführungen zur Parteigeschichte enthielten in aller Regel auch Bemerkungen zum 9. November 1918 und zur Weimarer Republik. Von einer «Revolution» war im Zusammenhang mit dem 9. November 1918 nun immer seltener die Rede. Der Nationalsozialismus nahm für sich in Anspruch, die wahre, die «deutsche» Revolution zu verkörpern – im Gegensatz zur «Revolte» von 1918. Regelmäßig prangerte Hitler jetzt das «alte System» an, das «1918 ohne Kampf feige kapituliert» habe.[8] Die «führenden politischen und militärischen Schichten des Volkes» hätten «gegenüber den Elementen der Destruktion, der Unordnung, des Aufruhrs» vollständig versagt.[9]

Ritueller Höhepunkt der gesamten Münchner Feierlichkeiten war am 9. November der Marsch der «Blutzeugen», der demselben Weg folgte, den der Demonstrationszug am 9. November 1923 vom Bürgerbräukeller zur Feldherrnhalle genommen hatte. Im Jahr 1933 weihte Hitler im Anschluss an den Marsch das Denkmal an der Feldherrnhalle ein. In seiner Rede rief er die Anfänge der Bewegung in Erinnerung. Sie hätten seinerzeit der Revolution des November 1918 «als Männer und politische Soldaten den Krieg angesagt, entschlossen, die Verantwortlichen des November zu stürzen, so oder so, früher oder später zur Rechenschaft zu ziehen.»[10] Für die Nationalsozialisten war die Errichtung des «Dritten Reiches» ihre «Antwort auf die Novemberrevolution».[11]

Reichspropagandaminister Joseph Goebbels hatte bereits in seiner Rede zur Eröffnung der 10. Funkausstellung 1933 den Rundfunk als das neue Massenmedium des 20. Jahrhunderts bezeichnet.[12] Bei den Münchner Novemberfeierlichkeiten demonstrierte er nun, wie die Propaganda sich dieses neuen Mediums bedienen konnte. Die Übertragungen begannen am späten Abend des 8. November mit einer «historischen Nacht». Ab 11.30 Uhr am 9. November wurde dann zunächst eine Reportage vom «Marsch der Blutzeugen» gesendet. Es folgten die Verleihung der Ehrenbürgerwürde des Landes Bayern an den «Führer», dessen Rede und schließlich die Einweihung des Denkmals für die «Helden» des 9. November 1923. Gegen 15 Uhr endete die Direktübertragung. Um 19 Uhr folgte ein Hörspiel «Novembertage 1923».[13] Die Sendungen über die Münchner Feierlichkeiten wurden über alle Reichssender ausgestrahlt und waren in ganz Deutschland im Radio zu verfolgen.

Ein Deutungsmuster durchzog die Feierlichkeiten schon 1933 wie ein roter Faden: Das – völlig sinnlose – Sterben der Putschisten am 9. November 1923 wurde zum «Opfergang» stilisiert, der erst den 30. Januar 1933 möglich gemacht habe. Dieses «Opfer» sei Voraussetzung für den späteren Sieg gewesen. Rudolf Heß, der «Stellvertreter des Führers» formulierte auf der Titelseite des *Völkischen Beobachters*: «Am 9. November vor zehn Jahren forderte das Schicksal den Opfertod deutscher Kameraden. Niemand ahnte damals, dass ihr Tod der nationalsozialistischen Bewegung erst das Leben sicherte und dass die Stunde ihres Sterbens zutiefst der Beginn des Werdens war, aus dem fast zehn Jahre später das neue Reich geboren wurde.»[14] In der Rundfunk-Programmansage um 6.30 Uhr am 9. November hieß es: «Sie starben für uns. Aus ihrem Blute wuchs das Dritte Reich.»[15]

Der Rückgriff auf zentrale Elemente der christlichen Liturgie stammte wohl vom Reichspropagandaleiter der NSDAP persönlich. Schon am 17. Oktober 1928 hatte Goebbels in seinem Tagebuch notiert: «Was ist uns heute das Christentum? Nationalsozialismus ist Religion. Es fehlt uns nur noch das religiöse Genie, das alte überlebte Formen sprengt und neue bildet. Der Ritus fehlt uns, Nationalsozialismus muss einmal Staatsreligion der Deutschen werden. Meine Partei ist meine Kirche ...»[16]

1934 würden die Novembertage «nicht im gleichen großen Stil wie vor einem Jahr begangen», kündigte der *Völkische Beobachter* am 9. November 1934 an,[17] schwieg sich aber über die Hintergründe aus. Ende Juni/Anfang Juli hatte Hitler die Führungsspitze der SA einschließlich ihres Stabschefs Ernst Röhm in einer «Nacht der langen Messer» ermorden lassen und sich bei der Gelegenheit auch vieler anderer ehemaliger Weggefährten und potentieller Gegner entledigt. Im Verlauf des Jahres gab es vier Attentatsversuche auf Hitler. Bei den Münchner Feierlichkeiten wurde der Marsch zur Feldherrnhalle am 9. November verkürzt und folgte einer Route, die von der traditionellen abwich. Hitler beschränkte sich auf eine einfache Kranzniederlegung, hielt nur eine sehr kurze Ansprache und verließ das Areal an der Feldherrnhalle danach sehr rasch.[18]

Im Jahr 1935 knüpfte die NS-Propaganda dann wieder an die Feierlichkeiten von 1933 an, steigerte den Inszenierungsaufwand enorm und nahm eine einschneidende Veränderung vor, mit der die Symbolik der gesamten Veranstaltung noch deutlicher zum Ausdruck gebracht werden sollte. Der Marsch vom Bürgerbräukeller zur Feldherrnhalle wurde nun verlängert und führte in einem zweiten Akt bis zum nun in «Königlicher Platz» umbenannten Königsplatz. Dort waren im Vorfeld zwei Ehrentempel für die Gebeine der 16 «Märtyrer» errichtet worden. Der Königliche Platz wurde als großer und zugleich sakraler Feierraum des Nationalsozialismus gestaltet.[19]

Anfang November waren die Leichname der Putschisten exhumiert worden, die auf verschiedensten Friedhöfen begraben waren, und zunächst auf dem Münchner Nord-, Ost- und Waldfriedhof aufgebahrt worden. Am 8. November um 20 Uhr setzten sich dann drei Trauerkondukte von diesen Friedhöfen in Bewegung. Jeder Sarg befand sich auf einer Lafette der Wehrmacht und war bedeckt mit einer schimmernden, samtenen Hakenkreuzfahne, in die der jeweilige Name des Toten goldfarben

Am 9. November 1935 wurden die Sarkophage der toten Putschisten zu den Ehrentempeln überführt, die eigens für sie auf dem Königsplatz errichtet worden waren.

eingestickt worden war.[20] Während die Züge unterwegs waren, sprach Hitler im Bürgerbräukeller über die toten «Kameraden» vom 9. November 1923: «Sie gehen jetzt ein in die deutsche Unsterblichkeit. Damals, da konnten sie das heutige Reich noch nicht sehen, nur ahnen. Das Schicksal hat es ihnen verwehrt, dieses Reich zu erleben. Nachdem aber sie dieses Reich nicht mehr erleben und nicht mehr sehen durften, werden wir dafür sorgen, dass dieses Reich sie sehen wird. Und deshalb habe ich sie in keine Gruft gelegt und in kein Gewölbe verbannt. Nein, so wie sie damals mit offener Brust marschierten, so sollen sie jetzt in Wind und Wetter, bei Sturm und Schnee unter Gottes freiem Himmel liegen, immer als Mahnzeichen für die deutsche Nation. Und für uns sind sie nicht tot. Diese Tempel sind keine Grüfte, sondern eine ewige Wache. Hier stehen sie für Deutschland und wachen für unser Volk.»[21]

Gegen 23 Uhr vereinigten sich die drei Züge am Siegestor, und um Mitternacht bog der gemeinsame Zug in die Via Triumphalis ein, die vom Siegestor gerade auf die Feldherrnhalle zuführt. Eugen Hadamovsky, der Reichssendeleiter der Reichsrundfunkgesellschaft, war vor Ort und erinnerte sich zwei Jahre später an die Licht- und Klanginszenierung: «Die absolute Stille wurde nur von dem dumpfen Schlag der Trommeln, der allmählich stärker und stärker an unser Ohr drang, unterbrochen. Alle Lampen und Lichter, alle Straßenlaternen waren gelöscht. (...) Aber dort, wo die Feldherrnhalle stand, da glühte es in magischem Licht, als leuchte von dort her brennend das lebendige Herz der Bewegung. Kein Licht, das die Augen von diesem einen magischen, glutroten Brand wegziehen könnte.»[22]

Zum Höhepunkt ging Hitler allein die Treppen hoch in die Feldherrnhalle, «blieb vor jedem der 16 Särge stehen und grüßte ihn mit dem ‹Hitler-Gruß›.»[23] Während dieser Nacht blieben die 16 Sarkophage in der Feldherrnhalle aufgebahrt, und die Bevölkerung hatte bis morgens um 10 Uhr die einmalige Gelegenheit, an ihnen vorbeizudefilieren – wovon auch reichlich Gebrauch gemacht wurde.[24]

Am späten Vormittag des 9. November begann dann der traditionelle Marsch vom Bürgerbräukeller zur Feldherrnhalle. Die Route war die gleiche wie 1923 und 1933, aber nun hatte man im Abstand von 20 Metern links und rechts der Straße dunkelrot verkleidete Pylonen aufgestellt, die auf ihrer Spitze eine Rauchpfanne mit einem «Opferfeuer» trugen. «Die Pylonen stellten symbolisch sämtliche toten Helden der Partei aus der ‹Kampfzeit› dar.»[25] In «heldischer Verklärung», so der *Völkische Beobachter*, bildeten sie «ein stummes Totenspalier».[26] Etwa 40 Minuten benötigte der Zug vom Bürgerbräukeller über den Marienplatz zur Feldherrnhalle. Dabei ertönte aus Hunderten von Lautsprechern beständig das «Horst-Wessel-Lied», am Ende einer jeden Strophe jeweils kurz unterbrochen durch dumpfen Trommelwirbel. Im langsamen Gleichschritt marschierten Hitler und seine «Blutordensträger» die Strecke entlang. Jedes Mal, wenn die Spitzengruppe eine Pylone erreichte, blieb der ganze Zug kurz stehen, und eine Lautsprecherstimme rief den Namen eines Toten.[27]

An der Feldherrnhalle schloss sich der zweite Akt der Inszenierung an, die Überführung der 16 Sarkophage in die Ehrentempel auf dem Königlichen Platz. Der *Völkische Beobachter* feierte sie als Auferstehung: «Vorbei an den Führern und Fahnen der Jugend nimmt die letzte Fahrt der 16 Helden ihren Weg. Nun wandelt sich der Opfergang in den Siegeszug der Bewegung. Sieghaft rauschen über den königlichen Platz, wie die Töne einer ungeheuren Orgel in einem gewaltigen Dom, die Klänge

1935 inszenierte die NS-Propaganda den «Marsch zur Feldherrnhalle» als pseudoreligiöses Spektakel von Tod und Auferstehung. Auf der Grundlage eines Fotos entstand das Gemälde «Die Fahne» von Paul Herrmann, das die dramatische Inszenierung noch unterstreicht.

des Liedes der Deutschen auf, erst getragen und verhalten, dann anschwellend und in einem lebendigeren Rhythmus Symbol des erkämpften Sieges.»[28] Jeweils acht Sarkophage wurden in die beiden «Ehrentempel» gebracht. Dann wurden die Fahnen an den beiden großen Masten auf dem Königlichen Platz von Halbmast auf Vollstock gezogen.

Die Feierlichkeiten von 1935 wurden so zum einmaligen Ereignis. Zugleich aber schrieben sie mit ihrer Anlehnung an die österliche Liturgie die Grundform der Feiern zum 9. November für die folgenden Jahre fest: Dem Opfergang folgten Auferstehung und Siegesmarsch.

Zugleich wurden die Münchner Feierlichkeiten stets auch durch aktuelle politische Entwicklungen geprägt, beispielsweise 1936 durch die Wiedereinführung der Wehrpflicht und den Einmarsch ins entmilitarisierte Rheinland im Jahr zuvor, 1937 durch die Eröffnung der Propagandaschau «Der ewige Jude» im Deutschen Museum.

1938 feierte man sehr groß den «Anschluss» Österreichs, aber auch

Der Münchner Königsplatz am 9. November 1936. Der neu gestaltete Aufmarschplatz wurde mit den Ehrentempeln zum «Allerheiligsten» des Nationalsozialismus.

ein Jubiläum: Zum 15. Jahrestag des gescheiterten Putsches wurden Erinnerungspostkarten mit der Aufschrift «Und Ihr habt doch gesiegt» gedruckt und mit dem Sonderstempel «München, Hauptstadt der Bewegung, 9.11.1923–9.11.1938» versehen.[29] Gemeinsame Ehrenwachen demonstrierten den Schulterschluss zwischen SS und Wehrmacht: «Soldaten in Schwarz und Grau, Bewegung und Armee. Nichts kann beide trennen.»[30]

In nachhaltiger Erinnerung blieb bis heute allerdings ein ganz anderes Ereignis, das von den Münchner NSDAP-Feierlichkeiten seinen Ausgang nahm: ein landesweit von Partei und Staat organisierter Pogrom an den deutschen Juden, der als spontaner Racheakt des angeblich empörten Volkes getarnt wurde. Wollte man einen solchen reichsweit koordinierten Pogrom anordnen, ohne eindeutige Spuren zu hinterlassen, so boten dafür nur die Münchner Feierlichkeiten zum 9. November eine Gelegenheit. Er konnte im Grunde nur ausgelöst werden beim «Kameradschaftsabend der Alten Garde», der jährlich am Abend des 9. November im Alten Münchner Rathaus stattfand. Bei diesem Empfang – und nur bei diesem Empfang – war traditionell das Führungspersonal der Partei und ihrer Gliederungen fast vollzählig versammelt und konnte von einem einzelnen Redner in Marsch gesetzt werden ...

7

Rückfall in die Barbarei – Der Novemberpogrom 1938

Die Männer vom «Stoßtrupp Adolf Hitler» waren die Ersten. Direkt vom «Kameradschaftsabend» im Alten Rathaus zogen sie am späten Abend los, «um in München aufzuräumen», so der Reichspropagandaminister in seinem Tagebuch. Goebbels war seit langem einer der radikalsten Scharfmacher in der nationalsozialistischen Judenpolitik. Er war es, der die Kettenhunde vom «Stoßtrupp Adolf Hitler» überhaupt erst von der Leine gelassen hatte. Die Tradition dieses Stoßtrupps reichte zurück in die frühen zwanziger Jahre, in die «Kampfzeit» mit ihren Wirtshausschlägereien und Straßenschlachten. Auch beim Putschversuch im November 1923 war der «Stoßtrupp Adolf Hitler» mit von der Partie. Fünfzehn Jahre danach zogen die etwa 400 Raufbolde und Schläger nun durch die Münchner Innenstadt und freuten sich darüber, dass sie endlich einmal wieder zeigen konnten, was in ihnen steckte.

Sie demolierten in der Nacht vom 9. auf den 10. November 1938 nicht nur Synagogen und setzten sie in Brand, sie verwüsteten auch Geschäfte und Wohnungen, misshandelten Münchner Juden. «Um 23.59 Uhr erreicht die Münchner Polizei der erste Alarm wegen eines Brandanschlags auf jüdisches Eigentum: Im Bekleidungsgeschäft von Hans Weber in der Augustenstraße 113 lodern Flammen aus dem zerschlagenen Schaufenster. Um 1.02 Uhr geht die orthodoxe Synagoge in der Herzog-Rudolf-Straße in Flammen auf. Als der Rabbiner Ernst Ehrentreu versucht, die 70 Thorarollen zu retten, wird er fast selbst ins Feuer geworfen.»[1] Goebbels freute sich, dass die «alte Stoßtruppvergangenheit» erwacht war. «Wir lassen nur soweit löschen, als das für die umliegenden Gebäude notwendig ist. Sonst abbrennen lassen. Der Stoßtrupp verrichtet fürchterliche Arbeit.»[2]

Brutale Übergriffe gab es im gesamten Stadtgebiet, und sie dauerten bis zum nächsten Morgen an. Die Männer vom «Stoßtrupp Adolf Hitler»

Die brennende Hauptsynagoge am Frankfurter Börneplatz am 10. November 1938.

bekamen in der Nacht vielfältige Verstärkung durch Aktivisten der SA und anderer Organisationen der NSDAP. Jüdische Geschäfte, Gewerbebetriebe, Kaufhäuser wurden angegriffen, ebenso religiöse und soziale Einrichtungen der jüdischen Gemeinde.[3]

Auch in Berlin setzte der Terror früh ein, die Reichshauptstadt folgte der «Hauptstadt der Bewegung» auf dem Fuß. Noch vor Mitternacht hatte Goebbels NSDAP-Kreisleiter Werner Wächter angerufen – Goebbels war nicht nur Propagandaminister, sondern schon seit 1926 auch Berliner NSDAP-Gauleiter. «Ich weise Wächter in Berlin an, die Synagoge in der Fasanenstraße zerschlagen zu lassen. Er sagt nur dauernd: ‹Ehrenvoller Auftrag›.»[4] Am nächsten Vormittag ist das monumentale Gotteshaus der assimilierten Berliner Juden vollkommen ausgebrannt. Alle zwölf Gemeindesynagogen in der Stadt und viele der rund siebzig Privat- und Vereinssynagogen wurden in der Terrornacht angegriffen, geschändet, verwüstet und in Brand gesteckt. Auch hier wurden Wohnungen von Juden aufgebrochen und verwüstet, jüdische Gemeindeeinrichtungen angegriffen, Geschäfte zerschlagen und geplündert. Der Schweizer Historiker Raphael Gross, Präsident des Deutschen Historischen Museums, nennt Zahlen: «Allein in Berlin waren über 10 000 SA- und SS-Angehörige und Mitglieder der Hitlerjugend aktiv am Pogrom beteiligt. Die Zahl der plündernden Bürger wird ebenso hoch eingeschätzt.»[5]

Die Schreckensnacht verlief in ganz Deutschland ähnlich. Überall wurden Parteiaktivisten, vor allem SA-Leute, von ihren örtlichen Partei-Vorgesetzten zusammengerufen und erhielten den Auftrag, Synagogen niederzubrennen und Geschäfte von Juden zu zerschlagen. Viele der Beteiligten hatten an lokalen Veranstaltungen zur Erinnerung an den Putsch von 1923 teilgenommen. Man hatte viel gelacht, gefeiert und getrunken. Entsprechend war die Stimmung. In Marburg beispielsweise zechten die Männer der SA-Reserve immer noch heftig, als ihnen ihr Standartenführer erklärte, sie sollten noch in der Nacht die Synagoge niederbrennen. Die Männer taten sich äußerst schwer, den Brand zu legen, bis sich schließlich einer erinnerte, dass im nahe gelegenen Theater vier Kanister Öl lagerten.

In Tübingen brach nach Mitternacht eine Gruppe von acht SA- und SS-Männern die Synagoge auf, zerschlug Fenster und Türen und warf einen Teil des Inventars in den Neckar. Ganz unabhängig davon beauftragte der NSDAP-Kreisleiter drei Parteimitglieder, die er auf ihrem Heimweg aufgegriffen hatte, die Synagoge in Brand zu setzen. Das gelang den angetrunkenen Männern nach vielen vergeblichen Versuchen mit Hilfe eines vermoderten Kranzes aus Eichenblättern und Bohnerwachs. Die Feuerwehr schützte die angrenzenden Häuser. Am nächsten Morgen war von der Synagoge nur noch eine ausgebrannte Ruine geblieben.[6]

Aus Nordhausen, wo im November 1938 noch etwa 400 Juden lebten, berichtete ein Augenzeuge, SA- und SS-Männer seien um 1.30 Uhr mit Autos von einer Versammlung gekommen. «Sie waren alle betrunken. Man hörte Gejohle in den Straßen, das Einschlagen von Fensterscheiben und Rufe: ‹Zur Synagoge!› Aus der Synagoge wurde alles herausgeschleppt und verbrannt. (…) Dann wurde die Synagoge selbst angezündet. Die Feuerwehr war rechtzeitig zur Stelle und sorgte dafür, dass der Brand lokalisiert blieb. Inzwischen holten die betrunkenen SA- und SS-Männer alle Juden, Männer, Frauen, Kinder und Schwerkranke und Greise, aus ihren Wohnungen. Teils noch in Nachthemden wurden wir dann zum ‹Siechenhof› (eine Art Obdachlosenasyl) gebracht. Natürlich wurden beim Abholen auch die Wohnungen demoliert, Betten zerschnitten, Stuhlbeine abgebrochen, alle Fensterscheiben von jüdischen Läden wurden eingeschlagen. ... Außer ganz wenigen Personen, die offensichtlich vergessen worden waren (diese wurden am nächsten Morgen in verhältnismäßig freundlicher Form herausgeholt), kam alles schon geschlagen und geprügelt auf dem Siechenhof an. Auch zwei- und dreijährige Kinder waren in der Gruppe. Auf dem Siechenhof wurde weiter geprügelt.»[7]

In Rimbach im Odenwald forderte der Ortsgruppenleiter der NSDAP am Abend des 9. November bei einer NSDAP-Versammlung im örtlichen Wirtshaus zur Misshandlung der Juden und zur Zerstörung ihres Eigentums auf. «Um Mitternacht fanden sich die Teilnehmer auf dem Schulhof ein und wurden vom Ortsgruppenleiter in Gruppen eingeteilt. Eine dieser Gruppen bestand aus sechs Mann im Alter zwischen 24 und 41 Jahren. Zum Rädelsführer hatte sich ein 37-Jähriger gemacht, die Männer zogen dann zum Haus der jüdischen Familie Weichsel, umschlichen es eine Zeit lang, zerstörten dann Vorder- und Hintertür und holten das Ehepaar Weichsel aus den Betten. Während der Ehemann nach schweren Misshandlungen ins Freie flüchtete, wurde die Frau, nur mit einem Nachthemd bekleidet, mit Wasser bespritzt, dann stellten drei Männer sie auf den Kopf, ‹schlugen ihr mit einem Besen zwischen die Beine und schütteten Wasser dazwischen›. Einer der Täter rühmte sich später, Frau Weichsel an der Brust ‹gepackt› zu haben.»[8]

In Düsseldorf wurde der Rabbiner Dr. Max Eschelbacher gegen Mitternacht von uniformierten SA-Männern aus seiner Wohnung geholt. Die Wohnung wurde verwüstet, Inventar auf die Straße geworfen, er selbst in Haft genommen und zwölf Tage festgehalten. Erst nach seiner Freilassung erfuhr er, wie brutal der Mob getobt hatte. «Es hatte viele Tote gegeben. Was sich in der Nacht abgespielt hatte, war ein Pogrom gewesen. Paul Marcus, der Inhaber des Café Karema, flüchtete, als sein Restaurant vollkommen zerstört war. Er ist in der Nacht erschossen worden und wurde am frühen Morgen vor der Wohnung von Dr. Max Loewenberg, am Martin-Lutherplatz, tot aufgefunden. In Hilden sind Frau Isidor Willner und ihr Sohn Ernst erstochen worden. Ferner sind dort Carl Herz und Nathan Mayer entweder erstochen oder erschossen worden.»[9]

Bilder von brennenden Synagogen und zerschlagenen Schaufenstern prägen bis heute die Erinnerung an die Nacht des Terrors im November 1938. Aber die randalierenden Horden schreckten in dieser Nacht auch vor Gewalt gegen die Schwächsten, gegen Kinder und Alte, nicht zurück. Jüdische Waisenhäuser wie das in Königsberg oder in Dinslaken wurden angegriffen und zerstört. Das jüdische Altenheim in Neustadt an der Weinstraße wurde in Brand gesteckt. Die zweiundsiebzig Bewohner wurden aus dem Bett geholt und in ihren Nachthemden auf die Straße gejagt.[10]

In München zog sich Goebbels im Lauf der Nacht zufrieden zurück: «Als ich ins Hotel fahre, klirren die Fensterscheiben. Bravo! Bravo! In allen großen Städten brennen die Synagogen. Deutsches Eigentum ist nicht gefährdet. Im Augenblick ist nichts Besonderes mehr zu machen. Ich versuche, ein paar Stunden zu schlafen.»[11]

Die deutschen Juden erlebten im November 1938 einen beispiellosen Rückfall in die Barbarei. Gewalt in einem Ausmaß und einer Intensität, wie sie im Mitteleuropa des 20. Jahrhunderts zuvor undenkbar schien. In den 1860er Jahren waren die Juden in Deutschland rechtlich den anderen Bürgern gleichgestellt worden. Das Großherzogtum Baden machte 1862 den Anfang, fünf Jahre danach folgte Österreich, 1869 der Norddeutsche Bund, und dessen Gesetz galt ab 1871 im gesamten Reichsgebiet. Ein großer Teil der Juden hatte sich in den Jahrzehnten danach vollständig in die Gesellschaft integriert, viele waren sogar einer christlichen Glaubensgemeinschaft beigetreten, es gab viele Mischehen, und im Ersten Weltkrieg kämpften auch die jüdischen Deutschen für ihr Vaterland. Der Antisemitismus verschwand dennoch nicht, er wurde aufgrund der Niederlage und der Dolchstoßlegende im Gegenteil wieder massiver.

Unter den führenden Köpfen der Revolution und der jungen Republik gab es auch Juden, und so richtete sich der Hass des deutschnationalen Bürgertums und der völkisch-nationalistischen Kreise nicht nur allgemein gegen Revolution und Republik, sondern ganz besonders gegen die Juden. Hitler formulierte in *Mein Kampf* generalisierend und bündig: «Der tiefste und letzte Grund des Untergangs des alten Reiches lag im Nichterkennen des Rasseproblems und seiner Bedeutung für die geschichtliche Entwicklung der Völker.»[12]

Vor allem Bayern und Österreich wurden in den frühen zwanziger Jahren zu Hochburgen des Antisemitismus. Dabei war die NSDAP keineswegs die einzige Partei, die in den Juden das Unheil Deutschlands sah, aber ein aggressiver Rasse-Antisemitismus gehörte von Anfang an zum Kern der NS-Ideologie, und Hitler formulierte seine antijüdischen Positionen schon früh radikaler, menschenverachtender und aggressiver als andere; besonders drastisch im zweiten Band von *Mein Kampf*, wo er über die Ursachen der deutschen Kriegsniederlage schrieb: «Hätte man zu Kriegsbeginn und während des Krieges einmal zwölf- oder fünfzehntausend dieser hebräischen Volksverderber so unter Giftgas gehalten, wie Hunderttausende unserer allerbesten deutschen Arbeiter aus allen Schichten und Berufen es im Felde erdulden mussten, dann wäre das Millionenopfer der Front nicht vergeblich gewesen. Im Gegenteil: Zwölftausend Schurken zur rechten Zeit beseitigt, hätte vielleicht einer Million ordentlicher, für die Zukunft wertvoller Deutscher das Leben gerettet.»[13] Im Nachhinein kann diese Formulierung gar den Eindruck erwecken, Hitler sei schon 1924 entschlossen gewesen, einen Völkermord an den Juden Europas mit Hilfe von Gas durchzuführen. Davon kann allerdings keine Rede sein. Auch zur Zeit der Novemberpogrome 1938 gab es noch keine Pläne für den Holocaust.

Als Hitler am 30. Januar 1933 Reichskanzler wurde, lebten im Deutschen Reich ungefähr eine halbe Million Bürger, die sich zum Judentum bekannten. Das war weniger als ein Prozent der Gesamtbevölkerung. Darüber hinaus gab es weitere Deutsche jüdischer Abstammung, deren Vorfahren zum Christentum übergetreten waren. Sie waren häufig vollständig assimiliert und wurden erst durch die NS-Rassegesetze zu Juden gemacht.

Schon im März 1933 gab es eine erste Welle von Angriffen gegen jüdische Deutsche. Diese Gewalttaten wurden nicht von der Parteispitze angeordnet, sondern kamen vielfach auf lokaler Ebene aufgrund einzelner Initiativen zustande. Sie waren gewissermaßen «öffentlicher Ausdruck nationalsozialistischer Gesinnung». Reichsweit initiiert und durchgeführt wurde eine Aktion zum Boykott jüdischer Geschäfte am 1. April 1933.

Auch mit Hilfe von gesetzgeberischen und administrativen Maßnahmen wurden Juden bereits zu diesem Zeitpunkt diskriminiert. Die wichtigste Maßnahme war das «Gesetz zur Wiederherstellung des Berufsbeamtentums» vom 7. April 1933, durch das Juden ihren Arbeitsplatz im öffentlichen Dienst verloren.[14] Das «Gesetz gegen die Überfüllung deutscher Schulen und Hochschulen» vom 25. April 1933 begrenzte die Zahl der Juden in den Bildungsanstalten.[15]

1933 wanderten etwa 40 000 Juden aus, im folgenden Jahr 23 000. 1934 beruhigte sich die Lage etwas, aber vereinzelt kam es weiter zu Gewalttaten. So fand beispielsweise im mittelfränkischen Gunzenhausen am 25. März 1934 ein Pogrom statt, «an dem sich mehrere hundert Menschen beteiligten, bei dem zwei Todesopfer zu beklagen waren.»[16]

Eine zweite große Welle der Gewalt folgte von Januar bis August 1935. Wieder wurden Juden auf offener Straße angegriffen und jüdische Geschäfte zerstört.[17] Wieder kam die Initiative nicht von «ganz oben», sondern aus den Gliederungen und von der Basis der Partei. Vielfach waren NS-Aktivisten enttäuscht darüber, dass die versprochene «Entjudung» der deutschen Gesellschaft nicht schneller und radikaler vorankam, dass Geschäfte noch in jüdischer Hand waren, dass Berufsverbote für Juden nicht durchgesetzt wurden. Die NS-Führung tolerierte die Angriffe und Gewalttaten zunächst, um «sich die Loyalität der nationalsozialistischen Basis zu erhalten, die von den Kompromissen Hitlers und der NSDAP gegenüber den etablierten deutschen Eliten enttäuscht war».[18] Am 8. August verbot Hitler dann aber doch «wilde Aktionen» gegen Juden. Danach wurden auf dem «Reichsparteitag der Freiheit» am 15. September die sogenannten Nürnberger Gesetze erlassen, mit denen die deutschen Juden massiv diskriminiert wurden. Das «Reichsbürgergesetz» nahm ihnen alle politischen Rechte, das «Gesetz zum Schutz des deutschen Blutes und der deutschen Ehre» verbot Eheschließungen «zwischen Juden und Staatsangehörigen deutschen oder artverwandten Blutes» und stellte sexuelle Beziehungen zwischen «Deutschblütigen» und Juden als sogenannte «Rassenschande» unter drakonische Strafen.[19] In der Folge kam es zu einer neuen Auswanderungs- und Flüchtlingswelle.

Die Olympischen Spiele in Garmisch-Partenkirchen und Berlin brachten 1936 eine Atempause für die deutschen Juden. Nach dem Willen der Staats- und Parteiführung sollte das nationalsozialistische Deutschland rundum positiv erscheinen. Gewalttätige Aktionen und Angriffe auf Juden mussten in dieser Zeit unter allen Umständen vermieden werden. Wie groß dieses Interesse an «olympischer Ruhe» war, zeigte sich, als am

4. Februar 1936 in Davos der Schweizer NSDAP-Landesgruppenleiter Wilhelm Gustloff erschossen wurde. Der Attentäter war David Frankfurter, ein Jude jugoslawischer Abstammung, der Anfang der dreißiger Jahre in Frankfurt am Main ein Medizinstudium begonnen hatte und 1933 in die Schweiz ausgewandert war. Frankfurter wollte mit seiner Tat auf die Diskriminierung und Verfolgung der Juden in Deutschland aufmerksam machen. Das Berliner Propagandaministerium stilisierte das Attentat sofort zum Angriff der jüdischen Weltverschwörung auf das Deutsche Reich. Weil aber Hitler drei Tage vor der Eröffnung der Olympischen Winterspiele keinerlei Interesse an Unruhen im Land hatte, wurde das Attentat nicht zum Anlass einer groß angelegten Propagandakampagne genommen. Reichsinnenminister Wilhelm Frick teilte den zuständigen Behörden vielmehr am 5. Februar mit, dass Aktionen gegen Juden aus diesem Anlass «unbedingt zu unterbleiben haben. Ich ersuche gegen etwaige Aktionen vorzugehen und die öffentliche Sicherheit und Ordnung aufrecht zu erhalten.»[20]

Zwei Jahre später hatten sich die Verhältnisse geändert. Vor allem der «Anschluss» Österreichs am 12./13. März 1938 wirkte im Hinblick auf antisemitische Gewalttaten wie ein Brandbeschleuniger. In Wien kam es bereits am Tag vor dem Einmarsch der Deutschen zu gewalttägigen Attacken auf die jüdische Bevölkerung. Der Schriftsteller Carl Zuckmayer, der zwei Tage später emigrierte, erinnert sich in seiner Autobiographie: «An diesem Abend brach die Hölle los. Die Unterwelt hatte ihre Pforten aufgetan und ihre niedrigsten, scheußlichsten, unreinsten Geister losgelassen. Die Stadt verwandelte sich in ein Alptraumgemälde des Hieronymus Bosch: Lemuren und Halbdämonen schienen aus Schmutzeiern gekrochen und aus versumpften Erdlöchern gestiegen. Die Luft war von einem unablässigen gellenden, wüsten, hysterischen Gekreische erfüllt, aus Männer- und Weiberkehlen, das tage- und nächtelang weiterschrillte. Und alle Menschen verloren ihr Gesicht, glichen verzerrten Fratzen: die einen in Angst, die andren in Lüge, die anderen in wildem, hasserfülltem Triumpf. (...) Was hier entfesselt wurde, war der Aufstand des Neids, der Missgunst, der Verbitterung, der blinden böswilligen Rachsucht – und alle anderen Stimmen waren zum Schweigen verurteilt.»[21]

Noch im Frühjahr 1938 wurde der Judenreferent des Sicherheitsdienstes des Reichsführers SS (SD) Adolf Eichmann nach Wien geschickt, um dort die Auswanderung von Juden zu forcieren. Eichmann hatte im Vorjahr in einer Denkschrift festgehalten, «Pogrome seien die effektivste Methode, die träge verlaufende Emigration zu beschleunigen.»[22] Ungehindert durch reichsdeutsche Gesetze und Kompetenzen, ging Eichmann äußerst brutal vor. Not und Elend nahmen unter den Juden Wiens im Sommer 1938 dramatisch zu. Die jüdische Kultusgemeinde musste immer mehr Menschen in ihren öffentlichen Küchen verköstigen. Im August waren es 12 000 Personen, die von der jüdischen Gemeinde komplett verpflegt wurden, weitere 7000 erhielten Butterbrotpakete. Immer häufiger setzten Hauseigentümer ihre jüdischen Mieter kurzfristig auf die Straße. Zahlreiche Juden wurden aus den nichtigsten Gründen verhaftet und landeten im Konzentrationslager, darunter auch 15- und 16-jährige Jugendliche.[23] Am 25. August 1938 nahm schließlich eine «Zentralstelle für jüdische Auswanderung» ihre Arbeit auf. Eichmann setzte auf erpresserische und terroristische Art die jüdischen Gemeindefunktionäre unter Druck, um eine möglichst schnelle Austreibung einer möglichst großen Zahl von Juden zu erreichen.

Die radikalen österreichischen Zustände schlugen unmittelbar auf die «gemäßigteren Verhältnisse im Altreich» zurück.[24] Vor allem Goebbels förderte als Berliner Gauleiter antisemitische Angriffe und Gewalttaten. «Wir werden Berlin judenrein machen», notierte er in seinem Tagebuch. «Ich lasse jetzt nicht mehr locker.»[25] Bereits am 27. Mai zerstörte eine tausendköpfige Meute in Berlin Schaufensterscheiben von Geschäften, die Juden gehörten. Mitte Juni kam es zu noch massiveren antisemitischen Ausschreitungen. Jüdische Geschäfte am Kurfürstendamm wurden von Parteiaktivisten mit antisemitischen Parolen beschmiert und zum Teil geplündert. Zu gewalttätigen Aktionen kam es in diesen Wochen auch in einer Reihe anderer Städte, etwa in Frankfurt am Main und in Magdeburg.[26]

Vor allem die Berliner Ausschreitungen wurden von den diplomatischen Vertretungen sehr genau zur Kenntnis genommen. «Zusammenfassend lässt sich sagen», schrieb US-Botschafter Hugh R. Wilson am 22. Juni 1938 an seinen Außenminister, «dass die gegenwärtige Kampagne an Gründlichkeit alles seit Anfang 1933 Geschehene übertrifft.»[27] Die Sorge um das Deutschlandbild im Ausland veranlasste Hitler, solchen in aller Öffentlichkeit in Berlin ablaufenden Ausschreitungen Einhalt zu gebieten. Er intervenierte von Berchtesgaden aus direkt bei Goebbels, worauf der alle illegalen Aktionen verbot.

Parteiaktivisten in anderen Orten verstanden die Beschränkung des Verbots auf Berlin als Freibrief zur Verschärfung ihrer eigenen Vorgehensweise.[28] Dies umso mehr, als die größte und mit massiver Gewalt verbundene Aktion eine hochoffizielle war und zwischen dem 13. und 18. Juni 1938 stattfand. 10 000 Deutsche wurden bei der sogenannten Juni-Aktion in Konzentrationslagern in «Schutzhaft» genommen. Die Verhaftungswelle richtete sich vor allem gegen Menschen, die von den Nazis als «arbeitsscheu» oder «asozial» bezeichnet wurden. Unter den Opfern waren 1500 Juden, die angeblich mit dem Gesetz in Konflikt gekommen waren. Dabei wurden kleinste Ordnungswidrigkeiten wie die Übertretung von Verkehrsvorschriften zu «Vorstrafen» erklärt. «Verhaftungen von Juden waren zuvor meist politisch bedingt gewesen und hatten nie ein solches Ausmaß erreicht wie im Juni 1938.»[29]

Stärker als bei früheren antisemitischen Wellen wandten sich die Parteiaktivisten 1938 gegen Synagogen und jüdische Friedhöfe, die immer wieder geschändet wurden. In München wurde die Hauptsynagoge schon im Sommer hochoffiziell niedergerissen – als erste im Land. Als Grund für den Abriss wurde angegeben, das Gebäude sei ein Verkehrshindernis. Zehntausende versammelten sich am 10. August, um die Vernichtung mitzuerleben.[30]

Parallel zur Gewalttätigkeit nahm im Verlauf des Jahres 1938 auch die administrative Diskriminierung und Ausschaltung der deutschen Juden zu. Im Juli verloren jüdische Ärzte ihre Approbation, mussten sich nun «Krankenbehandler» nennen und durften nur noch jüdische Patienten betreuen. Ab Mitte August mussten alle jüdischen Männer und Frauen ihren Vornamen die Zwangsnamen «Israel» bzw. «Sara» hinzufügen. Mit der Verordnung über «Reisepässe von Juden» vom 5. Oktober 1938 wurden alle Reisepässe von jüdischen Deutschen ungültig. Pässe, die für das Ausland ausgestellt waren, behielten ihre Gültigkeit, wurden nun aber durch ein eingestempeltes großes rotes «J» gekennzeichnet.

Als Hitler im September mit seinen Forderungen an die Tschechoslowakei eine große internationale Krise auslöste, steigerte das die antisemitischen Aktionen noch weiter, denn vielfach wurde «das internationale Judentum» für den drohenden Krieg verantwortlich gemacht. Paradoxerweise führte aber auch die Entschärfung der Krise durch das Münchner Abkommen am 30. September 1938 zu antisemitischen Ausschreitungen, denn nun waren fanatische Nationalsozialisten enttäuscht, dass es nicht zum Krieg kam.

Aber nicht nur der Antisemitismus fanatischer Nazis führte zu Gewaltaktionen. Auch nüchterne wirtschaftliche Erwägungen legten aus der Sicht des Regimes nahe, massiv gegen die deutschen Juden vorzugehen. Die Aufrüstung der Wehrmacht hatte Unsummen verschlungen, die Staatsverschuldung schwindelerregende Ausmaße erreicht. Das Regime wollte dringend an das Vermögen der deutschen und der staatenlosen Juden in Deutschland kommen – und sie anschließend aus dem Land vertreiben. Nach einer offiziellen Erhebung betrug dieses Vermögen Ende April 1938 insgesamt 7,123 Milliarden Reichsmark.[31] Es gab durchaus etwas zu holen für das Deutsche Reich. So war während eines Dreivierteljahrs der öffentlichen Gewalt die sogenannte «Judenfrage» zum Sprengstoff gemacht worden, «der auf den entscheidenden Funken wartete.»[32] Es ging im Oktober 1938 nicht mehr um das «ob», sondern nur noch um das «wann».

Unter den Juden, die damals noch in Deutschland lebten, waren etwa 50 000 mit polnischer Staatsangehörigkeit. Die meisten waren vor 1933 eingereist oder sogar in Deutschland geboren worden. Weil die polnische Regierung erwartete, dass das NS-Regime versuchen würde, diese Juden nach Polen abzuschieben, setzte sie im Oktober 1938 einen Erlass in Kraft, der polnischen Staatsangehörigen im Ausland ab dem Monatsende die Einreise erschwerte, wenn sie sich dort bereits seit langer Zeit aufhielten. Auf diese Weise wollte Polen einer Massenausweisung der im Deutschen Reich lebenden Juden mit polnischer Staatsangehörigkeit zuvorkommen. Der Reichsführer SS und Chef der Deutschen Polizei, Heinrich Himmler, ordnete daraufhin am 27. Oktober 1938 kurzerhand deren Abschiebung an. In einer brutalen Nacht-und-Nebel-Aktion wurden etwa 18 000 Kinder, Frauen und Männer ohne Vorwarnung zu Hause abgeholt, in versiegelte Züge gesperrt, zur Grenze transportiert und in Richtung Polen getrieben. Einen inneren Bezug zur polnischen Nation hatten die meisten nicht. Polen verwehrte ihnen die Einreise, und sie mussten tagelang hungernd und ohne Dach über dem Kopf im Niemandsland überleben. Es kam zu furchtbaren Szenen.[33]

Von diesen Zuständen erfuhr durch französische Zeitungen auch der 17-jährige Herschel Grynszpan, der aus Hannover stammte und seit zwei Jahren in Paris lebte. Am 3. November bekam er eine Postkarte von seiner Schwester Beile, auf der sie ihm schilderte, mit welcher Härte seine Eltern und seine Geschwister aus Hannover vertrieben worden waren.[34] Das akute Leiden der Juden im Grenzgebiet hatte für Herschel Grynszpan also ein ganz persönliches Gesicht. In einem Akt der Verzweiflung und der Wut kaufte er sich am Morgen des 7. November 1938 einen Trommelrevolver und Munition. Um 9.35 Uhr meldete er sich beim Empfang der deutschen Botschaft in Paris, verlangte den Botschafter zu sprechen, um ihm ein wichtiges Dokument zu übergeben, und wurde daraufhin zum Legationssekretär Ernst vom Rath geführt. Auf ihn schoss er fünf Mal. Zwei der Kugeln trafen vom Rath und verletzten ihn lebensgefährlich.[35]

Die Nachricht vom Attentat schlug in Berlin hohe Wellen. Vier Stunden nach den Schüssen gab das Deutsche Nachrichtenbüro (DNB) seinen ersten Bericht über die Ereignisse heraus. Das DNB unterstand der Kontrolle des Propagandaministeriums und war eine Hauptnachrichtenquelle für deutsche Zeitungen und Radiosender. Das Ministerium nutzte die Meldungen des DNB, um den Verantwortlichen in den Medien nahezubringen, über welche Geschichten berichtet und wie sie interpretiert werden sollten. Die Schlagzeile der «eiligen Meldung» am 7. November machte deutlich, dass die NS-Propagandachefs schon entschieden hatten, wie sie die Geschichte präsentiert sehen wollten: «Frecher jüdischer Überfall in der deutschen Botschaft in Paris.»[36]

Vermutlich auf der Grundlage der ersten Rundfunk-Meldungen, vielleicht aber auch aufgrund eines Befehls aus dem Propagandaministerium begann der Propagandaleiter des Gaus Kurhessen Heinrich Gernand, lokale Funktionäre anzurufen und Übergriffe auf die jüdische Bevölkerung anzustiften.[37] Deshalb kam es dort bereits am 7. November zu ersten massiven Ausschreitungen. In Kassel brachen SA-Männer, die durch eine SS-Einheit aus dem nahen Arolsen verstärkt wurden, das jüdische Café Heinemann auf und zertrümmerten das Inventar. Zuschauer kamen dazu, die sich zum Teil an der Zerstörungsorgie beteiligten. Der inzwischen auf etwa eintausend Menschen angewachsene Mob zog dann weiter zur Synagoge und verwüstete sie. Danach schwärmten kleine Gruppen aus, warfen die Schaufenster jüdischer Geschäfte ein und plünderten sie.[38] Andere Städte und Gemeinden der Region folgten noch am selben Abend. Auch in Rotenburg an der Fulda, in Fulda, Bebra, Sontra und Baumbach kam es zu Übergriffen gegen Juden.

Um 20.37 Uhr gab das Deutsche Nachrichtenbüro einen «Rundruf» an die Tageszeitungen heraus: «Alle deutschen Zeitungen müssen in größter Form über das Attentat auf den Legationsrat an der deutschen Botschaft in Paris berichten. Die Nachricht muss die erste Seite voll beherrschen. In eigenen Kommentaren ist darauf hinzuweisen, dass das Attentat des Juden die schwersten Folgen für die Juden in Deutschland haben muss, und zwar auch für die ausländischen Juden in Deutschland.»[39]

Der *Völkische Beobachter* erschien am 8. November mit den Schlagzeilen: «Ein neuer Fall Gustloff. Jüdischer Mordanschlag in Paris. Mitglied der Deutschen Botschaft durch Schüsse lebensgefährlich verletzt. Der Mordbube ein 17jähriger Jude.» Wolfgang Diewerge, der zuständige «Judenexperte» des Propagandaministeriums, kommentierte und machte die «Hetzer» und die «Terrororganisation» des internationalen Judentums für das Attentat verantwortlich, die wieder, wie im Fall Gustloff, einen «unpolitischen» Juden vorgeschickt hätten. Hier seien «Verbrecher am Frieden Europas» am Werk.[40]

Gezielt stellte die deutsche Propaganda eine Verbindung zum Gustloff-Attentat her, um die Verzweiflungstat eines 17jährigen Jugendlichen zum Teil einer Verschwörung des internationalen Judentums gegen das Deutsche Reich zu machen. Im Februar 1936 war die NS-Führung an olympischer Ruhe interessiert gewesen, und auch der bevorstehende Einmarsch ins entmilitarisierte Rheinland mag Hitler damals zur Zurückhaltung bewogen haben. Im November 1938 «wurden die wilden Haufen der Nationalsozialisten ausdrücklich ermutigt, ihre Raserei an den Juden auszulassen.»[41]

Am 8. November verabredete sich die Parteiorganisation von Kurhessen zu einer zweiten Nacht antisemitischer Gewalt. Terror und Zerstörung breiteten sich nun weiter aus als in der vorangegangenen Nacht. Zwei Dutzend Gemeinden in elf Landkreisen waren betroffen. Wieder kam es auch zu Plünderungen.[42] Ein Mann aus dem nordhessischen Felsberg war das erste Todesopfer. Er starb an einem Herzinfarkt, als er durch die Stadt geschleift wurde.[43]

Am Nachmittag des 9. November, etwa um 15 Uhr, griffen in Dessau randalierende Horden die Synagoge und den Sitz der jüdischen Gemeinde an und setzten beide Gebäude in Brand. Die Randalierer durchwühlten und plünderten auch jüdische Geschäfte und verprügelten deren Inhaber. Diese Übergriffe begannen am helllichten Tag. Die Polizei wurde gerufen, um die Juden zu schützen.[44] Dessau war nicht die einzige Stadt im Gau Magdeburg-Anhalt, in der es zu antisemitischen Anschlägen kam. Auch in Chemnitz wurden am 9. November die Synagoge und jüdische Gemeindehäuser angegriffen.[45]

Am 9. November 1938, gegen 17.30 Uhr Berliner Zeit, starb Ernst vom Rath. Auch die beiden Ärzte, die Hitler nach Paris entsandt hatte, konnten den Legationsrat nicht retten, der inzwischen von Hitler «wegen seines tapferen Verhaltens» zum Gesandtschaftsrat Erster Klasse befördert worden war. Die gesamte NS-Führung befand sich zu diesem Zeitpunkt in München. Dort hatten die Feierlichkeiten wie gewohnt schon am Abend des 8. November mit einer Rede Hitlers im Bürgerbräukeller begonnen. In der hatte Hitler das Pariser Attentat mit keinem Wort erwähnt. Auch beim Marsch zur Feldherrnhalle und zu den Ehrentempeln am Mittag des 9. November äußerte sich offiziell niemand zum Attentat. Präsent war es dennoch. Das ritualisierte und hochemotional inszenierte Gedenken an die «Märtyrer» bot 1938 den perfekten Rahmen, um den Sprengstoff zu zünden, der seit dem Frühjahr vorbereitet worden war. Das Attentat auf Ernst vom Rath war ein geeigneter Anlass, aber nicht die Ursache.

Das Programm der Gedenkfeierlichkeiten sah ab 19 Uhr den «Kameradschaftsabend» hochrangiger Funktionäre im Beisein des «Führers» im Alten Rathaussaal vor. Die Chance einer persönlichen Begegnung mit Hitler zog Jahr für Jahr Hunderte von Partei-, SA- und SS-Führern an. Es gab im ganzen Jahresverlauf keine günstigere Gelegenheit, «um die Spitzen der Partei auf ebenso informelle wie zwingende Weise zur Aktion zu treiben.»[46]

Goebbels saß beim Kameradschaftsabend am «Führertisch». Er und Hitler sprachen «aufgeregt» miteinander, ihr Gespräch konnte aber von niemand mitgehört werden. So ist Goebbels' Tagebucheintragung unsere einzige Quelle: «Ich trage dem Führer die Angelegenheit vor. Er bestimmt: Demonstrationen weiterlaufen lassen. Polizei zurückziehen.

Die Juden sollen einmal den Volkszorn zu verspüren bekommen. Das ist richtig.»[47] Hitler verließ kurz danach, früher als gewohnt, die Veranstaltung, um in seine Münchner Wohnung zurückzukehren und ohne wie sonst üblich noch mit den Anwesenden zu plaudern.

Erst nachdem Hitler gegangen war, hielt Goebbels gegen 22.00 Uhr eine kurze Rede. Eine wörtliche Mitschrift dieser Rede existiert nicht.[48] Das oberste Parteigericht der NSDAP hat sich allerdings später intensiv mit den Vorgängen am Kameradschaftsabend beschäftigt und darüber im Februar 1939 in einem geheimen Bericht festgehalten, Goebbels habe den versammelten Parteiführern mitgeteilt, «dass es in den Gauen Kurhessen und Magdeburg-Anhalt zu judenfeindlichen Kundgebungen gekommen sei, dabei seien jüdische Geschäfte zertrümmert und Synagogen in Brand gesteckt worden. Der Führer habe auf seinen Vortrag entschieden, dass derartige Demonstrationen von der Partei weder vorzubereiten noch zu organisieren seien, soweit sie spontan entstünden, sei ihnen aber auch nicht entgegenzutreten. (...) Die mündlich gegebenen Weisungen des Reichspropagandaleiters sind wohl von sämtlichen anwesenden Parteiführern so verstanden worden, dass die Partei nach außen nicht als Urheber der Demonstrationen in Erscheinung treten, sie in Wirklichkeit aber organisieren und durchführen sollte.»[49]

Im Verlauf des 9. November – wahrscheinlich am Nachmittag, nach der großen Zeremonie auf dem Königlichen Platz – hatte Hitler mit Göring ein intensives Gespräch über die Judenpolitik geführt. Dem war anschließend klar, «dass der ‹Führer› sich entschlossen hatte, die Judenpolitik energischer anzupacken.» Hitler war also am Abend durchaus empfänglich für ein hartes Vorgehen, wie Goebbels es vorschlug. Gewöhnlich blieb Hitler bis spät in den Abend hinein beim Kameradschaftsabend und wandte sich auch mit einigen Sätzen an die Versammelten. Sein abrupter und sehr früher Aufbruch an diesem speziellen Abend deutet darauf hin, dass er mit der Gewalt nicht identifiziert werden wollte, die er gerade im Gespräch mit Goebbels genehmigt hatte. «Als Staatschef und oberster Führer des deutschen Volkes brauchte Hitler ein Alibi, mit dem er erreichen konnte, was man heute vielleicht ‹glaubhafte Abstreitbarkeit› nennen würde», vermutet der Historiker Alan E. Steinweis, Direktor des Center for Holocaust Studies an der University of Vermont. «Es war ihm wichtig, nicht direkt mit Aktionen in

Verbindung gebracht zu werden, die nach deutschem Recht eindeutig kriminell waren.»[50]

Unmittelbar nach dem Ende von Goebbels' Rede machten sich die versammelten Funktionäre ans Werk. «Alles saust gleich an die Telefone», notierte Goebbels' im Tagebuch.[51] Aber ganz so einfach war das nicht. Etwa drei Dutzend Gauleiter und noch viel mehr Gruppenführer der SA, der SS oder der Hitler-Jugend mussten zunächst einmal ein Telefon finden. Weil die Telefonkapazitäten im Alten Rathaus begrenzt waren, machten sich viele Funktionäre auf den Weg in ihre Hotels, um von dort aus anzurufen. Vor Telefonhäuschen bildeten sich lange Schlangen, es kam zu hektischen Szenen. Für Chaos sorgte vor allem auch, dass die Parteifunktionäre keine gedruckten Anweisungen hatten, die sie per Telefon weitergeben konnten. So waren sie allein auf ihr Gedächtnis angewiesen, und man kann sich leicht vorstellen, wie unterschiedlich die Erinnerungen wohl waren. Aber auch auf der Empfängerseite herrschte Chaos. Oft mussten die Untergebenen erst in Kneipen gesucht oder aus dem Bett geholt werden, um den Anruf entgegenzunehmen. Dann wurden die telefonisch empfangenen Anweisungen in der Hierarchie nach unten weitergegeben. Dieser Prozess der «stillen Post» wiederholte sich in der Nacht in den regionalen und lokalen Strukturen der NSDAP und ihrer Gliederungen. An den Enden der Ketten kamen deshalb recht unterschiedliche Befehle zu sehr verschiedenen Zeiten an. In den größeren Städten ließen sich Nachrichten relativ schnell übermitteln, in kleineren Städten und ländlichen Regionen dauerte es in der Regel deutlich länger.[52]

Man versteht, wenn man sich das alles vor Augen hält, warum der Terror gegen die Juden in der Nacht, am folgenden Tag und danach so chaotisch und scheinbar unkoordiniert verlief. Die mündliche Art der Verbreitung musste fast zwangsläufig zu Missverständnissen führen. Das Oberste Parteigericht hat darauf 1939 in seinem Bericht deutlich hingewiesen. «So hat auch eine Reihe von Unterführern die an sie mündlich oder fernmündlich ergangenen Befehle (...) so verstanden, dass nun für das Blut des Pg. vom Rath Judenblut fließen müsse, dass es jedenfalls nach dem Willen der Führung auf das Leben eines Juden nicht ankomme.»[53]

Ganz offensichtlich nahmen die Urheber der «Aktion» all dies billigend in Kauf, um die Fiktion aufrechtzuerhalten, es handele sich bei den Ausschreitungen um einen spontan aus der Bevölkerung heraus entstandenen Pogrom und nicht um staatlich organisierten Terror gegen die deutschen Juden. Wenn diese Fiktion unter allen Umständen Bestandteil des Pogroms sein sollte, dann waren die Münchner Feierlichkeiten zum 9. November geradezu notwendige Voraussetzung. Insofern war die «Reichskristallnacht» in dieser ganz konkreten Form wohl nur an einem 9./10. November möglich.

Wichtige Männer im engsten Führungszirkel von Staat und Partei waren in die informelle Entscheidung während des Abendessens nicht eingebunden. Wer bei Goebbels' Rede nicht anwesend war, tappte zunächst im Dunkeln. Selbst Himmler war nicht vorab informiert worden, und auch Reinhard Heydrich, der Chef des Reichssicherheitshauptamts, wurde völlig überrascht. Nach Rücksprache mit Himmler versuchte Heydrich durch Fernschreiben an die Gestapo-Dienststellen ordnend einzugreifen, und Himmler wies die Allgemeine SS an, sich aus der Sache herauszuhalten. Um 3.00 Uhr wusste der Reichsführer SS dann etwas genauer Bescheid und diktierte einen Aktenvermerk: «Der Befehl kommt von der Reichspropaganda-Leitung und ich vermute, dass Goebbels in seinem mir schon lange aufgefallenem Machtstreben und in seiner Hohlköpfigkeit gerade jetzt in der außenpolitisch schwersten Zeit diese Aktion gestartet hat.»[54]

Himmler und Heydrich entschieden sich, die verfahrene Situation so gut es ging für eine Judenpolitik im Sinne der SS zu nutzen. Die Gewaltexzesse schufen eine Ausnahmesituation, in der die letzten Schranken fielen und die Juden zu Freiwild wurden. Das bot der SS die Gelegenheit, in großem Stil und ohne jede Rücksicht auf geltendes Recht auch im «Altreich» zu Methoden zu greifen, wie sie Eichmann in Wien seit Monaten praktizierte. Ziel war es, wohlhabende Juden in großer Zahl zu verhaften und in die von der SS geführten Konzentrationslager zu verbringen. Dort konnten sie – ohne dass Einzelheiten bekannt wurden – so lange gequält, misshandelt und unter Druck gesetzt werden, bis sie zur Übertragung ihres Vermögens an das Reich und zur schnellstmöglichen Auswanderung bereit waren.[55] Vermutlich war es Heydrich, der den von Goebbels initiierten Pogrom als Chance für solche Maßnahmen erkannte. Um 23.55 Uhr ging ein geheimes Fernschreiben aus der Gestapo-

Auf dem Weg ins KZ – Gefangennahme jüdischer Männer in Baden-Baden am 10. November 1938.

Zentrale an alle Staatspolizei-Stellen und Stapo-Leitstellen, das dazu aufforderte, die Festnahme von etwa 20–30 000 Juden im Reich vorzubereiten. «Es sind auszuwählen vor allem vermögende Juden. Nähere Anordnungen ergehen noch im Laufe dieser Nacht.»[56] Unterzeichnet war das Fernschreiben vom stellvertretenden Gestapo-Chef Heinrich Müller, der es aber gewiss nicht ohne Weisung Heydrichs verschickt hat.

Um 1.20 Uhr in der Nacht, vermutlich nach Rücksprache Heydrichs mit Himmler, folgte ein Geheimes Blitz-Fernschreiben, das zusätzlich auch «an alle SD-Oberabschnitte und SD-Unterabschnitte» ging und von Heydrich selbst unterzeichnet war. Im Hinblick auf die Verhaftungen präzisierte dieses Fernschreiben das Vorgehen: «Sobald der Ablauf der Ereignisse dieser Nacht die Verwendung der eingesetzten Beamten hierfür zulässt, sind in allen Bezirken so viele Juden – insbesondere wohlhabende – festzunehmen, als in den vorhandenen Hafträumen untergebracht werden können. Es sind zunächst nur gesunde männliche Juden nicht zu hohen Alters festzunehmen. Nach Durchführung der Festnahme ist unverzüglich mit den zuständigen Konzentrationslagern wegen schnellster Unterbringung der Juden in den Lagern Verbindung aufzunehmen. Es ist besonders darauf zu achten, dass die aufgrund dieser Weisung festgenommenen Juden nicht misshandelt werden.»[57]

Goebbels notierte in seinem Tagebuch am 10. November zwar: «Der Führer hat angeordnet, dass 2[5]–30 000 Juden sofort zu verhaften sind.»[58] Aber für eine Anordnung Hitlers gibt es keinerlei Anhaltspunkte. Im Gegenteil. Eine groß angelegte Verhaftungsaktion stand völlig im Widerspruch dazu, dass der Pogrom als spontane Empörung des Volkes inszeniert werden sollte. Im Übrigen hätte Goebbels in seiner Rede zumindest eine Andeutung gemacht, wenn Hitler die Festnahmen bereits beim Abendessen mit ihm beschlossen hätte.[59] Die Verhaftungswelle hatte in der Tat einen grundsätzlich anderen Charakter als der von Goebbels initiierte Pogrom. Das eine war traditioneller Radau-Antisemitismus, das andere die systematische, geordnete, eiskalte «Erledigung der Judenfrage».

Die öffentlichen Gewaltorgien stießen auf deutliche Kritik, auch in der Staats- und Parteiführung. Am Vormittag des 10. November beschwerte sich Reichswirtschaftsminister Funk bei Goebbels über die Ausschreitungen und die Schäden für die deutsche Wirtschaft. Göring wusste zu diesem Zeitpunkt noch gar nichts von den Pogromen der Nacht. Er hatte im Nachtzug von München nach Berlin gelegen und wurde von seinem Adjutanten erst informiert, als er in Berlin ankam. Der Beauftragte für den Vierjahresplan tobte und beschwerte sich am späten Vormittag telefonisch bei Hitler, der noch in München war. Als Hitler merkte, dass es Göring vor allem um den entstandenen wirtschaftlichen Schaden ging, schlug er vor, den Juden eine Bußzahlung aufzuerlegen. Göring forderte, die müsse dann aber dem Vierjahresplan zugutekommen. Hitler stimmte zu und verlangte von Göring, dass jetzt auch die wirtschaftliche Ausschaltung der Juden durchgeführt würde, damit «kein weiterer Anlass zu solchen Vorkommnissen sei». Er beauftragte Göring offiziell damit, eine koordinierte Lösung der «Judenfrage» auf den Weg zu bringen.[60]

Weder Himmler noch Göring kritisierten den Pogrom wegen der brutalen Gewalttaten gegen die jüdische Bevölkerung. Himmler ging es um eine möglichst geräuschlose und systematische Beseitigung der deutschen Juden, Göring verlangte, die «volkswirtschaftlich unsinnige Zerstörung von Sachwerten» zu beenden.[61] Was im Einzelnen Hitler bewogen hat, ein schnelles Ende des Pogroms zu verlangen, ist nicht bekannt. Fakt aber ist, dass er Goebbels noch am späten Vormittag des 10. November anwies, die angezettelten Ausschreitungen nun auch wieder zu stoppen.[62] Goebbels schrieb einen Aufruf und brachte den Text zum gemeinsamen Mittagessen bei Hitlers Lieblingsitaliener, der *Osteria Bavaria*, mit. «Mit kleinen Änderungen billigt der Führer meinen Erlass betr. Abbruch der Aktionen. Ich gebe ihn gleich durch Presse und Rundfunk heraus», hielt er im Tagebuch fest.[63] Wenige Stunden später wurde die Erklärung im Radio verlesen und erschien am 11. November auf den Titelseiten der Zeitungen: «Es ergeht nunmehr an die gesamte Bevölkerung die strenge Aufforderung, von allen weiteren Demonstrationen und Aktionen gegen das Judentum, gleichgültig welcher Art, sofort abzusehen. Die endgültige Antwort auf das jüdische Attentat in Paris wird auf dem Wege der Gesetzgebung bzw. der Verordnung dem Judentum erteilt werden.»[64] Parallel dazu gab Rudolf Heß, der Stellvertreter des «Führers», eine dringende Nachricht an die Parteibüros im Reich heraus: «Auf ausdrücklichen Befehl allerhöchster Stelle dürfen Brandlegungen an jüdischen Geschäften oder dergleichen auf gar keinen Fall und unter gar keinen Umständen erfolgen.»[65]

So abrupt ließen sich die einmal von der Leine gelassenen Parteigenossen jedoch nicht stoppen. «In den kleineren Städten und Dörfern begannen die Ausschreitungen häufig erst am Vormittag oder am Nachmittag des 10. November.»[66] In der Nacht war die Gewalt ganz überwiegend von SA, SS und den politischen Organisationen der NSDAP ausgegangen. Insbesondere waren SA-Männer aktiv gewesen.[67] Am Tag erweiterte sich der Kreis der Täter erheblich, stellte Alan E. Steinweis fest: «In vielen Orten wurden ganze Firmenbelegschaften für die Zerstörung jüdischer Häuser und die Schändung der Synagogen gewonnen. Vollzählige Gruppen der Hitlerjugend (HJ) waren ebenso am Werk. Sogar ganze Schulklassen wurden von den Schulen zu Tatorten gebracht und dort von ihren Lehrern, die oft zugleich HJ-Führer waren, ermutigt, sich am Geschehen aktiv zu beteiligen.»[68]

Der Forwarts, die größte jiddische Zeitung in den USA, schrieb am 12. November 1938, der Pogrom sei «ein wirklicher Freudentag» für die deutschen Kinder gewesen. «Sie sind mitgelaufen mit den Großen und haben mitgeholfen beim Zerstören und beim Plündern. Die Kinder haben es sich wohlergehen lassen bei den jüdischen Süßigkeitsgeschäften. Sie sind in die Geschäfte hineingelaufen und haben paketweise die Schokolade und andere Süßigkeiten mitgenommen und den Kindern, die draußen standen, die Waren zugeworfen. Und wo man ging und stand, sah man Kinder, deren Gesichter vollgeschmiert waren mit Schokolade. Die Kinder haben sich auch die Spielzeuggeschäfte vorgenommen. In der Berliner Friedrichstraße schlugen die Kinder ein Schaufenster ein und holten mit langen Stecken, an denen eiserne Haken befestigt waren, das Spielzeug von den Podesten herunter.»[69] In seiner 2002 erschienenen Autobiographie *Und wehmütig bin ich immer noch. Eine Jugend in Berlin* schildert der Schauspieler Günter Lamprecht, wie er am 10. November 1938 als Achtjähriger mit einem Freund in einen zerstörten Laden eindrang und Zigarren stahl. Er ist einer der ganz wenigen, die ein solches Bekenntnis abgelegt haben. Die Beteiligung an den Novemberpogromen ist bis heute ein Tabu.[70]

Auch wer zusah, als Synagogen brannten, jüdische Läden verwüstet, Juden geschlagen und erniedrigt wurden, hat darüber später nur in Ausnahmefällen gesprochen. Keiner wollte unter den Gaffern gewesen sein, die vielfach ja keineswegs nur passive Zuschauer waren. Prozessakten und Berichte jüdischer Opfer machen deutlich, dass viele mit Gelächter und Applaus ihre Zustimmung signalisierten und damit die Gewalttäter zu weiteren Taten stimulierten. Wenn man die Gewalt als rituelle Inszenierung von antisemitischem Hass versteht, dann «bildeten die zahlreichen Zuschauer ein wohlwollendes, dankbares Publikum.»[71] Auch diese aktiven Zuschauer waren Beteiligte, und der Kreis der Täter wird noch größer, wenn man die Plünderer einbezieht. Trotz der Weisung an die Polizeidienststellen des Reiches, Plünderungen strikt zu unterbinden, wurden aufgebrochene jüdische Geschäfte und Wohnhäuser hemmungslos ausgeräumt. Viele «gewöhnliche» Bürger wurden in diesen Tagen zu Tätern und zeigten damit, «wie dünn der Firnis der Zivilisation jeder bürgerlichen Wohlanständigkeit aufgetragen war.»[72]

Die Novemberpogrome waren keineswegs allein das Werk fanatischer Antisemiten in braunen Uniformen. Die deutsche Gesellschaft war insgesamt an der Judenverfolgung im «Dritten Reich» weit stärker beteiligt, als sie das später lange Zeit wahrhaben wollte. Zugleich wäre es aber auch falsch, «die Deutschen» in ihrer Gesamtheit zu Tätern zu erklären.

Der Alltag ging weiter, als ob nichts geschehen wäre – zerstörte jüdische Geschäfte in Magdeburg im November 1938.

Die zu dieser Frage forschenden Historiker sind sich – bei unterschiedlicher Akzentuierung – völlig einig darüber, dass die Mehrheit der deutschen Bevölkerung die Novemberpogrome keineswegs gutgeheißen oder sich gar an ihnen beteiligt hat.

Der Stuttgarter Historiker Eberhard Jäckel hat gemeinsam mit seinem Kollegen Otto Dov Kulka von der Hebräischen Universität Jerusalem 2004 die umfassende Quellensammlung *Die Juden in den geheimen NS-Stimmungsberichten* herausgegeben.[73] Als Essenz seiner jahrelangen Beschäftigung mit dem Thema hielt Jäckel fest: «Wenn bei aller kritischen Vorsicht eine Zusammenfassung versucht werden soll, so scheint sich der schon früher festgestellte Befund verstärkt zu bestätigen, dass der Pogrom in sehr weiten Kreisen der Bevölkerung mehr Missbilligung als Zustimmung hervorrief. Bemerkenswert erscheint ferner, dass die gelenkte Pressepropaganda vielfach als unwahr durchschaut wurde. Und: Die jahrelange antisemitische Propaganda hielt viele noch immer nicht davon ab, Mitleid mit den Juden zu empfinden.»[74] Der ehemalige Leiter des Hessischen Hauptstaatsarchivs Wolf-Arno Kropat, der intensiv über den Judenpogrom geforscht und publiziert hat, sprach von einem «Fehlschlag, den das NS-Regime einstecken musste.»[75] Nach seinem Urteil «kann kein Zweifel daran bestehen, dass die ganz überwiegende Mehrheit den Pogrom abgelehnt hat.»[76]

Auch Alan E. Steinweis, Professor für Geschichte und Direktor des Center for Holocaust Studies an der University of Vermont, betont, dass sich «wohl nur eine Minderheit der Deutschen aktiv an dem Pogrom beteiligte», aber diese Minderheit sei «doch bedeutend größer» gewesen, als oftmals angenommen.[77] Dies festzustellen sei «nicht der Vorwurf einer kollektiven Schuld. Ohne Zweifel haben viele Deutsche – vielleicht die Mehrheit – die antijüdische Gewalt abgelehnt. Außerdem haben viele den jüdischen Mitbürgern geholfen. Der Novemberpogrom hat nicht gezeigt, dass die Mehrheit der Deutschen bereit war, Gewalttaten gegen Juden zu begehen oder zu unterstützen. Vielmehr offenbarte er, dass eine beträchtliche Minderheit dazu bereit war.»[78] Der Schweizer Historiker Raphael Gross wagt eine konkrete Schätzung, wie groß diese Minderheit war: «Die vom NS-Regime organisierten Gewalttätigkeiten geschahen unter Beteiligung von etwa zehn Prozent der deutschen Bevölkerung».[79]

Diese Beurteilungen stehen durchaus in Einklang mit Aussagen von Opfern und kritischen Zeitgenossen. Der Nachrichtendienst des Exilvorstands der SPD, der als oppositionelle Stimme Meldungen aus Deutschland verbreitete, urteilte im November 1938 auf der Grundlage aller ihm zugänglichen Stimmungsberichte, «dass die Ausschreitungen von der großen Mehrheit des deutschen Volkes scharf verurteilt werden.»[80] Der Journalist und kritische Hitler-Biograph Konrad Heiden kam 1939 bei seiner Auswertung von Zeitungs- und Augenzeugenberichten zu dem Ergebnis, es sei gründlich misslungen, die Masse durch die antijüdische Gewalt im November mitzureißen. «Am 10. November 1938 ist dieses Volk in seiner Mehrheit nicht mit euch gegangen. (...) Das wird eines Tages, früher oder später, seine Folgen haben. Ihr mögt in den kommenden Monaten noch viel Schrecken über die Welt bringen. Dennoch ist die Grenze sichtbar geworden, über die hinaus das deutsche Volk euch nicht folgt.»[81]

Auch im Propagandaministerium erkannte man offenbar früh, dass viele Deutsche den Pogrom aus dem einen oder anderen Grund ablehnten oder doch zumindest kritisch beurteilten. Deshalb startete das Ministerium in den Tagen nach dem 10. November einen großen Propagandafeldzug. Damit sollte auch der deutlichen Verurteilung des Pogroms im Ausland, insbesondere in Großbritannien, Frankreich und den Vereinigten Staaten, begegnet werden. Die Propaganda betonte den Ausnahmecharakter des Pogroms und versicherte, in Zukunft werde alles wieder in den gewohnten rechtlichen und bürokratischen Bahnen ablaufen. Ziel der Pressekampagne war es zugleich, keinen Zweifel an der «Notwendigkeit neuer antijüdischer Maßnahmen» aufkommen zu lassen. Das Propagandaministerium ordnete Artikel an, «die das kriminelle Wesen des jüdischen Volkes» und den «unverhältnismäßig großen Reichtum der deutschen Juden» herausstellen sollten. Man müsse das deutsche Volk von den schädlichen Auswirkungen der jüdischen Präsenz in Deutschland im Lauf der Jahrhunderte überzeugen, hieß es in einer Anweisung vom 17. November. Ein besonderer Schwerpunkt sollte auf der Schlüsselrolle liegen, die die Juden bei Deutschlands Niederlage und in der Novemberrevolution 1918 gespielt hätten.[82]

Die nach und nach eingegangenen Stimmungsberichte der zuständigen Stellen zeigten nach den Novemberpogromen, wogegen sich die Kritik aus der Bevölkerung schwerpunktmäßig richtete. So hieß es beispielsweise im offiziellen Monatsbericht des Regierungspräsidenten von Niederbayern und der Oberpfalz, bei allem grundsätzlichen Verständnis für Maßnahmen wurde «die Art der Durchführung der spontanen Aktion (...) bis weit in Parteikreise hinein verurteilt. In der Zerstörung von Schaufenstern, von Ladeninhalten und Wohnungseinrichtungen sah man eine unnötige Vernichtung von Werten, die letzten Endes dem deutschen Volksvermögen verloren gingen und die in krassem Gegensatz stehe zu den Zielen des Vierjahresplans, insbesondere auch zu den gerade jetzt durchgeführten Altmaterialsammlungen. Auch die Befürchtung wurde laut, dass bei den Massen auf solche Weise der Trieb zum Zerstören wieder geweckt werden könnte. Außerdem ließen die Vorkommnisse unnötigerweise in Stadt und Land Mitleid mit den Juden aufkommen.»[83]

Am 7. Dezember 1938 erstattete das SD-Hauptamt in Berlin einen ersten zusammenfassenden Bericht. Darin hieß es: «Die Stellungnahme der Bevölkerung zu den Aktionen, die anfänglich zustimmend war, änderte sich grundsätzlich, als der angestellte Sachschaden allgemein zu übersehen war. Es wurde immer wieder betont, dass ein Vorgehen gegen die Juden als Sühne für den Mord an dem Gesandtschaftsrat vom Rath wohl gebilligt werde, die Zerstörungen von Geschäfts- und Wohnräumen sich jedoch nicht mit den für die Verwirklichung des Vierjahresplanes geforderten Maßnahmen vereinbaren ließe. Außerdem wurde zum Ausdruck gebracht, dass dieses allzu krasse Vorgehen gegen die Juden neue außenpolitische Schwierigkeiten bringen könnte.»[84] Auch nach örtlichen Berichten des SD stieß die Vernichtung von Sachwerten ganz überwiegend auf Ablehnung. Ebenso «missbilligt wurde die Zerstörung der Synagogen, teils mit dem Argument, das seien auch Gotteshäuser, teils mit der Befürchtung, die nächsten würden die Kirchen sein und es könne ‹jederzeit auch anderen Gruppen der Bevölkerung geschehen›.» Daneben war in den Berichten auch von moralischer Missbilligung die Rede: «Das sei ‹barbarisch›, ‹kulturlos›, ‹eines Kulturvolkes unwürdig›, ‹eine Kulturschande und Glaubensverfolgung›, ‹mit dem deutschen Ansehen und der deutschen Würde nicht (…) vereinbar›, ‹daß Derartiges in einem Kulturstaate nicht vorkommen dürfe›. ‹Man schämt sich.›»[85]

Vereinzelt kam es im Verlauf des Novemberpogroms zu Widerstand von Amtsträgern. So hat beispielsweise der Vorsteher des Polizeireviers 16 am Hackeschen Markt in Berlin, Wilhelm Krützfeld, mit einigen Beamten die Brandstifter in der Neuen Synagoge in der Oranienburger Straße daran gehindert, den denkmalgeschützten Bau weiter zu zerstören. Krützfeld hat die Feuerwehr gerufen, «die auch tatsächlich kam und den Brand löschte. Der Reviervorsteher musste sich am 22. November vor dem Polizeipräsidenten verantworten, geschehen ist ihm nichts. Auf eigenen Antrag wurde er, längst Regimegegner geworden, 1942 in den Ruhestand versetzt.»[86]

Einzelne Geistliche protestierten öffentlich. Im württembergischen Oberlenningen predigte Pfarrer Julius von Jan zum Bußtag am 16. November 1938 über Jeremia 22,29: «Die Leidenschaften sind entfesselt, die Gebote Gottes missachtet, Gotteshäuser, die anderen heilig waren, sind ungestraft niedergebrannt worden, das Eigentum der Fremden geraubt oder zerstört, Männer, die unsrem deutschen Volk treu gedient haben und ihre Pflicht gewissenhaft erfüllt haben, wurden ins KZ geworfen, bloß weil sie einer andern Rasse angehörten! (…) wir als Christen sehen, wie dieses Unrecht unser Volk vor Gott belastet und seine Strafen über Deutschland herbeiziehen muss. Denn es steht geschrieben: Irret euch nicht! Gott lässt seiner nicht spotten. Was der Mensch sät, das wird er auch ernten!»[87] Auch Helmut Gollwitzer, später eine der Schlüsselfiguren des linken Protestantismus, prangerte in seiner Bußpredigt in Berlin-Dahlem das Verhalten angesichts des Terrors an: «Wir sind mitverhaftet in die große Schuld, dass wir schamrot werden müssen, wie biedere Menschen sich auf einmal in grausame Bestien verwandeln. Wir sind alle daran beteiligt, der eine durch Feigheit, der andere durch Bequemlichkeit (...), durch das Vorübergehen, das Schweigen, das Augenzumachen, durch die Trägheit des Herzens, durch die verfluchte Vorsicht.»[88]

Der württembergische Landesbischof Theophil Wurm mahnte angesichts der Pogromnacht die Notwendigkeit an, Gottes Gebote einzuhalten und die «Autorität des Gesetzes» wiederherzustellen. Der ehemalige Fraktionsvorsitzende der Deutschnationalen im württembergischen Landtag machte zugleich klar, dass er den Kampf gegen die Juden für notwendig erachtete: «Ich bestreite mit keinem Wort dem Staat das Recht, das Judentum als gefährliches Element zu bekämpfen. Ich habe von Jugend auf das Urteil von Männern wie Heinrich von Treitschke und Adolf Stöcker über die zersetzende Wirkung des Judentums auf religiösem, sittlichem, literarischem, wirtschaftlichem und politischem Gebiet für zutreffend gehalten.»[89]

Wurm war mit dieser Haltung keineswegs allein. Die Stimmungsberichte des SD zeigen deutlich, dass Kritik an der Barbarei der Novemberpogrome nicht gleichzusetzen war mit einer generellen Ablehnung der antijüdischen Politik des Regimes. Die große Mehrheit der Deutschen billigte nach wie vor die rechtlichen und bürokratischen Maßnahmen, mit denen die Juden seit 1933 unter Druck gesetzt und verfolgt wurden. Es wurde folglich auch keine Kritik laut, als in den Wochen nach dem Pogrom wieder zu administrativen Mitteln gegriffen wurde, um jüdisches Eigentum zu «arisieren» und die noch verbliebenen Juden aus dem Land zu treiben.[90] Bereits am 10. November 1938 wurden jüdische Zeitungen und Zeitschriften dauerhaft verboten. Sämtliche Büros und Verwaltungsstellen der jüdischen Gemeinden und Organisationen wurden geschlossen, fast alle ihre Vorsteher verhaftet.[91]

Für den Morgen des 12. November berief Göring als Beauftragter für den Vierjahresplan eine Konferenz ins Luftfahrtministerium ein, an der mehr als 100 Personen teilnahmen: Minister, Staatssekretäre, Vertreter der Versicherungsgesellschaften und leitende Beamte. In seiner Eröffnungsansprache berief sich Göring auf einen Auftrag des «Führers», der eine koordinierte Lösung der «Judenfrage» verlange. Er kritisierte die Methode der «Demonstrationen», die die deutsche Wirtschaft schädigten. Heydrich hatte die entstandenen Schäden auf mehrere Hundert Millionen Reichsmark beziffert.[92] Diese Vernichtung von Sachwerten war es, die Göring in Rage brachte: «Mir wäre lieber gewesen, ihr hättet 200 Juden erschlagen und hättet nicht solche Werte vernichtet.»[93]

Die Konferenz konzentrierte sich auf Methoden der Konfiszierung jüdischer Unternehmen und auf die Frage, wie das Reich aus der Notlage der Juden den größten Gewinn ziehen könnte. Goebbels sprach sich für Maßnahmen zur sozialen Diskriminierung der Juden aus, Heydrich schlug vor, die Juden sollten ein besonderes Abzeichen tragen. Trotz mancher Differenzen im Einzelnen war man sich darin einig, dass zukünftig insbesondere die Vierjahresplanbehörde und die Sicherheitspolizei die Verfolgung der deutschen Juden einheitlich organisieren sollten. Mit allen Mitteln eines modernen bürokratischen Staatsapparates sollten drei Ziele verfolgt werden: die Enteignung der Juden zugunsten der Staatskasse, ihre Absonderung von der Mehrheitsgesellschaft und ihre Vertreibung aus Deutschland. Gegen Ende der fast vierstündigen Konferenz gab Göring unter Zustimmung der Versammelten auch noch die Verhängung einer «Buße» von einer Milliarde Reichsmark bekannt, die die Juden zahlen sollten. Zudem verpflichtete er die jüdische Bevölkerung, die entstandenen Schäden im Straßenbild auf eigene Kosten sofort zu beseitigen. «Ich möchte kein Jude in Deutschland sein!», fasste Göring den Tag zusammen.[94] Goebbels hielt zufrieden fest: «Jedenfalls wird jetzt tabula rasa gemacht. Ich arbeite großartig mit Göring zusammen. Er geht auch scharf heran. Die radikale Meinung hat gesiegt.»[95]

Auch wenn es Göring war, der von Hitler den Auftrag erhalten hatte, die Judenfrage einer Lösung zuzuführen, war er als Beauftragter für den Vierjahresplan nur so lange von entscheidender Bedeutung, wie es um wirtschaftliche Fragen ging. Im Zusammenhang mit dem Novemberpogrom rückte die SS immer stärker in die entscheidende Position. Zwischen dem 10. und dem 16. November wurden im Deutschen Reich 30756 Juden zu Hause, auf der Straße, am Arbeitsplatz oder aus Verstecken heraus verhaftet und in die Konzentrationslager Buchenwald, Dachau und Sachsenhausen gebracht.

Auch diese Verhaftungen verliefen reichlich chaotisch und folgten keineswegs strikt den Anordnungen, die Heydrich in der Nacht vom 9. auf den 10. November erteilt hatte. Es wurden anfangs auch Frauen und Kinder festgenommen. Sie wurden in den folgenden Tagen wieder freigelassen, ebenso Kriegsveteranen und Juden, die sich bereits um ihre Auswanderung bemühten. Die in Konzentrationslagern festgehaltenen und terrorisierten jüdischen Männer machten etwa zehn Prozent der noch in Deutschland lebenden jüdischen Bevölkerung aus. Ihre Verhaftung und Erpressung hatte einen völlig anderen Charakter als der von Goebbels losgetretene Pogrom. Der SS ging es um kalte, brutale und effiziente Durchsetzung von Rassepolitik, nicht um emotionsgeladenen Radau-Antisemitismus. Die Interessen Görings und die der SS verbanden sich zu einem brutalen und höchst wirksamen Terrorregime gegen die deutschen Juden. Himmler und Heydrich stärkten durch die Massenverhaftungen das ihnen unterstellte System der Konzentrationslager, systematisierten den Austreibungsdruck und trieben die «Arisierung» der deutschen Wirtschaft voran.[96] Hunderte jüdischer Unternehmen wechselten nun oftmals durch Anwendung räuberischer Erpressermethoden gegen geringfügige Erlöse den Eigentümer.

Am Ende des Jahres 1938 befanden sich vor allem noch jüdische Männer zwischen 20 und 50 Jahren in den drei Konzentrationslagern. Ihre Zahl nahm kontinuierlich ab. Täglich wurden etwa 200 der Gefangenen entlassen – in der Regel verbunden mit der Verpflichtung, so schnell wie möglich das Deutsche Reich zu verlassen, und der Auflage, mit keinem Menschen über das zu sprechen, was sie im Lager durchlitten hatten. Im Mai 1939 waren zwar fast alle wieder auf freiem Fuß, aber noch lange nicht frei. Je länger sie dem Terror der SS ausgesetzt waren, desto schrecklicher war der physische und psychische Zustand dieser Männer, viele blieben traumatisiert, solange sie lebten.[97]

Nach heutigem Forschungsstand wurden während des Novemberpogroms 1406 Synagogen, Betstuben und Versammlungsräume zerstört. 191 Synagogen wurden in Brand gesteckt, 76 völlig demoliert. Mindestens 177 Wohnhäuser und bis zu 7500 jüdische Geschäfte wurden zertrümmert. Etwa 1500 Menschen kamen zu Tode, wenn man auch die in unmittelbarer Folge der Pogrome in Konzentrationslagern umgebrachten oder in den Selbstmord getriebenen Juden mitzählt. Zu den vielen Vergewaltigungen jüdischer Frauen liegen bis heute keine genauen Angaben vor.[98]

Die Novemberpogrome waren «staatlich legitimierte reine Gewalt». Die Inszenierung des «heeren» Volkszorns legte ursprünglich nahe, alle Aktionen zu unterlassen, die auf schnöden Eigennutz hindeuten könnten. Plünderungen waren ebenso wenig erwünscht wie Totschlag und Mord, von Vergewaltigungen ganz zu schweigen. Aber die Realität des Pogroms sah völlig anders aus – und sie lief zweifellos der im nationalsozialistischen Deutschland geltenden Rechtsordnung zuwider. Staatsanwaltschaften hätten nun eigentlich die begangenen Straftaten verfolgen und ermitteln müssen. Die NS-Führung verhinderte das bereits im Ansatz, indem sie sofort der NSDAP und der Gestapo die Ahndung der Gewalttaten im Kontext des Pogroms übertrug. Schon am 10. November stimmte das Reichsjustizministerium diesem Verfahren zu und wies die Staatsanwaltschaften an, «keine Ermittlungen in Angelegenheiten der Judenaktionen vorzunehmen». Verhandelt wurde in der Folge nicht vor ordentlichen Gerichten, sondern vor Parteiinstanzen, verhängt wurden Parteistrafen – und das nur in seltenen Ausnahmefällen. So wurden beispielsweise vier SS-Angehörige mit Parteiausschluss bestraft, weil sie jüdische Mädchen vergewaltigt hatten. Tötung und Ermordung von Juden wurden in aller Regel nicht geahndet. Den Tätern wurde zugutegehalten, sie hätten lediglich Befehle befolgt oder Anweisungen missverstanden, in jedem Fall aber nach bestem Wissen und Gewissen im nationalsozialistischen Sinne gehandelt. Im September 1939 sprach Hitler einen generellen Gnadenerlass aus.[99]

Unmittelbar nach dem Ende des Novemberpogroms folgten Regelungen auf dem Gesetzes- und Verordnungsweg, mit denen die deutschen Juden weiter unter Druck gesetzt wurden. Zum Jahresende stellte der Bericht des Sicherheitshauptamtes zusammenfassend fest, dass «die Judenschaft (...) endgültig aus allen Teilen des deutschen Gemeinschaftslebens ausgeschlossen ist, so dass den Juden zur Sicherung der Existenz nur die Auswanderung bleibt.»[100] 320 000 Menschen waren Ende 1938 ihrer Existenzgrundlagen beraubt. Eine unmittelbare Folge war, dass Juden nun Deutschland «um jeden Preis» verlassen wollten, so der britische Historiker Ian Kershaw. «Zwischen Ende 1938 und dem Kriegsbeginn flohen etwa 80 000 Juden unter erschütterndsten Umständen.»[101] Die Zahl wäre wohl noch deutlich größer gewesen, aber Zigtausende deutscher Juden fanden kein Land, das bereit war, ihnen Asyl zu gewähren. Schon aus Altersgründen kam eine legale Auswanderung für fast 60 Prozent nicht mehr in Frage, weil dafür in den meisten Ländern eine Grenze von 45 Jahren galt. Tiefe Verzweiflung trieb viele in den Selbstmord.

Die existenziellen menschlichen Dramen, die sich in den Monaten nach dem Novemberpogrom abspielten, fanden zumeist hinter geschlossenen Türen und nicht in aller Öffentlichkeit statt. Das Regime hatte verstanden. Brutale öffentliche Gewalt wurde von einem Großteil der Bevölkerung abgelehnt. Der Novemberpogrom hatte gezeigt, dass Pogrome am Ende nicht das geeignete Mittel waren, um die von der NS-Führung angestrebte «Lösung der Judenfrage» zu erreichen. Es gab deshalb in der Folgezeit keine Wiederholung reichsweiter Pogrome. Der Novemberpogrom stellt deshalb *nicht*, das betont Wolf-Arno Kropat ausdrücklich, «eine Vorstufe der ‹Endlösung› im Sinne der Vernichtung der Juden dar, so unmenschlich auch ihre Verfolgung während des Pogroms und anschließend ihre Behandlung in den Konzentrationslagern war.»[102] Der von Goebbels verfolgte Radau-Antisemitismus war vielmehr mit dem Pogrom an ein Ende gekommen. Das warf allerdings zugleich die Frage auf, wie das Regime die immer radikaler formulierte Forderung nach der Entfernung der Juden aus Deutschland zukünftig umsetzen wollte. Insofern steckte im Novemberpogrom auch der Auftakt zu Neuem, das aber erst nach und nach begann, sein furchtbares Wesen zu entwickeln.

In der Öffentlichkeit war von alledem nicht die Rede. Auf den Straßen war schon nach wenigen Tagen von der offenen Gewalt des Novemberpogroms nichts mehr zu spüren. «Spätestens nach den letzten Verhaftungen am 16. November kehrte wieder Alltag ein, als sei nichts gewesen. Die NS-Führung war nun darum bemüht, gegenüber der nichtjüdischen Bevölkerung und gegenüber ausländischen Beobachtern den Anschein von Normalität zu erwecken», resümiert Raphael Gross.[103] Dabei blieb es zunächst auch 1939 – und dann traten mit der Besetzung der Tschechoslowakei und dem Kriegsbeginn andere Themen in den Vordergrund.

8

Was ein Einzelner vermag – Das Attentat des Georg Elser 1939

Die Münchner Feiern zum 9. November fanden 1939 unter völlig veränderten Vorzeichen statt. Im Frühjahr hatte es zunächst noch den Anschein gehabt, dass sie besonders intensiv werden könnten. Mit dem «Erlass des Führers und Reichskanzlers über den Heldengedenktag und den Gedenktag für die Gefallenen der Bewegung» vom 25. Februar 1939[1] wurde der 9. November als «Gedenktag für die Gefallenen der Bewegung» gesetzlicher, arbeitsfreier Feiertag im Deutschen Reich. Bis dahin war er nur ein halboffizieller «Reichstrauertag der NSDAP» gewesen, für den es keine klare und unanfechtbare Rechtsgrundlage gegeben hatte.[2] Kaum war die Rechtsgrundlage geschaffen, mussten allerdings die Feierlichkeiten eingeschränkt werden, denn am 1. September 1939 löste Hitler mit dem Einmarsch der Wehrmacht in Polen den Zweiten Weltkrieg aus.

Mit Kriegsbeginn brachte sich der 9. November 1918 wieder unmittelbar in Erinnerung und war nicht mehr nur Vorgeschichte des 9. November 1923. Als Hitler am 1. September vor dem Reichstag sprach, betonte er ausdrücklich: «Ein November 1918 wird sich niemals mehr in der deutschen Geschichte wiederholen!»[3] Die Gegner sollten weder auf eine Revolution hoffen, einen erneuten «Dolchstoß», noch auf ein Versagen der NS-Eliten gegen mögliche Revolutionäre. Wenige Wochen später, am 6. Oktober 1939, trat er allen denkbaren Spekulationen der Feinde entgegen, die nationale Einheit der «Volksgemeinschaft» auflösen zu können: «Weder Waffengewalt noch die Zeit werden Deutschland bezwingen. Ein November 1918 wird sich in der deutschen Geschichte nicht mehr wiederholen. Die Hoffnung auf eine Zersetzung unseres Volkes ist kindlich.»[4]

Für die Selbstdarstellung des Regimes war der 1. September 1939 eine Zäsur. Großveranstaltungen in der Art der Vorkriegszeit gab es nun nicht mehr. Der «Reichsparteitag des Friedens» (!), der vom 2. bis zum 11. September 1939 in Nürnberg durchgeführt werden sollte, wurde Ende August ohne Angabe von Gründen abgesagt. Die Münchner Novemberfeierlichkeiten fanden in deutlich reduziertem Rahmen statt. Der 9. November wurde nun zu einem normalen Arbeitstag erklärt – auch in München. Der *Völkische Beobachter* kündigte lediglich ein «Treffen der Marschierer des 8./9. November 1923» im Bürgerbräukeller am Abend des 8. November und Kranzniederlegungen an der Feldherrnhalle und den «Ehrentempeln» am 9. November an.

Beides sollte ohne den «Führer» stattfinden, der, wie es hieß, wegen wichtiger Staatsgeschäfte die Reichshauptstadt nicht verlassen könne. Erst Anfang November entschloss Hitler sich dann doch, nach München zu fliegen, um wenigstens beim traditionellen Abend mit den «Alten Kämpfern» am 8. November im Bürgerbräukeller zu sprechen. Schon am nächsten Vormittag musste er allerdings zurück in Berlin sein. Schlechtes Wetter sorgte unmittelbar vor dem Termin für weitere Komplikationen. Es war unklar, ob in dem kleinen verbleibenden Zeitfenster ein Rückflug überhaupt möglich war. Deshalb «ließ man Hitlers Sonderwagen an einen planmäßigen Reichsbahnzug anhängen»,[5] der ihn unmittelbar nach seiner Rede wieder nach Berlin zurückbringen sollte. Abfahrt dieses Zuges in München war um 21.31 Uhr. Das Programm im Bürgerbräukeller passte man dem strengen Zeitplan an. Hitlers Rede begann deshalb eine halbe Stunde früher als gewohnt.

Für die anwesenden «Alten Kämpfer» waren diese Änderungen nicht von Belang. Die meisten waren ohnehin bereits pünktlich zur Saalöffnung gekommen, um sich einen möglichst guten Platz zu sichern. Bereits um 18 Uhr waren Saal und Empore im Bürgerbräukeller dicht gefüllt. Nach den gewohnten Begrüßungsritualen wurde der Badenweiler Marsch gespielt und die «Blutfahne» hereingetragen. Mit dem Glockenschlag um 20 Uhr betrat der «Führer» den Saal, begrüßt vom frenetischen Jubel der etwa 2000 dicht gedrängt sitzenden «Alten Kämpfer».[6]

Hitler ging zügig ans weiße Rednerpult, das etwa zwei Meter vor einer der tragenden Säulen stand, die auch der Empore in knapp vier Meter Höhe Halt gaben. Hitlers Rede war vor allem eine Kriegsrede gegen die Engländer, in der er auf den November 1918 nicht einging und den 9. November 1923 nur streifte, indem er Opfer anmahnte und einfor-

Hitler am Rednerpult im Bürgerbräukeller. Unmittelbar hinter ihm die Säule, in der Georg Elser seine Bombe platzierte.

derte: «Für unser deutsches Volk sind im Laufe von vielen Jahrhunderten, ja Jahrtausenden zahllose Millionen gefallen. Millionen anderer haben ihr Blut dafür gegeben, keiner von uns weiß, ob es ihn nicht auch trifft. Allein jeder muss wissen, dass er damit nicht mehr an Opfern bringt, als andere vor ihm auch gebracht haben und andere nach ihm einst wieder werden bringen müssen.»[7]

Auch an dieser Stelle klatschte die «Alte Garde» begeistert. Nachdem Hitler das Rednerpult verlassen hatte, drückte er noch diesem und jenem die Hand und verließ dann mit seiner Entourage den Raum. Die Kellnerinnen begannen mit dem Abkassieren an den Tischen. Auch die «Alten Kämpfer» machten sich auf den Weg nach draußen. Unter ihnen war auch der Journalist Wilhelm Kaffl, der schon an der Garderobe war, um seinen Mantel abzuholen, als er einen «dumpfen Knall» hörte und gegen den Garderobentisch gedrückt wurde: «Ein paar, die in meiner Nähe stehen, rennen zum Saaleingang. Ich mit! Wir können nicht gegen den Strom anschwimmen, der sich uns aus dem Saal entgegenstemmt. Aber eins ist noch schlimmer: eine gelblichgraue, undurchsichtige Wand –

Der zerstörte Biersaal im Bürgerbräukeller mit der teils herabgestürzten, teils provisorisch abgestützten Decke.

wohl aus Staub und Explosivstoffen – zieht vor uns auf.» Langsam dämmerte Kaffl: Im Saal war eine Bombe explodiert. Gemeinsam mit anderen begann er, Verletzte zu bergen. Im Saal «ein Bild grausamer Zerstörung. Ein gut Teil der hochgespannten Decke ist in den Saal gestürzt. Ein Berg von Schutt, Brettern, Eisenträgern, zerbrochenen Stühlen und Tischen häuft sich mannshoch vom Haupteingang gegen die Saalmitte. Ja, gegen die Saalmitte – gerade dorthin, wo noch vor 20 Minuten der Führer stand und sprach, wo Rudolf Heß, Dr. Goebbels, Alfred Rosenberg und viele andere unserer Führer saßen, dorthin häuft sich die Vernichtung.»[8]

Um 21.20 Uhr detonierte die Bombe im Saal des Bürgerbräukellers – genau 13 Minuten nachdem Hitler den Saal verlassen hatte. Die Druckwelle der Explosion zerfetzte die tragende Säule der Decken- und der Galeriekonstruktion hinter dem Rednerpult, und die gesamte Decke im Bereich der Rednerbühne stürzte krachend auf das Pult und die umliegenden Stuhlreihen. Die tonnenschweren Trümmer erschlugen sofort drei Menschen und begruben Dutzende unter sich; vier von ihnen starben unmittelbar nach der Einlieferung in die Krankenhäuser, einer etwas später. Insgesamt waren 65 Opfer zu beklagen, acht Tote und 57 Verletzte.

Hätte das Attentat diejenigen getroffen, denen es galt, hätte das Deutsche Reich Anfang November 1939 seinen Regierungschef, den Vorsitzenden und den Stellvertretenden Vorsitzenden der NSDAP, wichtige Reichsminister sowie den Reichsführer SS und Chef der Deutschen Polizei verloren. «Davon kann man fest ausgehen, weil die NS-Prominenz nahe bei Hitler in der unmittelbaren Todeszone platziert war»,[9] urteilt Peter Koblank, der 2008 die Online-Edition MythosElser.de mit Essays und Reportagen geschaffen hat. Gemessen an der Zerstörungskraft der Bombe, war die Zahl der Opfer verhältnismäßig gering, weil der Saal sich nach der Hitler-Rede recht schnell geleert hatte.

Hitler erfuhr von dem Attentat im Zug nach Berlin. Goebbels notierte im Tagebuch: «Der Führer und wir alle sind wie durch ein Wunder dem Tode entronnen. Wäre die Kundgebung wie alle Jahre vorher programmgemäß durchgeführt worden, dann lebten wir alle nicht mehr. Der Führer (...) steht doch unter dem Schutz des Allmächtigen. Er wird erst sterben, wenn seine Mission erfüllt ist.»[10] Von welcher Seite der Anschlag kam, war für Hitler und seinen Propagandaminister schnell klar: «Ein Attentat, zweifellos in London erdacht und wahrscheinlich von bayerischen Legitimisten durchgeführt.»[11]

Damit waren die beiden Leitlinien der Propaganda bereits festgelegt, die in den folgenden Tagen die «Berichterstattung» prägten: Erstens galt der britische Geheimdienst als Urheber des Attentats, und zweitens stand der «Führer» ganz offenkundig unter dem «Schutz des Allmächtigen», war durch die «Fügung der Vorsehung» am Leben geblieben. Entsprechend titelte der *Völkische Beobachter* in großen Lettern: «Die wunderbare Errettung des Führers».[12] Am 11. November richtete das Regime einen Staatsakt für die Toten an der Feldherrnhalle aus – «an historischer Stelle», wie man ausdrücklich betonte.[13] Die NS-Propaganda machte aus ihnen «Blutzeugen des 8. Novembers 1939».[14]

Am 17. November hielt Goebbels im Tagebuch fest: «Die Hintergründe des Münchener Attentats liegen nun ziemlich klar: der eigentliche Attentäter ist eine Kreatur von Otto Strasser. Der war während der entscheidenden Tage in der Schweiz. Nach dem Attentat ist er gleich nach England, also offenbar zu seinen Brot- und Auftraggebern abgekratzt. Das Werk des Secret Service. Wir halten alles noch geheim, um die Hintermänner nicht argwöhnisch zu machen.»[15]

Zu diesem Zeitpunkt hätte Goebbels es besser wissen müssen. Bereits am 8. November war gegen 20.45 Uhr in Konstanz etwa 30 Meter vor dem Grenzzaun der deutsche Staatsbürger Johann Georg Elser festgenommen worden. Elser hatte versucht, über die «grüne Grenze» in die Schweiz zu kommen. Der Zollgrenzschutz Konstanz hatte ihn aufgegriffen. Bei einer Leibesvisitation im Zollgebäude stellte man fest, dass Elser unter dem Rockaufschlag ein Abzeichen des Rotfrontkämpferbundes trug. Außerdem hatte er in seiner Tasche eine Ansichtskarte des Bürgerbräukellers und Teile eines Zünders bei sich. Elser wurde in die Konstanzer Gestapo-Zentrale gebracht. Seine Verhaftung wurde nach Karlsruhe und von dort nach Berlin gemeldet, dann wurde er in die Staatspolizeileitstelle nach München überstellt, weil man ihn inzwischen in Zusammenhang mit dem Münchner Attentat brachte.[16]

In München wurde Elser von der eigens gebildeten Sonderkommission verhört und geschlagen, bis er schließlich in der Nacht vom 13. auf den 14. November ein umfassendes Geständnis ablegte. In diesem Geständnis offenbarte Elser so viel Detailwissen, dass die Münchner Beamten überzeugt waren, dass Elser das Attentat allein durchgeführt hatte. Ein Einzeltäter ohne Hintermänner hätte allerdings vollkommen dem Tenor der gesamten NS-Propaganda widersprochen. Elser wurde deshalb nach Berlin ins Reichssicherheitshauptamt überstellt und dort noch einmal ausführlich und scharf fünf Tage lang verhört. Reichsführer SS Heinrich Himmler soll sich nach Zeugenaussagen höchstpersönlich an den Folterungen beteiligt haben.[17] Diese Vernehmungen fanden vom 19. bis zum 23. November 1939 statt und wurden detailliert protokolliert. Die Protokolle sind unsere wichtigste Quelle im Hinblick auf die Motive Elsers, die Planung und die Durchführung des Attentats.

Johann Georg Elser wurde am 4. Januar 1903 in Hermaringen geboren, einem Dorf im Brenztal am östlichen Rand Württembergs. Er war das nichteheliche Kind von Maria Müller, der Tochter eines Wagners und Landwirts. Ein Jahr nach Georgs Geburt heiratete sie den Holzhändler und Landwirt Ludwig Elser aus Königsbronn, ebenfalls im Tal der Brenz gelegen, etwa 20 Kilometer nördlich von Hermaringen. Dort wuchs der

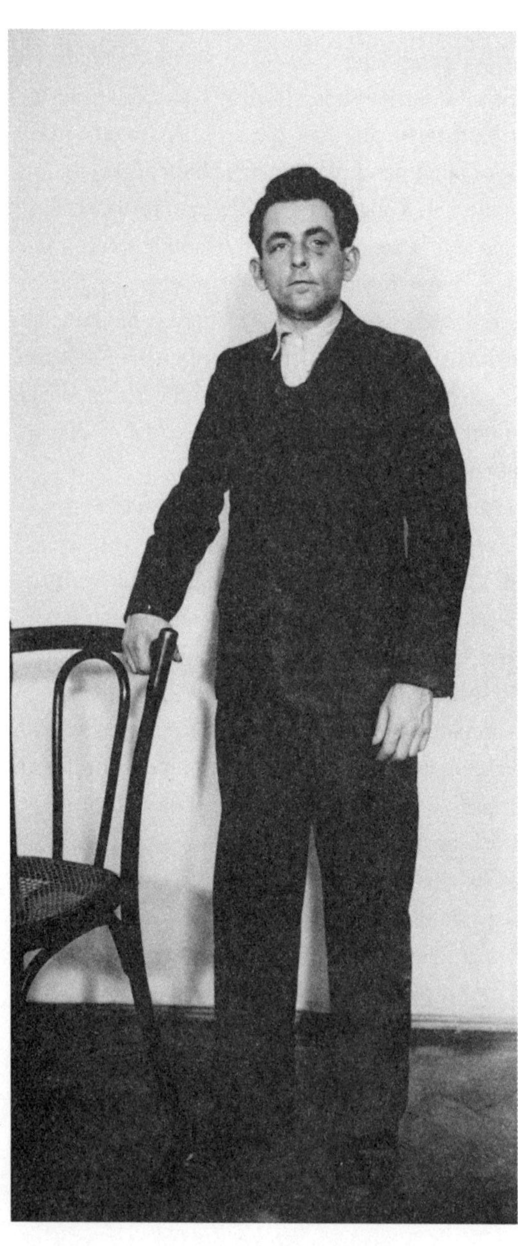

Georg Elser nach ersten Vernehmungen mit offensichtlichen Folterspuren am linken Auge. Die Gestapo gab dieses Foto nicht an die Presse, sondern leitete es nur zu Ermittlungszwecken an die Schweizer Polizei weiter.

Junge gemeinsam mit fünf jüngeren Geschwistern auf. Früh hat er auf dem elterlichen Hof mitarbeiten müssen. Nachhaltig in Erinnerung geblieben ist ihm auch die Alkoholabhängigkeit seines Vaters.

Georg besuchte in Königsbronn die Volksschule und begann 1917 zunächst eine Lehre als Eisendreher, die er nach zwei Jahren aus gesundheitlichen Gründen abbrechen musste. Die anschließende Schreinerlehre beendete er 1922 als Jahrgangsbester.[18] Er legte großen Wert auf die Berufsbezeichnung «Kunstschreiner» und hat zeitlebens alle monotonen und wenig anspruchsvollen Tätigkeiten des Schreinerhandwerks nur ungern ausgeübt. Auch wenn Elser nie eine Meisterprüfung abgelegt hat, war er offenbar ein Meister seines Fachs. Von ihm gefertigte Möbel waren funktional durchdacht, ästhetisch hochwertig und mit Präzision gefertigt. Für praktische Probleme, die sich in seinem Handwerk stellten, suchte und fand er vernünftige Lösungen. Georg Elser war ein Tüftler.

In seinen ersten Gesellenjahren arbeitete er in verschiedenen Schreinereien in Königsbronn und den nahe gelegenen Städten Aalen und Heidenheim. Nur selten bekam er Gelegenheit, seine Talente wirklich zu entfalten, und hatte zugleich den Eindruck, seine Arbeitskraft zu billig verkaufen zu müssen. Der Wunsch nach «angemessenem Lohn» ist eine Konstante in Elsers Berufsleben. 1925 ging er aus dem Brenztal an den Bodensee, arbeitete kurze Zeit im Propellerbau bei Dornier in Friedrichshafen und fand dann in der Konstanzer Uhrenfabrik Constantia, Metzner & Co eine Herausforderung, die ihn als Handwerker befriedigte. Er stellte schmuckvolle hölzerne Gehäuse für vorgefertigte Stand-, Kamin- und Tischuhren her. Zum ersten Mal blieb er für mehrere Jahre in einem Unternehmen. 1929 stellte dann aber die Uhrenfabrik ihre Produktion ein und entließ die gesamte Belegschaft. Elser blieb bis 1932 am Bodensee und arbeitete in verschiedenen Schreinereien, darunter 1930 ein halbes Jahr lang als Grenzgänger von Konstanz aus in der Schreinerei Schönholzer in Bottighofen in der Schweiz.

1928 oder 1929 sei er dem Rotfrontkämpferbund beigetreten, gab Georg Elser im Verhör zu Protokoll. Ganz genau wisse er das nicht mehr. Es sei auf «häufiges Zureden eines Arbeitskameraden» geschehen. «Ich war aber nur zahlendes Mitglied, denn eine Uniform oder irgendeinen Funktionärsposten habe ich nie innegehabt.» Seit er wahlberechtigt war, habe er immer die KPD gewählt, weil er dachte, «das ist eine Arbeiterpartei, die sich sicher für die Arbeiter einsetzt.»[19]

Georg Elser war ein ernster, aber keineswegs ein verschlossener junger Mann. Im Jahr 1926 trat er in den Konstanzer Trachtenverein «Oberrheintaler» ein. Zur selben Zeit kaufte er sich eine Zither und wurde Mitglied im Zitherclub Konstanz. Im Verhör berichtete Elser freimütig von seinen Frauenbekanntschaften in den Bodenseejahren. Mit der Konstanzer Kellnerin Mathilde Niedermann ging er eine engere Beziehung ein, 1930 wurde der gemeinsame Sohn Manfred geboren. Der spätere Ehemann von Mathilde Niedermann adoptierte Elsers Sohn.[20]

1932 verschlechterten sich die Lebensumstände seiner Familie in Königsbronn rapide. Elser hörte, dass der Vater «immer mehr und mehr saufe und (...) einen Acker um den anderen verkaufe, um seine Schulden zu bezahlen». Georg Elser als ältester Sohn wurde gebraucht, und so ging er im August in die alte Heimat zurück – ohne Mathilde Niedermann und seinen Sohn.

Dort arbeitete er im landwirtschaftlichen Betrieb der Familie mit und fertigte auf Bestellung in einer eigenen kleinen Werkstatt Möbel für private Auftraggeber. Sehr genau registrierte er nach 1933, dass die Arbeiter nicht gerecht behandelt wurden, dass die Löhne deutlich sanken und gleichzeitig die Freiheiten der Arbeiter eingeschränkt wurden. «Der Arbeiter kann z. B. seinen Arbeitsplatz nicht mehr wechseln, wie er will; er ist heute durch die HJ nicht mehr Herr seiner Kinder, und auch in religiöser Hinsicht kann er sich nicht mehr so frei betätigen.»[21] Elser war kein regelmäßiger Kirchgänger, aber durchaus ein gläubiger Mensch. Dass er sich für seine Tat vor Gott zu verantworten hatte, war für Elser selbstverständlich. «Ich glaube an Himmel und Hölle, so wie ich es in der Schule im Religions- und Konfirmandenunterricht gehört habe.»[22]

Georg Elser war schon früh ein Gegner des NS-Regimes. Er verweigerte konsequent den Hitlergruß, ging Aufmärschen von SA und SS aus dem Weg und nahm im Betrieb auch nicht an den gemeinsamen Sitzungen vor dem Volksempfänger teil, wenn der «Führer» sprach.[23] Aber allein aufgrund dieser Gegnerschaft hätte er sich wohl kaum zu einem Attentat auf die Führungsspitze von Partei und Staat entschlossen. Sein entscheidendes Motiv war, einen großen Krieg mit Hunderttausenden oder noch mehr Toten zu verhindern.

Ab Dezember 1936 arbeitete Elser in einer Heidenheimer Armaturenfabrik, die in einer Sonderabteilung auch Pulverkörner presste und Geschosszünder für die Wehrmacht herstellte. Er hatte täglich vor Augen, dass das Regime systematisch einen Krieg vorbereitete. Die Wiedereinführung der Wehrpflicht 1935, der Einmarsch ins entmilitarisierte Rheinland im März 1936, der «Anschluss» Österreichs im März 1938, der erpresserische Druck auf die Tschechoslowakei, das Sudetenland an Deutschland abzutreten, waren in seinen Augen eindeutige Signale.

In dieser Zeit reifte bei Elser der Entschluss, alles in seiner Macht Stehende zu unternehmen, um diesen Krieg zu verhindern. Seine Möglichkeiten schätzte er vollkommen realistisch ein. Einen Regimewechsel konnte er nicht herbeiführen, er war aber vielleicht imstande, die Führungsspitze des Regimes auszuschalten. Am 21. November 1939 erklärte er im Berliner Verhör ganz offen, dass er Hitler, Göring und Goebbels beseitigen wollte. «Durch meine Überlegungen kam ich zu der Überzeugung, dass durch die Beseitigung dieser drei Männer andere Männer an die Regierung kommen, die an das Ausland keine untragbaren Forderungen stellen, die kein fremdes Land einbeziehen wollen und die für eine Verbesserung der sozialen Verhältnisse der Arbeiterschaft Sorge tragen werden.»[24]

Im Herbst 1938 war die Entscheidung gefallen. «Ich dachte mir, dass dies nur möglich sei, wenn die Führung sich bei irgendeiner Kundgebung befindet. Aus der Tagespresse entnahm ich damals, dass die nächste Zusammenkunft, bei der auch die Führung teilnimmt, sich am 8. und 9. November 1938 in München im Bürgerbräukeller abspielt.»[25] Elser beschloss, sich einen Eindruck von den konkreten Verhältnissen vor Ort zu machen, und fuhr nach München.

Erst nach 22.30 Uhr, als die Teilnehmer sich «verlaufen hatten», machte er sich am Abend des 8. November auf den Weg in den Bürgerbräukeller. «Die Absperrung war bei meinem Eintreffen am Bürgerbräukeller bereits aufgehoben. Der Eingang war noch erleuchtet. Vom Haupteingang aus begab ich mich durch den Garderobenraum unmittelbar zum Saal, wo noch einzelne Personen anwesend waren. Ich begab mich vom Saaleingang aus bis ungefähr in die Mitte des Saales, betrachtete diesen, stellte fest, wo das Rednerpult stand und welche Ausschmückungen vorhanden waren.»[26] Im «Bräustübl» des Bürgerbräukellers aß er gegen 23 Uhr zu Abend. Am folgenden Tag fuhr er zurück nach Königsbronn. Er hatte genug gesehen.

Schnell kam er zu der Überzeugung, dass ein Anschlag mit einer Bombe im Saal des Bürgerbräukellers durchführbar war und dass sich damit seine Ziele mit großer Wahrscheinlichkeit erreichen ließen: «In den folgenden Wochen hatte ich mir dann langsam im Kopf zurechtgelegt, dass es am besten sei, Sprengstoff in jene bestimmte Säule hinter dem Rednerpodium zu packen und diesen Sprengstoff durch irgendeine Vorrichtung zur richtigen Zeit zur Entzündung zu bringen. Wie dieser Entzündungsapparat aussehen müsste, darüber war ich mir damals noch nicht im Klaren. Die Säule habe ich mir deshalb gewählt, weil die bei einer Explosion umherfliegenden Stücke die Leute am und um das Rednerpult treffen mussten.»[27]

Von nun an bereitete Elser den Anschlag gründlich und zielstrebig vor. In der Heidenheimer Armaturenfabrik begann er noch im Herbst 1938, sich nach und nach mindestens 250 Presspulverstücke und einige Zünder zu beschaffen. Er versteckte sie zu Hause im Kleiderschrank, später in einem Holzkoffer mit doppeltem Boden. Die Zündung des Sprengstoffs machte ihm Kopfzerbrechen. Als er «die ungefähre Konstruktion des Apparates» im Kopf hatte, stellte er fest, dass es notwendig war, die Säule im Bürgerbräukeller genau zu vermessen. So fuhr er vom 4. bis zum 12. April 1939 noch einmal nach München und erkundete auch andere wichtige Details. Er stellte dabei beispielsweise fest, dass die Türen, durch die man vom Bräustübl durch den Garderobenraum in den Saal des Bürgerbräukellers kam, tagsüber geöffnet waren und nur nachts abgeschlossen wurden.

Einige Tage nach seiner Rückkehr aus München trat Georg Elser eine neue Stelle als Hilfsarbeiter in einem Steinbruch an. «Der Hauptgrund, warum ich mich dort um Arbeit bewarb, war der, dass ich mir dort Pulver für den geplanten Anschlag beschaffen konnte.»[28] Er entwendete mehr als 100 Sprengpatronen und über 125 Sprengkapseln. Auch dieses Material versteckte er in seinem Koffer mit dem doppelten Boden. Mitte Mai verunglückte Elser, brach sich einen Knochen im linken Fuß und nutzte nun seine gesamte Zeit für die Konstruktion der Höllenmaschine. «Stundenlang bin ich an einzelnen Tagen über Skizzen, die ich immer selbst fertigte, gesessen und habe mir die Möglichkeit einer Sprengwirkung überlegt, d. h. wie der Apparat aussehen könnte.»[29] Vor Probleme stellte ihn auch die Frage, wie er Sprengkapseln ohne Zündschnur zur Entzündung bringen konnte. Er spielte eine Reihe von Möglichkeiten durch und unternahm im Juli praktische Zündversuche in einem abgelegenen Obstgarten seiner Eltern.[30]

Aber das war längst nicht alles. Elser war als Handwerker und Tüftler in vielerlei Hinsicht gefordert. «Das schwierigste Problem beim Bau bzw. der zeichnerischen Konstruktion meines Apparates war, die Zündung zu einer vorauszubestimmenden Zeit auszulösen.» Es war Elser immer klar, dass er dafür ein Uhrwerk nutzen würde, aber die Übertragung der Uhrbewegung auf den Zündmechanismus wurde zu einer echten Herausforderung.

Am 5. August 1939 übersiedelte Georg Elser nach München. Er nahm alles an Material und Gegenständen mit, was er zur Fertigstellung seiner Bombe brauchte. Kisten mit dem nötigen Werkzeug ließ er sich schicken, war auf alle Eventualitäten vorbereitet. Von der Familie, bei der er zuletzt einige Monate zur Miete gewohnt hatte, verabschiedete er sich mit der Behauptung, er trete in München eine neue Stelle an. Noch vom Brenztal aus hatte er in München ein möbliertes Zimmer angemietet.

Tagsüber bastelte und tüftelte er dort an seinem «Apparat». Gelegentlich arbeitete er auch für den einen oder anderen Handwerker. Dabei entstanden ohne das Wissen dieser Handwerker auch einzelne Teile für seinen Sprengkörper. Während der Nächte präparierte er die Säule hinter dem Rednerpult im Saal des Bürgerbräukellers. 30 bis 35 Nächte hat Elser dort bis zum 6. November verbracht. Abends aß er zunächst im Wirtschaftsraum des Bürgerbräukellers, bezahlte regelmäßig gegen 22 Uhr und schlich dann durch den Garderobenraum in den noch nicht verschlossenen Saal. Dort versteckte er sich in einem Abstellraum auf der Empore und wartete darauf, dass die Türen des Saals abgeschlossen wurden. Erst danach machte er sich auf der Empore drei bis vier Stunden an «seiner» Säule zu schaffen. Danach zog er sich wieder in den Abstellraum zurück, döste den Rest der Nacht und verließ den Saal morgens, nachdem er geöffnet worden war.

Im Verhör schilderte Elser ausführlich, wie die Arbeiten vor sich gingen, welche Vorsichtsmaßnahmen er ergriff, um nicht aufzufliegen, wie er die Holzverkleidung der Säule zu einer Tür umbaute, wie er mit einfachstem Werkzeug möglichst leise Backsteine aus der gemauerten Säule herausbrach und sich immer tiefer in die Säule hinein vorarbeitete, wie er den Schutt mit einem selbstgefertigten Sack auffing, in einem Koffer aus dem Bürgerbräukeller schaffte und schließlich im Hochwasserbett der Isar verstreute.[31] Stundenlang arbeitete Elser in diesen Nächten auf den Knien, die Spuren waren noch lange nach seiner Verhaftung sichtbar. Es war unendlich mühsame Nachtarbeit. Tagsüber erforderte der Bau seines Apparates höchste Konzentration.

Anfang November fügte Elser in seinem Zimmer die einzelnen Komponenten zusammen, transportierte seine Bombe im Koffer in den Bürgerbräukeller und baute sie in die präparierte Säule ein. Er war rechtzeitig fertig geworden – und sogar noch in der Lage, unvorhergesehene Schwierigkeiten zu bewältigen. Als er in der Nacht zum 5. November auch seine Uhren einbauen wollte – er hatte sich zur Sicherheit für zwei Uhrwerke entschieden –, musste er feststellen, dass der Uhrenkasten etwas zu groß geraten war. Er bearbeitete ihn tagsüber mit Säge und Raspel und kam in der folgenden Nacht wieder. Am frühen Morgen des 6. November war dann tatsächlich alles geschafft und seine Höllenmaschine scharf gestellt.

Am 8. November um 21.20 Uhr, mitten in Hitlers Rede, sollte die Bombe in der Säule hinter dem «Führer» detonieren. Elser hatte durchaus bedacht, dass vielleicht die Decke einstürzen könnte, aber er wusste, dass im Saal nicht serviert wurde, solange Hitler sprach. Er konnte also davon ausgehen, dass seine Bombe die Führung von Staat und Partei treffen würde, möglicherweise auch andere «Alte Kämpfer», nicht aber zufällig oder aus beruflichen Gründen im Saal anwesende Frauen oder Männer.

Am 6. November fuhr Georg Elser zu seiner Schwester Maria nach Stuttgart, um bei ihr seine Habe unterzustellen, und am 7. von dort wieder zurück nach München zu einer letzten Kontrolle. Am 8. November bestieg er dann um 10 Uhr in München den Zug nach Ulm, fuhr von dort nach Friedrichshafen und nahm einen Dampfer über den Bodensee. Der hatte wegen Nebels Verspätung, und so kam Elser erst nach 20.30 Uhr an der Anlegestelle in Konstanz an. Ohne noch einmal nachzudenken oder den Inhalt seiner Taschen zu kontrollieren, machte er sich sofort auf den Weg in Richtung Grenze – und wurde wenige Minuten danach festgenommen.

Dies alles und noch viel mehr erzählte er haarklein beim fünftägigen Verhör in Berlin. Das Protokoll dieses Verhörs umfasst mehr als 200 Seiten. So unmöglich es den Gestapo-Beamten zunächst erschien: Am Ende hielten sie es trotz des gewaltigen logistischen und handwerklichen Aufwands für denkbar, dass Georg Elser die Tat selbständig geplant und allein durchgeführt hatte. Die politische Führung wollte davon jedoch nichts wissen. Sie hielt eisern und unverrückbar an ihrer Auffassung fest, hinter dem Attentat stecke der englische Geheimdienst.

Am 9. November entführte der SD im niederländischen Venlo zwei Agenten des britischen MI6. Das war von langer Hand geplant und sollte in erster Linie weite Teile des britischen Spionagenetzes in West- und Mitteleuropa wertlos machen. Nun aber erhoffte man sich auch Informationen über Hintergründe und Durchführung des Attentats im Bürgerbräukeller. In dieser Hinsicht war von Captain Sigismund Payne Best und Major Richard Henry Stevens allerdings nichts zu erfahren. Selbst das brachte die NS-Führung aber nicht von ihrer Vorstellung ab, es müsse Hintermänner geben. Walter Schellenberg, der im SD die Entführung organisiert hatte, berichtete später in seinen Memoiren, dass Hitler gegenüber Heydrich weiterhin massiv gedrängt habe: «Wenden Sie alle Mittel an, um diesen Verbrecher zum Reden zu bringen. Lassen Sie ihn hypnotisieren, geben Sie ihm Drogen; machen Sie Gebrauch von allem, was unsere heutige Wissenschaft in dieser Richtung erprobt hat. Ich will wissen, wer die Anstifter sind, ich will wissen, wer dahintersteckt.»[32]

Weder für Hitler noch für Goebbels war es denkbar, dass Elser allein und aus eigenem Antrieb gehandelt hatte. Als die deutsche Presse am 22. November 1939 über den geständigen Täter berichtete, hatte sie den Auftrag, spekulativ eine Verbindung zu den zwei britischen Geheimdienstoffizieren ins Spiel zu bringen. Die beiden wurden zu «Hintermännern» des Münchner Anschlags stilisiert, obwohl sie in Wirklichkeit nichts damit zu tun hatten. Die NS-Führung plante gegen Elser und die beiden Offiziere für die Zeit nach dem Krieg ein großes Tribunal. Schon 1940 wurde Elser zum «Sonderhäftling». Im KZ Sachsenhausen, später in Dachau, bekam er eine geräumige Zelle und durfte sogar ein wenig tischlern. Zwei SS-Männer bewachten ihn rund um die Uhr, Kontakte zu den Mitgefangenen waren ihm strikt verboten. Mehr als fünf Jahre verbrachte Elser abgesondert von den anderen Häftlingen – und das bei besserem Essen und bevorzugten Haftbedingungen. Es liegt auf der Hand, dass schon bald Gerüchte die Runde machten, der «Sonderhäftling» stecke mit den Nazis unter einer Decke.

Diese Gerüchte verstummten im Mai 1945 nicht, sondern entwickelten nach dem Ende des NS-Regimes fatale Wirkung. Georg Elser und seine Tat waren schwer zu begreifen. Er ließ sich keiner Partei oder Kirche zuordnen, er gehörte auch keinem elitären militärischen oder diplomatischen Zirkel an. Ein deutscher Handwerker und Tüftler, der früh die Ziele Hitlers durchschaute, der klar vor Augen hatte, was das für Deutschland und die Welt bedeutete – und daraus Konsequenzen zog. Er zeigte, was ein Einzelner zu leisten vermochte, wenn er klug, entschlossen und unter Einsatz des eigenen Lebens handelte. Dass ein Mann aus dem Volk dazu fähig gewesen sein könnte, wollte man jahrzehntelang nicht wahrhaben. Elser hatte keine Lobby, aus seiner Tat ließ sich geschichtspolitisch kein Honig saugen, sie störte eher die allgemeine Übereinkunft, «man» habe gegen das Regime und seine Verbrechen nichts machen können.

Am 5. April 1945 beschloss die NS-Führung angesichts der unaufhaltsam vorrückenden alliierten Truppen, eine Reihe von herausragenden Gegnern des Regimes ermorden zu lassen. Zu ihnen gehörte auch der Schutzhäftling «Eller» – unter diesem Decknamen war Georg Elser in Dachau inhaftiert. Ein Brief des Gestapo-Chefs Heinrich Müller an den Kommandanten des KZ Dachau wies darauf hin, dass Hitler höchstpersönlich entschieden hatte, wie im Einzelnen mit Eller verfahren werden sollte. So viel Aufwand mochte man sich aber in Dachau nicht mehr machen. Am Abend des 9. April wurde Johann Georg Elser aus seiner Zelle geholt und in der Nähe des alten Krematoriums von einem SS-Oberscharführer erschossen. Seine Leiche wurde am nächsten Tag im Krematorium des KZ Dachau verbrannt.

9

Hitlers Trauma – Der 9. November in den Kriegsjahren

Auch während des Krieges blieb der 9. November als «Gedenktag für die Gefallenen der Bewegung» der wichtigste Feiertag im nationalsozialistischen Kalender. Auf zentrale Elemente der sakralen Inszenierungen bei den Münchner Feiern musste das Regime nun aber verzichten. Der traditionelle Marsch zur Feldherrnhalle und zu den Ehrentempeln fand schon 1939 nicht mehr statt. Der «Stellvertreter des Führers» Rudolf Heß legte im Rahmen kurzer feierlicher Zeremonien um 12.30 Uhr an der Feldherrnhalle und um 13 Uhr an den Ehrentempeln auf dem Königlichen Platz Kränze des «Führers» nieder. An der Feldherrnhalle traten dazu der Gaumusikzug und Sturmabteilungen einiger Parteiorganisationen an, auf dem Königlichen Platz wohnten Parteiprominenz, Mitglieder der Reichsregierung, Repräsentanten der Wehrmacht und «Blutzeugen» des 9. November 1923 der Feier bei.[1] Noch wurde die Beflaggung der Häuser ausdrücklich angeordnet, so dass die Stadt erschien wie in Friedenszeiten.

Bereits ein Jahr später untersagte man jede Beflaggung der Häuser «wegen der Gefahr alliierter Luftangriffe».[2] Die britische Regierung plante tatsächlich, am 8. November 1940 die Feldherrnhalle noch vor Beginn der Zeremonien zu zerstören, aber der Versuch misslang.[3] Auch 1940 gab es weder einen Marsch zur Feldherrnhalle noch zur «Ewigen Wache», sondern nur Kranzniederlegungen. Zusätzlich wurde nun auf dem Münchner Nordfriedhof mit Ehrenformationen der Toten des Anschlags vom 8. November 1939 gedacht. Hitler selbst nahm an diesen Feierlichkeiten nicht teil. Wieder legte Heß die Kränze des «Führers» nieder und ehrte die «Blutzeugen der Bewegung».[4] Heß avancierte in den ersten beiden Kriegsjahren zur Hauptperson der Münchner Feierlichkeiten, bevor er am 10. Mai 1941 nach Schottland flog, um die britische Regierung zu einem Friedensschluss zu bewegen.

Am 9. November 1941 ein ganz ähnlicher Ablauf wie im Jahr zuvor. Auf dem Platz vor der Feldherrnhalle wurde der Toten von 1923 gedacht, auf dem Königlichen Platz an den Ehrentempeln marschierten die Männer des 9. November 1923 auf, «die Blutfahne an der Spitze.» Wieder wurde auf dem Nordfriedhof der Opfer des 8. November 1939 gedacht, aber deutlich weniger aufwändig als im Jahr zuvor.[5] 1942 wurden die öffentlichen Zeremonien in München weiter eingeschränkt.[6] 1943 reagierte man auf den zunehmenden Bombenkrieg, indem man den Königlichen Platz mit speziellen Tarnnetzen verhängte, «die von den ‹Ehrentempeln› bis zu den Propyläen reichten und aus der Luft das Bild von Gebäuden und Grünanlagen auf dem ‹Plattensee› vortäuschten.»[7] Kranzniederlegungen wurden jetzt in aller Eile und nur noch wenig zeremoniell vorgenommen.

Als einziges Element der Münchner Novemberfeierlichkeiten blieb der Abend des 8. November unverändert, die traditionelle Veranstaltung mit den «Alten Kämpfern». Erst im November 1944 wurde auf sie verzichtet. Nach der Zerstörung des Saals im Bürgerbräukeller durch Elsers Attentat fand die Veranstaltung nun allerdings im Löwenbräukeller statt.[8] Ihr Kern war stets die Rede Hitlers, der sich im Kreis der «Alten Garde» gut aufgehoben fühlte. Die Marschierer von 1923 waren für ihn ein idealer Resonanzboden. Redner und Publikum befeuerten sich gegenseitig, und der Funke sprang immer wieder auch auf die über, die am Radiogerät zuhörten. Goebbels ließ die Reden im Rundfunk übertragen.

Der Leitartikel des *Völkischen Beobachters* zum 9. November 1940 formulierte besonders deutlich, was die NS-Führung sich im Krieg vom Gedenken an den 9. November 1923 versprach: «Es führt eine große Brücke vom Sturmjahr 1923 zum Kriegsjahr 1940. Indem die Männer unserer Sturmabteilungen von damals zeigten, dass die Ideale, für die sie starben, wert genug waren, um für sie das Leben einzusetzen, schufen sie erst die Voraussetzungen für jenes neue Volk in Waffen, das heute in seiner Gesamtheit bereitsteht, die gleichen Ideale im gleichen Opfergeist zu verteidigen.»[9]

1941 wurde das Treffen mit den «Alten Kämpfern» kurzfristig auf den Nachmittag des 8. November verlegt, um eventuell drohenden Luftangriffen der Royal Air Force zu entgehen. Hitlers Ausführungen zur aktuellen politischen Lage standen vor allem im Zeichen des deutschen Überfalls auf die Sowjetunion am 22. Juni 1941. Seine Rede war eine einzige Ansammlung von Lügen, Verdrehungen, Beleidigungen, Hasstiraden und größenwahnsinniger Selbstüberschätzung. Im Verlauf kam Hitler auch auf «die allerblödesten Hoffnungen» zu sprechen, die Hoffnungen, «in Deutschland breche ein Aufstand, eine Revolution aus.» Die Leute, die hier eine Revolution machen könnten, stellte er fest, seien «gar nicht mehr da». Vor allem aber sei das ganze deutsche Volk heute in einer Bewegung organisiert, «die eifersüchtig darüber wacht, dass sich ein November 1918 niemals mehr wiederholt. (...) Niemals wird sich in Deutschland ein November 1918 wiederholen! Er kann sich gar nicht wiederholen. Alles ist denkbar, nur eines nicht: dass Deutschland jemals kapituliert!»[10] Der alte, ewige Kampf habe 1918 kein Ende gefunden. «Damals hat man uns um den Sieg betrogen, damals haben wir zwei Millionen Tote geopfert, über 7 ½ Millionen Verwundete gehabt und sind trotzdem durch den Wahnwitz einer inneren Revolution um den Sieg gebracht worden. Es war aber nur der Anfang, das erste Stück des Dramas, das zweite und der Schluss werden jetzt geschrieben, und wir werden diesmal nun das einholen, um was man uns damals betrogen hat.»[11] Goebbels notierte: «Die alten Marschierer vom 9. November bereiten dem Führer stürmische Ovationen.»[12]

Als Hitler am 7. November 1942 wieder nach München reiste, um am folgenden Tag seine traditionelle Rede zu halten, hatte der deutsche Herrschaftsbereich seine größte Ausdehnung erreicht. In der Sowjetunion wurde um Stalingrad gekämpft, in Nordafrika stand die deutsch-italienische Armee kurz vor Alexandria. Allerdings war im Osten der deutsche Vorstoß vor Moskau stecken geblieben, jeden Tag war mit dem Beginn einer sowjetischen Gegenoffensive zu rechnen. Auch die aktuellen Nachrichten aus Nordafrika waren denkbar schlecht für das NS-Regime. Am 2. November hatten britische Panzer die deutsche Front durchbrochen, und Rommel hatte den Rückzug befohlen, noch bevor Hitlers strikter «Sieg-oder-Tod-Befehl» bei ihm eingetroffen war. Während der Bahnfahrt wurde Hitler nun auch noch gemeldet, dass Truppen der Alliierten in Algerien landeten. Damit griffen amerikanische Bodentruppen in die Kämpfe auf dem europäischen Kriegsschauplatz ein. Die Idee seines Außenministers Ribbentrop, Friedensfühler zu Stalin auszustrecken, lehnte Hitler kategorisch ab. «Ein Augenblick der Schwäche sei nicht der angemessene Zeitpunkt für Verhandlungen mit dem Feind.»[13]

Wenige Stunden vor dem Beginn des Treffens im Löwenbräukeller wurde die Meldung von der Landung der amerikanischen Truppen in Nordafrika im Rundfunk verbreitet, und sie rief nicht nur in der Bevölkerung Bedenken und Sorgen hervor, sondern beunruhigte auch die «Alten Kämpfer». Dass der Beginn von Hitlers Rede um eine Stunde auf 18 Uhr verschoben wurde, erhöhte die Nervosität noch. Die Parteiversammlung sei «elektrisiert», hielt Goebbels in seinem Tagebuch fest, «jetzt muss der Führer reden. Er zieht sich kurz zu einer Ausarbeitung seiner Rede zurück; sie wird sozusagen aus dem Stegreif entworfen.»[14] Hitlers Rede am 8. November 1942 war «eine der miserabelsten Ansprachen, die er je gehalten hat; er machte (...) einen ziemlich verwirrten Eindruck; und auch das Publikum stand zu sehr unter dem Eindruck der alliierten Landung, als dass es sich hätte auf des ‹Führers› Ausführungen konzentrieren können.»[15]

Hitler kam auf die Landung in Algerien kaum zu sprechen und konzentrierte sich ganz auf die Eroberung und das Halten von Stalingrad. Er verstieg sich zu der Behauptung, er habe Stalingrad bis auf «ein paar ganz kleine Plätzchen» bereits erobert, und machte aus der Stadt einen «gigantischen Umschlagplatz» der sowjetischen Kriegsindustrie, der endlich ausgeschaltet werden müsse. Mit dieser Rede verbaute Hitler sich selbst die letzte Möglichkeit, die deutschen Armeen vor dem Einbruch des Winters aus Stalingrad zurückzuziehen, die Frontlinie nach Westen zurückzunehmen und so weniger anfällig zu machen. Er wollte jedes Anzeichen von Schwäche vermeiden und setzte alles auf die vage Hoffnung, dass die sowjetische Verteidigung bald irgendwie zusammenbrechen würde.

In Anspielung auf den November 1918 erklärte er: «Das Deutschland von einst hat um drei Viertel 12 die Waffen niedergelegt – ich höre grundsätzlich erst 5 Minuten nach zwölf auf!»[16] Hinter ihm stünden «die deutsche Heimat» und «die ganze Nationalsozialistische Partei als eine verschworene Gemeinschaft». Das unterscheide die jetzige Zeit von der einstigen.[17] Hitler zog auch Parallelen zwischen dem 9. November 1923 und dem Winterfeldzug 1941/42. So wie der 9. November 1923 schließlich zum 30. Januar 1933 geführt habe, so gelte: «Der Sturm, der uns im vergangenen Winter nicht umgeworfen hat, der hat (...) uns nur stärker gemacht!»[18] Die bereits seit Jahren von der Propaganda verkündete «Logik», dass Niederlagen am Ende zum Sieg führten, wenn man nur willensstark, kompromisslos und fanatisch sei, war nun besonders gefordert. «Ich verlange von jedem Parteigenossen, dass er mit äußerstem Fanatismus genau so wie in der Kampfzeit der Träger des Glaubens an den Sieg und an den Erfolg ist.»[19]

Goebbels schwärmte im Tagebuch in den höchsten Tönen von dieser Rede Hitlers, für die ihm die «Alten Kämpfer» eine Ovation nach der anderen gebracht hätten. Die Berichte des SD belegen dagegen, dass Hitlerreden bei den meisten Deutschen jetzt «nur noch oberflächliche Wirkungen» auslösen konnten. Das galt nach dem Urteil von Ian Kershaw ganz besonders für die vom 8. November 1942. «Diese Rede zählte nicht zu Hitlers rhetorischen Glanzleistungen. Er war stets dann ein überzeugender Redner, wenn es ihm gelang, die Wirklichkeit auf eine für sein Publikum plausible Weise zurechtzubiegen. Aber jetzt klammerte er Tatsachen aus oder stellte sie auf den Kopf. Die Kluft zwischen Rhetorik und Realität war zu breit geworden.»[20]

Dieses Urteil lässt sich auch auf Hitlers Rede im Jahr 1943 beziehen, die letzte, die er an einem 8. November gehalten hat. Hitler gab sich kompromisslos und siegessicher. Wieder kam er auch auf den November 1918 zu sprechen und wiederholte fast wörtlich, was er bereits im Vorjahr erklärt hatte. Auch 1943 kannte Goebbels' Begeisterung keine Grenzen: «Bei seiner Rede befindet der Führer sich in bester Form. (...) In dieser Versammlung übt diese Rede eine ganz ungeahnte Faszination aus. Das ist schon deshalb gut, weil sie damit auch in der Rundfunkübertragung sehr tiefgehend wirken wird. (...) Ich bin sehr froh, dass der Führer nach so langer Zeit wieder einmal vor der Öffentlichkeit das Wort ergriffen hat. Es war auch die höchste Zeit. Bei dieser Rede handelte es sich sozusagen um das erlösende Wort.»[21] Wirkung zeigte die Hitler-Rede vom 8. November 1943 dem Bericht des SD zufolge vor allem unter fanatischen Nationalsozialisten. Ihre Stimmung besserte sich zeitweise. «Nur wenige andere Deutsche konnten in dem leeren Wust dieser Rede irgendeine Tröstung für all die Verluste und Entbehrungen durch den Krieg finden, von dem sie wussten, dass er in jeder Hinsicht verloren war.»[22]

Ein Jahr später, am 9. November 1944, standen amerikanische Truppen bereits seit zwei Monaten auf deutschem Boden. Im Osten näherte sich die Rote Armee bis auf 100 Kilometer dem Führerhauptquartier Wolfsschanze in Ostpreußen. Hitler verließ das Bunkersystem endgültig am 20. November 1944. Die NS-Führung konnte nur noch auf ein Wunder hoffen, zum Beispiel auf ein grundsätzliches Zerwürfnis zwischen den westlichen Alliierten und der Sowjetunion. Goebbels wünschte sich zwar möglichst bald eine Rede des «Führers», die er im Rundfunk übertragen lassen konnte, aber 1944 kam Hitler im November nicht nach München. Vermutlich war die Gefahr eines Bombenangriffs während der Rede zu groß.[23] Offiziell hieß es, die Arbeit im Hauptquartier lasse eine Fahrt nach München nicht zu.[24]

Hauptziel der Propaganda war es 1944, den Mythos des 9. November 1923 für den «Deutschen Volkssturm» zu nutzen, dessen Bildung im Oktober verkündet worden war. Deshalb sollte eine Vereidigung dieses letzten Aufgebots an wehrfähigen Männern zwischen 16 und 60 symbolträchtig im Rahmen der Feierlichkeiten für die «Gefallenen der Bewegung» stattfinden. Weil aber diese Vereidigungen stets nach Arbeitsende oder an Sonntagen durchgeführt wurden, fand die Novemberfeier erstmals nicht am 8./9. statt, sondern wurde auf den folgenden Sonntag, den 12. November, verlegt. Offizielle Begründung waren «die Erfordernisse der totalen Kriegführung». So legten im Münchner Circusgebäude am Marsfeld «symbolisch für alle im Reich» die drei jüngsten und die drei ältesten Volkssturmmänner jeder Kompanie den Eid auf die «Blutfahne» ab. Sie wurde bei dieser Gelegenheit das letzte Mal eingesetzt. Die Veranstaltung wurde im Rundfunk übertragen.[25]

Die Propaganda betonte jetzt, es habe sich bei den Gefallenen des 9. November 1923 um «deutsche Jedermänner»[26] gehandelt, und empfahl sie den Volkssturmmännern zur Nachahmung. Der *Völkische Beobachter* verglich den Volkssturm ganz unmittelbar mit den Männern von 1923: «Die Erhebung derer von 1923 war kein Parademarsch, und auch der Deutsche Volkssturm ist kein Gardekorps mit trainierten Körpern und glänzenden Uniformknöpfen. (...) Der heutige Massenaufmarsch der Volkssturmsoldaten, jene drei jüngsten und drei ältesten Volkssturmmänner jeder Kompanie, die bei der Vereidigung vor die geweihte Fahne treten, (...) erinnern schon äußerlich an das bunte und doch so entschlossene Bild derer von 1923.»[27] Die Umdeutung des gescheiterten Putsches zum Opfergang mit anschließender Auferstehung bot der Propaganda besonders in den Kriegszeiten vielfältige Möglichkeiten.

Aber auch der 9. November 1918 – Hitlers großes Trauma – war bis zuletzt präsent. Er kam nicht nur im Führerhauptquartier immer wieder auf die Revolution zu sprechen und malte aus, welche Maßnahmen er in einem ähnlichen Fall ergreifen würde, bis hin zur «Erschießung dieses einige hunderttausend Menschen umfassenden ‹Gesox›». Nach dem Attentat vom 20. Juli griff er ganz bewusst auf das Bild des Dolchstoßes zurück. Er sprach im Rundfunk davon, dass eine ganz kleine Gruppe von Verrätern geglaubt habe, «wie im Jahre 1918 den Dolchstoß in den Rücken führen zu können». Die Formel hat er oft wiederholt – auch in der Proklamation, die Himmler an Hitlers Stelle bei der letzten Münchner Feier am 12. November 1944 vortrug. «Wer aber heute den Dolch oder die Bombe gegen Deutschland erhebt, wird unbarmherzig und rücksichtslos vernichtet.»[28]

Bis zuletzt war die Novemberrevolution für Hitler eine offene Wunde. Der 9. November 1918 symbolisierte für ihn alles, was er ablehnte, alles, wogegen er Politik machte. Die «Schmach» des November 1918 – Revolution, Dolchstoß und Republik – war stets gegenwärtig. Auch am Ende, im Führerbunker unter der Reichskanzlei.

10

Trennendes Gedenken – Die Nachkriegsjahre

Zwischen dem 9. November 1944 und dem 9. November 1945 wurde die Welt eine andere. Am 8. Mai endete mit der bedingungslosen Kapitulation der Wehrmacht der Zweite Weltkrieg in Europa. Über die vollständige militärische Niederlage Deutschlands konnte es nach diesem Krieg keinen Zweifel geben. Hitler hatte wahrgemacht, was er seit Jahren regelmäßig am 8. November verkündet hatte: Er hatte den Kampf nicht Viertel vor zwölf, sondern fünf Minuten nach zwölf beendet. Genauer gesagt: Er hatte die Kapitulation seinen Generälen überlassen und sich am 30. April durch Selbstmord im Führerbunker unter der Reichskanzlei der Verantwortung entzogen. 1945 gab es keinerlei Raum für Dolchstoßlegenden.

In München standen noch eineinhalb Jahre die «Ehrentempel», an denen das Regime zehn Jahre lang am 9. November seine Propagandaspektakel mit den «Gefallenen der Bewegung» inszeniert hatte, aber sie hatten nun endgültig ausgedient. Anfang 1947 wurden sie auf Weisung der US-Militärregierung gesprengt. Die Sockel blieben erhalten und entwickelten sich zu bewachsenen Biotopen, die unter Naturschutz stehen. In unmittelbarer Nähe entstand auf dem Gelände des im Krieg zerstörten «Braunen Hauses», der NSDAP-Parteizentrale von 1931 bis 1937, das NS-Dokumentationszentrum München, das 2015 eingeweiht wurde.

Auch was den Umgang mit dem 9. November angeht, war 1945 alles anders. Der Hitlerputsch von 1923 war jetzt kein Bezugspunkt mehr, nun erinnerte man am 9. November vor allem an die Novemberrevolution. Die Hassreden von den Novemberverbrechern und die Legenden der braunen Jahre verschwanden sang- und klanglos in der Mottenkiste, auch die Dolchstoßlegende war ohne große Diskussion erledigt. Während die Novemberrevolution in Deutschland zwölf Jahre lang nur aus der Perspektive der NS-Propaganda betrachtet worden war, hatte unter den Gegnern des NS-Regimes bereits 1933 ein Prozess der Neuinterpretation dieser Revolution begonnen.

Nach dem 30. Januar 1933 musste jedes Nachdenken von Demokraten notwendigerweise von der zentralen Frage ausgehen, warum die erste deutsche Republik gescheitert war bzw. zerstört werden konnte.[1] Sozialdemokraten kamen vielfach zu dem Ergebnis, gerade in den Revolutionsmonaten hätte man durch entschiedeneres Handeln der Republik eine stabilere Grundlage geben können. So schrieb beispielsweise Rudolf Hilferding, in der Revolutionszeit USPD-Mitglied, Ende September 1933 an Karl Kautsky, die Politik der SPD sei seit 1923 sicher «im ganzen und großen durch die Situation erzwungen» worden, aber «von 1918 bis zum Kapp-Putsch war die Politik plastisch, und in dieser Zeit sind die schlimmsten Fehler gemacht worden.»[2] Im selben Jahr forderte Karl Löwenheim in seinem Manifest «Neu Beginnen!» eine grundsätzliche Neuorientierung der Sozialdemokratie. Nach dem Sturz Hitlers könne nicht mehr die Teilung der Macht mit den bürgerlichen Parteien das Ziel sein, es gehe dann vielmehr um die «Alleinherrschaft der sozialistischen Partei».[3] «Neu beginnen!» wurde unter Sozialdemokraten breit diskutiert und sorgte gemeinsam mit der Reformismuskritik der «alten Linken» für einen sehr kritischen Blick auf den 9. November 1918 und die Zeit danach.

Viele führenden Sozialdemokraten der Weimarer Republik beharrten dagegen wie Friedrich Stampfer darauf, dass Sozialdemokraten nach der Revolution Großes geleistet hätten. Selbstkritik dürfe nicht zur «Selbstverleugnung» werden. «Eine Niederlage ist kein Beweis für die Unrichtigkeit einer Politik», erklärte der ehemalige Chefredakteur des *Vorwärts* in der Sitzung des Exil-Vorstands der SPD am 20. Januar 1934.[4]

Der Parteivorstand der SPD im Prager Exil bestand zwar vor allem aus führenden Genossen der Weimarer Zeit, aber ganz konnte und wollte er sich der Kritik von links nicht entziehen. Sein «Prager Manifest» vom Januar 1934 war ein Bekenntnis zum revolutionären Sozialismus und hielt zugleich an der Zielvorstellung einer sozialen und demokratischen Republik fest.[5] Die revolutionäre Übergangsphase nach dem Sturz der Naziherrschaft sollte «zur dauernden völligen Entmachtung des besiegten Gegners» genutzt werden. Die Liste der zu ergreifenden Maßnahmen reichte von der personellen Säuberung der Justiz und der Verwaltung über die «Organisierung einer zuverlässigen Militär- und Polizeimacht» bis zur sofortigen entschädigungslosen Enteignung der Großgrundbesitzer und der Schwerindustrie. «Erst nach der Sicherung der revolutionären Macht und nach restloser Zerstörung der kapitalistisch-feudalen und politischen Machtposition der Gegenrevolution beginnt der Aufbau des freien Staatswesens mit der Einberufung einer Volksvertretung».[6] Dieses Programm erinnerte sehr an die politischen Positionen der USPD in der Revolutionszeit – verfasst wurde der Text wesentlich von Rudolf Hilferding.[7]

Zu einer negativen Beurteilung des 9. November musste ein kritischer Umgang mit der Politik der führenden Sozialdemokraten nicht notwendigerweise führen. Das zeigt exemplarisch Julius Lebers 60-seitige Schrift «Gedanken zum Verbot der deutschen Sozialdemokratie», die er im Juni 1933 im Gefängnis verfasste. Der langjährige Chefredakteur des *Lübecker Volksboten* ging darin heftig ins Gericht mit den Männern der Parteispitze um Friedrich Ebert, denen er vorhielt, «daß sie gar nicht recht wußten, was sie sollten und was sie wollten», und deshalb in den Revolutionsmonaten keinerlei Gestaltungswillen an den Tag legten. Dabei hätte die Revolutionsbewegung des 9. November in Lebers Augen so vieles möglich gemacht. «Nie hatte eine Führung eine ergebenere, eine treuere und selbstlosere Gefolgschaft hinter sich (...). Wagemutige und entschlossene Führer hätten Wunder mit ihnen vollbringen können.»[8]

Ähnlich argumentierte Arthur Rosenberg, ein Althistoriker und Politiker, der in der Zeit der Republik zwischen SPD und KPD gependelt war. Von ihm stammt die erste wissenschaftliche Auseinandersetzung mit der Novemberrevolution und der Weimarer Republik, die 1935 in Karlsbad unter dem Titel *Geschichte der Deutschen Republik* erschien. Rosenberg sah in der Revolutionszeit vor allem eine versäumte Chance, gestützt auf die Rätebewegung des November und Dezember 1918 zu einer grundlegenden Demokratisierung Deutschlands zu kommen.

Eine klare und einheitliche Position deutscher Sozialdemokraten zur Politik der SPD und zu den Gründen für das Scheitern der Republik entstand in den Jahren des «Dritten Reiches» nicht, konnte auch nicht entstehen. Das hing nicht nur mit den besonderen Umständen der Illegalität und des Exils zusammen, die wirklich offene Debatten unmöglich machten. Gerade in so zentralen Fragen der Politik zeigten die unterschiedlichen Flügel und Gruppierungen der Sozialdemokratie auch deutlich ihr Profil. Nicht zuletzt ging es häufig auch um die Rechtfertigung eigener politischer Entscheidungen und Leistungen.

Über die Jahre verlor der 9. November in diesem Gesamtkontext seinen herausragenden Stellenwert in der Erinnerungskultur der SPD. Hatte die breite, durch den *Vorwärts* repräsentierte Hauptströmung der deutschen Sozialdemokratie den 9. November bis zum Machtantritt Hitlers als Gedenktag der Revolution und der Republik hochgehalten, so wurde über das Datum nun auch unter Sozialdemokraten sehr unterschiedlich gedacht und in aller Regel nicht mehr in Dur, sondern in Moll erinnert. Selbst Friedrich Stampfer, der lange und unverdrossen wie kaum ein Zweiter an Errungenschaften der Revolution und Segnungen der Republik erinnert hatte, wählte 1938 zum 20. Jahrestag des 9. November 1918 im *Neuen Vorwärts* die große historische Perspektive, um zu einem einigermaßen positiven Urteil zu kommen: «Zwanzig Jahre nach 1789 war Frankreich eine Militärdespotie. Zwanzig Jahre nach 1848 regierte in Frankreich der Mann des Staatsstreiches Napoleon III. und in Preußen der Junker von Bismarck. Es ist also kein Wunder, dass auch das Deutschland von 1938 anders aussieht als das von 1918. Glücklicherweise aber ist es auch nicht so, dass die Welt zwanzig Jahre nach einer Revolution stehen bleibt.»[9] Sein Resümee: «Das Missgeschick der deutschen Revolution von 1918 ist also weder ein in der Geschichte vereinzeltes Ereignis noch fehlen Gründe, es zu erklären. Was zu tun übrig bleibt ist, die Lehren aus ihm zu ziehen.»[10]

Ganz anders verlief der Umgang mit dem 9. November im kommunistischen Lager. Zunächst hielt die KPD an ihrem «ultralinken» Kurs fest, mit dem geschichtspolitisch die Vorstellung verbunden war, 1918/19 sei eine eigentlich auf der Tagesordnung stehende sozialistische Revolution am «Verrat» der SPD-Führungsspitze gescheitert. Die vom VI. Weltkongress der Komintern 1928 beschlossene «Sozialfaschismusthese» hatte die Sozialdemokraten zum Hauptfeind der kommunistischen Weltbewegung erklärt. Die Weimarer Republik war in diesem Geschichtsbild nicht mehr als ein pseudo-demokratischer Deckmantel, den sich die Bourgeoisie zur Tarnung ihrer Interessen umgeworfen hatte.[11] Der 9. November blieb zwar in den ersten Jahren des «Dritten Reiches» ein wichtiger Bezugspunkt der jetzt verbotenen und im Untergrund agierenden KPD.

Die Erinnerung hatte allerdings keine positive Konnotation, sondern diente wie schon vor dem 30. Januar 1933 vor allem dazu, den angeblichen Verrat der Sozialdemokratie an der Revolution anzuprangern.

Das änderte sich mit der politischen Wende, die die KPdSU 1934/35 vollzog und die der VII. Weltkongress der Komintern 1935 absegnete. Taktisch setzte Stalin nun auf die Zusammenarbeit mit Sozialdemokraten und bürgerlichen Demokraten im Rahmen einer Volksfrontpolitik gegen die faschistische Bedrohung. Daraus ergaben sich geschichtspolitische Konsequenzen, auch speziell für die Situation in Deutschland. Die Weimarer Republik wurde nun deutlich positiver bewertet, und es wurde das Ziel ausgegeben, die demokratische Republik wiederherzustellen. Sie galt nach der neuen Doktrin als notwendiges Durchgangsstadium auf dem Weg zur sozialistischen Revolution und zur Diktatur des Proletariats. Im Hinblick auf die Novemberrevolution hieß es nun, dass 1918 in Deutschland nicht eine sozialistische, sondern zunächst eine «bürgerliche Revolution» auf der Tagesordnung gestanden hätte.[12] Ohne dass dies ausdrücklich formuliert wurde, implizierte diese Charakterisierung auch Kritik an der Politik des Spartakusbundes und der jungen KPD in der Revolutionszeit. Zugleich eröffnete sie die Möglichkeit, dem 9. November 1918 als Datum offener zu begegnen und mehr in ihm zu sehen als nur den Beginn eines Verrats.

Die politisch-taktische Wende der kommunistischen Bewegung stieß allerdings zu Recht auf viel Skepsis im Lager der Sozialdemokraten und bei bürgerlichen Demokraten. Es drängte sich förmlich der Eindruck auf, dass es sich lediglich um ein Manöver handelte, um kurzfristig Bündnispartner zu gewinnen, die auf längere Sicht übervorteilt werden sollten. Die Moskauer Schauprozesse zwischen 1936 und 1938 unterminierten die Glaubwürdigkeit der Wende weiter, und der Hitler-Stalin-Pakt von 1939 zerstörte sie vollends. So kamen die deutschen Kommunisten zwar 1945 aus dem Moskauer Exil mit dem Auftrag zurück, nun gemeinsam mit Sozialdemokraten und «fortschrittlichen Kräften» zunächst die unvollendete «bürgerliche Revolution» von 1918 zu einem erfolgreichen Ende zu bringen, aber die potentiellen Partner hatten allen Grund, den Umarmungsversuchen mit Misstrauen zu begegnen.

Auf Seiten der westlichen Alliierten war im Verlauf des Krieges der gemeinsame Wille gewachsen, das «deutsche Problem» dauerhaft aus der

Welt zu schaffen. Zweimal hatte Deutschland nun Europa und die Welt mit Krieg überzogen, ein drittes Mal sollte dies nicht geschehen können. Die Frage, was nach einem Sieg zu tun wäre, damit von Deutschland nie wieder Kriegsgefahr ausgehen würde, beschäftigte nicht nur die amerikanische und die britische Politik, sondern auch Historiker, Politikberater, Journalisten und im weiteren Sinn die gesamte demokratische Öffentlichkeit. Als zentrale «Lehre» aus dem gescheiterten Versuch, nach dem Ende des Ersten Weltkriegs nachhaltig Frieden zu schaffen, kristallisierte sich die Überzeugung heraus, dass man es nun nicht mehr den Deutschen überlassen dürfe, ihr Staatswesen und ihre Gesellschaft friedensfähig zu machen.

Schon im Verlauf des Krieges verständigten sich die USA, die Sowjetunion und des Vereinigte Königreich darauf, Deutschland in Besatzungszonen aufzuteilen und für eine längere Zeit zu besetzen. Sie gingen davon aus, dass grundlegende Veränderungen der deutschen Gesellschaft und im deutschen Staatsaufbau notwendig wären, wenn man Deutschland vom Nationalsozialismus und allem, was ihn möglich gemacht hatte, wirklich reinigen wollte. Das sah man zunächst durchaus als gemeinsame Aufgabe, und so verständigten sich die inzwischen um Frankreich ergänzten vier Siegermächte nach dem Ende des Krieges darauf, die Hauptkriegsverbrecher in Nürnberg vor einen Internationalen Gerichtshof zu bringen und Deutschland vollständig zu entmilitarisieren. Sie beschlossen auch Grundsätze für die Entfernung von Nazis aus ihren Positionen in Verwaltung, Justiz, Wirtschaft, Medien, Universitäten und Schulen. Sie sollten ersetzt werden durch Personen, «die nach ihrer politischen und moralischen Einstellung für fähig erachtet wurden, die Entwicklung wahrer demokratischer Einrichtungen in Deutschland zu fördern».[13]

Die US-Amerikaner traten mit einem umfangreichen Programm der «de-nazification» an, das darüber hinaus ein ganzes Bündel von Maßnahmen beinhaltete: Prozesse gegen Ärzte, Militärs, Juristen, Industrielle, Manager, Diplomaten und andere Schreibtischtäter – die sogenannten Nürnberger Nachfolgeprozesse; ein Entnazifizierungsprogramm, das jedem Erwachsenen in ihrer Besatzungszone auferlegte, wahrheitsgemäß einen Fragebogen auszufüllen, auf dessen Grundlage Spruchkammern jeden Einzelnen einstufen und gegebenenfalls bestrafen sollten; ein Verbot der politischen Betätigung der Deutschen, das erst im Lauf von Monaten stufenweise aufgehoben wurde; ein Lizenzierungs- und Aufbauprogramm für demokratische Medien; ein Erziehungsprogramm, das Schulen und Hochschulen sowie die dort verwendeten Lehrmaterialien betraf; ein Zensurrecht der Besatzungsmacht für alle kulturellen Aktivitäten. Die britische Besatzungsmacht handelte ähnlich, wenn auch etwas weniger bürokratisch, verfolgte daneben aber auch das Ziel, durch die Demontage deutscher Industrieanlagen eigene Kriegsschäden wenigstens etwas zu kompensieren. Die Franzosen nutzten das Instrument der Demontage stärker und hatten ganz generell weniger die Erziehung zur Demokratie als Ziel vor Augen als vielmehr ihre unmittelbaren eigenen wirtschaftlichen und politischen Interessen. Noch ausgeprägter war das in der sowjetischen Besatzungszone, in der sich auch schon recht bald zeigte, dass die Besatzungsmacht unter der «Entwicklung wahrer demokratischer Einrichtungen» ein politisches System in enger Anlehnung an die Sowjetunion verstand.

Zunächst aber galt es, den Deutschen offen vor Augen zu führen, was in den vergangenen Jahren direkt vor ihrer Haustür geschehen war. Unmittelbar nach Kriegsende zwangen die Alliierten zahlreiche Deutsche, Konzentrationslager wie Dachau oder Bergen-Belsen zu besuchen, oder ließen sie Dokumentationen über die Gräuel in den Lagern ansehen. Es gab Plakate mit Texten wie «Diese Schandtaten: Eure Schuld!», die ein «Bewusstsein kollektiver Verantwortlichkeit» erzeugen sollten.[14]

Politische Gegner des Nationalsozialismus hatten diese Lager schon in den Jahren zuvor kennengelernt. Auch sie waren bestialisch gequält und gefoltert worden. Viele hatten die Torturen nicht überlebt. Der sozialdemokratische Reichstagsabgeordnete Kurt Schumacher war durch eine ganze Reihe von Konzentrationslagern geschleift und schließlich als schwerkranker Mann entlassen worden. Er wurde nach dem 8. Mai zum unermüdlichen Organisator der SPD in der britischen Zone, später in der Bundesrepublik. Auf einer Kundgebung in Kiel wies Kurt Schumacher schon am 1. November 1945 den Vorwurf als unberechtigt zurück, das ganze Deutschland sei an dem Verbrechen des Hitler-Regime schuld. «Wir saßen im Konzentrationslager, als andere Völker noch Bündnisse mit der Reichsregierung schlossen. Wir kommen nicht mit Bitten und Forderungen, wir wollen gerechte und objektive Nachprüfung der Tatsachen.»[15]

Solche selbstbewussten Töne waren in der Sowjetischen Besatzungszone ganz undenkbar, aber man hörte sie auch in den Verwaltungen der westlichen Siegermächte nicht gern. Eine ernsthafte und politisch eigenverantwortliche Betätigung von Gegnern des Nationalsozialismus hatte unmittelbar nach Kriegsende keine der vier Besatzungsmächte auf der Agenda. Zunächst wurde Deutschland in allererster Linie als besiegte Nation behandelt, die man von außen auf den richtigen Weg zu bringen gedachte.

Unabhängig davon stand auch auf Seiten der deutschen Gegner des Nationalsozialismus im Mittelpunkt aller Überlegungen die Frage, wie ein nachhaltig friedliches und demokratisches Deutschland aufgebaut werden könnte. Die Antworten fielen je nach politischer Orientierung recht unterschiedlich aus. Zumindest für Sozialdemokraten und Kommunisten spielten dabei die Erfahrungen aus der Novemberrevolution eine bedeutsame Rolle. Der 9. November 1918 war über die Jahre der nationalsozialistischen Diktatur hinweg ein zentraler Bezugspunkt geblieben.

Bereits der erste Nachkriegsaufruf des ZK der KPD vom 11. Juni 1945 stand unter dem Motto «Keine Wiederholung der Fehler von 1918!»[16] Ausdrücklich hieß es in diesem Aufruf, dass es falsch wäre, «Deutschland das Sowjetsystem aufzuzwingen». Die entscheidenden Interessen des deutschen Volkes wiesen in der gegenwärtigen Lage für Deutschland einen anderen Weg, «und zwar den Weg der Aufrichtung eines antifaschistischen, demokratischen Regimes, einer demokratisch-parlamentarischen Republik mit allen demokratischen Rechten und Freiheiten für das Volk.»[17]

Vier Tage später konstituierte sich in Berlin ein «Zentralausschuss» der Sozialdemokratischen Partei, der diesen Aufruf der KPD «auf das wärmste» begrüßte und seine Bereitschaft zur Zusammenarbeit erklärte. Nach dem «grausigen Abgrund» des Nazifaschismus sei der politische Weg des deutschen Volkes in eine bessere Zukunft klar vorgezeichnet: «Demokratie in Staat und Gemeinde, Sozialismus in Wirtschaft und Gesellschaft.»[18]

Als eine der wichtigsten Lehren aus der Novemberrevolution galt es in den Augen der Kommunisten, die Spaltung der deutschen Arbeiterbewegung zu überwinden. Das schien auch manchen Sozialdemokraten im

Licht des Aufrufs vom 11. Juni durchaus denkbar, etwa dem ehemaligen SPD-Reichstagsabgeordneten Otto Grotewohl, der in Deutschland Widerstand geleistet und zuletzt untergetaucht in Berlin überlebt hatte. Die erste Konferenz Berliner Sozialdemokraten wählte Grotewohl am 17. Juni 1945 zu einem der drei Vorsitzenden des Zentralausschusses der SPD in der Sowjetischen Besatzungszone.

Für Kurt Schumacher war eine Vereinigung der SPD mit der KPD undenkbar. In Schumachers Augen war die von der Sozialfaschismus-These geprägte Politik der KPD mit verantwortlich für die Machtübernahme der Nationalsozialisten gewesen, weshalb er schon im KZ jeden Kontakt vermieden hatte. Schumacher erhob im Juli 1945 für die Sozialdemokratie «den Anspruch auf die Führung beim Neubau des deutschen Staatswesens» und lehnte es mit Blick auf die KPD rundweg ab, «auf irgendeinen Annäherungsversuch auch nur andeutungsweise einzugehen.»[19] Auch der Exil-Parteivorstand der SPD in London erteilte Anfang September der Bildung einer Einheitspartei eine Absage.[20]

Das war die politische Gemengelage, in der im Herbst 1945 über Feierlichkeiten zum 9. November gesprochen wurde. Der 9. November war in den Augen der Kommunisten die ideale Plattform, um den Gedanken einer Vereinigung von SPD und KPD voranzubringen. Sie schlugen deshalb vor, den Jahrestag der Novemberrevolution von 1918 gemeinsam und bereits im Zeichen der bevorstehenden Vereinigung der beiden Parteien zu feiern. Sie stießen damit jedoch in der SPD auf wenig Gegenliebe.

Die Sozialdemokraten erinnerten in eigenen Veranstaltungen an den revolutionären Beginn der ersten deutschen Republik, auch in Berlin. 2000 Teilnehmer kamen am 11. November in den ungeheizten Saal des Friedrichstadt-Palastes, um Otto Grotewohl sprechen zu hören. Der erklärte unmissverständlich: «Die Einheit der Arbeiterbewegung kann unmöglich, auch nur im Geringsten, das Ergebnis eines äußeren Drucks oder indirekten Zwanges sein. Sie muss aus dem Bewusstsein völliger freier Selbstbestimmung auch des letzten und einfachsten Klassengenossen zustande kommen.»[21] Alle Versuche der KPD, den 9. November geschichtspolitisch im Sinne ihrer Vereinigungsbestrebungen mit der Sozialdemokratie zu nutzen, scheiterten. Das Gedenken an die Revolution von 1918/19 machte vielmehr «die Gräben deutlich, die noch immer

Plakat zum Jahrestag der Novemberrevolution, die in der SBZ das Gedenken am 9. November beherrschte. Das vom KPD-Grafiker Heinz Völkel entworfene Plakat wurde – wohl wegen der Vereinigungsbestrebungen – nicht als KPD-Plakat gekennzeichnet.

zwischen KPD und SPD bestanden.»[22] Das hinderte weder die KPD noch die Besatzungsmacht daran, in der sowjetischen Zone im April 1946 mit massivem Druck die Vereinigung von KPD und SPD zur SED zu erzwingen.

Nach dem Motto «Die SED setzt die Lehren der Novemberrevolution um» bot der dreißigste Jahrestag der deutschen Revolution 1918/19 Gelegenheit zu einer geschichtspolitischen Offensive. Entsprechend dem Geschichtsverständnis der SED setzte dies allerdings die Erarbeitung klarer Richtlinien für die Deutung der Revolution voraus. Die wurden auf höchster politischer Ebene vom Parteivorstand der SED am 16. September 1948 beschlossen. Die Novemberrevolution galt nun offiziell und verbindlich als «unvollendete bürgerliche Revolution».[23] Geradezu gönnerhaft wurde angemerkt: «Es wäre jedoch falsch, ihr jede Bedeutung abzusprechen und ihre fortschrittlichen Errungenschaften zu verkennen.»[24]

Das Thesen-Dokument mit dem Titel «Die Novemberrevolution und ihre Lehren für die deutsche Arbeiterbewegung» stellte unmissverständlich aktuelle politische Bezüge her: Es gehe heute «um die Vollendung jener Aufgaben, die infolge der Schwäche und Halbheit der Revolution von 1918 versäumt wurden.»[25] Die 25 Thesen wurden wenig später in einem Beschluss des ZK der SED als «wegweisende Dokumente für das Studium der Lehren aus der Geschichte der deutschen Arbeiterbewegung» eingestuft.[26] Auch der ehemalige Sozialdemokrat Otto Grotewohl erklärte 1948 die Novemberrevolution zum großen historischen Lehrstück.[27]

Die Erinnerung an den «anderen» 9. November, die Pogromnacht des Jahres 1938, spielte im Nachkriegsdeutschland eine vergleichsweise bescheidene Rolle, aber es gab sie. In Bremen forderte Senatspräsident und Bürgermeister Wilhelm Kaisen in einer Resolution, die am 7. November 1945 im *Weser-Kurier* abgedruckt wurde, zu Spenden im Zuge einer «freiwilligen Sühneleistung» auf, die dazu dienen sollte, «in echter, selbstgewählter Wiedergutmachung unseren jüdischen Mitbürgern ihr Gotteshaus und ihren Friedhof wieder auf(zu)bauen.» Die Spendenaktion war – für diese Zeit – ein einmaliges Zeugnis und stieß nicht nur auf begeisterte Zustimmung.[28]

Die *Frankfurter Rundschau* erschien am 9. November 1945 mit einem großen, trauerflorumrahmten Aufmacher auf der Titelseite: «In memoriam ...» war die Überschrift des Artikels, der vom Frankfurter Oberrabbiner Leopold Neuhaus stammte, der im Juli 1945 aus Theresienstadt zurückgekehrt war. Neuhaus' Bitte und Forderung: «An jedem 9. November haltet für eine Weile den Atem an, in memoriam dessen, was nie wiedergutzumachen ist!»[29] In Berlin fand das erste öffentliche Gedenken an die Novemberpogrome am 12. November 1945 im Funkhaus in der Masurenallee statt. Eingeladen hatte der Magistrat der noch ungeteilten Stadt.[30]

Andere Gedenkveranstaltungen galten im Herbst 1945 vielfach ganz allgemein den «Opfern des Faschismus» und differenzierten nicht nach einzelnen Opfergruppen. Die Verfolgung der deutschen Juden war zwar auch gemeint, stand aber nicht im Mittelpunkt. In Stuttgart beispielsweise fand im Großen Haus des Staatstheaters, das den Bombenkrieg wie durch ein Wunder überstanden hatte, am 25. November eine Feierstunde aus Anlass des «Gedenktages für die Opfer des Faschismus» statt. Veranstaltet wurde sie von einem Bündnis der neu gegründeten Parteien, dem Württembergischen Gewerkschaftsbund und der Vereinigung der Verfolgten des Naziregimes (VVN).[31] Es sprach Theodor Heuss, der von der amerikanischen Militärregierung ernannte «Kultminister» des Landes Württemberg-Baden. Heuss erklärte in seiner Rede, man wolle mit diesem Gedenktag «den Deutschen eine neue Tradition schaffen». Er mahnte, die Deutschen dürften es sich «jetzt nicht leicht machen». Man dürfe die «bösen Dinge» nicht nur wie einen bösen Traum hinter sich werfen. «Der Denktag ist ein Danktag, gewiss. Aber seinen volkspolitischen Sinn für die Zukunft erhält er als Tag der Mahnung, der Warnung und der Verpflichtung.»[32]

Heuss verstand sich als Erzieher zur Demokratie. Er forderte von seinen Landsleuten eine intensive Auseinandersetzung mit dem Nationalsozialismus und auch ein striktes rechtsstaatliches Vorgehen gegen alle, die sich schuldig gemacht hatten. Die juristische Abrechnung mit den Tätern gehörte nach seiner Überzeugung vor deutsche Gerichte und sollte nicht Angelegenheit der Siegermächte sein.

Im Hinblick auf die Verbrechen bei den Novemberpogromen 1938 war dies in der Praxis tatsächlich der Fall. Gesetz Nr. 10 des Alliierten Kontrollrates übertrug zwar generell die Strafverfolgung der jeweiligen Besatzungsmacht, aber bei Verbrechen von Deutschen gegen Deutsche konnte sie an deutsche Gerichte delegiert werden. Bereits im Sommer 1945 wurden die ersten Deutschen verhaftet, die unter Verdacht standen, an den Novemberpogromen beteiligt gewesen zu sein. Gegen Ende des Jahres hatten Staatsanwälte in der amerikanischen und der britischen Zone viele Ermittlungsverfahren eröffnet, weitere folgten 1946. Insgesamt wurden nach 1945 mehr als 7000 Deutsche in etwa 1200 Prozessen wegen Verbrechen in Zusammenhang mit den Novemberpogromen 1938 vor westdeutschen Gerichten angeklagt.[33]

Diese öffentlichen Prozesse sorgten dafür, dass die Verbrechen der Novemberpogrome früher und intensiver erforscht wurden als andere Gräueltaten. Über die Verfahren berichteten Presse und Rundfunk, das Geschehen kam wieder ins Blickfeld der Öffentlichkeit. Allerdings verfolgten die Staatsanwaltschaften im Allgemeinen keine Plünderungen und nahmen rangniedere Teilnehmer an den Pogromen nur dann ins Visier, wenn es um Mord oder Körperverletzung ging. So musste sich die weitaus überwiegende Mehrheit der Beteiligten nie vor einem Gericht verantworten. Das «verstärkte die vorherrschende, allerdings falsche Überzeugung in Nachkriegsdeutschland, dass auch nur ein winziger Teil der deutschen Gesellschaft tatsächlich für die Kristallnacht verantwortlich gewesen sei.»[34]

Diese Fehleinschätzung passte allerdings vorzüglich zu der sich schnell ausbreitenden Meinung, die Deutschen selbst seien doch bis auf wenige Ausnahmen Opfer und nicht Täter gewesen. Waren nicht die zerbombten Städte, die Flüchtlinge, die Vertreibung, der Hunger, die Not so schlimm, dass man über all das, was zuvor geschehen war, besser gar nicht mehr reden sollte? Die «Aufarbeitung» der NS-Verbrechen hatte noch längst nicht begonnen, da tauchten 1946 bereits erste Forderungen nach einem «Schlussstrich» auf.[35] Schon früh machte sich «kollektives Beschweigen» breit.[36] Dabei ging es nicht selten auch darum, die eigene Rolle während der Zeit des Nationalsozialismus möglichst im Dunkeln zu lassen.

Auf sich allein gestellt hätten die kleinen, sich gerade erst zusammenfindenden jüdischen Gemeinden gegen die Mauern des Schweigens kaum eine Chance gehabt. Nur etwa 15 000 deutsche Juden hatten die Vernichtungsmaschinerie überlebt, die Mehrzahl von ihnen verließ Deutschland, so schnell sie konnte. Dazu kamen Juden aus Osteuropa, die aus den Konzentrationslagern befreit worden waren. Bis 1947 saßen etwa 200 000 jüdische Flüchtlinge aus Osteuropa in westdeutschen Lagern für «Displaced Persons» (DP). Es waren sehr heterogene Gruppen, die sich in Städten zu kleinen jüdischen Gemeinden zusammenfanden. Nur vereinzelt kamen auch Migranten zurück, die Deutschland vor dem Krieg verlassen hatten.

Die Prozesse gegen Verbrechen im Zusammenhang mit den Novemberpogromen rüttelten auf, und die allgemeinen Opferverbände, allen voran die VVN, organisierten Veranstaltungen, in denen auch der Verbrechen an den deutschen Juden gedacht wurde. Der «Tag der Opfer des Faschismus» wurde 1946 und in den folgenden Jahren in vielen Städten am zweiten Sonntag im September begangen. Am 12. September 1948 fanden in allen vier Zonen Gedenkfeiern statt, und das Datum wurde als zukünftiger «nationaler OdF-Feiertag» charakterisiert.[37] Der «Tag der Opfer des Faschismus» etablierte sich in Ost und West zunächst als der breitenwirksamste und politisch bedeutsamste Gedenktag des «Nachkriegs-Antifaschismus» – nicht etwa der 9. November.[38]

Feiern zur ausschließlichen Erinnerung an den 9. November 1938 wurden in den ersten Nachkriegsjahren vor allem von den jüdischen Gemeinden initiiert und durchgeführt, auch in der SBZ. 1946 gab es in einer ganzen Reihe von Städten entsprechende Veranstaltungen – nachweislich in Berlin, Dachau, München, Düsseldorf und Frankfurt.[39]

Wachgehalten wurde die Erinnerung an die «Kristallnacht» auch durch erste Gedenktafeln und Mahnmale. So fand am 20. März 1946 in Frankfurt am Main eine Gedenkfeier statt, bei der Kurt Blaum, der vom US-Militärgouverneur eingesetzte Oberbürgermeister, eine Gedenktafel enthüllte. Sie trägt die Aufschrift: «Hier stand die Börneplatz-Synagoge, welche von Nazi-Verbrechern am 9. November 1938 zerstört wurde.»[40] Im Mai 1946 errichtete die jüdische Gemeinde in Konstanz ein Mahnmal.[41] In Eisenach wurde am 21. September 1947 feierlich ein Mahnmal am Ort der 1938 zerstörten Synagoge eingeweiht. Weitere frühe Gedenkorte entstanden zwischen 1945 und 1947 in Esslingen, Heidelberg, Düsseldorf und Brandenburg an der Havel.[42]

Gemessen an den 1600 jüdischen Religionsgemeinden, die es 1933 in Deutschland gegeben hatte,[43] waren das äußerst bescheidene Anfänge. Ähnliches gilt alles in allem auch für die Berichterstattung in Presse und Rundfunk. Eine ausgeprägte Erinnerungs- und Gedenkkultur gab es noch lange nicht, immerhin aber gab es das beharrliche Bemühen, dem «Beschweigen» etwas entgegenzusetzen.

Besonders erwähnenswert ist auch für 1946 die Berichterstattung der *Frankfurter Rundschau*, die am 9. November in einem ausführlichen Artikel den Ablauf der Pogrome schilderte und daneben einen Kommentar ihres Herausgebers «Zum 9. November» setzte. Karl Gerold hob den 9. November 1918 als den Tag hervor, der «in seiner Bedeutung als Lehre und Mahnung alle deutschen Gedenktage weit übertrifft», und meinte, die Situation des Jahres 1946 sei nahezu identisch mit der vor 28 Jahren.[44] Gerold berichtete am 12. November auch von einer Frankfurter Revolutionsfeier.[45]

Nach einem leichten Rückgang 1947 nahm die Zahl der Gedenkveranstaltungen im Jahr 1948 deutlich zu. Das galt nicht nur für die Novemberrevolution, sondern auch für die Novemberpogrome. Zu deren zehntem Jahrestag sind insgesamt 22 Veranstaltungen nachweisbar, davon fünf in der SBZ.[46] Bei einer der Berliner Veranstaltungen zur Pogromnacht beklagte Heinz Galinski , damals einer der Vorsitzenden der Vereinigung der Verfolgten des Naziregimes (VVN), dass es in der deutschen Gesellschaft und der deutschen Politik noch immer keine «Zeichen des Bedauerns» in Wort oder Tat gebe. «Im Gegenteil: man weigert sich, den damals gestohlenen Besitz wieder herauszugeben.»[47] Galinski spielte damit auf ein düsteres Kapitel der deutschen Nachkriegsgeschichte an, das seit langem auf dem Tisch lag und trotz des Gesetzes der amerikanischen Militärregierung über die «Rückerstattung feststellbarer Vermögensgegenstände an Opfer der nationalsozialistischen Unterdrückungsmaßnahmen» vom 10. November 1947 noch lange nicht beendet war. Mit Zähnen und Klauen verteidigten die allermeisten «arischen» Deutschen, die sich im Zuge der sogenannten «Arisierungen» an jüdischem Eigentum bereichert hatten, diesen Besitz. Leider galt das auch für öffentliche Einrichtungen wie etwa Museen. Allein in der amerikanischen Besatzungszone ging es – Stand November 1947 – um etwa 19 000 Objekte im Wert von 3,5 Milliarden Reichsmark, wovon 80 bis 90 Prozent ehemals in jüdischem Besitz gewesen waren.[48]

Es ist angesichts all dieser Begleitumstände nicht verwunderlich, dass die deutschen Juden den Eindruck hatten, sich das Gedenken an die

Novemberpogrome regelrecht erkämpfen zu müssen – gegen eine ignorante, mitunter geradezu feindselige Haltung der Mehrheit der Deutschen und gegen Regierungen, die nur allzu gern bereit waren, all denen Pardon zu gewähren, die die alte braune Haut abstreiften und sich am Wiederaufbau beteiligten. Mit Blick auf die Gedenkfeiern zum 9. November im Jahr 1948 kritisierte der Vorstand der jüdischen Gemeinde Heidelberg, «dass die Untaten, mit denen vor zehn Jahren alles Jüdische geschändet wurde, heute wieder von einem großen Teil des Volkes abgemildert, verschwiegen oder gar geleugnet» werden. Es sei höchst bedauernswert, dass die offizielle deutsche Politik sich nicht zum Jahrestag der Pogrome geäußert habe und «sich keine Stimme von Gewicht vorbehaltlos für die Wiedergutmachung des begangenen Unrechts eingesetzt hat.»[49]

Trotz mancher negativen Begleitumstände war die Summe der gesellschaftlichen Aktivitäten zum 10. Jahrestag der Novemberpogrome bemerkenswert. In einer ganzen Reihe von Tageszeitungen erschienen Gedenkartikel, daneben gab es Sendungen der Rundfunkanstalten. Auch wenn in der Kommentierung der Presse 1948 die Auseinandersetzung mit der Novemberrevolution überwog, kann man mit Blick auf die «Kristallnacht» zweifellos davon sprechen, dass die Aufmerksamkeit einen ersten Höhepunkt erreichte.[50]

Nicht selten wurden in der Presse die Ereignisse von 1918, 1923 und 1938 verknüpft und der Erinnerung eine aktuelle politische Bedeutung zugeschrieben, etwa in der von der amerikanischen Besatzungsbehörde herausgegebenen *Neuen Zeitung*: «Der 9. November ist seit nunmehr dreißig Jahren als Gedenktag in das Bewusstsein des deutschen Volkes eingebrannt.» Das deutsche Volk habe 1918 die Chance nicht genutzt, «den Anschluss an die westlichen Demokratien zu vollziehen». Das sei die Voraussetzung dafür gewesen, dass «der Putschist des 9. November 1923» schließlich an die Macht kam und die Möglichkeit bekam, die «Pogromnacht» zu inszenieren. Es gebe jetzt eine zweite Möglichkeit, das zu erreichen, was 1918 nicht «zu einem guten Ende» gebracht werden konnte. «Historische Vorbilder, die vor dem inneren Blick eines Volkes aufgerichtet werden, können von entscheidender Bedeutung für sein Handeln sein.»[51]

11

Am Ende bleibt die Schuld – Der 9. November in der Geschichtskultur der Bundesrepublik

Als die *Neue Zeitung* am 9. November 1948 die Hoffnung formulierte, der 9. November 1918 könne als «Vorbild» dienen, war gewiss nicht mehr das ganze Deutschland gemeint. Als Folge des beginnenden Kalten Krieges zwischen der Sowjetunion und den Westmächten war der Prozess der Spaltung bereits seit mehr als einem Jahr in vollem Gang. Im März 1948 waren die Besatzungszonen der Westmächte zur Trizone zusammengeschlossen worden, die am 20. Juni mit der Deutschen Mark eine neue Währung bekam. Das war der Auftakt für die Gründung der Bundesrepublik Deutschland, die im Lauf des Jahres 1949 vollendet wurde. Als unmittelbare Reaktion entstand in der SBZ die Deutsche Demokratische Republik, die allerdings von der westlichen Staatengemeinschaft nicht anerkannt wurde. Die Bundesrepublik erhob einen Alleinvertretungsanspruch für das gesamte deutsche Volk. Beide deutsche Staaten waren nicht souverän und in den Einflussbereich ihrer Besatzungsmächte eingebunden. Mit ihren unterschiedlichen politischen und gesellschaftlichen Systemen entwickelten sie sich zunehmend auseinander.

Als Folge der Konfrontation mit der Sowjetunion veränderte sich die Interessenlage der USA im Hinblick auf die Bundesrepublik grundlegend. Man brauchte nun die Westdeutschen als Bündnispartner im Kalten Krieg. Das umfassend angelegte Programm der Entnazifizierung und der demokratischen Umerziehung war nicht mehr von großer Bedeutung. Schon bald wurde auch die Forderung immer lauter, unter die gesamte Beschäftigung mit der Vergangenheit einen Schlussstrich zu ziehen und sich ganz auf den Wiederaufbau zu konzentrieren.

Bei der Gründung der Bundesrepublik spielte der Blick auf die Weimarer Republik und ihre Verfassung eine wichtige Rolle, aber gesprochen wurde darüber nur im Bild der Abgrenzung. Es war nur von Fehlern die Rede, die es zu vermeiden gelte. Dabei war die Kritik in nationalen und konservativen Kreisen anfangs sehr grundsätzlich. Das hatte sich bereits bei den öffentlichen Debatten im Zusammenhang mit der Ausarbeitung der Länderverfassungen gezeigt. Da wurde durchaus in Frage gestellt, ob die parlamentarische Demokratie sich auf Parteien stützen solle und dürfe, da wurde eine zweite, ständische Kammer neben dem Parlament in Erwägung gezogen, da wurde bestritten, dass man mit denselben demokratischen Kräften, die zwischen 1918 und 1933 versagt hätten, das neue Staatswesen aufbauen könne. Der zweite Versuch einer deutschen Demokratie, das war der Tenor, sollte sich vom ersten, gescheiterten Anlauf möglichst grundsätzlich unterscheiden.[1]

Gestützt auf die klare Positionierung der drei Besatzungsmächte, ließ sich der Parlamentarische Rat bei der Ausarbeitung des Grundgesetzes nicht in eine Fundamentalabkehr von der Weimarer Demokratie drängen. Er knüpfte vielmehr an die Verfassung von 1919 an, beseitigte aber u. a. den Dualismus zwischen Parlament und Präsident und nahm die Fraktionen des Parlaments umfassend in die Pflicht. Ziel war es, Regierungskrisen zu vermeiden und dadurch dem gesamten Staatswesen Stabilität und Sicherheit zu geben. Auch die Mütter und Väter des Grundgesetzes sahen sich zunächst mit dem Vorwurf konfrontiert, ihr Kind sei dem ungeliebten Bastard von 1919 viel zu ähnlich. Es dauerte ein halbes Jahrzehnt, bis sich nach und nach die Erkenntnis durchsetzte, die Fritz René Allemann, der Schweizer Deutschlandkorrespondent der Züricher Zeitung *Die Tat*, 1956 als Buchtitel verwendete: «Bonn ist nicht Weimar».

Unter diesen Umständen hatte der 9. November 1918 der Bundesrepublik nicht mehr viel zu sagen und verlor schon bald seinen Stellenwert als denkwürdiges Datum, jedenfalls in einer breiteren Öffentlichkeit. Die Erinnerung wurde in Teilkulturen der Arbeiterbewegung weiter aufrechterhalten – von Sozialdemokraten, in der Gewerkschaftsbewegung, auch von Kommunisten –, aber die Novemberrevolution war ein sperriges und kontroverses Thema.

Vereinzelt griff die Presse den 9. November 1918 weiter auf, aber ihr fehlte schon bald das «Futter», weil die Novemberrevolution von der westdeutschen Geschichts- und Politikwissenschaft weitgehend ignoriert wurde.[2] In ersten Büchern über die Weimarer Republik ging es in großem Schwung von der Oktoberreform 1918 zur Weimarer Nationalversammlung, der 9. November und die Revolution störten nur.[3] Als die westdeutsche Geschichtswissenschaft sich nach einigen Jahren der Abstinenz zur Novemberrevolution äußerte, deutete sie die Revolutionszeit vor allem als einen erfolgreichen Abwehrkampf gegen den Bolschewismus und grenzte sich damit deutlich von der Position der angelsächsischen Autoren ab, die bis dahin mit den deutschen Übersetzungen ihrer Bücher den Ton angegeben hatten. Von einer verpassten Chance zur Demokratisierung war nun keine Rede mehr. Der Entscheidungsspielraum in den Revolutionsmonaten, formulierte prägnant Karl Dietrich Erdmann, habe sich beschränkt «auf die Wahl zwischen einem konkreten Entweder – Oder: die soziale Revolution im Bund mit den auf eine proletarische Diktatur drängenden Kräften oder die parlamentarische Republik im Bund mit konservativen Elementen, wie dem alten Offizierskorps».[4] Das war eine Deutung die vorzüglich in die Situation des Kalten Krieges passte. Sie zielte vor allem darauf ab, die Zeit des Nationalsozialismus als – leider unvermeidbaren – «Betriebsunfall» aus der deutschen Nationalgeschichte auszugliedern. Ab Ende der fünfziger Jahre gab es dagegen deutlichen Widerspruch.

Zum runden Jubiläum 1958 konzentrierten sich Artikel in der Presse[5] und erstmals produzierte Fernsehdokumentationen[6] insbesondere darauf, den 9. November 1918 im Kontext mit anderen Novemberdaten der deutschen Geschichte zu fassen, sei es 1923, 1938 oder auch 1848, als am 9. November in Wien Robert Blum hingerichtet wurde, der revolutionäre Demokrat und Abgeordnete der Frankfurter Nationalversammlung.

Der Novemberpogrom fand in den fünfziger Jahren zunächst noch weniger öffentliche Würdigung als die Novemberrevolution. Die Erinnerung an den 9. November 1938 war Sache der jüdischen Gemeinden. Die VVN, die in den vierziger Jahren ebenfalls Veranstaltungen initiiert hatte, galt in den Zeiten des Kalten Krieges als kommunistische Tarnorganisation und wurde entsprechend behandelt – auch schon vor dem KPD-Verbot 1956.

Gelegentlich wurden nun andere Organisationen aktiv. So fand beispielsweise 1951 im Bayerischen Landtag eine Veranstaltung der Lessing-Gesellschaft unter dem Motto «Mut zur Erinnerung – Kristallnacht 1938» statt. Die Schriftstellerin Luise Rinser sorgte im vollbesetzten Plenarsaal für einen kleinen Skandal, als sie kritisierte, dass die Bundesrepublik «es weitaus eiliger hatte, den Offizieren Hitlers Pensionen zu bezahlen als das Unrecht an den Juden wiedergutzumachen.»[7] 1952 erinnerte die DGB-Jugend Bayern erstmals mit einer Gedenkfeier im ehemaligen KZ Dachau an die Pogromnacht. Inzwischen hat diese jährliche Gedenkveranstaltung eine beeindruckende Tradition entwickelt.[8]

Unabhängig von solchen Einzelinitiativen war die «Kristallnacht» in den fünfziger Jahren für die allermeisten Deutschen ein unangenehmes Thema. Noch mussten Täter mit Strafverfolgung rechnen, noch wurde über die Rückgabe von Vermögen gestritten. Am 10. September 1952 kam es nach zähen Verhandlungen zu einem Abkommen über Wiedergutmachung zwischen der Bundesrepublik, dem Staat Israel sowie der Jewish Claims Conference. Die USA hatten zuvor massiven Druck ausüben müssen und die Aufhebung des Besatzungsstatus unter anderem von der Unterzeichnung dieses Abkommen abhängig gemacht. Die *Frankfurter Allgemeine Zeitung* nannte die Wiedergutmachung 1954 «eines der trübsten Kapitel der Bundesrepublik».[9] Ein großer Teil der Deutschen sah das anders, wollte aber die lästige Angelegenheit vom Hals haben. Eine bemerkenswert große Minderheit von 39 Prozent der Westdeutschen äußerte 1959 in Umfragen sogar die Meinung, «es wäre besser, wenn keine Juden in Deutschland lebten.»[10]

Mit Beharrlichkeit trug Heinz Galinski, von 1954 bis 1963 und von 1988 bis 1992 Vorsitzender des Zentralrats der Juden in Deutschland, die Forderung nach einem angemessenen Gedenken an die Novemberpogrome vor. 1955 forderte Galinski sogar, «der 9. November sollte, wie der 17. Juni, zu einem offiziellen Feiertag erklärt werden, einem Tag der Besinnung, an dem immer wieder das deutsche Volk gemahnt wird, darüber zu wachen, dass nie wieder in seinem Namen solche Verbrechen verübt werden.»[11] Der Gedanke hatte keine Chance auf Verwirklichung. Schon 1950 hatte die Bundesrepublik den Volkstrauertag wieder eingeführt. Jährlich im November wurde, ausgerichtet vom Volksbund Deutsche Kriegsgräberfürsorge, in einer Feierstunde im Plenarsaal des Bundestages aller Kriegstoten und Opfer der Gewaltherrschaft aller Nationen gedacht. Der Opferbegriff war dabei so weit gefasst, dass sich kaum ein ehemaliger Nazi ausgeschlossen fühlen konnte. Integration war angesagt.

Die allgemeine Stimmung im Land war geprägt von bleiernem Schweigen und Schlussstrichforderungen. 1958 gelang es dann einer Reihe kritischer sozialdemokratischer Juristen, zu denen der hessische Generalstaatsanwalt Fritz Bauer und der Präsident des Stuttgarter Oberlandesgerichts Richard Schmid gehörten, in Ulm einen Prozess gegen Angehörige des Einsatzkommandos Tilsit auf den Weg zu bringen. Das Kommando hatte 1941 im litauisch-deutschen Grenzgebiet Tausende von Juden ermordet. Es war der erste Prozess vor einem deutschen Gericht, in dem der Völkermord an den Juden Europas Thema war. Zum ersten Mal kamen detailliert die grauenvollen Mordtaten im Osten Europas zur Sprache. Die internationale und die deutsche Presse berichteten ausführlich in schockierenden Artikeln. Das war das Ende des kollektiven Beschweigens.

Noch im selben Jahr entschieden die Justizminister der Länder, eine «Zentrale Stelle der Landesjustizverwaltungen zur Aufklärung nationalsozialistischer Verbrechen» mit Sitz in Ludwigsburg bei Stuttgart einzurichten. Sie nahm im Dezember ihre Arbeit auf. Die Begeisterung der Bevölkerung hielt sich in Grenzen. Es war für die dorthin abgeordneten Staatsanwälte anfangs nicht einfach, Wohnungen zu finden. Die Stadt hatte im Sommer 1958 auch schon durch eine Episode auf sich aufmerksam gemacht, die typisch für die Zeit war. Die Israelitische Kultusvereinigung Württemberg und Hohenzollern hatte darum gebeten, am Platz der ehemaligen Synagoge eine würdige Gedenktafel anzubringen. Die SPD-Fraktion im Stadtrat unterstützte das Anliegen. Es gab Streit über den Text. Die Mehrheit von CDU, FDP und Bund der Heimatvertriebenen und Entrechteten (BHE) lehnte die Worte «Nazis» und «gewaltsam» im vorgeschlagenen Text ab. Der Satz sollte nach dem Willen der Mehrheit nur lapidar lauten: «Sie wurde am 10. November 1938 zerstört.» Die Israelitische Kultusgemeinde verzichtete unter diesen Umständen auf die Gedenktafel. Immerhin fand daraufhin im November 1958 erstmals eine Gedenkfeier auf dem Platz der ehemaligen Synagoge statt.[12]

Die Zahl der Gedenkveranstaltungen zu den Novemberpogromen nahm 1958 deutlich zu. Gelegentlich entwickelten sich aus Initiativen dieses Jahres Traditionen, die noch heute bestehen. So etwa in Brühl, wo damals unter Beteiligung des späteren Literaturnobelpreisträgers Heinrich Böll erstmals an die Kristallnacht erinnert wurde.[13] Neben den traditionellen Gedenkveranstaltungen gab es nun auch Schweigemärsche, Grundsteinlegungen, Gedenktafelenthüllungen, Vortragsveranstaltungen und Tagungen. In Hamburg wurde im November 1958 der Grundstein zum Neubau einer Synagoge gelegt. Erstmals nahmen 1958 auch Staatsorgane der Bundesrepublik Stellung zur Pogromnacht. Sowohl der Bundespräsident als auch der Bundeskanzler richteten zum 9. November Schreiben an den Zentralrat der Juden in Deutschland, in denen sie Mitgefühl und Trauer zum Ausdruck brachten. Adenauer legte in seinem Schreiben auch ein Bekenntnis zur materiellen Wiedergutmachung ab.[14]

Was die Erinnerung an den 9. November 1938 angeht, brachte dieser zwanzigste Jahrestag zweifellos einen ersten Durchbruch. In den Printmedien wurde das Datum nahezu überall wahrgenommen, häufig als bundesweit relevantes Ereignis. In manchen Tageszeitungen war die Erinnerung an die Novemberpogrome «Seite-eins-fähig». Die Hörfunksender strahlten 17 Sendungen aus. Das Deutsche Fernsehen – noch gab es kein ZDF – brachte drei Sendungen.[15]

«Es brauchte ein gutes Jahrzehnt, bis Deutschland wieder zu sich selbst kam», schrieb der Publizist Klaus Harpprecht im November 1959. Nach der anfänglichen «Ära der Vergesslichkeit und der Verdrängung» beginne jetzt die «Bewältigung der Vergangenheit» erst richtig.[16] Das war eine durchaus mutige Aussage, denn Ende 1959 war es kaum mehr zu übersehen, dass es in der Bundesrepublik nach wie vor massiven Antisemitismus gab. Im September 1959 war im Beisein von Bundeskanzler Adenauer die neue Synagoge in Köln feierlich eingeweiht worden. In der Nacht vom 24. auf den 25. Dezember wurde sie mit Hakenkreuzen und antisemitischen Parolen wie «Deutsche fordern: Juden raus!» beschmiert. Diese Aktion löste eine Kettenreaktion von nazistischen und antisemitischen Vorfällen in der ganzen Bundesrepublik aus. Schmierereien mit Hakenkreuzen und anderen Symbolen der alten und neuen Nazis fanden sich bald auf vielen jüdischen Friedhöfen und an den Mauern jüdischer Kultureinrichtungen. Bis zum 28. Januar 1960 wurden 685 solcher Vorfälle erfasst, «und diese antisemitische Welle war geeignet, die mühsam aufgebaute außenpolitische Reputation der jungen Bundesrepublik zu beschädigen.»[17] Das Kölner Ereignis sorgte weltweit für Aufsehen und Empörung. Der deutsche Botschafter in Washington, Wilhelm G. Grewe, berichtete im Januar 1960 nach Bonn, seit 1945 habe «kein Ereignis in Deutschland die amerikanische Öffentlichkeit in so starkem Maß beschäftigt.»[18] Jetzt endlich war Bundeskanzler Adenauer bereit, «erstmals eines der ehemaligen Konzentrationslager zu einer Gedächtnisfeier aufzusuchen.»[19] Am 2. Februar 1960 besuchte er Bergen-Belsen und hielt dort eine Ansprache.

Die beiden schnell gefassten Kölner Täter waren 25 Jahre alt. Das warf unmittelbar die Frage nach Defiziten in der politischen Bildung und bei der Auseinandersetzung mit der Nazizeit auf. Das Thema «Vergangenheitsbewältigung» wurde «schlagartig zu einem Politikum ersten Ranges».[20] Die Auseinandersetzung mit der NS-Geschichte kam nun endlich in Fahrt. Von Oktober 1960 bis Mai 1961 strahlte des Deutsche Fernsehen eine 14-teilige Dokumentationsreihe mit dem Titel *Das Dritte Reich* aus. Sie wurde ein großer Publikumserfolg. In Israel stand von April bis Dezember 1961 Adolf Eichmann vor Gericht, der Organisator des Holocaust. Über den Prozess wurde weltweit – und auch in der Bundesrepublik – ausführlich berichtet. Er gab neue, schockierende und beklemmende Einblicke in den systematisch geplanten, präzise organisierten und fabrikmäßig praktizierten Völkermord. Im Frankfurter Auschwitz-Prozess von 1963 bis 1965 kam das fürchterliche Geschehen vielen Deutschen noch näher. Im Juli 1962 empfahl die Kultusministerkonferenz, im Rahmen des 1960 eingeführten Faches «Gemeinschaftskunde» auch eine «in die Tiefe dringende Auseinandersetzung mit dem Nationalsozialismus» zum Bestandteil des Schulunterrichts zu machen.[21]

Auch die deutsche Geschichtswissenschaft begann sich seit dem Ende der 1950er Jahre intensiver mit der Zeit des Nationalsozialismus zu befassen. Es waren Jahre eines weitreichenden Umbruchs, in dem die gesamte deutsche Nationalgeschichte der vergangenen hundert Jahre kritisch geprüft wurde. Fritz Fischer löste mit seinem Buch *Griff nach der Weltmacht*,[22] in dem er dem Deutschen Reich die Hauptverantwortung für den Beginn des Ersten Weltkriegs zuschrieb, eine große öffentliche Kontroverse aus. Auch die Studien von Eberhard Kolb,[23] Peter v. Oertzen[24] und anderen jüngeren Historikern über zentrale Aspekte der Novemberrevolution gehören in diesen Kontext. Sie zeigten auf, dass die einfache Alternative nicht haltbar war, die Erdmann 1955 formuliert hatte. Der Handlungsspielraum in den Revolutionsmonaten sei größer gewesen, es habe Alternativen zum Bündnis der Sozialdemokraten mit den alten Eliten des Kaiserreiches gegeben. Innerhalb weniger Jahre wurde die zuvor völlig vernachlässigte Novemberrevolution zu einem bedeutsamen Thema der bundesdeutschen Geschichtswissenschaft.

Immer mehr setzte sich in der ersten Hälfte der sechziger Jahre die Vorstellung durch, dass eine grundlegende Revision der überkommenen deutschen Geschichte notwendig sei. Grundlage dieser Entwicklung war ein großer Veränderungsprozess, der die gesamte Gesellschaft der Bundesrepublik in den sechziger Jahren erfasste. Die Adenauer'sche Kanzlerdemokratie mit ihren autoritären Strukturen erschien auch der CDU/CSU nicht mehr zeitgemäß und wurde 1963 gegen den Willen «des Alten» beendet. Die wirtschaftliche Rezession von 1966/67 machte deutlich, dass die Hoffnung auf dauerhaften krisenfreien Aufschwung eine Illusion war, und leitete das Ende der Nachkriegsgesellschaft ein. Innerhalb und außerhalb der Universitäten formierte sich eine Protestbewegung, die allein schon durch ihre Musik und ihr äußeres Erscheinungsbild ein neues Lebensgefühl verkörperte. Auf der politischen Ebene richtete sich der Protest gegen den Vietnamkrieg und die Notstandsgesetze, den «Bildungsnotstand» und die Situation an den Universitäten. Für die studentische und außerparlamentarische Linke zeigte sich im Vietnamkrieg das wahre Gesicht des Kapitalismus, in den Notstandsgesetzen die Vorbereitung für einen autoritären Staat, in der Großen Koalition ab Dezember 1966 die Tendenz zu einer «Transformation der Demokratie». Im Protest brachte die Bewegung die Notwendigkeit der Modernisierung der gesamten Nachkriegsgesellschaft zum Ausdruck. Innerhalb des SDS und generell der APO wurden der gesamte «bürgerliche Staat» und die «kapitalistische Gesellschaft» einer grundsätzlichen Kritik unterzogen, man diskutierte Ergänzungen und Alternativen.

Die Wiederentdeckung der Revolution von 1918/19 und ihrer Rätebewegung fiel in diesem Meinungsklima auf fruchtbaren Boden. Das Jubiläumsjahr 1968 brachte journalistisch wie publizistisch einen ausgeprägten «Revolutionsboom». Zum 9. November brachten alle größeren Tageszeitungen, alle Wochenzeitungen und Magazine Artikel über die Novemberrevolution, einige sogar mehrteilige Artikelserien.[25] Vielfach wurde dabei auf die Ergebnisse der neueren Revolutionsforschung zurückgegriffen. Die Novemberrevolution wurde kaum mehr als Abwehrkampf gegen den angeblich drohenden Bolschewismus charakterisiert, wie das in den fünfziger Jahren gang und gäbe war, sondern häufig als versäumte Chance einer nachhaltigen Demokratisierung. Die Novemberrevolution schien in der Geschichtskultur der Bundesrepublik angekommen zu sein. Nie zuvor wurde am 9. November so breit und intensiv an die Novemberrevolution erinnert.

In einer zentralen Gedenkveranstaltung in Bad Godesberg beschäftigte sich die SPD am 10. November mit der Revolution und der Gründung der ersten deutschen Republik. Festredner war der Parteivorsitzende Willy Brandt, zu diesem Zeitpunkt noch Außenminister und Vizekanzler der Großen Koalition. Brandt hielt eine sehr nachdenkliche Rede, in der er seine Partei einerseits dazu aufforderte, sich «mit einem gewissen Stolz zu dem (zu) bekennen, was die Sozialdemokraten in der Weimarer Republik gewollt, versucht und geleistet haben.» Zugleich habe er «das deutliche Empfinden», dass damals «die Feinde der Demokratie viel zu zögerlich und zimperlich angegangen worden sind.»[26]

Knapp ein Jahr später war Willy Brandt Bundeskanzler an der Spitze einer sozialliberalen Koalition. Seine erste Regierungserklärung am 28. Oktober 1969 enthielt den programmatischen Satz «Wir wollen mehr Demokratie wagen.» Er überhöhte den Amtsantritt der sozialliberalen Regierung zu einer historischen Zäsur. Die Bundesrepublik sollte nach innen wie nach außen auf eine angeblich neue, höherwertige Stufe der Demokratieentwicklung gebracht werden. In der Außenpolitik folgten rasch Signale von großer, auch geschichtspolitischer Bedeutung. Kaum gewählt, machte Brandt vor Journalisten deutlich, dass er sich nicht als Kanzler «eines besiegten, sondern eines befreiten Deutschland» sehe, Hitler habe nun endgültig den Krieg verloren.[27] Am 8. Mai 1970 nahm erstmals eine Bundesregierung im Deutschen Bundestag offiziell zum Ende des Zweiten Weltkriegs Stellung, und der Bundeskanzler warb intensiv für eine Aussöhnung mit den Opfern, besonders im Osten. Noch im selben Jahr wurden der Moskauer und der Warschauer Vertrag unterzeichnet, verbunden mit der völkerrechtlichen Anerkennung der Oder-Neiße-Grenze.

Die Aufbruchsstimmung am Beginn der siebziger Jahre war enorm, aber sie erreichte einen Teil der politisierten Studenten schon nicht mehr, von denen manche ein Rätesystem für den Inbegriff der Demokratie hielten, manche sich in marxistisch-leninistische Parteien und Grüppchen verabschiedeten und einige wenige sogar glaubten, als «Rote Armee Fraktion» (RAF) den bewaffneten Kampf gegen das «System» aufnehmen zu sollen. Der Terror der RAF trug einen Gutteil dazu bei, dass es im Verlauf des Jahrzehnts zu einem nachhaltigen Stimmungsumschwung kam, der «Tendenzwende», die auch die Novemberrevolution und ihr demokratisches Potential betraf. Zwar entstanden noch zahllose Studien, auch zur regionalen und lokalen Geschichte der Revolution, aber im November 1978 war sie im öffentlichen Diskurs kein großes Thema mehr. Die historische Forschung zur Novemberrevolution geriet nun unter generellen Ideologieverdacht. Geschichtspolitische Interessen waren bei dem nun einsetzenden Roll-back zu Positionen der fünfziger Jahre mit den Händen zu greifen.

Im Bundestagswahlkampf 1980 forderte Helmut Kohl als Kanzlerkandidat der Union eine «geistig-moralische Wende» und warf Bundeskanzler Helmut Schmidt vor, vor dem «Zeitgeist» kapituliert zu haben. Als er 1982 mit Hilfe der FDP Bundeskanzler wurde, machte Kohl deutlich, dass die «geistig-moralische Wende» unmittelbar auch die Geschichtskultur im Land betreffen sollte. Das öffentliche Interesse an der Auseinandersetzung mit der Novemberrevolution ließ in den achtziger Jahren immer mehr nach, bis sie schließlich völlig in der Bedeutungslosigkeit zu verschwinden schien.

Ganz anders entwickelte sich das Gedenken an die Novemberpogrome. Aufbauend auf dem bemerkenswerten Gedenken im November 1958, fanden auch in den sechziger Jahren jeweils im Umfeld des 9. November zahlreiche Veranstaltungen statt, in denen an die Pogromnacht erinnert wurde. Daran änderte sich auch 1968 nichts, als die Medien sich sehr stark auf die Novemberrevolution konzentrierten. Zum Aufbruch der Jugend in diesen Jahren gehörte es elementar, die Vätergeneration mit den NS-Verbrechen zu konfrontieren und einen neuen Umgang mit der Geschichte nicht nur zu fordern, sondern auch zu praktizieren. Auf der lokalen Ebene, vor allem in den Städten, war die Erinnerung an die Novemberpogrome genuiner Bestandteil dieses neuen Umgangs mit der eigenen Geschichte – unabhängig von den spezifischen Schwerpunktsetzungen der historisch-politischen Publizistik. Gewisse «Flauten» der Berichterstattung in den Jahren 1968 und 1973 konnten dem kontinuierlichen Gedenken an die Novemberpogrome nichts mehr anhaben.

Erstmals kam es 1978 zu einer zentralen Gedenkveranstaltung, die der Zentralrat der Juden in Deutschland in der Kölner Synagoge ausrichtete. Zum ersten Mal waren die drei ranghöchsten Repräsentanten der Bundesrepublik Deutschland gemeinsam anwesend, der Bundeskanzler hielt eine Ansprache, und erstmals wurde eine solche Veranstaltung live im Fernsehen übertragen.[28] Neben Bundeskanzler Helmut Schmidt sprach der Präsident des Jüdischen Weltkongresses Nahum Goldmann und gab mit seiner Präsenz dem Gedenken eine weit über Deutschland hinausreichende Bedeutung. «Es ist, als sei ein Damm geborsten», schrieb die New Yorker Zeitschrift *Aufbau* im Dezember 1978 über das Gedenken in der Bundesrepublik.[29]

Zusätzlich zum Gedenkakt in der Kölner Synagoge hielt Bundestagspräsident Karl Carstens eine Gedenkrede im Bundestag, und Bundespräsident Walter Scheel wandte sich mit einer Fernsehansprache direkt an die Öffentlichkeit. Die Resonanz in den Medien war entsprechend und sorgte für ein Maß an Aufmerksamkeit, wie sie die Pogromnacht nie zuvor erfahren hatte. Der Deutsche Koordinierungsrat der Gesellschaften für christlich-jüdische Zusammenarbeit zählte über 3000 Veranstaltungen.[30]

Im Nachhinein erscheint dieser 40. Jahrestag als der «entscheidende Wendepunkt» der Erinnerung an die Pogromnacht. Seither gehört das Wissen um sie «zum Kanon bundesdeutschen Geschichtsbewusstseins».[31] Ganz so selbstverständlich, wie sich das heute liest, war die weitere Entwicklung in den achtziger Jahren allerdings nicht. Zu Kohls Programm einer geistig-moralischen Wende gehörten auch geschichtspolitische Aktivitäten. Bei seinem Israelbesuch im Januar 1984 sprach der Kanzler schon in einer Tischrede die Verbrechen der Shoah an, die «in deutschem Namen» begangen worden seien, und er verwies auch darauf, «dass die Mehrheit der heute lebenden Deutschen diese Verbrechen nicht erlebt hat».[32] Am 25. Januar sprach er in der israelischen Knesset nicht nur von der «Gnade der späten Geburt», sondern wiederholte auch eine Äußerung vom November 1983 – er sei zu jung, um schuldig zu sein. Viele sahen in seinem Auftritt den Versuch, die Last der NS-Vergangenheit mit dem Verweis auf das Nachwachsen einer neuen, unbelasteten Generation in Deutschland zu relativieren. Bei manchem Beobachter erweckte Kohl gar den Eindruck, dass er als erster Kanzler aus der Gene-

Bundeskanzler Helmut Schmidt sprach am 9. November 1978 in der Kölner Synagoge. Zum 40. Jahrestag des Novemberpogroms fand erstmals eine zentrale Gedenkveranstaltung statt.

ration nach Hitler einen Schlussstrich unter dieses Kapitel der deutschen Geschichte ziehen wolle.

Das schien sich zu bestätigen, als Kohl zum 40. Jahrestag der Kapitulation einen Auftritt mit dem amerikanischen Präsidenten Ronald Reagan auf dem Soldatenfriedhof in Bitburg plante. Es sollte eine groß inszenierte Versöhnungsgeste werden, die allerdings in den USA heftige Proteste hervorrief, als bekannt wurde, dass dort neben Wehrmachtssoldaten auch Angehörige der Waffen-SS lagen. Unbeeindruckt davon beharrte der Bundeskanzler auf der Zeremonie am 5. Mai 1985.[33] Der Philosoph Jürgen Habermas nannte diese Symbolpolitik in der *ZEIT* vom 17. Mai 1985 den Versuch einer «Entsorgung der Vergangenheit». Offensichtlich ging es dem Kanzler und seinen Beratern darum, den Besuch Reagans dazu zu nutzen, die Bundesrepublik in den Stand eines «normalen» Staates zu heben. Im Ergebnis hat sich dieses geschichtspolitische Unterfangen freilich als kontraproduktiv erwiesen. «Die Bitburg-Affäre löste geradezu einen erneuten Thematisierungsschub zur NS-Vergangenheit aus; weltweit und zumal in der Bundesrepublik stellten sich Fragen nach der Qualität der deutschen Vergangenheitsbewältigung nun wieder brennender.»[34] Hilfreich für die internationale Stimmung war dagegen zweifellos, dass Bundespräsident Richard v. Weizsäcker 1985 in seiner Rede zum 8. Mai klare und angemessene Worte fand, als er den 8. Mai 1945 einen «Tag der Befreiung» auch für die Deutschen nannte.

Schon bald danach sorgte allerdings der Umgang mit dem Nationalsozialismus und seinen Verbrechen für einige Monate nicht nur für Debatten in den Feuilletons, sondern weit darüber hinaus. Ausgangspunkt war eine nicht gehaltene, aber in der *Frankfurter Allgemeinen Zeitung* am 6. Juni 1986 veröffentlichte Rede des Historikers Ernst Nolte zum Thema «Vergangenheit, die nicht vergehen will». Nolte fragte sich in dieser Rede, ob die Nationalsozialisten vielleicht nur deshalb den «Rassenmord» verübten, weil sie sich als potentielle Opfer eines «Klassenmords» der Bolschewiki betrachteten. Vereinfacht könnte man fragen: Liegt die Schuld nicht eigentlich bei Stalin? «Klassenmord» wie «Rassenmord» bezeichnete Nolte als «asiatische» Taten und schob damit auch den «Rassenmord» weit weg vom deutschen Staatsgebiet und der deutschen Hochkultur in den Osten. Noltes Thesen liefen auf einen neuen Versuch hinaus, den Nationalsozialismus an den Rand der deutschen Geschichte zu drängen und die Hauptverantwortung für die Verbrechen des NS-Regimes nicht mehr in erster Linie bei den Deutschen zu sehen.

Das musste jedermann irritieren, der den jahrzehntelangen, mühsamen Prozess vor Augen hatte, in dessen Verlauf die Bundesrepublik es geschafft hatte, sich der jüngeren deutschen Geschichte zu stellen und Verantwortung zu übernehmen. Der Artikel mit Noltes Rede sorgte schon bei den Frankfurter Römerberggesprächen, bei denen Nolte die Rede ursprünglich halten sollte und wollte, für heftige Reaktionen. Hier sei ein «qualitativer Sprung» in der «Bearbeitung unseres Geschichtsbewusstseins» erreicht, erklärte Jürgen Habermas.[35] Es entwickelte sich der sogenannte «Historikerstreit» über den Stellenwert des Holocaust in der deutschen Geschichte und die Geschichtskultur der Bundesrepublik, an dem sich viele beteiligten.

Dass ein nicht gerade im Zentrum der Zunft stehender Historiker wie Nolte einen solchen Streit auslösen konnte, ist nur vor dem Hintergrund von Kohls Programm der «geistig-moralischen Wende» zu verstehen.

Aus dem konservativen Lager war zu hören, dem Abbau von Wertetraditionen abendländischer, christlicher und nationaler Überlieferung müsse ein Ende gesetzt werden, es gelte das nationale Erbe zu rehabilitieren und die Störung des deutschen Nationalbewusstseins zu beheben.[36] Die Forderung nach einem «Schlussstrich» kam wieder in Mode. Eine repräsentative Umfrage des Allensbacher Instituts ergab, dass zwei Drittel der Bundesbürger nichts mehr von den Verbrechen der Nazizeit hören wollten.[37] Als der Streit nach mehr als einem Jahr auslief, hatte sich allerdings nicht das konservativ-nationale Lager durchgesetzt, sondern das sozial-liberale. Nach dem Historikerstreit gehörte die kritische Auseinandersetzung mit der neueren Geschichte, besonders mit dem Nationalsozialismus, tatsächlich zum unantastbaren Fundament der Bundesrepublik.

Das zeigte sich eindrucksvoll beim Gedenken zum 50. Jahrestag der Pogromnacht am 9. November 1988, das erstmals in beiden deutschen Staaten aufeinander abgestimmt war und deutlich über das bisherige Maß hinausging. Maßgeblichen Anteil daran hatte der Vorsitzende des Zentralrats der Juden in Deutschland Heinz Galinski, der im Juni 1988 zu Gesprächen mit Erich Honecker in Ostberlin war. Galinski brachte dabei eine politische Erklärung der beiden deutschen Staaten zur gemeinsamen Verantwortung für die deutsche Geschichte und die Verbrechen an den Juden ins Gespräch. Es ging aber auch konkret um die Feiern zum 9. November.[38]

Die Hauptveranstaltung fand schließlich am Vormittag des 9. November in der Frankfurter Westend-Synagoge statt – mit dem Bundeskanzler und dem Vorsitzenden des Zentralrats der Juden als Redner. Daran nahm auch der Staatssekretär für Kirchenfragen der DDR, Kurt Löffler, teil. Im Anschluss fuhren Kanzleramtsminister Schäuble und Galinski mit ihm nach Ostberlin und nahmen dort an der zentralen Gedenkfeier der DDR zum 50. Jahrestag der Novemberpogrome teil.[39] Bei beiden Veranstaltungen schlug Galinski vor, Bundesrepublik und DDR sollten den 9. November zu einem gemeinsamen Gedenktag machen.

Am Vormittag des 10. November folgte in Bonn ein Staatsakt im Plenarsaal des Deutschen Bundestags, bei dem Bundestagspräsident Philipp Jenninger sprach. Schon im Vorfeld des Staatsaktes hatte es einige Irritationen und Reibereien gegeben. Galinski hätte gern auch bei diesem Anlass das Wort ergriffen, aber dem Bundestagspräsidenten war daran gelegen, eine wirklich «große» Rede zu halten und sich intensiv mit der deutschen Geschichte auseinanderzusetzen. Das ging gründlich schief. Um zu erklären, was 50 Jahre zuvor in Deutschland die fürchterlichen Verbrechen möglich gemacht hatte, unternahm Jenninger den Versuch, die Faszination in Worte zu fassen, die Hitler auf Deutsche ausgeübt haben mochte. Manche im Saal hatten aufgrund von Jenningers Vortragsstil den Eindruck, der Bundestagspräsident habe Verständnis dafür oder teile die Faszination gar. Schon während der Rede standen mehrere Dutzend Abgeordnete auf und verließen den Plenarsaal. «Gut gemeint, aber nicht gekonnt», lautete nach dem Staatsakt das mildeste Urteil. «Sprecher aller Fraktionen zeigten sich verständnislos bis bestürzt über die Rede.» Die Grünen forderten als Erste Jenningers Rücktritt, in weniger als 12 Stunden fiel die Entscheidung.[40]

Aus wissenschaftlicher Distanz sehen die Urteile heute anders aus, etwa das des amerikanischen Historikers Alan E. Steinweis: «Tatsächlich war Jenningers Rede, abgesehen von der Art des Vortrags, eine der schonungslosesten und kritischsten Abrechnungen mit der antijüdischen Politik der Nationalsozialisten, die bis dahin ein wichtiger deutscher Politiker vorgetragen hatte. Statt der Gemeinplätze, die für die meisten Gedenkreden typisch waren, legte Jenninger substanziell und detailliert Rechenschaft darüber ab, wie das NS-Regime sein antisemitisches Programm gegen eine kleine innere Opposition in einer Gesellschaft durchgesetzt hatte, in der der Antisemitismus eine lange und tief verwurzelte Tradition besaß.»[41]

Im November 1988 verschattete die zum Eklat gewordene Jenninger-Rede allerdings die Gedenkfeiern und blieb leider vielen als zentraler Punkt in Erinnerung. Tatsächlich war das Gedenken zum 50. Jahrestag ein Höhepunkt der Erinnerungskultur. Neben den zentralen Veranstaltungen fanden im ganzen Land zahllose Aktionen der unterschiedlichsten Art statt, um der Novemberpogrome zu gedenken – weit mehr und vielfältiger als je zuvor. Auch die Zahl der Presseartikel sowie der Sendungen in Hörfunk und Fernsehen übertraf noch einmal deutlich das bereits 1978 erreichte hohe Maß. Die Deutsche Bundespost gab eine Sonderbriefmarke heraus. 1988 zeigte sich: Der 9. November 1938 war unbestreitbar «von der Peripherie ins Zentrum der Geschichtskultur» gerückt.[42]

Die beiden anderen Novemberdaten, die der Jahre 1923 und 1939, spielten in der alten Bundesrepublik keine auch nur annähernd mit 1938 oder 1918 vergleichbare Rolle. Über den Hitler-Putsch wurde geforscht und publiziert, die führenden Zeitungen und Magazine rezensierten die eine oder andere Neuerscheinung oder nahmen ein neues Buch zum Anlass für einen Artikel zum Thema. Lediglich zum 50. Jahrestag im November 1973 beschäftigte sich gleichzeitig eine größere Zahl von Medien mit dem Hitler-Putsch.

Die Erinnerung an Georg Elser und sein Attentat auf Hitler im Bürgerbräukeller am 8. November 1939 litt viele Jahre unter dem Gerücht, Elsers Anschlag sei in Wahrheit vom NS-Regime selbst inszeniert worden, damit jedermann sehen könne, dass die «Vorsehung» über den «Führer» wache. Dieses Gerücht ging fatalerweise von ehemaligen KZ-Insassen aus und wirkte dadurch umso glaubwürdiger. Martin Niemöller, Pastor und prominenter Kopf der «Bekennenden Kirche», erzählte 1946 vor Göttinger Studenten, in Wahrheit sei Elser «SS-Unterscharführer» gewesen und habe «auf Hitlers persönlichen Befehl» gehandelt.[43] Belege für seine Behauptungen lieferte er nicht, aber seine Vermutungen und Verleumdungen fielen auf fruchtbaren Boden. Agent des britischen Geheimdienstes oder Werkzeug der Nazis – beide Deutungen passten gut in die politische Atmosphäre der fünfziger Jahre. Für viele war und blieb Elser ein Verräter. Anderen war daran gelegen, ernsthaften Widerstand gegen das Regime als ausschließliches Charakteristikum der deutschen Eliten darzustellen, die sich am Ende doch zu einem «Aufstand des Gewissens» durchgerungen hatten. Ein Handwerker, der sich schon angesichts des drohenden Kriegs zum Attentat entschlossen hatte und nicht erst nach der Niederlage in Stalingrad, passte nicht in ein Geschichtsbild, das die jahrelange Unterstützung der Eliten für Hitler und das NS-Regime auszublenden versuchte.

Das Boulevardblatt *Bild am Sonntag* brachte einen Stein ins Rollen, als es 1959 eine achtteilige Reportage über Georg Elser und seine Tat veröffentlichte. Nach der systematischen Befragungen von Zeitzeugen kam der Journalist und Historiker Günter Peis darin zu dem Ergebnis, dass Elser als Einzeltäter gehandelt hatte – und stellte sich damit nicht nur gegen die öffentliche Meinung, sondern auch gegen die vorherrschende Deutung in der Geschichtswissenschaft.[44] 1964 entdeckte dann Lothar

Gruchmann, Historiker am Institut für Zeitgeschichte, in den Akten des ehemaligen Reichsjustizministeriums in Bonn das 203 Seiten umfassende Protokoll von Elsers fünftägiger Vernehmung in Berlin. Er überließ es dem Archivleiter des Instituts Anton Hoch zur Auswertung. Hoch konnte auf dieser Quellenbasis 1969 mit den alten Mythen über Elser aufräumen.[45] Kurze Zeit später edierte Gruchmann die gesamten Protokolle, die auch wichtige Einblicke in Elsers Leben und Denken ermöglichen.[46] Diese Publikationen sowie ein dokumentarisches Fernsehspiel von Rainer Erler leiteten eine Wende in der öffentlichen und wissenschaftlichen Einschätzung der Tat vom 8. November 1939 ein.[47]

Zum 30. Jahrestag des Attentats gingen *DIE ZEIT*[48] und *DER SPIEGEL*[49] ausführlich auf Elser und seine Tat ein. Auch eine Reihe von Tageszeitungen berichtete. An Gedenkveranstaltungen oder Ehrungen war aber noch nicht zu denken. In der Erinnerung von Elsers Heimatort Königsbronn war noch sehr präsent, wie damals die Gestapo in das Dorf eingefallen war und die Einwohner unter Druck gesetzt hatte. Man tat sich schwer mit Georg Elser – auch noch in den siebziger und achtziger Jahren.

In Schnaitheim, einem Stadtteil der Kreisstadt Heidenheim, wo Elser nur wenige Monate im Jahr 1939 gelebt hatte, wurde 1972 das erste Denkmal für Georg Elser errichtet. Im selben Jahr wurde am Schauspielhaus Bochum Peter-Paul Zahls Stück *Johann Georg Elser. Ein deutsches Drama* uraufgeführt. Den Durchbruch für die Erinnerung an Georg Elser bedeutete beides noch nicht. Den leitete Helmut Kohl ein, als er am 20. Juli 1984 bei der Gedenkveranstaltung zum 40. Jahrestag des Attentats vom 20. Juli 1944 namentlich auch Georg Elser erwähnte – als einen «der Deutschen, die ihr mutiges Eintreten für Menschenwürde und Freiheit, für Recht und Wahrheit mit ihrem Leben bezahlt haben».[50] 1984 wurde in Hermaringen, dem Geburtsort Elsers, zum ersten Mal in Deutschland eine Straße nach ihm benannt. 1988 gründete sich in Heidenheim der Georg-Elser-Arbeitskreis, der dafür sorgen wollte und will, dass Georg Elser in der Erinnerungskultur der ihm gebührende Platz eingeräumt wird. Schon im folgenden Jahr sorgte der Arbeitskreis mit einem breit gefächerten Programm zum 50. Jahrestag des Elser-Attentats für große Aufmerksamkeit in der Region. Im selben Jahr kam Klaus Maria Brandauers Spielfilm *Georg Elser – einer aus Deutschland* in die Kinos –

und auch auf die Ostalb. «Am Tag, als die Mauer fiel, zeigte Brandauer uns in Heidenheim seinen neuen Film», erinnerte sich der Sprecher des Georg-Elser-Arbeitskreises Manfred Maier. «Dann begann sich endlich etwas zu bewegen.»[51]

12

«Vollstreckerin der historischen Lehren» – Der 9. November in der Geschichtskultur der DDR

Für das Selbstverständnis der DDR war die Novemberrevolution von elementarer Bedeutung.[1] Sie definierte sich geradezu aus dieser Revolution heraus, in deren Verlauf ja auch die KPD entstanden war, Vorläufer und Hauptquelle der SED. «Keine Wiederholung der Fehler von 1918» war über Jahrzehnte das Leitmotiv der DDR-Staatsführung. Folgt man deren Selbstdarstellung, war in der DDR verwirklicht, was infolge der «Schwächen und Halbheiten» der Novemberrevolution seinerzeit nicht hatte realisiert werden können. Die SED präsentierte sich bis zum Ende «als konsequente Vollstreckerin der historischen ‹Lehren› der Novemberrevolution.»[2]

Dieser Bedeutung entsprechend wurde regelmäßig am 9. November an die Revolution erinnert. Vor allem zu runden Jubiläen gab es eine Fülle von Veranstaltungen im gesamten Staatsgebiet und umfangreiche publizistische Würdigungen. Der 9. November war während der gesamten Geschichte der DDR ein wichtiger Gedenktag, wenn auch kein gesetzlicher Feiertag wie der 1. Mai (Internationaler Kampf- und Feiertag der Werktätigen), der 8. Mai (Tag der Befreiung) und der 7. Oktober (Tag der Republik). Auch im Geschichtsunterricht spielte der 9. November eine wichtige Rolle.

Er war allerdings zugleich ein schwieriges Datum für die SED. Als leuchtendes Vorbild und unfehlbares Muster galt die «Große Sozialistische Oktoberrevolution». Im Vergleich zu ihr wurde die Novemberrevolution stets als die kleine zurückgebliebene Schwester behandelt. Sie wurde zwar «zu traditionsbildenden, identitätsstiftenden und legitimierenden Zwecken» genutzt, aber häufig nur als Negativfolie, denn zugleich distanzierte man sich inhaltlich von dieser Revolution. Die SED-Spitze hatte zu ihr «ein ambivalentes – um nicht zu sagen ‹gespaltenes› – Verhältnis».[3] Im Allgemeinen wurde als größte «Errungenschaft» der

Novemberrevolution die Gründung der KPD gefeiert. Die Tat einer ganz kleinen Gruppe am Rande der Arbeiterbewegung wurde zum «Wendepunkt in der deutschen Geschichte» stilisiert. Auch Zeitungsartikel zu den Gedenktagen vermittelten regelmäßig den Eindruck, der Spartakusbund und seine Führer seien die entscheidenden revolutionären Kräfte im November 1918 gewesen.[4]

Dieses Bild der Novemberrevolution passte in den Zeiten des Kalten Krieges hervorragend zur parallel stattfindenden Deutung in der Bundesrepublik, wo der Abwehrkampf gegen den drohenden Bolschewismus in den Mittelpunkt gestellt wurde. Lediglich die Bewertungen standen sich diametral gegenüber. Ab Mitte der sechziger Jahre rückte die historische Forschung in der Bundesrepublik immer mehr von diesem Bild ab. In der DDR fand kein entsprechender Prozess statt. Während sich in der Bundesrepublik die Geschichtswissenschaft seit den frühen sechziger Jahren auch als streitende und um Deutungen ringende Wissenschaft entwickelte, war dies in der DDR nur in Ansätzen und auch nur bei Themen denkbar, die weit von den politischen und geschichtspolitischen Interessen der SED entfernt waren. Für die Novemberrevolution galt das nicht.

Aufgrund ihrer herausragenden Bedeutung für das historische Selbstverständnis und die Geschichtskultur beanspruchte die SED im Hinblick auf sie umfassende Deutungshoheit. Über die Geschichtsschreibung zur Novemberrevolution wurde von den Führungsgremien der SED bzw. von denen der KPdSU entschieden, nicht etwa von Historikern.

So blieb es in der DDR bis zuletzt bei der Heldenlegende um Spartakus, die vor allem in den frühen Jahren durch massive Verdammung der SPD-Führung ergänzt wurde. So war beispielsweise am 9. November 1963 im *Neuen Deutschland* zu lesen: «Als Ergebnis der Politik sozialdemokratischer Führer 1918 und ihres blindwütigen Antikommunismus entstand aus der imperialistischen Weimarer Republik der faschistische deutsche Staat, der Deutschland in eine noch größere nationale Katastrophe stürzte. Es führt eine Blutlinie von der Ermordung Karl Liebknechts und Rosa Luxemburgs bis zu den Millionen Toten in den faschistischen Konzentrationslagern und auf den Schlachtfeldern des zweiten Weltkrieges.»[5]

Als zweiter roter Faden zog sich durch die Jubiläumsberichterstattung, dass in der DDR verwirklicht sei, was die Revolutionäre 1918 anstrebten.

«Vermächtnis der Spartakuskämpfer in guter Hand», titelte am 9. November 1958 das *Neue Deutschland.*[6] Im folgenden Jahr stand der Leitartikel am 9. November unter der Überschrift «In der DDR siegten die Ideen des November».[7] 1968 wurde der Novemberrevolution mit einer großen Zeichnung auf der Titelseite des *Neuen Deutschland* gedacht. Überschrift des zugehörigen Artikels: «Vermächtnis von 1918 bei uns erfüllt».[8]

Die Erinnerung an die Novemberrevolution diente in erster Linie dem Zweck, die DDR im historischen Entwicklungsprozess der Arbeiterbewegung zu verorten und ihr in den Augen ihrer Bevölkerung Legitimität zu verschaffen, im Idealfall sogar ein hohes Maß an Identifikation. Zum 40. Jahrestag fanden 1958 «Feierstunden und Kundgebungen mit Kämpfern der Novemberrevolution in Berlin und der DDR» statt.[9] Der Nationalrat rief «alle Bürger auf, die Häuser und Straßen am 40. Jahrestag der deutschen Novemberrevolution mit den Fahnen der Arbeiterbewegung, der Republik sowie der Parteien und der Massenorganisationen festlich zu schmücken.»[10] Zehn Jahre später gab es zum 50. Jahrestag der Novemberrevolution am 9. November 1968 eine Festveranstaltung des ZK der SED, des Staatsrates der DDR, des Ministerrates der DDR und des Nationalrates der Nationalen Front.[11] Protokollarisch höher ging es nicht, das unterstreicht die geschichtspolitische Bedeutung, die der Novemberrevolution als angeblicher historischer Basis der DDR in den letzten Jahren der Ära Ulbricht zugeschrieben wurde. Walter Ulbricht war Ende April 1945 aus dem Moskauer Exil nach Berlin zurückgekehrt, war mit Unterstützung der sowjetischen Besatzungsmacht mächtigster Mann in Partei- und Staatsführung geworden und blieb dies bis zu seiner Entmachtung Anfang Mai 1971. Ulbricht verortete die DDR ganz in der Tradition der deutschen Arbeiterbewegung. Passend dazu wurde 1968 vom Institut für Marxismus-Leninismus beim ZK der SED eine opulente *Illustrierte Geschichte der Novemberrevolution in Deutschland* veröffentlicht.[12]

Auch zum 50. Jahrestag legte die SED-Spitze «Thesen» über «die Novemberrevolution in Deutschland und ihre aktuellen Lehren» vor, die durch den Abdruck im *Neuen Deutschland* vom 29. September 1968 einem breiten Publikum nahegebracht wurden. Die Novemberrevolution wurde nun als echte «Volksrevolution» bezeichnet, die zwar gescheitert sei, weil im entscheidenden Moment die revolutionäre marxistisch-leninistische

Kampfgruppen an der Gedenkstätte der Sozialisten in Berlin-Friedrichsfelde am 9. November 1958. Die Novemberrevolution spielte eine zentrale Rolle in der Gedenkkultur der DDR. Erinnert wurde vor allem an die Ermordung von Rosa Luxemburg und Karl Liebknecht.

Partei fehlte. Sie habe nicht einmal die «bürgerlich-demokratische Umwälzung» zu Ende führen können und den Klassenstaat der Weimarer Republik zum Ergebnis gehabt, doch dürften ihre kriegsbeendenden und befreienden Wirkungen nicht geringgeschätzt werden.[13]

Es war das letzte Mal, dass die SED offizielle Sprachregelungen zur Novemberrevolution verkündete. Der Machtwechsel von Ulbricht zu Honecker im Mai 1971 war Ausdruck tiefgreifender Veränderungen. Im Innern verbanden sich mit ihm auch ein verändertes geistiges Klima und ein geschichtspolitischer Perspektivwechsel, der die Novemberrevolution direkt betraf. Das etablierte System der Honecker-Ära versuchte, DDR-Identität durch Besinnung auf das «nationale Erbe» zu stiften, nicht so sehr durch Rückgriff auf revolutionäre Traditionen und die Arbeiterbewegung. Als beispielsweise Ende der siebziger Jahre bekannt wurde, dass in Westberlin eine große Preußen-Ausstellung geplant wurde, bemühte sich die DDR intensiv, eine vergleichbare Schau auf die Beine zu stellen – was nicht gelang. Aber Preußen wurde nun ganz offensichtlich den «progressiven Traditionen der deutschen Geschichte» zugerechnet, die auch die DDR für sich in Anspruch nahm. Im Lutherjahr 1983 feierte die DDR den Reformator ganz selbstverständlich als Teil der eigenen Geschichte.

Was die Novemberrevolution angeht, änderte sich vor allem der geschichtspolitische Umgang mit ihr gravierend. Die offizielle Deutung von 1968 blieb bis 1989 gültig, aber sie verlor immer mehr an Bedeutung. Zum 60. Jahrestag veröffentlichte das Institut für Marxismus-Leninismus beim ZK der SED noch einmal eine große *Illustrierte Geschichte der deutschen Novemberrevolution 1918/19*,[14] aber im Aufruf zum 30. Jahrestag der DDR-Gründung 1979 wurden zwar der Bauernkrieg 1525, die Barrikadenkämpfe 1848 und die KPD als Elemente des Traditionsstrangs benannt, der zur DDR geführt habe, nicht jedoch die Revolution von 1918/19.

Diese geschichtspolitischen Veränderungen eröffneten in den siebziger- und achtziger Jahren dem Gedenken am 9. November neue Spielräume, von denen auch die Erinnerung an das Hitler-Attentat Georg Elsers hätte profitieren können. Aber der Einzeltäter Elser passte nach wie vor nicht ins Bild. Er wählte vor Hitlers Machtantritt zwar kommunistisch, hatte Kontakt zum Rotfrontkämpferbund der KPD, war jedoch kein Parteigänger. Für die Traditionsbildung der SED blieb er bis zum Ende bedeutungslos und war der DDR kein Zeichen der Erinnerung wert.[15]

Anders verlief die Entwicklung im Hinblick auf die Novemberpogrome von 1938. Verglichen mit der Novemberrevolution hatte die Pogromnacht in den Anfangsjahren der DDR kaum eine Rolle gespielt. Die Erinnerung daran galt in erster Linie als Angelegenheit der kleinen jüdischen Gemeinden, nicht als Sache der SED oder der Staatsführung. Die DDR nahm für sich in Anspruch, keinerlei Verantwortung für Verbrechen des NS-Regimes zu übernehmen. Schließlich seien die deutschen Kommunisten nicht nur entschiedene Gegner der Nazis gewesen, sondern auch die ersten Verfolgten und die ersten Inhaftierten in Konzentrationslagern. Ganz im Gegensatz zur Bundesrepublik habe die DDR auch einen klaren Bruch mit all dem vollzogen, was das NS-Regime ausgemacht oder möglich gemacht habe. Deshalb sei in der DDR jeder Antisemitismus mit seinen Wurzeln ausgerottet, und es sei gewährleistet, dass er nie wieder entstehen könne. Die DDR sah sich auf der Seite der «Guten» – ganz im Gegensatz zur Bundesrepublik.

Auch die weltanschaulichen Grundlagen der SED stellten eine massive Behinderung für ein angemessenes Gedenken an die Novemberpogrome dar. Der Nationalsozialismus wurde als besonders diktatorische Herrschaft des Kapitals wahrgenommen, entsprechend galt der Antikommunismus als Wesenskern des NS-Regimes. Der Vernichtungs-Antisemitismus wurde dagegen nicht als zentrales Merkmal des Nationalsozialismus betrachtet. Es lag ganz auf dieser ideologischen Linie, einen Gedenktag für die «Opfer des Faschismus» zu etablieren, und an diesem Gedenktag insbesondere an Widerstandskämpfer aus der Arbeiterbewegung zu erinnern, auch an den Widerstand aus kirchlichen Kreisen und schließlich natürlich auch an all die anderen Opfer, an die Juden und andere aus rassistischen Gründen Verfolgten. Früh entstand eine unausgesprochene Opferhierarchie, und in der waren Juden als «passive Opfer» nicht besonders hoch eingestuft.[16]

So waren die kleinen jüdischen Gemeinden – 1949 hatten sie etwa 3750 Mitglieder, 1970 nur noch 1078[17] – im Wesentlichen auf sich selbst gestellt, wenn sie Veranstaltungen zum Gedenken an die Novemberpogrome durchführten. In den ersten Jahren wurden sie von der VVN unterstützt, die häufig als Mitveranstalter auftrat und große Teile der Organisation übernahm. Als aber die Führungsgremien der SED Ende 1952 entschieden, die DDR brauche keine eigenständige Organisation für die Verfolgten des Naziregimes, und die Selbstauflösung der VVN anordnete, fiel diese Unterstützung weg. Dennoch gelang es den jüdischen Gemeinden auch in den folgenden Jahren, an die Novemberpogrome zu erinnern.

1954 wurde auf dem Gelände des ehemaligen KZ Buchenwald ein Gedenkstein eingeweiht. Im selben Jahr führte die Ostberliner jüdische Gemeinde eine Gedächtnisfeier in ihrer Synagoge in der Rykestraße durch. Das geschah auch 1955, nun aber unter Beteiligung von Vertretern der Regierung, des Magistrats, der Parteien und der Massenorganisationen. In Leipzig wurde am 9. November 1955 eine Feierhalle auf dem jüdischen Friedhof eingeweiht. Die Regierung war hier durch den stellvertretenden Vorsitzenden des Ministerrats vertreten.

Auffallend häufig berichteten die Massenmedien der DDR in dieser Zeit über antisemitische Ausschreitungen und die Schändung von Friedhöfen oder Denkmälern in der Bundesrepublik. Auch ehemalige Nazis in führenden Positionen der Bonner Republik waren regelmäßig Thema. Während in der Bundesrepublik Schlussstrichforderungen erhoben wurden und ranghohe Regierungsvertreter den Veranstaltungen zum Gedenken der Novemberpogrome fernblieben, versuchte die DDR durch ihre Anteilnahme zu demonstrieren, dass sie das bessere Deutschland war.[18]

Das zeigte sich deutlich bei einer großen Gedenkkundgebung im Ostberliner Friedrichstadtpalast zum 9. November 1956, bei der einige der Redner massiv die Verhältnisse in der Bundesrepublik anprangerten. Der Vertreter der Ost-CDU warnte vor Tausenden ehemaliger NS-Täter in führenden Positionen des Bonner Staatsapparates: «Sie bereiten eine Kristallnacht vor, viel größer als 1938, bei der nicht nur Juden, sondern Anhänger des Fortschritts, der Demokratie und des Friedens verschleppt, gefoltert und erschlagen würden. Natürlich sprechen sie nicht von Feuer und Mord, sondern von Freiheit, Demokratie und christlichem Abendland.»[19]

Dasselbe Muster im Jahr 1960. Erstmals veröffentlichte das Präsidium des Nationalrats anlässlich des 22. Jahrestages eine förmliche Erklärung zur «Kristallnacht». Nach der Schilderung der Pogrome ging es in dieser Erklärung sehr rasch um den Zustand der Bundesrepublik, wo ehemalige Nazis wieder bestimmend seien. Explizit wurde schließlich «im Namen aller anständigen Deutschen» gefordert: «Globke muss gehen!» Hans Globke, der Chef des Bundeskanzleramts, war in der NS-Zeit Ministerialbeamter im Innenministerium gewesen. In seine Zuständigkeit fielen nicht nur Teile der Rassengesetzgebung, er hatte 1936 auch gemeinsam mit seinem Vorgesetzten, Staatssekretär Wilhelm Stuckart, die offiziösen *Kommentare zur deutschen Rassengesetzgebung* verfasst. Die Erklärung zum Jahrestag der Novemberpogrome im Jahr 1960 diente weniger der Erinnerung, sondern nahm vor allem Globke ins Visier. Sie war Bestandteil einer großen Kampagne gegen Adenauers Politik, braune Schreibtischtäter in wichtigen politischen Funktionen zu beschäftigen.

Dass die Erinnerung an die Novemberpogrome im Verlauf der sechziger Jahre etwas mehr eigenständiges Gewicht bekam, hatte mit dem Konkurrenzverhältnis zur Bundesrepublik zu tun: Der 9. November 1958 hatte in der DDR ganz im Zeichen des 40. Jahrestags der Novemberrevolution gestanden. Die jüdischen Gemeinden hatten ohne Beteiligung von Vertretern des Staates erinnert. Das Staatssekretariat für Kirchenfragen der DDR übte daran im Nachhinein Kritik, denn in Westberlin und in Westdeutschland hätten Feierstunden stattgefunden, «an denen prominente Politiker teilnahmen.» [20] In der DDR müsse man daraus die entsprechenden praktischen Schlussfolgerungen ziehen und ebenfalls Präsenz zeigen.

Bereits die Feierlichkeiten zum 25. Jahrestag im November 1963 fanden dann mit staatlicher Unterstützung statt. Die Post der DDR legte eine Sonderbriefmarke mit stilisierter brennender Synagoge und dem Text «Niemals wieder Kristallnacht!» auf. Die acht jüdischen Gemeinden und deren Verbandsvorstand veröffentlichten einen «Aufruf an die Juden in der Welt und alle Menschen guten Willens», in dem sie nicht nur mahnten, die abgrundtiefe Barbarei einer Kristallnacht dürfe sich nie wiederholen, sondern auch ihre Dankbarkeit dafür formulierten, «dass Faschismus, Antisemitismus und Rassismus in unserem Staat mit ihren Wurzeln ausgerottet worden sind.» Sie appellierten an alle Menschen guten Willens, sich für die Beseitigung von «Faschismus, Militarismus, Antisemitismus und Völkerhetze auch in Westdeutschland» einzusetzen.

Dieses Arrangement legte die Grundlage für das weitere Gedenken an die Novemberpogrome in der DDR. In der Regel sandte von nun an der Kirchenstaatssekretär zum 9. November eine Gedenkadresse an den Verband der jüdischen Gemeinden, es gab Gedenkakte und Kranzniederlegungen, auch im lokalen Bereich, sowie historische Artikel in der Tagespresse. Neben alledem organisierten die jüdischen Gemeinden weiterhin eigene Gedenkveranstaltungen.[21]

1968 fand im Deutschen Hygienemuseum in Dresden der erste zentrale Gedenkakt zum 9. November 1938 in der DDR statt.[22] Die Veranstaltung unter dem Titel «Nie wieder Kristallnacht» war durchaus bemerkenswert, denn die öffentliche Erinnerungskultur der DDR konzentrierte sich in jenen Tagen ganz auf den 50. Jahrestag der Novemberrevolution.

Schon 1963 waren erstmals auch die Evangelischen Kirchen in der DDR als Akteure in Erscheinung getreten, und sie bauten dieses Engagement in den folgenden Jahren kontinuierlich aus.[23] Am 9. November 1973 hielt der Bischof der Evangelischen Kirche Berlin-Brandenburg Albrecht Schönherr eine Ansprache im Rahmen des Gedenkgottesdienstes der jüdischen Gemeinde Ostberlins, in der er u. a. erklärte: «Sache der Christen wäre es gewesen, nicht untätig zuzusehen. Aber nur von einigen wenigen Kanzeln hörte man deutlichen empörten Protest.» Deshalb könne dieser Tag für Christen stets nur bedeuten, um Vergebung zu bitten.[24] Das waren neue, selbstkritische Töne.

Kirchenvertreter genossen einen gewissen Schutz und zeigten Mut, auf Fehlentwicklungen auch in der DDR aufmerksam zu machen. So äußerten sich Geistliche im Verlauf der Synode des Bundes der evangelischen Kirchen in der DDR, die am 26. September 1978 in Ostberlin tagte, besorgt über «faschistisches Denken» in der DDR. Superintendent Ludwig Große aus Saalfeld in Thüringen zitierte Bertolt Brechts Satz «Der Schoß ist fruchtbar noch, aus dem das kroch» und erklärte dann: «Er ist es auch in unserem Land.» Man könne die Zeit vor 1945 nicht als eine ansehen, «die wir nach drüben abschieben können». Man müsse vielmehr feststellen, dass auch «wir» Anteil an Schuld und Verantwortung haben. «Auch die Bevölkerung dieses Landes. Denn sie war mitbeteiligt am Schweigen, am Zulassen, am Mithetzen und am Mitinbrandstecken und Plündern in der Kristallnacht von 1938.»[25]

Im Gedenken an die Novemberpogrome steckte gewaltiges Konfliktpotential, das sich 1978 öffentlich zu entfalten begann und das gesamte Gebäude ins Wanken brachte, das die DDR zu ihrer historischen Legitimation errichtet hatte. Die SED reagierte, indem sie den Jahrestag der «Kristallnacht» in den Festtagskalender der DDR eingefügte und aufwertete. Wie schon zehn Jahre zuvor fand der zentrale Gedenkakt in Dresden statt. Er bestand diesmal aus einer Reihe von Veranstaltungen und erstreckte sich über mehrere Tage. Erstmals richtete nun der Generalsekretär und Staatsratsvorsitzende aus diesem Anlass eine Grußadresse an die Jüdische Gemeinde.[26] Insgesamt sind zum 40. Jahrestag 45 Gedenkakte in 20 Städten der DDR belegt, darunter drei offiziell von Staat und Partei verantwortete, 12 von den jüdischen Gemeinden initiierte und 30 explizite Kirchenveranstaltungen.[27] Das stärkere Engagement der evangelischen Kirchen führte nicht nur zu einer massiven Ausweitung und einer Aufwertung des Gedenkens, sondern hatte auch inhaltliche Folgen. Ihre Veranstaltungen waren von einer völlig anderen Haltung zu den Novemberpogromen durchdrungen als die staatlich initiierten Gedenkfeiern.

Das Gedenken an die Novemberpogrome außerhalb des Zugriffs von Partei und Staatsorganen entwickelte sich in den folgenden Jahren immer breiter und vielfältiger. In einer ganzen Reihe von evangelischen Gemeinden, beispielsweise in Ostberlin, Karl-Marx-Stadt und Leipzig, wurde nun jährlich am 9. November der Pogromnacht gedacht.[28] In diesem Kontext entstanden Gruppen und Bewegungen, denen die evangelischen Kirchen einen Schutzraum boten. Die SED-Führung legte in dieser Zeit noch mehr Interesse am 9. November 1938 an den Tag. Jetzt schien die Staatsführung den Gedenktag wirklich für sich und die DDR zu entdecken.

Als Mitte der achtziger Jahre die ökonomische Situation der DDR immer schwieriger wurde, mag auch das ein Motiv gewesen sein, der Novemberpogrome noch intensiver zu gedenken. «Im Glauben, dadurch das Verhältnis zum Westen verbessern zu können, bemühte man sich 1988, den 50. Jahrestag der Novemberpogrome mit internationalen Gästen zu begehen.»[29] Die Planungen für dieses herausragende Jubiläum begannen früh im Jahr zuvor. Im Juni 1987 führte Honecker erstmals ein offizielles Gespräch mit dem Vorsitzenden des Zentralrats der Juden in Deutschland Heinz Galinski, den er nach Ostberlin eingeladen hatte. Dabei deutete er zum ersten Mal an, die DDR könnte möglicherweise zu einer Entschädigungsleistung für jüdische NS-Opfer in Höhe von 100 Millionen US-Dollar bereit sein. Galinski brachte ins Gespräch, die Parlamente beider deutschen Staaten könnten am 9. November jeweils zu einer Gedenk-Sondersitzung zusammenkommen.

Auch in der DDR wurde das offizielle Gedenken zum 50. Jahrestag der Novemberpogrome zu einem herausragenden Ereignis – in der bereits beschriebenen Verschränkung mit dem Gedenken in der Bundesrepublik. Neben den offiziellen Gedenkfeiern gab es eine Vielzahl unterschiedlichster Gedenkakte, wie sie die DDR nie zuvor aus diesem Anlass erlebt hatte: mehr als 140 in über 60 Städten. Kränze wurden niedergelegt, Dutzende Gedenktafeln eingeweiht, es gab Lesungen und Seminare,

Filmaufführungen und Empfänge. Sie wurden mitunter von staatlichen Stellen organisiert, waren aber viel häufiger unter dem Dach der evangelischen Kirchen angesiedelt. Die staatlichen Behörden taten alles, um auch diese Kirchenveranstaltungen «auf Linie» zu halten, aber das gelang nur unvollkommen. Die Teilnehmer an Gedenkveranstaltungen zu den Novemberpogromen nahmen ihre neuen Erkenntnisse und Erfahrungen mit ins nächste Jahr.

13

«Wahnsinn!» – Der Mauersturz 1989

Der Tag, der die Welt veränderte, begann völlig unspektakulär. Als die Sonne am 9. November 1989 um 7.16 Uhr über Berlin aufging, war es dicht bewölkt bei sieben Grad und leichtem Wind aus West bis Südwest. Noch war es trocken, aber leichter Regen war vorhergesagt. Ein ganz normaler Novembertag in der geteilten Stadt. Nichts, aber auch wirklich gar nichts deutete darauf hin, dass sich spät am Abend und in der Nacht Berliner aus Ost und West freudig um den Hals fallen könnten, dass Zehntausende gemeinsam feiern, jubeln und weinen würden wie nie zuvor und nicht danach. «Wahnsinn!» war das am meisten gestammelte, gemurmelte, freudig herausgeschriene Wort in dieser Nacht der Nächte. «Wahnsinn!», weil alles so unerwartet, so undenkbar, so großartig, so berührend und so weltbewegend war, was da geschah.

In Ostberlin trat am Morgen das ZK der SED mit seinen knapp 280 Mitgliedern und Kandidaten zusammen. Es war der zweite von drei Tagen dieser Sitzungsperiode. Zur selben Zeit begann eine Arbeitsgruppe aus Mitarbeitern des Innenministeriums und der Stasi damit, eine Reiseregelung zu formulieren, die das «CSSR-Problem» lösen sollte. Die Tschechoslowakei litt darunter, dass sie immer mehr zur Fluchtroute für DDR-Bürger in den Westen wurde. Aus Nord- und Westböhmen gab es zahlreiche Beschwerden über lange Trabi-Kolonnen, die die Straßen verstopften und die Luft verpesteten. Die Regierung der CSSR drängte deshalb seit einigen Tagen darauf, dass die DDR-Regierung eine Reise- und Ausreiseregelung für ihre Bürger finden müsse, die einen direkten Grenzübertritt möglich mache.

Nach einigen Stunden legte die Arbeitsgruppe den Entwurf für eine «Übergangsregelung» vor. Für eine ordentliche, gesetzliche Regelung wäre formal die Zustimmung der Volkskammer nötig gewesen, des «Parlaments» der DDR. Dafür aber hatte man in diesen Tagen keine Zeit. Die politische Führung der DDR stand extrem unter Druck. Es musste alles schnell gehen, sehr schnell.

Offiziell musste diese Übergangsregelung «für Reisen und ständige Ausreisen aus der DDR in das Ausland» vom Ministerrat der DDR beschlossen werden, aber das war reine Formsache. Tatsächlich wurde eine Entscheidung von so großer Tragweite vom Politbüro des ZK der SED entschieden, dem eigentlichen Machtzentrum von Partei und Staat. Dessen 22 Mitglieder beschlossen um die Mittagszeit am Rande der ZK-Sitzung die neue Verordnung. Sie sollte bis zum Inkrafttreten einer entsprechenden gesetzlichen Regelung durch die Volkskammer gelten. Der Beschluss des Ministerrats sollte im Lauf des Nachmittags im Umlaufverfahren erfolgen. Wenn bis 18 Uhr keine Widersprüche im Sekretariat des ZK eingingen, sollte die Zustimmung als erteilt gelten.

Die Kernsätze der Regelung lauteten:

«a) Privatreisen nach dem Ausland können ohne Vorliegen von Voraussetzungen (Reiseanlässe und Verwandtschaftsverhältnisse) beantragt werden. Die Genehmigungen werden kurzfristig erteilt. Versagensgründe werden nur in besonderen Ausnahmefällen angewandt.

b) Die zuständigen Abteilungen Pass- und Meldewesen der Volkspolizeikreisämter der DDR sind angewiesen, Visa zur ständigen Ausreise unverzüglich zu erteilen, ohne dass dafür noch geltende Voraussetzungen für eine ständige Ausreise vorliegen müssen. (...)

c) Ständige Ausreisen können über alle Grenzübergangsstellen der DDR zur BRD bzw. zu Berlin (West) erfolgen.»[1]

Die neue Regelung sollte mit einer Pressemitteilung am folgenden Tag veröffentlicht werden und dann «ab sofort» gelten. Nach der Mittagspause wurde sie ab 15.30 Uhr dem ZK vorgestellt. Egon Krenz, seit 17. Oktober Nachfolger von Erich Honecker als SED-Generalsekretär und Staatsratsvorsitzender, erklärte im Verlauf des Nachmittags fast beiläufig, die neue Reise-Regelung könne doch auch gleich nachher bei der routinemäßigen Pressekonferenz vorgestellt werden. An Sitzungstagen des ZK fanden im Internationalen Pressezentrum in der Mohrenstraße exakt zwischen 18 und 19 Uhr Pressekonferenzen statt, die vom DDR-Fernsehen live übertragen wurden. Der für Medien zuständige Sekretär des ZK schilderte bei diesen Pressekonferenzen den Verlauf der Sitzung und beantwortete Fragen der internationalen Pressevertreter, die in diesen

Tagen aufgrund der brisanten innenpolitischen Situation der DDR besonders zahlreich vor Ort waren.

Günter Schabowski war erst seit drei Tagen Sekretär für Informationswesen, aber er beherrschte das Metier. Von 1978 bis 1985 war er Chefredakteur des *Neuen Deutschland* gewesen. Dem ZK und dessen Politbüro gehörte er seit 1981 an. Pünktlich um 18 Uhr eröffnete Schabowski die Pressekonferenz und berichtete zunächst etwa sieben Minuten lang sehr allgemein über den Verlauf der Debatte im ZK: 16 Wortmeldungen, kritischer und selbstkritischer Ton beim Besprechen der aktuellen Schwierigkeiten, breiter Ansatz bei der Analyse der Ursachen der Probleme, ernsthaftes Bemühen um Erneuerung von Partei und Gesellschaft erkennbar ... Danach beantwortete Schabowski Fragen. Er war also, wenn er bestimmte Themen ansprechen wollte, von nun an auf entsprechende Fragen angewiesen.

Um 18.53 Uhr bekam Riccardo Ehrman das Mikrofon, der Chefkorrespondent der italienischen Nachrichtenagentur *ANSA*. Ehrman stellte die Frage, ob es denn nicht ein Fehler gewesen sei, vor einigen Tagen den Entwurf einer neuen Reiseverordnung zu veröffentlichen, die dann ja auf massive Kritik gestoßen sei. Das gab Schabowski Gelegenheit, über die Ziele zu sprechen, die mit diesem älteren Entwurf verfolgt worden seien, und wie beiläufig zu erwähnen, dass «heute, soviel ich weiß», in dieser Frage eine Entscheidung getroffen worden sei. Mit dieser heute beschlossenen Regelung sei es nicht mehr nötig, «über einen befreundeten Staat» auszureisen, wenn man die DDR verlassen wolle. Erst auf Nachfrage anderer Journalisten blätterte Schabowski in seinen Unterlagen und las dann die entscheidenden Passagen der Übergangsregelung korrekt, aber immer wieder stockend vor, die das Politbüro – dem er angehörte! – um die Mittagszeit beschlossen hatte. Auf die Frage, wann das in Kraft trete, blätterte er wieder in seinen Unterlagen und erklärt dann – wieder stockend und etwas ratlos erscheinend: «Sofort, unverzüglich».

Inzwischen war es fast 19 Uhr. Einige Journalisten verließen eilig den Raum. Die letzte Frage galt der Berliner Mauer, Schabowski erklärte, die Durchlässigkeit beantworte noch nicht die Frage nach ihrem Sinn – und beendete anschließend um 19:00:54 Uhr die Pressekonferenz.

Den Ablauf so genau wie möglich zu rekonstruieren, ist in diesem Fall besonders wichtig, weil diese Pressekonferenz weitreichende Konsequenzen hatte: Sie war der Ausgangspunkt für den Sturz der Berliner Mauer in der folgenden Nacht. Meist wird in den Schilderungen des Mauerfalls darauf abgehoben, Schabowski habe völlig überfordert und schlecht informiert durch Unklarheiten und Falschinformationen einen Prozess ausgelöst, der nie beabsichtigt war. Er habe alle beteiligten Behörden der DDR ins Chaos gestürzt und – wider Willen – den Deutschen das größte Glück der Nachkriegszeit beschert. Häufig wird dieses Schabowski-Bild untermauert mit der auszugsweisen schriftlichen Wiedergabe seiner Äußerungen bei der Pressekonferenz.

Wer je mit wörtlich transkribierter freier Rede zu tun hatte, der weiß, dass frei gesprochene Texte in Schriftform häufig ähnlich «brillant» wirken wie Schabowskis Auslassungen. Inzwischen ist die Pressekonferenz Schabowskis in voller Länge auf YouTube zugänglich, und man kann sich einen eigenen Eindruck von seinem Auftreten verschaffen. Nach meinem Urteil kann trotz mancher Unzulänglichkeit in den Formulierungen keine Rede davon sein, er habe mit den Worten «sofort, unverzüglich» erklärt, die Grenzübergänge seien bereits in diesem Moment offen. Er hat im Gegenteil korrekt vorgelesen, dass Reisen ins Ausland sowie ständige Ausreisen bei den zuständigen Behörden beantragt werden müssten.

Schabowski kam jedenfalls nicht im Traum auf den Gedanken, etwas «angerichtet» zu haben, sondern machte sich nach einem seit längerem verabredeten Exklusiv-Interview mit NBC völlig übermüdet auf den Heimweg nach Wandlitz. Er war nicht der Einzige, der nicht ahnte, was die kommenden Stunden bringen würden. Eberhard Diepgen, der Fraktionsvorsitzende der CDU im Berliner Abgeordnetenhaus, erklärte später freimütig: «Die Konsequenzen aus den Beschlüssen des ZK und der Pressekonferenz von Günter Schabowski konnten wir nicht genau einschätzen.»[2] Die Grafikerin Ute Gretzschel sah mit ihrem Partner eher zufällig Schabowskis Pressekonferenz im DDR-Fernsehen. Sie berichtete später, dass sie mit ihrem Partner danach ruhig und sachlich über das Gesagte diskutiert habe. «Trotz unserer Verbindungen zum Fernsehen muss ich gestehen, dass wir beide das Ausmaß von Schabowskis Verkündung an jenem Abend nicht verstanden hatten. Zumindest dass es in dieser Nacht gleich so losgeht, haben wir nicht gedacht.»[3] Ähnlich ging es der Ostberliner Journalistin Regine Sylvester: «Ich hatte Schabowski im Fernsehen gesehen, eine normale Pressekonferenz, wie ich meinte.»[4]

Selbst ein Vollblutjournalist wie der WDR-Intendant Friedrich Nowottny konnte sich zunächst keinen Reim auf die Äußerungen Schabowskis machen. Nowottny war am 9. November 1989 mit dem NRW-Ministerpräsidenten Johannes Rau zu einem offiziellen Besuch in Ostberlin und hörte auf der gemeinsamen Fahrt von Ostberlin nach Leipzig im Autoradio Schabowskis Pressekonferenz mit den Äußerungen zur Reisefreiheit. «Wir gingen, völlig verunsichert durch diese Äußerung von Schabowski, in das Stadttheater in Leipzig, wo sich schon die ganze SED-Prominenz versammelt hatte, um an der Eröffnung des NRW-Kulturfestivals teilzunehmen.» Später am Abend wurde Johannes Rau zum Gespräch in die *Tagesthemen* geschaltet und von Hanns Joachim Friedrichs gefragt, was er dazu sage, dass die Mauer gefallen sei. Johannes Rau tappte noch immer verunsichert im Dunkeln und erklärte höchst diplomatisch und nichtssagend: «Es sind Erkenntnisse da, dass Bewegung an den Grenzen ist.»[5]

Was war geschehen, nachdem Schabowski die Pressekonferenz beendet hatte?

Reuters und die *Deutsche Presse Agentur* (DPA) hoben in ihren ersten Meldungen um 19.03 bzw. 19.04 Uhr darauf ab, dass die neue Regelung es jedem Bürger der DDR erlaube, über Grenzübergangspunkte der DDR auszureisen. Der *Allgemeine Deutsche Nachrichtendienst* (ADN) gab um 19.04 Uhr die Pressemitteilung des Ministerrates mit dem Wortlaut der neuen Reiseregelung heraus. *Associated Press* (AP) meldete um 19.05 Uhr: «Die DDR öffnet nach Angaben von SED-Politbüromitglied Günter Schabowski ihre Grenzen.»[6] Diese Formulierung ließ einen gewissen Spielraum für missverständliche Deutungen. Um 19.17 Uhr berichtete die ZDF-Nachrichtensendung *Heute* mit einer Wortmeldung über die neue Grenzregelung und orientierte sich an dabei stark an DPA und *Reuters*.[7]

Um 19.30 Uhr brachte die *Aktuelle Kamera* im Programm DDR 1 an zweiter Position Informationen über die Reiseregelung. «Privatreisen nach dem Ausland können ab sofort ohne besondere Anlässe beantragt werden.»[8] Um 19.35 Uhr erklärte Walter Momper, der Regierende Bürgermeister von Berlin, in der *Abendschau* des SFB, dies sei ein Tag, «den wir uns lange ersehnt haben, seit 28 Jahren. Die Grenze wird uns nicht mehr trennen.» Er appellierte an die Westberliner, alle Besucher aus der DDR mit offenen Armen zu empfangen. «Praktisch ab morgen geht es los!»[9]

Um 19.41 Uhr meldete DPA: «Die sensationelle Mitteilung: Die DDR-Grenze zur Bundesrepublik und nach West-Berlin ist offen!»[10] Das war zu diesem Zeitpunkt nicht missverständlich, sondern falsch. Die *Tagesschau* eröffnete um 20.00 Uhr mit der Reiseregelung als Top-Meldung, versehen mit dem Insert «DDR öffnet Grenze».[11]

Der Lagebericht der Volkspolizei hielt unter der Uhrzeit 20.15 Uhr fest, dass sich am Grenzübergang Sonnenallee etwa zehn DDR-Bürger eingefunden hätten, die ausreisen wollten. Am Übergang Invalidenstraße waren es zwanzig, und am Grenzübergang Bornholmer Straße warteten etwa fünfzig Ausreisewillige.[12] Nach dem Ende der *Tagesschau* kamen in Ostberlin mehr Menschen an die Grenzübergänge. Am Übergang Bornholmer Straße, der nahe am dicht besiedelten Wohngebiet Prenzlauer Berg mit seiner Literaten- und Künstlerszene lag, wurde der Andrang nun rasch größer. Hier standen um 20.30 Uhr bereits einige hundert, vorwiegend jüngere Leute und verlangten, in den Westen der Stadt durchgelassen zu werden. Zu diesem Zeitpunkt versuchten Volkspolizei und Grenzschutzbehörden den Wartenden noch zu erklären, sie möchten sich doch bitte am nächsten Tag an die Meldestellen wenden.[13]

Weder die Volkspolizei noch die Grenzschutzbehörden waren vorab von der politischen Führung in irgendeiner Weise vorbereitet worden. Um 20.45 Uhr wurde der für die Volkspolizei zuständige Generaloberst Karl-Heinz Wagner, immerhin stellvertretender Innenminister, von seinem Ministerium über die Reaktionen auf die Schabowski-Pressekonferenz informiert. Man verlangte von ihm, sofort sämtliche Zufahrtsstraßen und Wege zur Berliner Mauer sperren zu lassen – für Wagner eine völlig abwegige und unrealisierbare Idee. Er erteilte der Volkspolizei vielmehr den Befehl, Bürger der DDR mit Personalausweis passieren zu lassen. Damit vermied er jede Konfrontation seiner Beamten mit Ausreisewilligen im sogenannten Vorfeld der Grenze und verlagerte Konflikte und Entscheidungsdruck auf die Grenzübergangsstellen und die Mitarbeiter der Stasi.

Das hat der evangelische Pfarrer Rainer Eppelmann hautnah miterlebt, einer der engagiertesten Bürgerrechtler der DDR. Nach einer Veranstaltung hörte er davon, dass die Mauer offen sei. «Das konnte ich nicht glauben!» Er wollte wissen, was los war, und machte sich auf den Weg zum Grenzübergang an der Bornholmer Straße, «auf den sich ein Menschenstrom zubewegte. Unmittelbar vor dem Schlagbaum standen bereits etwa hundert Menschen.» Mit einem Bekannten drängelte er sich ganz nach vorn an den Schlagbaum. «Eine nervöse Spannung lag in der Luft. Hinter uns versammelten sich immer mehr Menschen – und es passierte: nichts. Die Szene war gewaltig. Hunderte standen inzwischen am Schlagbaum. Es war still! Es erklang kein Geräusch, keine Schreie von Soldaten, keine Schüsse vor allem. Die bewaffneten Mauerwächter standen uns gegenüber und wussten ebenso wie wir nicht, wie es nun weitergehen sollte. Ihre ganze Arroganz, die sie gegenüber uns Bürgern immer zur Schau getragen hatten, war einer großen Unsicherheit und Ratlosigkeit gewichen. Einige von uns sprachen nun die Grenzer zögernd an, forderten sie – jede Aggression vermeidend – auf, den Schlagbaum zu öffnen: ‹Nun macht doch mal auf! Wie lange sollen wir noch warten? Der Schabowski hat doch gesagt, wir können durch.› Die Grenzbeamten standen uns – es war faszinierend – völlig hilflos gegenüber, zu einer angemessenen Reaktion unfähig. Einige von uns hatten bereits die Hände auf den Schlagbaum gelegt, nun packten wir das Holz. Plötzlich ging die Schranke auf, und wir gingen in das Gelände der tief gestaffelten Grenzbefestigungsanlage der DDR hinein, bis hin zur Bornholmer Brücke. Es war ganz einfach! Und wieder passierte: nichts!»[14]

Kurz vor 21 Uhr rief der Minister für Staatssicherheit Erich Mielke beim Staats- und Parteichef Egon Krenz an. Krenz hielt später fest, Mielke habe ihm berichtet, er «habe soeben erfahren, dass sich viele Menschen in Richtung Grenze bewegten. Schabowski solle irgendetwas auf einer Pressekonferenz gesagt haben. Er wisse noch nicht genau, was los sei, werde mich aber sofort anrufen, wenn er im Bilde ist. Nach wenigen Minuten meldete er sich ein zweites Mal. Tausende, so informierte er, seien in Richtung Grenzübergangsstellen unterwegs, teils zu Fuß, teils mit dem Pkw. ‹Was sollen wir machen?›, fragte er mich.» Krenz wollte zunächst noch mit Verteidigungsminister Keßler sprechen, dem die Grenztruppen der DDR unterstanden, aber er erreichte ihn nicht.

«Mielke meldete sich erneut und war hörbar erregt: ‹Wenn wir nicht sofort entscheiden, was zu tun ist, dann verlieren wir die Kontrolle.› Ich frage Mielke: ‹Was schlägst du vor?› ‹Generalsekretär bist du.› Es war für mich sein Signal: Das Ministerium für Staatssicherheit wird sich meiner politischen Entscheidung nicht widersetzen. Das war außerordentlich wichtig. ‹Wir werden ja wegen der paar Stunden bis zum 10. November – dann sollten die Grenzübergangsstellen ohnehin geöffnet werden – nicht noch eine Konfrontation mit der Bevölkerung riskieren. Also, hoch mit den Schlagbäumen!› Mielke darauf, ziemlich leise: ‹Hast recht.›»[15]

Ob sich der Schluss der Szene tatsächlich so abgespielt hat, wie Egon Krenz sie schilderte, darf bezweifelt werden. Nach seiner angeblichen Entscheidung dauerte es immerhin noch zweieinhalb Stunden, bis die Grenze tatsächlich geöffnet wurde. Fakt ist, dass die politische Führung der DDR in den Abendstunden des 9. November völlig abtauchte und weder Verantwortung übernahm noch Entscheidungen traf.

Um 21.20 Uhr entschieden die Verantwortlichen am Übergang Bornholmer Straße selbständig, dem zunehmenden Druck insoweit nachzugeben, als man diejenigen, die am stärksten drängten, passieren ließ, nachdem man ihre Pässe mit einem Stempel auf das Passfoto markiert hatte – ihnen sollte die Rückkehr verweigert werden.[16] Offenbar hatte man den Kern der neuen Reiseregelung noch nicht verstanden, die ab dem nächsten Morgen greifen sollte.

Um 21.53 Uhr unterbrach das DDR-Fernsehen die Ausstrahlung eines Spielfilms, um den Beschluss des Politbüros bzw. des Ministerrats noch einmal vollständig verlesen zu lassen. Vier Minuten später wurde der Spielfilm ein zweites Mal unterbrochen. Nun wurde nicht nur der Beschluss verlesen. Der Sprecher erklärte zusätzlich: «Also: die Reisen müssen beantragt werden.» Um 22.28 Uhr wurde die Ausstrahlung des Spielfilms abgebrochen und die Spätausgabe der *Aktuellen Kamera* vorgezogen. In der Nachrichtensendung wurde der Text der Reiseregelung verlesen und noch einmal ausdrücklich darauf hingewiesen, dass Reisen beantragt werden müssen.[17] Auch diese letzten Versuche der DDR-Medien, den Inhalt der neuen Reiseregelungen zu kommunizieren, kamen bei den Menschen nicht an.

Um 22.42 Uhr begann im Ersten Deutschen Fernsehen die Ausstrahlung der *Tagesthemen* – wegen eines Fußballspiels etwas verspätet. Hanns

Joachim Friedrichs eröffnete die Sendung im OFF mit den Worten: «Das Brandenburger Tor heute Abend. Als Symbol für die Teilung Berlins hat es ausgedient. Ebenso die Mauer, die seit 28 Jahren Ost und West trennt. Die DDR hat dem Druck der Bevölkerung nachgegeben. Der Reiseverkehr in Richtung Westen ist frei.» Gezeigt wurden Bilder vom Brandenburger Tor und der Mauer davor. Dann Friedrichs im ON: «Guten Abend, meine Damen und Herren. Im Umgang mit Superlativen ist Vorsicht geboten, sie nutzen sich leicht ab. Aber heute Abend darf man einen riskieren: Dieser neunte November ist ein historischer Tag: Die DDR hat mitgeteilt, dass ihre Grenzen ab sofort für jedermann geöffnet sind. Die Tore in der Mauer stehen weit offen.»[18] Reporter Robin Lautenbach berichtete im Verlauf der Sendung, dass es am Grenzübergang Bornholmer Straße möglich sei, völlig komplikationslos allein mit dem DDR-Personalausweis in den Westen zu kommen. Ein Augenzeuge schilderte, wie um 21.25 Uhr das erste Pärchen herüberkommen sei. Sie seien sich um den Hals gefallen und hätten gemeinsam geweint.[19]

Nach dieser Sendung gab es kein Halten mehr. Zehntausende Ostberliner machten sich auf den Weg zu den Grenzübergängen. Alle Versuche, dort noch kontrollierte und geordnete Übergänge zu organisieren, waren zum Scheitern verurteilt.

Um 23.30 Uhr entschied der diensthabende Leiter an der Bornholmer Straße: «Wir fluten jetzt! Wir machen alles auf!» Tausende überglückliche, lachende und weinende Menschen drängten unkontrolliert durch die engen Grenzanlagen, überrannten die Kontrolleinrichtungen geradezu. Personalausweise spielten keine Rolle mehr. Auf der Bornholmer Brücke wurden sie von wartenden Westberlinern begeistert begrüßt. Etwa 20 000 Menschen strömten allein zwischen 23.30 Uhr und 0.15 Uhr durch diesen Grenzübergang in den Westteil Berlins.[20]

Unter ihnen war auch eine 35-jährige Frau, die den Abend – wie immer donnerstags – mit Freundinnen in der Sauna im Thälmann-Park verbracht hatte. Dort hatte sie das Gerücht von der Öffnung der Mauer gehört. «Anschließend habe ich mich dann aber in Richtung Grenzübergang Bornholmer Straße auf den Weg gemacht, denn tatsächlich: Die Mauer war auf. Es war möglich, über die Grenze nach West-Berlin zu gehen – einfach so, ohne Passierschein und Grenzkontrolle. Die Straße war voller Menschen. Mit der Menschenmenge habe ich mich über die

Der Grenzübergang Bornholmer Straße. Etwa 20 000 Menschen strömten hier ab 23.30 Uhr im Verlauf einer Stunde nach Westberlin, unter ihnen auch die 35-jährige Angela Merkel.

Grenze treiben lassen. Was ich damals gefühlt habe, dafür kann ich keine Worte finden. Es war einfach unfassbar und überwältigend zugleich.»[21] 16 Jahre und 13 Tage später wurde sie zur ersten Bundeskanzlerin gewählt.

Das Beispiel des Grenzübergangs Bornholmer Straße machte Schule. Um Mitternacht waren alle Grenzübergänge zwischen Ost- und Westberlin geöffnet, ebenso Grenzübergänge in die Bundesrepublik. In Lübeck und anderen grenznahen Städten im Westen waren um Mitternacht die ersten Trabis unterwegs.

Es ist im Nachhinein eine ganze Reihe von Beteiligten mit dem Fall der Mauer am späten Abend des 9. November in Verbindung gebracht worden: Da ist natürlich Günter Schabowski, der ihn durch unklare Informationen wider Willen angestoßen haben soll. Egon Krenz will entschieden haben, die Schlagbäume zu heben. Riccardo Ehrman wurde 2008 für seine angeblich entscheidende Frage bei der Pressekonferenz sogar mit dem Bundesverdienstkreuz geehrt – inzwischen ist bekannt, dass er vom ADN-Generaldirektor Günter Pötschke, der Mitglied des ZK war, zuvor entsprechend gebrieft worden war.[22] Einer aber fehlt auf der Liste: Hanns Joachim Friedrichs, der Moderator der *Tagesthemen*. Und dabei hatten er und seine Redaktion ganz offensichtlich wesentlichen Anteil daran, dass die Mauer am späteren Abend des 9. November 1989 gefallen ist.

Einen Schritt weiter geht Hans Henning Kaysers in seinem 2004 erschienenen Roman *Sieben Tage im November. Die Woche, in der die Berliner Mauer fiel.*[23] Kaysers erzählt die Geschehnisse in der Woche vom 6. bis zum 12. November 1989 aus der sehr persönlichen Perspektive eines unmittelbaren Zeitzeugen. Er war bis 1980 Leiter des Innerdeutschen und Berlin-Referats im Bundesinnenministerium und bis 1986 Referatsleiter in der Ständigen Vertretung in Ostberlin. In Kaysers' von großer Detailkenntnis geprägtem Roman ist der Fall der Mauer «ein unglaubliches, ein groteskes Missverständnis». Auslöser war für Kaysers die Berichterstattung im Westfernsehen. «Nur so konnte es gewesen sein!», stellt sein Protagonist fest. «Dann war alles ein Werk unserer Medien!»[24]

Ähnlich urteilt auch Hans-Hermann Hertle, der in seiner *Chronik des Mauerfalls* die Ereignisse um den 9. November 1989 detailliert aufgearbeitet hat. «Den Ansturm Zehntausender Ost- und West-Berliner auf die Grenzübergänge und auf das Brandenburger Tor, der die Mauer in der Nacht vom 9. zum 10. November zum Einsturz brachte, haben (...) am Ende die Medien entfacht – und an vorderster Stelle die von Hanns Joachim Friedrichs moderierten *ARD-Tagesthemen*. (...) Eine von den Medien verbreitete Fiktion mobilisierte die Massen und wurde dadurch zur Realität.»[25]

Eine derart zugespitzte Deutung blendet allerdings den historischen Kontext, in dem der Mauerfall stand, nahezu vollständig aus und wird dadurch weder dem Geschehen noch den tatsächlich entscheidenden Akteuren gerecht. Was hat denn die SED-Führung so sehr unter Druck und Zugzwang gebracht, dass sie am 9. November 1989 Hals über Kopf eine Reiseregelung auf den Weg brachte, die vollständige Reisefreiheit und damit die Öffnung der Mauer bereits für den folgenden Tag in Aussicht stellte? Was hat die Menschen daran glauben lassen, dass nun tatsächlich die Mauer fiel? Was hat ihnen den Mut gegeben, sich nicht wegschicken zu lassen, sondern beharrlich an den Grenzübergängen zu bleiben und darauf zu bestehen, durchgelassen zu werden? Was hat die Beamten der Grenzbehörden, der Volkspolizei und der Stasi dazu veranlasst, dem Druck nach einiger Zeit nachzugeben und die Grenze vollständig zu öffnen?

Um das zu beantworten, sollte man zumindest bis zum 11. März 1985 zurückgreifen. An diesem Tag wurde Michail Gorbatschow in Moskau zum Generalsekretär der KPdSU gewählt. Nach zwei greisen Kurzzeitgeneralsekretären, die es gemeinsam auf nicht einmal drei Jahre Amtszeit gebracht hatten, entschied sich das Politbüro der KPdSU für den mit seinen 54 Jahren geradezu jugendlichen Gorbatschow. Er gehörte dem Politbüro seit 1980 als Vollmitglied an, war der jüngste Generalsekretär in der Geschichte der Partei und machte schon bald mit Reformbemühungen von sich reden.

Die waren dringend nötig, denn die Sowjetunion befand sich in einer tiefen wirtschaftlichen und gesellschaftlichen Krise. «Perestroika» (Umbau) und «Glasnost» (Transparenz) beschrieben als Schlagworte Gorbatschows sehr ernsthaften Versuch, das verkrustete System mit seiner maroden Wirtschaft zu modernisieren. Es ging um mehr innerparteiliche Demokratie, um marktwirtschaftliche Elemente in der Planwirtschaft, um Stärkung der Eigeninitiative und um Steigerung der wirtschaftlichen Effizienz. Gorbatschows Reformbemühungen betrafen auch das Verhältnis der Sowjetunion zu den Bruderstaaten. Am 10. April 1987 hielt er bei einem Staatsbesuch in Prag eine Rede, die reformorientierte Kräfte in den Staaten des Warschauer Paktes aufhorchen ließ: «Wir meinen nicht, dass wir die endgültigen Antworten auf alle Fragen gefunden haben, vor die uns das Leben gestellt hat. Wir sind auch weit davon entfernt, irgendjemanden dazu aufrufen zu wollen, uns zu kopieren. Jedes sozialistische Land hat seine Spezifik. Die Bruderparteien legen den politischen Kurs unter Berücksichtigung der nationalen Bedingungen fest.»[26] Sollten – nach 1953 in der DDR, nach 1956 in Ungarn, nach 1968 in der Tschechoslowakei – in Zukunft keine Panzer mehr rollen, um die Interessen der Sowjetunion durchzusetzen? In Mittel- und Osteuropa machte sich vorsichtig Hoffnung breit.

Am schnellsten und deutlichsten war das in Polen und Ungarn zu spüren. Wenige Jahre zuvor war es in Polen zu großen Arbeiterunruhen und Streiks gekommen, die von den Werften in Danzig und Gdingen ausgingen und zur Gründung der unabhängigen Gewerkschaft Solidarność führten. Solidarność entwickelte sich innerhalb kürzester Zeit zu einer überaus populären Organisation mit weitreichenden Reformvorstellungen für das wirtschaftliche und politische System Polens. Sie wurde zur ernsthaften Herausforderung für den Machtanspruch der Polnischen Vereinigten Arbeiterpartei, deren Hardliner schließlich im Dezember 1981 das Kriegsrecht verhängten, um den gesellschaftlichen Reformprozess zu stoppen, bevor er ihrer Kontrolle völlig entglitt. General Jaruzelski übernahm die Macht. Solidarność wurde verboten, ihre Führungsspitze verhaftet, aber im Untergrund existierte die Organisation weiter. Die neue Offenheit in Moskau stieß 1987 in Polen auf eine Untergrundbewegung, die nur darauf wartete, wieder frei und offen politisch arbeiten zu können.

In Ungarn herrschte seit der Niederschlagung des Aufstands 1956 Staats- und Parteichef János Kádár, der durch ökonomische Reformen eine Steigerung des Lebensstandards zu erreichen versuchte, aber zugleich eine weitergehende Liberalisierung der Wirtschaft und Reformen des politischen Systems ablehnte. Weil diese Strategie nicht den gewünschten Erfolg hatte, kam es innerhalb der Ungarischen Sozialistischen Arbeiterpartei und in Expertenkreisen bereits zwischen 1982 und 1984 zu intensiven Debatten über die Ziele der wirtschaftlichen und politischen Entwicklung des Landes. Kádár sah sich schließlich gezwungen, eine Liberalisierung des Wahlgesetzes, die Stärkung unternehmerischer Freiheiten in der Wirtschaft und weitere Reformmaßnahmen zu akzeptieren. Auch nach Westen begann Ungarn sich zu öffnen, nicht zuletzt um die Sanierung der ungarischen Wirtschaft ernsthaft voranzubringen. Gorbatschows neuer Reformkurs musste in Ungarn geradezu als Bestätigung der eigenen Bemühungen verstanden werden.

Ganz anders sah die politische Situation in der DDR aus, wo Erich Honecker und das Politbüro der SED den Reformbemühungen Gorbatschows völlig ablehnend gegenüberstanden. Dabei war die Wirtschaft des Landes in keinem besseren Zustand als die der Bruderstaaten. Bereits 1982 galt die DDR international als zahlungsunfähig. Sie musste mehr als das 1,5-Fache dessen an Devisen für Tilgungs- und Zinszahlungen an internationale Gläubiger aufwenden, was sie durch Exporte einnahm. Die Finanz- und Planwirtschaftsexperten hatten das SED-Politbüro und Honecker persönlich schon seit 1976 mehrfach auf die sich immer mehr verschärfende Situation hingewiesen, aber ohne jeden Erfolg.[27] Der menschlich und ethisch gebotene Freikauf von inhaftierten Regimegegnern und gefassten Republikflüchtlingen durch die Bundesrepublik bescherte dem Regime zusätzliche Deviseneinnahmen, zwei Milliardenkredite 1983 und 1984 verschafften ihm nur kurzfristig etwas Luft.

Die desaströse wirtschaftliche Lage setzte bei Honecker und den anderen Mächtigen im Politbüro auch 1987 keinen Prozess des Umdenkens in Gang. In bemerkenswerter Klarheit brachte das Kurt Hager auf den Punkt, der als «Chef-Theoretiker» der Partei galt. Am 9. April 1987, dem Tag vor Gorbatschows Prager Rede, veröffentlichte der *Stern* ein Interview mit Hager, in dem auch der Satz fiel: «Würden Sie, nebenbei gesagt, wenn Ihr Nachbar seine Wohnung neu tapeziert, sich verpflichtet fühlen Ihre Wohnung ebenfalls neu zu tapezieren?» Am folgenden Tag wurde das Interview ungekürzt im *Neuen Deutschland* nachgedruckt.[28] Das war eine klare Botschaft: In der DDR sollte alles beim Alten bleiben.

In oppositionellen Kreisen der DDR wurde dagegen Gorbatschows Reformpolitik sehr genau zur Kenntnis genommen. Markus Meckel, 1989 einer der herausragenden Köpfe der Revolutionsbewegung, war 1987 Pastor in Vipperow. Er war fasziniert vom neuen Denkansatz und vom neuen Geist, den er spürte. «Ich selber habe 1987 in der Samariterkirche im Friedenskreis Rainer Eppelmanns einen Vortrag über das neue Denken Gorbatschows gehalten. Wir verfolgten die Entwicklung unter Gorbatschow sehr intensiv und verbanden damit große Hoffnungen.»[29]

Im Juni 1987 kam es in Ostberlin zu Protesten Tausender Jugendlicher, die die DDR tagelang beschäftigten, und die Stasi stellte fest, dass sich die Rufe «Die Mauer muss weg» vervielfachten – möglicherweise der Nachhall von Ronald Reagans Rede an der Mauer vor dem Brandenburger Tor. Am 12. Juni hatte der US-Präsident Westberlin besucht und im Angesicht der Mauer gefordert: «Herr Gorbatschow, reißen Sie diese Mauer nieder.»[30]

Parallel dazu setzte die SPD ihre Politik des «Wandels durch Annäherung» fort. Am 28. August 1987 veröffentlichten SPD und SED ein gemeinsames Papier mit dem Titel «Der Streit der Ideologien und die gemeinsame Sicherheit». In der DDR wurde das Erscheinen als Sensation wahrgenommen. Während die SED darin vor allem den Statusgewinn sah, auf Augenhöhe mit der SPD zu erscheinen, wurde sie in Wahrheit in die Defensive gedrängt. «Die deutsche Sozialdemokratie hatte ihren kulturellen und politischen Wertehorizont buchstäblich über Nacht einem Millionenpublikum in der DDR in die Hand gegeben. Fortan konnte sich jeder, der wollte, auf dieses Papier beziehen und die dortigen (sozialdemokratischen) Argumente als seine eigenen benutzen.»[31]

In diesen Monaten wurde die kleine, aber vielfältige Oppositionsbewegung aus Friedensinitiativen, Umweltaktivisten und Menschenrechtsgruppen immer deutlicher sichtbar, die sich vor allem im Schutzraum der Kirchen in der DDR herausbildete. Die Kirchen waren zu diesem Zeitpunkt der einzige öffentliche Raum, in dem freie Kommunikation möglich war.[32]

Die Stasi mit ihren 91 000 Hauptamtlichen und ihrem dichten Netz von etwa 110 000 inoffiziellen Mitarbeitern hatte die oppositionellen Basisgruppen gut im Blick und verfolgte das Ziel, sie zu bekämpfen, bevor sie eine Massenbasis gewinnen konnten. Zu diesen Gruppen gehörte auch die Initiative Frieden und Menschenrechte, die von Juni 1986 bis Dezember 1987 die Untergrund-Zeitschrift *Grenzfall* herausgab. In der Nacht vom 24. auf den 25. November 1987 besetzte die Stasi die Umweltbibliothek in der Berliner Zionskirche, weil sie der Überzeugung war, dass zu diesem Zeitpunkt dort der *Grenzfall* gedruckt würde. Aktivisten wurden verhaftet, die Druckmaschinen beschlagnahmt. In der Zionskirche wurde daraufhin eine dauernde Mahnwache eingerichtet, und es kam zu Protestaktionen in der ganzen DDR. Die Stasi-Aktion wirkte wie ein Weckruf. Die West-Medien berichteten und schufen auch eine internationale Öffentlichkeit.[33]

Für den 17. Januar 1988 planten Oppositionelle dann, sich an der traditionellen SED-Demonstration zum Gedenken an die Ermordung von Karl Liebknecht und Rosa Luxemburg zu beteiligen. Die Staatssicherheit verhaftete bereits im Vorfeld 160 Personen. Einige aber kamen durch und schafften es sogar, für einige Zeit ein Transparent mit dem berühmten Luxemburg-Zitat «Freiheit ist immer die Freiheit der Andersdenkenden» hochzuhalten. Vera Lengsfeld hatte mit ihren Freunden Transparente mit dem Text «Jeder Bürger der DDR hat das Recht, seine Meinung frei und öffentlich zu äußern» vorbereitet. «Das war der erste Satz von Artikel 27 der Verfassung der DDR. Ich war sicher, dass ich deshalb nicht verhaftet werden könnte. Aber ich habe mich getäuscht. Alle führenden Bürgerrechtler wurden innerhalb von wenigen Stunden festgenommen. Ich kam ins Gefängnis und war diejenige, die am längsten drin war, einen knappen Monat. In der Zeit fanden allabendlich Protestversammlungen statt, zu denen neben den Menschen, die sich für unsere Freilassung einsetzten, auch akkreditierte Journalisten aus dem Westen kamen. Dadurch waren wir jeden Tag in den Medien. Das führte zu dem Plan der Staatssicherheit, alle Bürgerrechtler in den Westen abzuschieben.»[34] Dieses Vorhaben wurde weitgehend umgesetzt, mitunter auch gegen den hartnäckigen Widerstand der Betroffenen.

Die polnische Oppositionsbewegung war zu diesem Zeitpunkt bereits einen Schritt weiter. Unter Führung der nach wie vor illegalen Solidarność kam es im April und Mai 1988 zu Streiks der Stahl- und Werftarbeiter, die schnell zur Machtprobe zwischen der Solidarność und dem Regime von General Jaruzelski wurden. Es fuhren jedoch keine Panzer auf, und auch die Zeiten des Kriegsrechts waren vorbei. Man verständigte sich vielmehr auf die Einrichtung eines «Runden Tisches», an dem gemeinsam über Reformen und die weitere Entwicklung des Landes beraten und entschieden werden sollte. Die Gespräche begannen im Februar 1989 und führten im April zu einer Verfassungsreform und zur Wiederzulassung von Solidarność, im Juni 1989 zu den ersten halb freien Parlamentswahlen.[35] Bei diesen Wahlen wurde über 35 Prozent der Sitze im Sejm frei entschieden. Solidarność gewann alle, und daneben 99 von 100 Sitzen im Senat. Die Entscheidung der Wähler war so eindeutig, dass der stufenweise Übergang zur Demokratie nun in sehr großen Schritten vollzogen wurde. Am 24. August wurde der Solidarność-Berater Tadeusz Mazowiecki polnischer Ministerpräsident.[36]

Anders der Verlauf in Ungarn. Dort machte die Sozialistische Arbeiterpartei den Erneuerungsprozess zu ihrer Sache. Am 22. Mai 1988 wurde János Kádár als Generalsekretär entmachtet und Károly Grósz zu seinem Nachfolger gewählt. Grósz war ein Verfechter weitreichender politischer Reformen. Dort waren, so Markus Meckel, «schon 1988 Veröffentlichungen möglich, von denen wir in der DDR nur träumen konnten. Ungarn suchte eine Annäherung an den Westen.»[37]

In der DDR blieb die SED-Führung dagegen bei ihrer harten Linie. Bereits das Hochhalten von Gorbatschow-Porträts in der Öffentlichkeit wurde von der Staatssicherheit als «negativ-feindliche Tätigkeit» eingestuft. Im Herbst 1988 wurde dann die sowjetische Monatszeitschrift *Sputnik* nicht mehr in der DDR vertrieben. Der *Sputnik* erschien seit Januar 1967 und druckte in der Gorbatschow-Ära auch Beiträge ab, die den Reformprozess spiegelten. So fanden sich im Oktoberheft 1988 kritische Beiträge zur Geschichte. Den deutschen Kommunisten wurde vorgehalten, sie hätten zu Beginn der dreißiger Jahre durch ihre Politik den Aufstieg Hitlers begünstigt. Das war der SED-Führung offenbar zu viel. Sie entschied, das Heft nicht auszuliefern. 130 000 Abonnenten und 60 000 Käufer waren betroffen. Das *Sputnik*-Verbot sorgte für einen Proteststurm im ganzen Land. Das Besondere daran war, dass er nicht auf bestimmte Bevölkerungsgruppen, Regionen oder Generationen beschränkt blieb, sondern alle erfasste. Der Unmut, der sich in der Gesellschaft in den Monaten davor angestaut hatte, machte sich nun in einer Vielzahl von Eingaben Luft, in Partei- und Betriebsversammlungen, auf Tausenden von Flugblättern und in anderen Protestaktionen.[38]

Die Jahre 1988/89 waren geprägt von unterschiedlichsten Aktivitäten verschiedenster Basisgruppen und Initiativen. Die zahlenmäßig noch kleine Oppositionsbewegung in der DDR hatte – anders als Solidarność – keine einheitliche Organisationsstruktur, aber sie konnte sich im Schutzraum der Kirchen entwickeln. Anfang Februar 1989 beschlossen dann die beiden Pfarrer und Theologen Markus Meckel und Martin Gutzeit, eine sozialdemokratische Partei in der DDR zu gründen. «Während des ersten Halbjahres 1989 suchten wir nach Verbündeten», berichtete Meckel später, «was natürlich nur im Untergrund geschehen konnte. Am 24. Juli 1989 stellten wir schließlich den Gründungsaufruf fertig.»[39] Auch die Vorarbeiten für die Gründung anderer Gruppen – zu nennen sind insbesondere «Neues Forum», «Demokratie jetzt» und «Demokratischer Aufbruch» – begannen in der ersten Jahreshälfte 1989.

Die Kommunalwahlen am 7. Mai beschleunigten diesen Prozess und verschafften der Opposition eine zuvor nie gekannte Breite. Zunächst schien alles seinen gewohnten Gang zu gehen. Gegen Mitternacht verkündete der Vorsitzende der zentralen Wahlkommission Egon Krenz im Fernsehen das offizielle Endergebnis: 98,89 Prozent für die Kandidaten der Nationalen Front unter Führung der SED bei einer Wahlbeteiligung von 98,77 Prozent. Doch diesmal hatten sich die Oppositionsgruppen verabredet, in zahlreichen Wahllokalen die Wahl und die Auszählung der Stimmen zu beobachten und zu dokumentieren, was nach dem Wahlrecht der DDR zulässig war. Die Kommunalwahlen im Mai 1989 waren nicht mehr und nicht dreister gefälscht als viele Wahlen in der DDR, doch erstmals konnte die Fälschung nachgewiesen werden. Die Oppositionsgruppen riefen in der Folge dazu auf, am 7. Tag eines jeden Monats zu protestieren, um an die Wahlfälschung zu erinnern.

Die Zahl der Anträge auf ständige Ausreise aus der DDR stiegen 1989 sprunghaft auf weit über 100 000 an – die meisten wurden nicht bewilligt. Die politische Entwicklung in Ungarn sorgte dann aber für ganz neue Möglichkeiten, die DDR zu verlassen. Ungarn kündigte am 2. Mai an, seine Befestigungen an der Grenze zu Österreich abzubauen. Symbolisch zerschnitten die Außenminister beider Länder am 27. Juni ein Stück des Stacheldrahtzauns.[40]

Zur selben Zeit demonstrierte die Kommunistische Partei Chinas, dass auch der massive Einsatz militärischer Gewalt gegen eine Oppositionsbewegung möglich war. Am 4. Juni 1989 ließ sie Panzer auffahren und den Tiananmen-Platz in Peking mit brutaler Gewalt räumen, den Studenten im April besetzt hatten, um für demokratische Reformen zu demonstrieren. Aus dem studentischen Protest hatte sich im Lauf weniger Wochen eine Oppositionsbewegung entwickelt, von der viele Städte des Riesenreiches erfasst wurden. Die Militärgewalt am 4. Juni betraf nicht nur Peking. Etwa 3000 Demonstranten wurden getötet. Nach den Räumungen wurden mindestens 49 Todesurteile vollstreckt.[41]

Das *Neue Deutschland* titelte am 5. Juni «Volksbefreiungsarmee Chinas schlug konterrevolutionären Aufruhr nieder». Drei Tage später verabschiedete die DDR-Volkskammer eine Erklärung, in der ausschließlich die «gewaltsamen, blutigen Ausschreitungen verfassungsfeindlicher Elemente» für die Toten und Verletzten verantwortlich gemacht wurden. Diese Signale waren eindeutig. Von nun an war in der DDR auch die «chinesische Lösung» denkbar.[42]

Unter diesen Umständen war es nicht verwunderlich, dass im Sommer 1989 viele DDR-Bürger Urlaub in Ungarn machten – und vor allem auf eine Gelegenheit zur Flucht in den Westen hofften. Als Ungarn in der Nacht vom 10. auf den 11. September seine Grenze zu Österreich völlig öffnete, nutzten innerhalb von 24 Stunden etwa 10 000 DDR-Bürger diesen Fluchtweg, bis Ende September waren es bereits 32 500. Parallel dazu sammelten sich Tausende von Fluchtwilligen auf dem Gelände der bundesdeutschen Botschaften in Budapest und Prag – unter katastrophalen hygienischen Bedingungen. Allein auf dem Prager Botschaftsgelände befanden sich Ende September mehr als 5000 DDR-Bürger. Die Bilder vom Gelände der Prager Botschaft gingen um die Welt und beschädigten die Reputation der DDR nachhaltig. Am 30. September entschieden Honecker und das Politbüro, die Flüchtlinge in die Bundesrepublik ausreisen zu lassen. Als der bundesdeutsche Außenminister Hans-Dietrich Genscher am 30. September 1989 um 18.59 Uhr mit einem schwachen Megaphon auf den Balkon des Palais Lobkowicz in Prag trat, um den Wartenden die erlösende Botschaft zu überbringen, war nur der erste Teil seines ersten Satzes zu hören. Alles andere ging im begeisterten Jubel der Fünftausend unter.

Das *Neue Deutschland* druckte am 2. Oktober einen von Honecker höchstpersönlich redigierten Kommentar über die Fluchtbewegung: «Sie alle haben durch ihr Verhalten die moralischen Werte mit Füßen getreten und sich selbst aus unserer Gesellschaft ausgegrenzt», hieß es da. «Man sollte ihnen deshalb keine Träne nachweinen.» Der spätere Bundespräsident Joachim Gauck ist überzeugt, dass «solche Dinge» von enormer Bedeutung für die Ereignisse der kommenden Wochen waren: «Das waren unsere Freundinnen und Freunde, unsere Söhne und Töchter und Enkelinnen und Enkel. Und die waren weg. Und wir dachten, wann sehen wir die wieder? Da wurde sehr viel geweint. Und er behauptete: ‹Denen weinen wir keine Träne nach.› Durch solche Dinge steigt dann Wut auf. Und es braucht Gefühle, um in bestimmten Situationen aus diesem Erwägen und Abwägen herauszutreten und zu Aktionen zu gelangen.»[43]

Um ihre Souveränität zu unterstreichen, hatte die DDR darauf bestanden, die Flüchtlinge nicht direkt aus Prag in die Bundesrepublik ausreisen zu lassen, sondern über ihr eigenes Territorium. Das sorgte bei den Flüchtlingen für enorme Verunsicherung und entlang der Fahrtroute der Züge für Demonstrationen und Auseinandersetzungen mit den Sicherheitskräften, insbesondere in Dresden. Die Machtdemonstration geriet zum Eigentor.

In diesen Wochen überschlugen sich die Ereignisse. In Leipzig hatten am 4. September nach einer längeren Sommerpause die montäglichen Friedensgebete in der Nikolaikirche wieder begonnen, die in aller Regel als Demonstration endeten. Schon beim ersten Mal wurde ein Plakat mit der Aufschrift «Für ein offenes Land mit freien Menschen» hochgehalten – vielleicht so etwas wie der gemeinsame Nenner der Opposition. Sicherheitsbeamte entfernten das Plakat, lösten aber die Demonstration nicht auf, denn das Westfernsehen war mit Kamerateams vor Ort. Etwa 1000 Menschen beteiligten sich an der Demonstration. Ebenso viele waren es eine Woche später, am 11. September. Nun wurde die Demonstration aufgelöst. Am 18. September war die Kirche mit 1200 Teilnehmern beim Friedensgebet übervoll. Am 25. September nahmen 2000 Menschen am Gebet teil, 5000 beteiligten sich an der Demonstration, die erstmals sogar auf dem Leipziger Ring und am Hauptbahnhof stattfand. Am 2. Oktober wurde auch in der Reformierten Kirche neben dem Hauptbahnhof gebetet, weil die Nikolaikirche überfüllt war. 20 000 Menschen nahmen an der Demonstration teil.[44]

Was Kontinuität und Teilnehmerzahlen angeht, entwickelte sich Leipzig in diesen Wochen zur Hauptstadt des Protestes. Aber es kam daneben zu zahlreichen Demonstrationen in vielen Städten und Gemeinden der DDR, beispielsweise in Plauen im Südwesten Sachsens. Auf ihrem Weg in die Bundesrepublik fuhren die Züge aus Prag am 4. Oktober durch die Stadt. Als Plauener Bürger den Zügen zuwinkten, griff die Polizei hart durch. Es gab viele Verletzte und zahlreiche Verhaftungen. Zur Friedensandacht am nächsten Tag kamen etwa 2000 Menschen, zu einer Protestdemonstration am Samstag, 7. Oktober, zwischen 15000 und 20000. Nun wurden Versammlungs-, Presse- und Reisefreiheit sowie demokratische Wahlen gefordert. Bereitschaftspolizei und Kampfgruppen rückten an, aber am Ende überforderte die große Zahl der Teilnehmer die lokalen Ordnungskräfte, und der Oberbürgermeister sagte Gespräche zu. Zum ersten Mal wich die Staatsmacht vor einer Massendemonstration zurück.[45] Die Opposition erreichte eine Massenbasis, von der man einige Monate zuvor nicht einmal zu träumen gewagt hätte.

In dieser Situation fanden in Ostberlin die Feierlichkeiten zum 40-jährigen Bestehen der DDR statt. Sie begannen am Nachmittag des 6. Oktober mit der offiziellen Festveranstaltung, bei der Honecker und Gorbatschow sprachen. Am Abend zogen nahezu 100 000 Angehörige der FDJ in einem Fackelzug an den Ehrengästen vorbei. Am 7. Oktober paradierte die Nationale Volksarmee auf der Karl-Marx-Allee.

Am Nachmittag fand ein Vieraugengespräch der beiden Generalsekretäre im Schloss Niederschönhausen statt. Beim festlichen Empfang am 7. Oktober im Palast der Republik tanzte das Ballett der Staatsoper, es sangen Theo Adam und Peter Schreier, Ludwig Güttler spielte Trompete. Alles schien wie gewohnt. Honecker ignorierte alle Proteste, obwohl es im Land brodelte und kochte. Viele Ältere wie beispielsweise der stellvertretende Vorsitzende des Bundes der Evangelischen Kirchen in der DDR, Manfred Stolpe, fühlten sich an das Frühjahr 1953 erinnert.[46]

Als Vertreter der Evangelischen Kirchen war Stolpe am 7. Oktober beim festlichen Empfang im Palast der Republik dabei. Er sah und hörte, wie auf der anderen Seite der Spree über 3000 Demonstranten standen und «Gorbi! Gorbi!» riefen, und er wurde Zeuge, «wie eine friedliche Demonstration für Veränderungen in der DDR vom Sicherheitsapparat brutal auseinandergetrieben wurde.»[47]

Auch Gorbatschow nahm all das wahr. Er hatte schon am Nachmittag im Gespräch mit Honecker deutliche Worte gefunden, aber nicht den Eindruck gewonnen, beim SED-Generalsekretär durchzudringen. «Am nächsten Morgen habe ich mich mit dem Politbüro getroffen und wieder von der Perestroika erzählt», berichtete Gorbatschow später. «Ich habe ehrlich gesagt, dass wir viel erreicht hatten, aber auch, dass wir manche Sachen gar nicht bedacht und auch etwas verloren hatten. Ich hatte Honecker vorher alles erzählt. Hier habe ich dann gesagt: ‹Wer zu spät kommt, den bestraft das Leben.› Dieser Satz wurde aus der Sitzung getragen, ist um die Welt und in die Geschichte eingegangen.»[48]

Am folgenden Tag waren Gorbatschow und die anderen Gäste aus aller Welt abgereist, auch die internationalen Fernsehteams hatten das Land verlassen. Es war Montag, der 9. Oktober, Tag einer Montagsdemonstration in Leipzig. Am Vormittag versammelte Oberbürgermeister Dr. Seidel im Leipziger Rathaus seine engsten Vertrauten um sich und bereitete sie darauf vor, dass es am Abend zur Sache gehen sollte. «Da muss eingegriffen werden, Schluss, das kann sich der Staat und können wir uns nicht mehr bieten lassen. Warum nicht? Weil es um die Machtfrage geht!»[49] Im Lauf des Tages wurden im Umland lange LKW-Kolon-

Mehr als 70 000 Menschen demonstrierten am 9. Oktober 1989 auf dem Leipziger Ring. Das war der Sieg der Friedlichen Revolution in der DDR.

nen mit Sicherheitskräften gesehen, die sich offensichtlich auf dem Weg nach Leipzig befanden. Es sickerte durch, dass medizinisches Personal für die Spät- und Nachtschicht zwangsverpflichtet worden war, dass ganze Krankenhausstationen geräumt und zusätzliche Blutkonserven bereitgestellt worden waren. Das Regime konnte am Abend auf 14 500 Mann zurückgreifen. Es musste mit dem Schlimmsten gerechnet werden.

Dennoch gingen am Abend des 9. Oktober mehr als 70 000 Menschen auf die Straße und demonstrierten friedlich auf dem Leipziger Ring. Sicherheitskräfte und Armee wurden nicht eingesetzt, obwohl Honecker dies vorab verlangt hatte. Großen Anteil daran hatten sechs Männer, die sich im Lauf des Tages zusammenfanden: der Gewandhauskapellmeister Kurt Masur, der Pfarrer Peter Zimmermann, der Kabarettist Bernd-Lutz Lange sowie die Sekretäre der SED-Bezirksleitung Kurt Meyer, Jochen Pommert und Roland Wötzel. Gemeinsam formulierten die sechs einen Aufruf, in dem sie sich gegen jede Gewalt aussprachen und einen friedlichen Dialog forderten.[50] Der Aufruf wurde im Lauf des Nachmittags verbreitet. Dass er von seinen eigenen Sekretären unterzeichnet war, hat den 1. Sekretär des Leipziger SED-Bezirks nach langem Zögern und Schwanken letztlich dazu bewogen, die unter seinem Kommando stehenden Einsatzkräfte zurückzuziehen.[51] Nicht nur in den Augen von Markus Meckel war dies der entscheidende Tag der Friedlichen Revolution. «Von diesem Tag an war mir – und ich glaube vielen von uns – klar, dass wir die Demokratie würden erreichen können.»[52]

Zwei Tage zuvor hatten Meckel und seine Mitstreiter die Sozialdemokratische Partei der DDR (SDP) gegründet. Dass die Organisation als Partei auftrat, war eine offene Kriegserklärung an die SED, zumal die SDP für sich in Anspruch nahm, sozialdemokratische Traditionen und Programmatik weiterzuführen, die seit dem Zusammenschluss von KPD und SPD angeblich von der SED verkörpert wurden. Auch das Gründungsdatum 7. Oktober konnte die SED-Führung als Provokation verstehen. Die SDP war die entschiedenste und daher riskanteste Opposition gegen das SED-Regime. Auch hier war die Staatssicherheit stets gut informiert und glaubte, das Geschehen unter Kontrolle zu haben. Wie sich später herausstellte, war einer der Gründer, Ibrahim (richtig: Manfred) Böhme, IM der Stasi.

Der Leipziger 9. Oktober wirkte wie ein Dammbruch. Im ganzen Land fanden nun Massendemonstrationen statt. Auch die Tradition der Montagsdemonstrationen wurde in anderen Städten aufgegriffen. Am 16. Oktober wurde in Leipzig, in Dresden, Magdeburg, Berlin und Halle demonstriert. In der gesamten Woche vom 16. bis 22. Oktober registrierte die Stasi 24 friedliche Demonstrationen mit 140 000 Teilnehmern.

Zusammen mit der ungebrochenen Fluchtwelle veranlassten die Massendemonstrationen die SED-Führung endlich zum Handeln. Die Gegner Honeckers formierten sich. In der Sitzung des Politbüros am 17. Oktober stellte Willi Stoph den Antrag, Honecker von sämtlichen Funktionen zu entbinden. Alle Anwesenden ergriffen das Wort, und auf unterschiedliche Weise rückten sie alle von Honecker ab. Der wehrte sich mit «einer verbitterten, aber angriffslustigen Verteidigungsrede.» Am Ende beschloss das Politbüro einstimmig, also auch mit Honeckers eigener Stimme, dessen Ablösung.[53] Am folgenden Tag wählte das ZK auf seiner 9. Tagung Egon Krenz zum neuen Generalsekretär. Der kündigte in seiner Antrittsrede an, «eine Wende» einzuleiten, mit der man «die politische und ideologische Offensive wieder erlangen» werde.[54] Zum ersten Mal wurde in diesem Zusammenhang der Begriff «Wende» gebraucht, der sich ganz und gar nicht eignet, um die Revolution von 1989 angemessen zu beschreiben.

Diese Personalentscheidung kam zu spät und war zu halbherzig, um noch großen Einfluss auf das Geschehen nehmen zu können. Krenz war stets als Honeckers Kronprinz wahrgenommen worden. Dass ausgerechnet er nun die «Wende» einzuleiten versprach, wurde kaum ernst genommen. Die Flucht aus der DDR ging unvermindert weiter, und der Druck der Protestbewegung steigerte sich noch einmal deutlich. In der Woche vom 23. bis 30. Oktober registrierte die Staatssicherheit 145 Demonstrationen mit 540 000 Teilnehmern. Die Protestbewegung erreichte auch die Klein- und Mittelstädte.

Am 24. Oktober beschloss das Politbüro, einen Entwurf zu einem Gesetz für Reisen ins Ausland ausarbeiten zu lassen. Eine Woche später lagen erste Entwürfe vor, aber die Finanzierung der Reisen, d. h. die Bereitstellung der notwendigen Devisen, erwies sich als kaum überwindbare Hürde. Selbst die billigste Variante – jeder DDR-Bürger sollte einmal im Jahr 15 Mark der DDR gegen 15 DM eintauschen können – riss nach ersten Hochrechnungen ein Loch von 400 Millionen Valutamark in die Außenhandelsbilanz und war kaum zu stemmen. Die DDR war im Westen hoch verschuldet. Eine «Analyse der ökonomischen Lage der DDR mit Schlussfolgerungen», die dem Politbüro am 31. Oktober vorgelegt wurde, zeichnete ein apokalyptisches Bild: Wenn man im Jahr 1990 auch nur einen weiteren Anstieg der Verschuldung verhindern wollte, hätte das eine Senkung des Lebensstandards um 25 bis 30 Prozent erforderlich gemacht.[55] Der Bevölkerung dies zuzumuten, hätte das Ende der SED bedeutet.

Am 1. November flog Krenz nach Moskau und sprach unter vier Augen mit Gorbatschow. Er bekam keine Zusagen für wirtschaftliche und finanzielle Hilfen. Gorbatschow riet ihm vielmehr, «einige Korrekturen an der Politik anzubringen, um das Verständnis des Volkes zu erlangen.» Dazu zählten in Gorbatschows Augen Besuchs- und Reisemöglichkeiten für DDR-Bürger. Die deutsche Frage stehe aber nicht auf der Tagesordnung, erklärte er Krenz. Es gebe auch keinen Anlass, «Vermutungen anzustellen, wie sich die deutsche Frage einmal lösen wird».[56]

Am 3. November beschloss das Politbüro, 6000 DDR-Bürger, die sich inzwischen wieder auf dem Gelände der bundesdeutschen Botschaft in Prag aufhielten, direkt in die Bundesrepublik ausreisen zu lassen. Die CSSR öffnete nun ihrerseits die Grenzübergänge nach Westen für DDR-Bürger. Allein über das Wochenende 4./5. November reisten mehr als 23 000 DDR-Bürger über die CSSR in die Bundesrepublik aus.[57]

Am 4. November fand auf dem Berliner Alexanderplatz die größte frei organisierte Demonstration in der Geschichte der DDR statt. Mindestens eine halbe Million Menschen versammelten sich am späten Vormittag des 4. November friedlich und hörten im Verlauf von drei Stunden kurze Ansprachen von 26 Rednern. Es sprachen Schauspieler wie Ulrich Mühe, Johanna Schall und Jan Josef Liefers, Schriftsteller wie Christa Wolf, Stefan Heym und Christoph Hein, Vertreter der Oppositionsbewegung wie Marianne Birthler, Friedrich Schorlemmer und Jens Reich, aber auch Männer des alten Regimes wie Günter Schabowski, Markus Wolf und Manfred Gerlach. Entsprechend diffus blieb die Veranstaltung, was die politischen Zielvorstellungen angeht. Für den späteren Bundestagspräsidenten Wolfgang Thierse war sie schon durch ihre schiere Größe «ein dramatischer Kulminationspunkt dieses Herbstes 1989 und im Übrigen auch ein wunderbares Ereignis. Ich werde nie vergessen, mit welcher Anspannung und Heiterkeit wir unterwegs waren. Wenn man die Plakate und Schilder sah, wie viel Witz da plötzlich war. Das haben wir doch alles von uns nicht gedacht. Wie viele Karikaturen und wunderbare Sprüche! Das ist doch ein Ausbruch an Intelligenz und Witz und Courage gewesen, dieser 4. November!»[58]

Zwei Tage danach traf der Wirtschaftsunterhändler und Stasi-Oberst Alexander Schalck-Golodkowski mit Bundesinnenminister Schäuble und Kanzleramtschef Seiters zusammen, um Devisenquellen zu erschließen. Dabei wurde die desaströse wirtschaftliche Lage der DDR offenkundig. Mit einmaligen Milliarden-Krediten wie 1983 und 1984 war der DDR nicht mehr zu helfen. Die DDR strebte vielmehr eine dauerhafte Beteiligung der Bundesrepublik an der Regulierung des Schuldendienstes der DDR an. Schalck-Golodkowski erkundigte sich indirekt nach dem politischen Preis einer ständigen Unterstützung. Seiters und Schäuble taktierten hinhaltend. Bundeskanzler Kohl ließ Krenz am folgenden Tag durch Seiters mitteilen, als Voraussetzung für finanzielle Hilfen müsse die DDR bereit sein, «die Zulassung von oppositionellen Gruppen und die Zusage zu freien Wahlen in zu erklärenden Zeiträumen zu gewährleisten». Dieser Weg sei allerdings nur möglich, «wenn die SED auf ihren absoluten Führungsanspruch verzichtet.»[59]

Am selben Tag ließ die SED-Führung den Entwurf ihres neuen Reisegesetzes im *Neuen Deutschland* veröffentlichen. Es gestand jedem DDR-Bürger zu, pro Jahr 30 Tage ins Ausland zu reisen. Pro Jahr sollte jeder 15 Mark der DDR in 15 DM eintauschen können. Darüber hinausgehende DM-Beträge hatte jeder Reisende entsprechend dem aktuellen Wechselkurs einzutauschen. Die politische Führung ging davon aus, damit die Forderung nach Reisefreiheit zu erfüllen, und erwartete eine Entspannung der innenpolitischen Lage. Doch schon am Tag der Veröffentlichung forderten die Montags-Demonstranten ein Reisegesetz ohne Einschränkungen: «365 Tage Reisefreiheit und nicht 30 Tage Gnade!»[60]

Die Fluchtbewegung durch die Tschechoslowakei in die Bundesrepublik war durch eine solche Reiseregelung nicht zu stoppen. So kam es zur Übergangsregelung, die dann am 9. November beschlossen und veröffentlicht wurde. Diese Reiseregelung hätte am 10. November die Öffnung der Mauer gebracht, wenn auch nicht deren Sturz, also den vollständigen

Kontrollverlust, wie er in der Nacht vom 9. auf den 10. November von den drängenden Menschenmassen erzwungen wurde. Bereits die öffentliche Ankündigung der Öffnung war eine Sensation. Das hat man am Abend des 9. November in Bonn natürlich sofort erkannt, wenn auch zunächst nicht geglaubt.

Im Bundeskanzleramt saß nach 19 Uhr eine kleine Runde zusammen: Bundesinnenminister Wolfgang Schäuble, der Chef des Bundeskanzleramts Rudolf Seiters und die Vorsitzenden der Fraktionen von CDU/CSU, SPD und FDP. «Während wir hitzig diskutierten, wie wir die wachsende Zahl von Flüchtlingen aus Ostdeutschland unterbringen sollten, platzte Eduard Ackermann – damaliger Pressesprecher Helmut Kohls – ins Zimmer und rief: ‹Die Presseagenturen melden die Öffnung der Mauer!› Wir konnten das nicht glauben», erinnerte sich Schäuble später, «und ich erwiderte: ‹Herr Ackermann, zu meiner Zeit als Chef des Bundeskanzleramtes war Alkohol während der Dienstzeit verboten.›»[61]

Um 20 Uhr erreichte die Nachricht von der bevorstehenden Öffnung der Berliner Mauer den Deutschen Bundestag. Minutenlang applaudierten die Abgeordneten. Nach einer Informationspause gab es Erklärungen der Bundesregierung und der Fraktionen, dann stimmten drei Abgeordnete der CDU/CSU die Nationalhymne an. Für Wolfgang Schäuble war diese Sitzung «der bewegendste Moment in der ganzen Geschichte der Jahre 1989/90». Er erinnerte sich noch Jahre später sehr genau: «Ein Teil der Grünen hat den Saal verlassen (...) aber die meisten sind aufgestanden und haben mitgesungen, und viele haben einfach geweint, insbesondere die Älteren. Das sind mit die schönsten Tränen gewesen. Natürlich war es trotzdem noch ein kritischer und gefährlicher Moment. Aber es war klar, jetzt geht dieses Entsetzliche, was mit diesem Scheusal von Hitler begonnen hat, zu Ende. Das hat man irgendwie gespürt.»[62] Willy Brandt, der als Regierender Bürgermeister von Berlin im August 1961 den Mauerbau miterleben musste, kämpfte im Plenarsaal mit den Tränen.[63]

Um 21.30 Uhr erreichte Ackermann den Bundeskanzler, der sich seit dem Nachmittag zu einem Staatsbesuch in Warschau aufhielt. Das ihm zu Ehren gegebene Staatsbankett endete erst in diesen Minuten. Helmut Kohl konnte nicht fassen, was er zu hören bekam. Er unterbrach seinen Staatsbesuch und flog am nächsten Tag nach Berlin.

«Der glücklichste Tag der Deutschen» (Wolfgang Schäuble) – die Berliner Mauer in der Nacht vom 9./10. November 1989.

Noch in der Nacht spielten sich in Berlin hochemotionale und herzzerreißende Szenen ab. Kurz vor Mitternacht kletterten von der Westseite her Menschen auf die Mauerkrone am Brandenburger Tor und verließen sie nicht mehr. Mehr als 1000 vorwiegend junge Leute aus beiden Teilen der Stadt tanzten während der ganzen Nacht ausgelassen auf der breiten Mauerkrone, und auch das Brandenburger Tor lockte viele Menschen an. Mit unbeschreiblicher Freude und Begeisterung feierten mehr als 100 000 Berliner den Sturz der Mauer. Auch auf dem Kurfürstendamm herrschte in dieser «Nacht der Nächte» Volksfeststimmung bis in die frühen Morgenstunden, und am nächsten Morgen stellte sich keineswegs ein politischer Kater ein.

Gorbatschow war zwar irritiert über die nächtliche Entwicklung, blieb aber bei seiner Generallinie, dass dies eine innere Angelegenheit der DDR sei. Der amerikanische Präsident George Bush beglückwünschte Krenz zu seiner Entscheidung, die Grenzen zu öffnen, und sprach diplomatisch geschickt gar nicht vom «Fall der Mauer». Krenz versuchte den Eindruck zu erwecken, er habe in der Nacht alles im Griff gehabt und bewusst auf jede Eskalation verzichtet. Alle Seiten waren bemüht, die unwahrscheinliche und wunderbare Geschichte dieser Nacht zu einem guten Ende zu bringen. Allen war klar, dass der Sturz der Mauer eine neue Situation geschaffen hatte und nicht wieder rückgängig zu machen war.

Die Fernsehbilder mit den feiernden Menschen auf der Mauer am Brandenburger Tor gingen um die Welt und berührten auch Amerikaner, Asiaten, Afrikaner und Australier. So wie die Berliner Mauer 28 Jahre lang das einprägsamste Symbol des Eisernen Vorhangs quer durch Europa war, so wurden nun diese Bilder zum stärksten Symbol für das Ende der Spaltung des Kontinents. Und sie stehen mehr als alle anderen Bilder aus dem Herbst 1989 für den Sieg des Volkes.

Aber nicht nur auf der symbolischen Ebene hat der Mauerfall große Wirkung entfaltet. Er hat auch unterstrichen, dass die Öffnung der Mauer nicht das Resultat einer «Wende» der SED war, sondern das Ergebnis einer friedlichen Revolution, die im Verlauf von zwei Monaten die Herrschaft der SED weggefegt hat, auch wenn am Morgen des 10. November Egon Krenz und das Politbüro noch im Amt waren. Das Ausmaß und die Zeit ihrer Herrschaft waren nun definitiv sehr begrenzt. Ähnlich wie die Revolution im November 1918 hat auch die Revolutionsbewegung im Herbst 1989 scheinbar Unbezwingbares in kürzester Zeit zum Einsturz gebracht. Die desaströse wirtschaftliche Lage der DDR, die Reformpolitik Gorbatschows und die Veränderungen in Polen und Ungarn haben die Voraussetzungen für den revolutionären Umsturz geschaffen, so wie der verlorene Weltkrieg im Jahr 1918. Aber diese Voraussetzungen haben noch nicht die Verhältnisse verändert. Es bedurfte der Menschen, die mutig auf die Straße gingen, damit alte und überlebte Regime beseitigt wurden – auch 1989. Ihnen verdanken wir, dass der 9. November 1989 «der schönste Tag in der neueren deutschen Geschichte» wurde.[64]

14

Angst und Sorge dominieren – Der 9. November wird (wieder) nicht Nationalfeiertag

Die Mauer war kaum gefallen, da begann bereits die politische Debatte über den Platz des Ereignisses in der zukünftigen Gedenk- und Erinnerungskultur. Am Wochenende 11./12. November 1989 überklebten Berliner Passanten Schilder der «Straße des 17. Juni» mit «9. November»-Zetteln, und der SPD-Partei- und Fraktionsvorsitzende Hans-Jochen Vogel brachte den 9. November als gemeinsamen Feiertag für beide deutsche Staaten ins Gespräch.[1] Vogel wies aber auch gleich auf das «Problem» hin, dass am 9. November 1938 die Pogromnacht stattgefunden habe. In der Öffentlichkeit wurde die Debatte von Anfang an hochemotional geführt. Einer der Ersten war der Journalist Klaus Hartung, der in der *taz* bereits am 14. November schrieb, die «Erinnerung an die Judenverfolgung» sei mit einem «Massenfest auf dem Kudamm unvereinbar. Beides zusammen zu einem womöglich besinnlichen Feiertag zu verschmelzen, wäre wahrlich pervers.»[2]

Unter deutschen Juden sorgte allein schon die Tatsache, dass der Mauerfall mit so überschwänglicher Freude gefeiert wurde, für Ängste und Sorgen. «Seit diesem 9. November vernehme ich aus allen Medien, dass dieser 9. November in die Geschichte eingehe (...) als ein Tag der Freude, der Brüderlichkeit, der Menschlichkeit und der deutschen Einheit», schrieb der Hamburger Maler Arie Goral, ein Urgestein der intellektuellen jüdischen Szene, am 24. November in der *Allgemeinen Jüdischen Wochenzeitung*. «Für die Juden in Deutschland und in aller Welt wurde, war und bleibt der 9. November der Mahntag an die Shoah, an das große und unvorstellbare Unheil, an den Untergang der deutsch-jüdischen Kultur, an die Vernichtung des größten Teils des europäischen Judentums. Er ist und bleibt ein Trauertag für uns.»[3]

Die Befürchtung, dass das mühsam erreichte Gedenken an den 9. November 1938 durch Freudenfeste aus Anlass des 9. November

1989 verdrängt werden könnte, verstärkte sich dadurch noch, dass durch den Mauerfall auch die Frage nach der deutschen Einheit aufgeworfen wurde. Der SPD-Ehrenvorsitzende Willy Brandt sprach zwar am 10. November lediglich davon, dass nun zusammenwachse, was zusammengehöre, und auch die Bundesregierung agierte zunächst diplomatisch sehr zurückhaltend. Am 28. November stellte Bundeskanzler Helmut Kohl dann im Bundestag sein «10-Punkte-Programm zur Überwindung der Teilung Deutschlands und Europas» vor, in dem erstmals von Schritten zur Einheit und von «konföderierten Strukturen» die Rede war. Das politische Ziel seiner Regierung sei die «Wiedergewinnung der staatlichen Einheit Deutschlands», erklärte der Kanzler in bemerkenswerter Klarheit und sorgte damit weltweit für Überraschung.[4]

Aus Sorge, ein großes, vereintes Deutschland könnte wieder in alte Muster der Machtpolitik zurückfallen, kritisierten linke Intellektuelle wie Günter Grass das «Wiedervereinigungsgeschrei» und plädierten entschieden für zwei demokratische deutsche Staaten. Führende Schriftsteller und Intellektuelle der DDR, darunter Christa Wolf, Volker Braun und Stefan Heym, verfassten einen Aufruf «Für unser Land» und traten für die Zweistaatlichkeit ein. Auch innerhalb der SPD gab es maßgebliche Kräfte, die einer Vereinigung beider Staaten skeptisch bis ablehnend gegenüberstanden, nicht zuletzt Oskar Lafontaine, der Ministerpräsident des Saarlandes und Kanzlerkandidat der Partei.

Am 15. Dezember 1989 formulierte der Auschwitzüberlebende und Friedensnobelpreisträger Elie Wiesel in der *ZEIT* seine politischen Erwägungen und Bedenken. «Wird ein vereintes, mächtiges, neues Deutschland sich von den Eroberungsdämonen befreien können, die das alte Deutschland einst beherrschten? Ich kann nicht verhehlen, dass ich besonders als Jude darüber besorgt, ja beunruhigt bin. Immer wenn Deutschland zu mächtig wurde, verfiel es den Versuchungen des Ultra-Nationalismus.»[5]

Wiesels Sorge galt zugleich dem Umgang der Deutschen mit der Geschichte, der «schon jetzt» betroffen sei. «Die tiefe Freude von heute verdrängt die Vergangenheit. In Berlin – oder auch in unserem eigenen Land – hat niemand die Verbindung zwischen den zwei Gedenktagen hergestellt. Deshalb bin ich besorgt. Ich frage mich: Was wird man wohl als nächstes vergessen?»[6]

In derselben Ausgabe der *ZEIT* antwortete der in Tel Aviv geborene deutsche Historiker Michael Wolffsohn. «Nicht mehr das alte Deutschland» war eine Replik, die nur einem deutschen Juden zustand. «Sie fürchten offenbar», schrieb Wolffsohn direkt an Wiesel gewandt, «das freudige Erinnern an den 9. November 1989 könnte die Trauer um den 9. November 1938 verdrängen. Ich sehe es anders: Fortan wird man beider Ereignisse gedenken müssen, gedenken wollen: Der 9. November 1938 dokumentiert das alte, brutale Deutschland, der 9. November 1989 das neue, auf Gewalt verzichtende. Überall und immer gibt es Licht und Schatten. Genau dies würde das doppelte Gedenken zeigen.» Das Deutschland, in dem er seit Jahrzehnten lebe, habe bis auf rechtsextreme Gruppen den «alten Ungeist nationaler Vorurteile» hinter sich gelassen.[7]

Schon wenige Wochen nach dem 9. November 1989 war der Umgang mit dem Datum zum Lackmustest für die Frage geworden, ob die Deutschen aus ihrer Nazivergangenheit gelernt hatten – politisch und geschichtspolitisch. In der *Allgemeinen Jüdischen Wochenzeitung* wandte sich Karla Müller-Tupath unter der Überschrift «Wozu dieses Datum schon einmal gut war» gegen den 9. November als Gedenktag, Ludger Heid warnte in der *Tribüne* drohend «Wenn Deutschland erwacht».[8] Gelegentliche Verweise auf den 9. November des Jahres 1918 gerieten im aufgeladenen Klima der Debatte schnell in Verdacht, Ablenkungsmanöver zu sein.

Je konkreter die Vereinigung der beiden deutschen Staaten im Verlauf des Jahres 1990 wurde, desto intensiver wurde in der Öffentlichkeit über den Nationalfeiertag des zukünftigen Deutschland gesprochen. Im Frühjahr 1990 befragte *DIE ZEIT* prominente Köpfe beider Staaten, welchen Feiertag das neue Deutschland bekommen solle, und erhielt einen ganzen Strauß von Vorschlägen: Der 20. Juli wurde ebenso genannt wie der 8. Mai und der 17. Juni, der bis dahin als «Tag der deutschen Einheit» gesetzlicher Feiertag in der Bundesrepublik gewesen war. Der 9. Oktober (entscheidende Montagsdemonstration in Leipzig) und der 4. November (größte Demonstration auf dem Berliner Alexanderplatz) wurden vorgeschlagen. Auch der 18. März (Beginn der Märzrevolution 1848) war vertreten.

Die meisten Befürworter fand in dieser Umfrage der *ZEIT* der 9. November. Unter ihnen waren der Politologe Theodor Eschenburg, der Verleger Klaus Piper, der Wissenschaftler Manfred von Ardenne, der SPD-Politiker Klaus von Dohnanyi und der spätere Ministerpräsident des Landes Brandenburg Manfred Stolpe. Der Schriftsteller Günter de Bruyn plädierte für den 9. November, weil der «neben der Erinnerung an die Maueröffnungsfreuden den Festrednern den Vorteil bietet, an die 9. November 1918, 1923 und 1938 erinnern zu können, was möglichen nationalen Überschwang vielleicht etwas dämpft.» [9] Ähnlich der Politologe Alfred Grosser, der ihn dann für geeignet hielt, «wenn zugleich der 9. November 1938 in Trauer erwähnt wird.» [10] Auch Edzard Reuter, der Vorstandsvorsitzende der Daimler-Benz AG, nannte den 9. November: «Vielleicht müssen deutsche Feiertage das Erbe der Menschlichkeit symbolisieren und in gleicher Weise die mahnende Erinnerung, zu welchen Exzessen Menschen fähig sein können, enthalten.»[11] Der Publizist Christian Graf von Krockow plädierte für den 9. November als Zeichen «für einen Sieg auf dem Felde der Zivilcourage. Dabei würde die andere Erinnerung nicht aus-, sondern ausdrücklich eingeschlossen: an den 9. November 1918, den die Panik deutscher Untertanen zum angeblichen Verbrechen stempelte, das dann durch das reale, durch die Brandfackeln in Gottes Häusern 1938, getilgt werden sollte.»[12]

Es gab in der *ZEIT*-Umfrage auch warnende und ablehnende Voten zum 9. November. Heinz Galinski, der Vorsitzende des Zentralrats der Juden, der 1988 beiden deutschen Staaten den 9. November als gemeinsamen Gedenktag anempfohlen hatte, warnte nun ausdrücklich davor, ihn als Feiertag ins Auge zu fassen: «Die Bedeutung dieses Tages, der außer im vergangenen Jahr und mit der Reichspogromnacht im Jahre 1938 auch schon 1918 und 1923 zum Fanal wurde, ist dazu angetan, mehr zu belasten denn zu beflügeln. Die Tatsache allein, dass ein solcher Vorschlag als ernsthafte Möglichkeit erwogen wird, empfinde ich als ein Alarmzeichen, als Zeichen der mangelnden Lernfähigkeit.»[13] Ähnlich apodiktisch machte auch die Journalistin Lea Rosh ihrer Empörung darüber Luft, «dass immer wieder und immer noch der 9. November ins Gespräch gebracht wird. Steht das wirklich für das Geschichtsbewusstsein der Deutschen? Ganz abgesehen vom Marsch auf die Feldherrnhalle – sollen denn die Opfer der sogenannten Reichskristallnacht wirklich ein zweites Mal verhöhnt werden?»[14]

Ende Mai 1990 wandte sich die Mitgliederversammlung des Deutschen Koordinierungsrates der Gesellschaften für christlich-jüdische

Zusammenarbeit mit einer Resolution an Bundestag, Bundesregierung, Volkskammer und DDR-Regierung, in der sie forderte, der 9. November 1938 dürfe trotz des 9. November 1989 «nicht verdeckt werden». Die Stuttgarter Gesellschaft für christlich-jüdische Zusammenarbeit sprach sich explizit gegen den 9. November als Nationalfeiertag aus. Die Vorstellung, «dass in Zukunft am 9. November massenhaft freudige Feiern veranstaltet würden», sei unerträglich. Dazu sei die Erinnerung an die NS-Zeit in Deutschland «viel zu labil, zu vielen Gegentendenzen ausgesetzt, als dass wir es uns leisten könnten, auf Stützen zur kollektiven Erinnerung wie den 9. November verzichten zu können.»[15]

Einige Monate beschäftigte die Frage, ob der 9. November zum Nationalfeiertag tauge, immer wieder Zeitungen und Magazine. Mit dem Abstand von zwanzig Jahren fasste Wolfgang Schäuble die Debatte in einem gedruckten Interview zusammen – vermutlich auf den entscheidungsrelevanten Kern reduziert: «Der 9. November, der damals in die Diskussion gebracht wurde, wurde sofort abgelehnt. Der Zentralrat der Juden in Deutschland hat gesagt: ‹Nein, das geht nicht, der Tag der Reichspogromnacht kann nicht der nationale Feiertag sein.› Das war damals völlig unbestritten.»[16]

Als im Sommer 1990 die Verhandlungen über die Vereinigung der beiden deutschen Staaten in ihre entscheidende Phase traten, war jedenfalls klar, dass für keinen der kursierenden Vorschläge eine einvernehmliche Entscheidung zu erreichen war. In der Nacht vom 22. auf den 23. August debattierte dann die Volkskammer über sechs Stunden lang «mit vielen Unterbrechungen, Beratungspausen, Stimmenauszählungen, also in einem ‹kraftlosen Durcheinander›, über den Beitrittstermin».[17] Am Ende konnte keine Fraktion ihren Wunschtermin durchsetzen, und man entschied sich für den 3. Oktober. Es war der früheste Termin, zu dem nach Abschluss der bilateralen und der internationalen Verhandlungen der Beitritt der DDR zur Bundesrepublik Deutschland nach Artikel 146 GG vollzogen werden konnte. Am 29. August schlug der Bundeskanzler den Ministerpräsidenten der alten Bundesländer vor, den Tag des Beitritts als neuen Nationalfeiertag zu wählen. Die Ministerpräsidenten nahmen Kohls Vorschlag an, und der 3. Oktober wurde unverzüglich in den Einigungsvertrag aufgenommen.

Am 5. September stellte Innenminister Schäuble in der ersten Beratung des Bundestages über den Einigungsvertrag das Vertragswerk vor und erklärte dabei zum Nationalfeiertag: «Ich finde gut, dass es in Deutschland über alle politischen Lager und Gruppen hinweg eine spontane Zustimmung gegeben hat, den 3. Oktober 1990 zum *Tag der Deutschen Einheit* und zum gesetzlichen Feiertag zu machen, und dass wir auch das im Vertrag regeln.»[18] Das führte zu Irritationen in der Fraktion der Grünen. Einige Abgeordnete unterbrachen Schäuble und wollten wissen, wann und mit wem die Wahl des 3. Oktober besprochen worden sei. Offenbar waren sie nicht einbezogen worden.[19] Eine ausführliche parlamentarische Debatte zur Wahl des Nationalfeiertages fand auch danach nicht statt. Die damalige Parlamentspräsidentin Rita Süßmuth erinnert sich, dass an der einvernehmlichen Entscheidung für den 3. Oktober Bundespräsident, Parlamentspräsidentin, Bundeskanzler, die damit befassten Minister und die Spitzen der Bundestagsfraktionen beteiligt waren.[20] Eine breite parlamentarische Debatte schien offenbar nicht möglich, vielleicht war sie aber auch nicht erwünscht. In der abschließenden Lesung wollte der Abgeordnete Häfner aus den Reihen der Grünen den 3. Oktober als Nationalfeiertag nicht einfach «durchwinken» und erklärte, dieses «in nächtlichen Sondersitzungen zustande gekommene Datum ist wirklich der ungeeignetste Termin zum Feiern.»[21] Es fand sich auch dann kein Mitglied der Bundesregierung oder des Bundestages, das den 3. Oktober öffentlich begründet und verteidigt hätte.

15

Der Blick wird freier – Der 9. November in der Geschichtskultur des vereinten Deutschland

Dem ersten 9. November nach der Vereinigung der beiden deutschen Staaten sahen nicht nur die jüdischen Gemeinden in Deutschland mit einer gewissen Sorge entgegen, sondern auch Teile der deutschen Linken. Allenthalben befürchtete man, das Gedenken an die Pogromnacht 1938 könnte durch Jubelfeiern aus Anlass des Mauersturzes völlig in den Hintergrund gedrängt werden. Dabei ging es nicht nur um Geschichts- und Gedenkpolitik, sondern um das Selbstverständnis des vereinten Deutschland. Das linksliberale Intellektuellenmilieu fürchtete einen Rückfall in alte Muster von Überheblichkeit und machtbetonter Außenpolitik.

So standen, wie die *Frankfurter Rundschau* festhielt, «die Angst und Beklemmung, die viele Juden gegenüber dem neuen Staatsgebilde empfinden», im Mittelpunkt des Gedenkens.[1] Die deutsche Politik tat ihr Möglichstes, um solchen Befürchtungen die Grundlage zu entziehen. Die Stadt Frankfurt beispielsweise machte 1990 erstmals ihr Allerheiligstes, die Paulskirche, zum Ort des Gedenkens. Oberbürgermeister Volker Hauff sprach von der «Spannung» zwischen den beiden Novemberdaten 1938 und 1989 und erklärte, an Auschwitz zu erinnern sei «keine Pflichtübung, sondern Existenzvoraussetzung für unser Land».[2] Die 7. Synode der Evangelischen Kirche in Deutschland formulierte am 9. November 1990 zum Abschluss ihrer Beratungen eine Erklärung, in der sie sich dafür aussprach, dass sich alle am 9. November sowohl der hellen als auch der düsteren Kapitel unserer Geschichte erinnerten.[3]

Tatsächlich standen dann die Novemberpogrome ganz im Mittelpunkt des Gedenkens. In zahlreichen Städten im ganzen Land erinnerte eine äußerst breite und vielfältige zivilgesellschaftliche Bewegung mit den unterschiedlichsten Veranstaltungsformen an sie. Mahnwachen, Lichterketten, Schweigemärsche, Vorträge, Gedenkgottesdienste – das gesamte

Spektrum, das sich in den achtziger Jahren entfaltet hatte, blieb auch 1990 erhalten. In Berlin fand eine ganze Aktionswoche statt, die bereits am 3. November begann. Unter dem Motto «Der Tod ist ein Meister aus Deutschland» zog eine Demonstration durch die Innenstadt, zu der 150 antifaschistische Gruppen aufgerufen hatten. Hier herrschte lautstarkes aktuelles politisches Engagement vor, nicht stilles Gedenken oder betroffene Erinnerung. Solche Tendenzen einer aktualitätsbezogenen Politisierung des 9. November verstärkten sich in den folgenden Jahren noch – aus gegebenem Anlass.

Im brandenburgischen Eberswalde wurde in der Nacht vom 24. auf den 25. November 1990 der aus Angola stammende Vertragsarbeiter Amadeu Antonio Kiowa von einer Gruppe Neonazis so schwer zusammengeschlagen und misshandelt, dass er elf Tage danach an den Folgen starb. Auf dem Marktplatz der sächsischen Stadt Hoyerswerda griffen am 17. September 1991 jugendliche Rechtsextremisten vietnamesische Händler an. Nachdem diese in ein Wohnheim von Vertragsarbeitern geflüchtet waren, wurde auch die Unterkunft angegriffen. Unter dem Beifall von gaffenden Zuschauern flogen Steine und Molotow-Cocktails. Im nordrhein-westfälischen Hünxe verübten Neonazis am 3. Oktober 1991 einen Brandanschlag auf eine Flüchtlingsunterkunft, in Rostock-Lichtenhagen griffen zwischen dem 22. und dem 26. August 1992 mehrere Hundert Rechtsextremisten die Zentrale Aufnahmestelle für Asylbewerber und ein angrenzendes Wohnheim an und setzten es in Brand. In der schleswig-holsteinischen Kleinstadt Mölln wurde in der Nacht vom 22. auf den 23. November 1992 ein Brandanschlag auf zwei von türkischen Familien bewohnte Häuser verübt. Drei Menschen starben. Im nordrhein-westfälischen Solingen wurden am frühen Morgen des 29. Mai 1993 fünf türkischstämmige Frauen und Mädchen Opfer eines Brandanschlags, 14 weitere Familienmitglieder wurden zum Teil lebensgefährlich verletzt. Es waren die schwersten rassistisch motivierten Ausschreitungen in Deutschland seit dem Ende des Zweiten Weltkriegs.

Diese alarmierenden aktuellen Entwicklungen prägten das Gedenken am 9. November in der ersten Hälfte der neunziger Jahre. Am 9. November 1991 demonstrierten in etwa 100 Städten 100 000 Menschen gegen Rassismus und Fremdenhass. Stets wurde eine Verbindung zwischen 1938 und dem aktuellen Fremdenhass hergestellt.[4] In seiner Sitzung am

6. November 1992 verabschiedete der Bundesrat eine Erklärung «zu den Ausschreitungen und Anschlägen radikaler Minderheiten» und forderte «alle Bürgerinnen und Bürger auf, dem Hass und der Gewalt entgegenzutreten.»[5] Am 8. November 1992 nahmen an einer Demonstration in Berlin etwa 350 000 Menschen teil, in Bonn waren es sechs Tage später 200 000. Unabhängig davon gedachten im November 1992 mehrere Zehntausend Menschen der Pogrome von 1938, «wie üblich in unterschiedlichsten Aktionen».[6]

Die Erinnerung an den Mauersturz trat in dieser politischen Gemengelage in den Hintergrund. Mit seinen aktuellen Bezügen dominierte das Gedenken an die Novemberpogrome das Geschehen am 9. November. Das galt auch 1993, als Rita Süßmuth zum 55. Jahrestag die Gedenkrede im Deutschen Bundestag hielt. Die Parlamentspräsidentin nahm während ihrer Amtszeit von Ende 1988 bis Herbst 1998 jedes Jahr an Gedenkakten teil oder verbreitete Erklärungen zur Pogromnacht.

Am 9. November 1993 bezog sie die brisante innere Lage des Landes in ihre Rede mit ein, die Empörung und die Scham darüber, dass seit Januar 1991 bei mehr als 4500 rechtsextremistischen Gewalttaten 26 Menschen ermordet und 1800 verletzt worden waren. Süßmuth verband die Novemberdaten 1918, 1938 und 1989 klug, abwägend und nach vorn blickend.[7] Bereits mit dieser Rede wurden all diejenigen eines Besseren belehrt, die 1990 sicher waren, dass man nicht zugleich an das freudige Ereignis des Mauersturzes und das Grauen der Pogromnacht erinnern könne.

Es gab 1993 nur wenige Veranstaltungen, die zum 75. Jahrestag an die Novemberrevolution erinnerten, die meisten im Umfeld der Sozialdemokratie oder der Partei des demokratischen Sozialismus (PDS), die aus der SED hervorgegangen war. Eine breitere öffentliche Auseinandersetzung mit der Revolution fand nicht statt. Aufgrund ihrer «Nachgeschichte», so der Historiker Eberhard Kolb, habe «die größte Massenbewegung der deutschen Geschichte» bisher keinen «festen Platz in einem auf die freiheitlich-demokratischen Traditionen orientierten Geschichtsbild» erhalten.[8] An diesem Befund änderte sich auch in den folgenden Jahren nichts. Erst 2008, zum 90. Jahrestag, gab es wieder erste erwähnenswerte Versuche, an den 9. November 1918 zu erinnern.

Die Gewichte waren in den neunziger Jahren eindeutig verteilt. Zu einseitig, warnte der Historiker Michael Wolffsohn. Er schrieb im November 1994 in der *Frankfurter Allgemeinen Zeitung*, es sei zu viel der Pogromnacht und zu wenig der Maueröffnung gedacht worden. Der 9. November dürfe nicht zum «Papiertaschentuch der deutschen Geschichte» werden: «Wer den Menschen ihre Freude raubt, darf sich nicht wundern, wenn sie sich auch der Trauer entziehen.»[9]

Wolffsohn war nicht der Einzige, der mit der Gedenkkultur der frühen neunziger Jahre unzufrieden war. Der Journalist Klaus Hartung hatte 1989 zu den entschiedensten Gegnern der Idee gehört, den 9. November zum Nationalfeiertag zu machen. Angesichts der Geringschätzung der Friedlichen Revolution bei den Feiern am 3. Oktober plädierte er nun für den 9. November. «Als 1990 darüber gestritten wurde, diesen Tag zum nationalen Gedenktag zu erheben, mischte sich fatal die Angst vor der deutschen Geschichte mit dem Misstrauen gegenüber ihren Höhepunkten. Gewiss hätte ein solcher Feiertag Jahr für Jahr seine Peinlichkeiten, sein Auslandsecho, seine Proteste und Gegenfeiern heraufbeschworen. Kurz: Die Geschichte wäre erschienen, widersprüchlich und mithin: lebendig. Die Erinnerung an den 9. November 1938, an die Pogromnacht, hätte es nicht zugelassen, dass der Mauerfall, die gewaltlose Massenbefreiung als ‹Dee-Mark-Nationalismus› weggeschwätzt wird. Denn der Blick auf die Schande allein hindert uns, die seltenen tröstenden Momente der Geschichte fahrlässig zu entwerten. Die Öffnung der Mauer wiederum wäre eine versöhnende Erfahrung gewesen, die eine freiere Beschäftigung mit der Vergangenheit des Dritten Reiches befördert hätte.»[10]

Am 27. November 1994 führten die Frankfurter Grünen unter dem Titel «Ach, Deutschland» eine prominent besetzte Podiumsdiskussion durch, an der auch Joschka Fischer teilnahm, der Vorsitzende der Bundestagsfraktion. Der sprach bei dieser Gelegenheit über die Schwierigkeiten der Deutschen im Umgang mit ihrer Geschichte. Ein Beispiel dafür sei die Tatsache, dass der 3. Oktober und nicht der 9. November zum Nationalfeiertag erklärt worden sei. Wenn Deutschland überhaupt einen nationalen Feiertag brauche, dann wäre der 9. November, der für die Reichspogromnacht ebenso stehe wie für den Fall der Mauer, dafür «geradezu prädestiniert», sagte Fischer. Zu einer solchen Entscheidung habe man aber nach der Wiedervereinigung nicht den Mut aufgebracht und stattdessen das «Verwaltungsdatum» am 3. Oktober gewählt.[11]

Für die Feierstunde zum Tag der Deutschen Einheit am 3. Oktober 1995 in der Frankfurter Paulskirche hatte man den Politikwissenschaftler Christian Graf von Krockow als Festredner gewonnen, und der bedauerte – bei dieser Gelegenheit! –, dass der 9. November nicht zum Nationalfeiertag gewählt worden war. Der Tag des Mauerfalls hätte «zum Zeichen dafür getaugt, dass etwas Neues begann und dass ein Mündigwerden zur Freiheit die Einheit begründete». Zwar sei es wahr, dass am 9. November auch Hitler 1923 in München mit dem Marsch auf die Feldherrnhalle geputscht und 1938 die Reichspogromnacht inszeniert habe. Doch dies seien «Feuerzeichen der Gegenrevolution» gewesen. Am 9. November 1918 sei die Weimarer Republik ausgerufen worden. Die bewusst auf diesen Tag gelegten Nazi-Aktionen seien der blutige Versuch gewesen, «ein eingebildetes Verbrechen durch das wirkliche zu tilgen». Wenn der Nationalfeiertag auf dem 9. November läge, könnte sich in die Freude über das endlich Erreichte auch Nachdenklichkeit mischen, «ein Blick zurück in Abgründe». Umso deutlicher würde sich abzeichnen, «was wir jetzt gewonnen haben und was wert ist, bewahrt und verteidigt zu werden».[12]

Ähnlich argumentierte im selben Jahr der Hamburger Politikwissenschaftler Peter Reichel, der die Entscheidung gegen den 9. November als «verpasste Chance» bezeichnete. «Unserem Gedächtnis wäre eine institutionelle Stütze gegeben worden, der kollektiven Erinnerung ein Rahmen, dem Gedenken ein gedanklicher Zusammenhalt. Man hätte öffentlich über die Brüche und Widersprüche, die Kontinuitäten und Zäsuren, die Höhen und Tiefen debattieren können, ja müssen, über ein Jahrhundert im Zusammenhang reden, zusammen, Jahr für Jahr.»[13]

Mitte der neunziger Jahre zeigte sich, wie schwierig es war, den Feierlichkeiten zum «Tag der Deutschen Einheit» Leben einzuhauchen. Die jeweils zuständigen Länder mühten sich nach Kräften, aber vom 3. Oktober ging keine Begeisterung aus, er hatte nichts zu bieten, was die Herzen ergriff. Immer wieder war im Hinblick auf den 9. November vom «heimlichen Nationalfeiertag» die Rede. Dass an diesem Tag des Jahres mehr Menschen an Gedenkveranstaltungen teilnahmen als an jedem anderen, dass zahllose zivilgesellschaftliche Gruppen und Initiativen im ganzen Land aktiv wurden und eigene Beiträge zum Gedenken beisteuerten, war (fast) allein der Erinnerung an die Novemberpogrome geschuldet. Trotz aller Glücksgefühle, die mit dem Sturz der Mauer verbunden waren, hat der 9. November 1989 bis heute nie einen auch nur annähernd vergleichbaren Stellenwert erreicht. Jeder «Jahresbericht» über das Gedenken am 9. November müsste beginnen mit dem Satz: Es wurde in Gedenkakten mit Beteiligung hoher Repräsentanten von Staat und Gesellschaft an die Novemberpogrome von 1938 erinnert. Darüber hinaus zeigten zahllose, breit über das Land gestreute Veranstaltungen der unterschiedlichsten Art, wie tief verwurzelt das Gedenken an die Pogrome in der Zivilgesellschaft ist.[14] Selbst wenn die Politik aufgrund eines runden Jahrestages eines der anderen Novemberereignisse in den Fokus nahm, galt das zivilgesellschaftliche Engagement in erster Linie der Erinnerung an die Pogromnacht.

Am 3. Januar 1996 setzte die deutsche Politik eine Anregung um, die der Vorsitzende des Zentralrats der Juden, Ignatz Bubis, am 9. November 1994 formuliert hatte.[15] Nach vorbereitenden Absprachen mit den Parteien proklamierte Bundespräsident Roman Herzog den 27. Januar zum «Tag des Gedenkens an die Opfer des Nationalsozialismus»[16], der umgangssprachlich sehr bald nur noch «Holocaust-Gedenktag» genannt wurde. Seither findet jährlich an diesem Tag eine feierliche Gedenkstunde des Deutschen Bundestages mit einem prominenten Redner statt. Erinnerungspolitisch stellte die Proklamation des 27. Januar zum Holocaust-Gedenktag einen Einschnitt dar, denn nun war der 9. November nicht mehr der einzige Tag, an dem an den Völkermord an den Juden Europas erinnert wurde. Am 27. Januar 1945 wurde das KZ und Vernichtungslager Auschwitz-Birkenau von der Roten Armee befreit. Die Journalistin Renate Lasker-Harpprecht, die Auschwitz und Bergen-Belsen überlebt hatte, begrüßte die Entscheidung ausdrücklich: «Auschwitz bleibt das Schlüsselwort für ein Verbrechen, das die Menschengeschichte vordem nicht gekannt hat. Der Millionenmord an den Juden war etwas anderes als der politische oder gesellschaftliche Terror, dessen sich jedes totalitäre und autoritäre Regime schuldig macht.» Angesichts der bedauerlichen Entscheidung, den 9. November nicht zum Staatsfeiertag zu machen, sei der Gedenktag am 27. Januar umso wichtiger: «Er verlangt, dass wir uns im Erinnern der Wirklichkeit stellen, der dunkelsten, die sich eine Nation jemals auferlegt hat.»[17] Am 1. November 2005 erklärten die Vereinten Nationen den 27. Januar zum «Internationalen Tag des Gedenkens an die Opfer des Holocaust». Seit 2006 wird er weltweit begangen.

Für inhaltliche Debatten über den Völkermord an den Juden Europas sorgte 1996 das Erscheinen von Daniel Goldhagens Dissertation *Hitlers willige Vollstrecker*. Goldhagen hatte sich intensiv mit den Ausführenden des Völkermords beschäftigt und festgestellt, dass die Mörder, die freiwillig, mitunter auch mit Lust gemordet hätten, ganz normale Deutsche gewesen seien. Diese willigen Vollstrecker hätten das Mordprogramm erst realisierbar gemacht. Die Bereitschaft, sich aus freien Stücken zu beteiligen, sei aus der spezifischen Form des deutschen Antisemitismus erklärbar, der als «eliminatorischer Antisemitismus» die deutsche Gesellschaft seit dem 19. Jahrhundert durchtränkt und den Judenmord zum «nationalen Projekt» der Deutschen gemacht habe. Goldhagens These, alle oder nahezu alle Deutschen seien irgendwie als Täter am «nationalen Projekt» Judenmord beteiligt gewesen, sorgte ebenso für deutlichen Widerspruch wie seine Idee eines spezifisch deutschen «eliminatorischen Antisemitismus».[18]

Auch im November 1996 gedachten Tausende in Schweigeminuten, Gottesdiensten, Lichterketten und Kranzniederlegungen der Judenpogrome im November 1938.[19] Um dem herausragenden Stellenwert des 9. November in der öffentlichen Gedenkkultur Rechnung zu tragen, forderte der Politologe Walter Grode im Novemberheft 1996 der *Lutherischen Monatshefte*, den 9. November zum nationalen Gedenk- und Feiertag zu machen. Nur dieses Datum komme dafür in Betracht. «Dieser Tag erlaubt, das Jahrhundert der Deutschen wie durch ein Brennglas zu sehen. Unser öffentliches Totengedenken würde so auf einen komplexen Zusammenhang verweisen, auf den von Revolution und Gegenrevolution, von Kontinuität und Bruch, von Anpassung und Widerstand, von Zusammenbruch und Niederlage, Teilung und Vereinigung, Wandel und Erneuerung.»[20] Auch der in Toronto lehrende Soziologe Y. Michal Bodemann plädierte am 9. November 1996 dafür, den 9. November zum nationalen Gedenk- und Feiertag zu machen.[21]

Dem Schriftsteller Maxim Biller waren dagegen «Trauerarbeit» und «Vergangenheitsbewältigung» der Deutschen suspekt geworden. «Ich bin genervt», bekannte er in der *ZEIT* vom 8. November 1996. «Denn etwas stimmt an dieser endlosen Bewältigungsarie nicht, etwas ist absolut undurchschaubar daran, wenn Deutsche ständig von neuem mit leuchtenden Sekten-Mitglieder-Augen die Kristallnacht zelebrieren, wenn sie mit wirren, heiligen Argumenten für ein Holocaust-Denkmal streiten oder mit flagellantenhaft-offener Brust Goldhagens Peitschenhieb-Thesen entgegennehmen – etwas ist faul, wenn sie sich immer und immer wieder auf diese offene, exhibitionistische Art an etwas berauschen, das jedem anderen Volk dieser Welt so peinlich wäre, dass es alles dafür täte, es vergessen zu machen.» Billers Vermutung kreiste um das Stichwort «Auschwitz als deutsche Identität». «Das Holocaust-Trauma als Mutter eines endlich gefundenen deutschen Nationalbewusstseins? Was sonst!» Die Deutschen sollten allerdings begreifen, riet er ihnen, «dass eine freundliche, offene Nation nie aus dem Horror entstehen kann, sondern nur aus einem Traum.»[22]

Ganz unabhängig vom Datum des 9. November wurde in den neunziger Jahren Georg Elser immer mehr Aufmerksamkeit zuteil, dem Attentäter des November 1939. Bundeskanzler Helmut Kohl erwähnte ihn 1994 in seiner Gedenkrede zum 20. Juli 1944. Johannes Rau, der Ministerpräsident Nordrhein-Westfalens, nannte Elser 1994 einen Mann, der für «ein anderes, ein besseres Deutschland stand» und keinesfalls übersehen werden dürfe.[23] Im Herbst 1997 zeigte dann die Berliner Gedenkstätte Deutscher Widerstand eine Ausstellung über Georg Elser und sein Attentat. Die Historiker Peter Steinbach und Johannes Tuchel hatten gemeinsam mit der Familie Elser und dem Heidenheimer Georg-Elser-Arbeitskreis eindrucksvolles Material zusammengetragen und traten in aller Entschiedenheit den nach wie vor kursierenden Verleumdungen und Fehlurteilen entgegen. Die Ausstellung fand großes Interesse und wurde nach den Monaten in Berlin als Dauerausstellung von Elsers Heimatgemeinde Königsbronn übernommen. Im Februar 1998 wurde in Königsbronn eine Gedenkstätte für Georg Elser eröffnet, und der Stuttgarter Staatssekretär Christoph Palmer bekannte im Namen der Landesregierung: «Das Land Baden-Württemberg ist stolz auf einen seiner größten Söhne.»[24]

Zum 60. Jahrestag wurde 1998 in protokollarisch ähnlich gewichtiger und umfassender Weise an die Novemberpogrome erinnert wie 1988. Auch die journalistische und publizistische Wahrnehmung entsprach

Georg Elser ist in der deutschen Erinnerungskultur «angekommen». Bundespräsident Frank-Walter Steinmeier legte am 4. November 2019 an der Gedenktafel für Georg Elser in dessen Heimatort Königsbronn einen Kranz nieder.

ganz dem hohen Standard, der zehn Jahre zuvor erreicht worden war. Und wieder organisierte eine Vielzahl verschiedener Organisationen, Repräsentanten und Einzelpersonen im ganzen Land unzählige Gedenkveranstaltungen.[25]

Die gewohnte Harmonie bei der Erinnerung an die Gräuel der Pogromnacht war in diesem Jahr allerdings durch den Schriftsteller Martin Walser empfindlich gestört worden. Walser war 1998 der Friedenspreis des Deutschen Buchhandels zuerkannt worden, und er hatte in seiner Dankesrede bei der Verleihung des Preises in der Frankfurter Paulskirche am 11. Oktober über seine «Erfahrungen beim Verfassen einer Sonntagsrede» sinniert. Er war dabei auch auf «unsere geschichtliche Last» zu sprechen gekommen. «Kein ernstzunehmender Mensch leugnet Auschwitz; kein noch zurechnungsfähiger Mensch deutelt an der Grauenhaftigkeit von Auschwitz herum; wenn mir aber jeden Tag in den Medien diese Vergangenheit vorgehalten wird, merke ich, dass sich in mir etwas gegen diese Dauerpräsentation unserer Schande wehrt.» Er glaube «entdecken zu können, dass öfter nicht mehr das Gedenken, das Nichtvergessendürfen das Motiv ist, sondern die Instrumentalisierung unserer Schande zu gegenwärtigen Zwecken.» In Deutschland, so Walser, dominiere «die Monumentalisierung der Schande». Die mutmaßliche Reaktion hatte Walser durchaus mit bedacht, wenn er formulierte: «In welchen Verdacht gerät man, wenn man sagt, die Deutschen seien jetzt ein ganz normales Volk, eine ganz gewöhnliche Gesellschaft?»[26] Der Vorsitzende des Zentralrats der Juden in Deutschland Ignatz Bubis verweigerte dem Schriftsteller jeden Beifall und sprach unmittelbar nach Walsers Rede von «geistiger Brandstiftung».[27]

Kaum vier Wochen danach wurde am 9. November der Pogromnacht gedacht. An der Hauptveranstaltung des Zentralrats der Juden in der Berliner Synagoge Rykestraße nahm die komplette Staatsspitze teil: der Bundespräsident, der Bundestagspräsident, der Bundeskanzler und eine Reihe von Kabinettsmitgliedern. Die ARD übertrug die Veranstaltung direkt im Ersten Deutschen Fernsehen. Bundestagspräsident Wolfgang Thierse sprach davon, dass der 9. November 1938 einen «Tiefpunkt in der deutschen Geschichte» markiere, und erinnerte auch an die Ereignisse der Jahre 1918 und 1989, die «zu den Glücksfällen der deutschen Geschichte gehören, die jedoch für immer im Schatten der Pogromnacht und ihrer entsetzlichen Folgen stehen werden.»[28] Ignatz Bubis nutzte die Gelegenheit, zur Rede Martin Walsers Stellung zu nehmen, und bezeichnete sie als den «neuesten Versuch, Geschichte zu verdrängen beziehungsweise die Erinnerung auszulöschen». Er bekräftigte auch seine erste spontane Reaktion am 11. Oktober. «Diese Schande war nun einmal da und wird durch das Vergessenwollen nicht verschwinden; es ist ‹geistige Brandstiftung›, wenn jemand darin eine Instrumentalisierung von Auschwitz für gegenwärtige Zwecke sieht.»[29]

Es war der Würde seines Amtes und dem Ernst des Gedenkens angemessen, dass der Bundespräsident sich in seiner Rede mit keinem Wort zum Streit zwischen Walser und Bubis äußerte. Roman Herzog thematisierte allerdings mit der ihm eigenen Offenheit und Klarheit Fragen, die durchaus das Potential hatten, zu Missverständnissen zu führen. «Ich bin nicht sicher, ob wir die rechten Formen des Erinnerns für die Zukunft bereits gefunden haben. Die Debatten der letzten Wochen zeigen das ganz deutlich. (...) Für mich ist alles richtig, was unseren Kindern und Kindeskindern die Verantwortung für Demokratie, Freiheit und Menschenwürde in die Herzen gräbt, und für mich ist alles falsch, was am Ende nur in momentanen Alibieffekten versandet. (...) Und lassen Sie mich hinzufügen: Auch über die richtige Dosierung werden wir noch reden müssen. Wer mich kennt, der weiß, dass ich alles eher wünsche als ein Verschweigen.»

Der Bundespräsident erinnerte an historische Tatsachen, die – auch im Zuge der Goldhagen-Thesen – in Vergessenheit zu geraten schienen. Etwa daran, dass sich am 9. und 10. November keineswegs die Mehrheit der Deutschen an den Pogromen beteiligt hatte. «Obwohl (...) nur wenige die Kraft fanden, ihrer Empörung Ausdruck zu geben, wurde doch auch dem Regime klar, dass ein solches Vorgehen gegen die Juden bei den Allermeisten Abscheu hervorrief. Deswegen wiederholten sich solche Aktionen wenigstens bis zum Krieg nicht mehr.» Deshalb sei es auch falsch, «von einem besonderen ‹eliminatorischen Antisemitismus› zu sprechen, der speziell dem deutschen Volk eigen gewesen sei. Eine solche pauschale Schuldzuweisung verdunkelt eher die viel quälendere Frage, wie Menschen, die durch Erziehung und Weltanschauung dafür doch gar nicht prädestiniert waren, dazu gebracht werden konnten, andere Menschen auszusondern, zu quälen und zu vernichten – oder dem doch wenigstens zuzusehen.» Die Rede Herzogs zeugte von der ernsthaften und ehrlichen Auseinandersetzung mit der Geschichte, die er generell anmahnte: «Wer aufrichtig sein will, muss sich seiner ganzen Geschichte stellen, der Geschichte, die im Guten wie im Bösen die Identität eines Volkes ausmacht.»[30]

An den 9. November 1918 wurde auch zu seinem 80. Jahrestag so gut wie gar nicht erinnert. Der Historiker Dieter Langewiesche stellte in einer Untersuchung des Umgangs mit den Revolutionen von 1848 und 1918 fest: «150 Jahre achtundvierziger Revolution wird breit und in bunter Vielfalt erinnert. 80 Jahre Revolution 1918, immerhin die Geburtsstunde der ersten demokratischen Republik in Deutschland, ist der heutigen Republik kaum die Rede wert. (...) Festredner und Politiker feiern gerne die ferne Revolution als frühen – wenn auch gescheiterten – Versuch, Deutschland in eine Demokratie zu verwandeln, doch die nicht so ferne Revolution, der es gelang, die erste deutsche Demokratie zu schaffen, wird von den derzeitigen Erinnerungsveranstaltungen nicht in die deutsche Demokratietradition eingeholt.»[31]

1999 fand zum 10. Jahrestag des Mauersturzes im Deutschen Bundestag eine hochkarätig besetzte Feierstunde statt. Es sprachen Bundestagspräsident Wolfgang Thierse, Bundeskanzler Gerhard Schröder, der ehemalige Bundeskanzler Helmut Kohl, die ehemaligen Präsidenten Michail Gorbatschow und George Bush sowie – nachträglich eingeladen – der Beauftragte für die Stasi-Akten Joachim Gauck. Thierse erwähnte in seiner Eröffnung neben dem 9. November 1989 auch die drei Novemberdaten 1918, 1923 und 1938. «Alle vier Anlässe des Gedenkens und Erinnerns, die an jedem 9. November zusammenkommen, mahnen uns, wie prekär Demokratie sein kann, wie schnell der Abgrund zwischen Zivilgesellschaft und barbarischer Diktatur überwunden werden kann, wie leicht verspielt werden kann, was wir uns an Menschenwürde und Freiheit erstritten haben und gesichert glauben.»[32] Auch Schröder kam auf alle vier Novemberdaten zu sprechen: «Nur wer sich diese Zusammenhänge vor Augen führt, wird den heutigen 9. November als das begehen können, was er inzwischen für die Entwicklung in Deutschland und in Europa bedeutet: als einen Tag des Triumphes von Freiheit und Demokratie.»[33] Gauck erinnerte an die «Herbstrevolutionäre von 1989».[34] Kohl, Gorbatschow und Bush sprachen vor allem von der Einheit und waren tagelang die Stars der umfangreichen Berliner Festivitäten zum Jubiläum des Mauerfalls. «Gemeinsam fühlen sie sich als Väter der Einheit: Drei Männer und ein Deutschland»[35], kommentierte die *taz*.

Auch im Jahr 1999 gab es vielfältige Erinnerung an die Pogromnacht des Jahres 1938, aber im Zentrum der öffentlichen Wahrnehmung stand aufgrund der Feierstunde im Bundestag der zehnte Jahrestag des Mauerfalls, «weshalb kritische Stimmen nicht nur aus dem Zentralrat der Juden vor einer Vernachlässigung, ja einem Vergessen des Pogromdatums warnten.» Salomon Korn, der Vorsitzende von Frankfurts jüdischer Gemeinde, versuchte dieses Unbehagen zu dämpfen. Entscheidend sei die Bewahrung der «Janusköpfigkeit des 9. November». Solange das eine Ereignis das andere nicht überdecke, habe er keine Sorge.[36]

1999 kam auch die Frage des Nationalfeiertags wieder hoch. Die *taz* mutmaßte nach der Feierstunde im Bundestag, das Aufgebot an Rednern lasse vermuten, «dass der 9. November zunehmend zum inoffiziellen Nationalfeiertag avanciert».[37] Die *Leipziger Volkszeitung* klagte, dass den handelnden Politiker 1990 «der Mut und die Kraft» gefehlt habe, «den 9. November zum Nationalfeiertag der deutschen Demokraten zu machen.»[38] Die *Münchner Abendzeitung* forderte: «Wir sollten den 9. November zum Nationalfeiertag machen! Es gibt keinen besseren.»[39]

Schon zu Jahresbeginn hatte sich Y. Michal Bodemann mit der Idee zu Wort gemeldet, den 9. und den 10. November zu kombinieren, «denn die Verwüstungen, Plünderungen und Brände geschahen am Morgen des 10. November – vor aller Augen, am helllichten Tag.» Weder der 3. Oktober noch der 27. Januar sei wirklich angenommen worden. «Ein visionärer Wurf wäre es gewesen, den 9. November zum Nationalfeiertag und den darauffolgenden 10. November, den historischen Tag der Pogrome, zum Gedenktag für die NS-Opfer zu erklären. Die Freude über die Einheit Deutschlands wäre somit gepaart worden mit der Trauer über diese Katastrophe.»[40]

Im Jahr 2000 entbrannte die Debatte über den Status des 9. November intensiver als je zuvor seit 1990. Der Freiburger Politikwissenschaftler Wilhelm Hennis rekonstruierte die Entstehungsgeschichte des 3. Oktober als Nationalfeiertag und plädierte entschieden für den 9. November,[41] auch die *Frankfurter Allgemeine Zeitung*,[42] die *Süddeutsche Zeitung* und Robert Leicht in der *ZEIT*[43] setzten sich für eine Verlegung des Nationalfeiertags auf den 9. November ein.[44] Außenminister und Vizekanzler Joschka Fischer plädierte «als Bürger» klar für den 9. November.[45] Zu denen, die sich gegen den 9. November aussprachen, gehörten der Historiker Heinrich August Winkler,[46] der Politikwissenschaftler Arnulf Baring[47] und der Theologe Richard Schröder.[48]

Der 9. November 2000 war geprägt vom Kampf gegen Antisemitismus und Ausländerfeindlichkeit. Im April war ein Brandanschlag auf die Erfurter Synagoge versucht worden. Die Erinnerung an die Novemberpogrome von 1938 wurde auch zur politischen Demonstration gegen Rechtsextremismus. Im Mittelpunkt stand die alles überragende Antirassismus-Demonstration in Berlin, an der nahezu die gesamte Staatsspitze teilnahm: Bundespräsident, Bundestagspräsident, Bundeskanzler, Bundesminister, die Vorsitzenden der politischen Parteien von der CSU bis zur PDS, viele Prominente des gesellschaftlichen und kulturellen Lebens – etwa 200 000 Menschen.[49] Auch in den folgenden Jahren konzentrierte sich das Gedenken am 9. November ganz auf die Pogromnacht von 1938.

Das galt auch 2008, zum 70. Jahrestag. Zugleich regte sich aber nun zum 90. Jahrestag der Novemberrevolution zaghaftes Erinnern an den Beginn der Demokratie in Deutschland. Der sozialdemokratische Kanzlerkandidat und Bundesminister des Auswärtigen Frank-Walter Steinmeier eröffnete am 9. November 2008 eine Ausstellung über die Novemberrevolution im Reichstagsgebäude und mahnte die Deutschen, nicht länger so «indifferent» gegenüber dem 9. November 1918 zu sein: Die Tendenz, dieses Datum «im deutschen Erinnerungsbild klein zu halten, ist falsch». Seiner eigenen Partei riet er, die zentrale Leistung der SPD ohne Umschweife zu benennen: «Ohne Sozialdemokraten gäbe es in Deutschland keine Republik und keine Demokratie.»[50]

Zwei Jahre danach gab Alexander Gallus, damals Juniorprofessor für Zeitgeschichte an der Universität Rostock, einen Band mit dem Titel *Die vergessene Revolution von 1918/19* heraus. Es war seit langer Zeit das erste wissenschaftliche Werk, das sich mit Fragen der Novemberrevolution beschäftigte. Der 9. November 1918, stellte Gallus fest, falle «aus dem Narrativ der Demokratiegeschichte Deutschlands heraus und verkümmert zum Auftakt der herannahenden Diktaturgeschichte, so als ob es nach dem Spätherbst 1918 keine Entwicklungschancen für die Weimarer Republik gegeben und Hitler schon damals an den Pforten der Reichskanzlei gerüttelt hätte.»[51] Die Revolution habe in Deutschland «erstmals eine demokratische Verfassung und Staatsordnung» durchsetzen können. «Diese inzwischen vergessene Revolution hat ein größeres Maß an öffentlicher Erinnerung und fachwissenschaftlicher Beschäftigung verdient, als es ihr in den letzten Jahrzehnten zuteilwurde.»[52]

Im November 2009, zwanzig Jahre nach der Friedlichen Revolution, erlebte das Land einen regelrechten Boom des Gedenkens, der sich nicht nur auf den Mauersturz konzentrierte, sondern den gesamten revolutionären Prozess im Herbst 1989 und die Umstände der Vereinigung der beiden deutschen Staaten in den Blick nahm. Es erschienen zahlreiche Bücher mit Erinnerungen an die entscheidenden Wochen und Monate. Die größte öffentliche Strahlkraft ging von einem Treffen damals beteiligter und heute amtierender Staatsmänner aus, zu dem Bundeskanzlerin Angela Merkel nach Berlin geladen hatte. Mit dem früheren

Solidarność-Führer Lech Wałęsa, mit Michail Gorbatschow und vielen Bürgerrechtlern von damals ging Merkel über die Bornholmer Brücke, über die sie selbst in jener Nacht der Nächte zum ersten Mal in den Westteil Berlins gelangt war. Am Abend des 9. November schritt die Kanzlerin mit Hillary Clinton sowie Staats- und Regierungschefs der 27 EU-Länder durchs Brandenburger Tor und sprach dort über die «wahrhaft glückliche Stunde der Deutschen». Die deutsche Hauptstadt zog am 9. November 2009 alle Blicke auf sich – genau wie zwanzig Jahre zuvor.[53]

Ganz selbstverständlich war dabei auch das Gedenken an die Pogromnacht präsent. Das hob der Leitartikel der *Frankfurter Allgemeinen Zeitung* am folgenden Tag besonders hervor: «Es ist möglich, sich über das eine zu freuen, ohne das andere zu vergessen oder zu verdrängen. Der 9. November ist seit zwanzig Jahren nicht mehr nur ein Datum der nationalen Schande, sondern auch ein Datum des nationalen Glücks; für die Ostdeutschen ist er ein Tag des berechtigten Stolzes. Kein anderes Datum vereint die Tief- und Höhepunkte der deutschen Geschichte so wie der neunte Tag des Novembers. Er ist ein Tag der historischen Wahrhaftigkeit. Der 3. Oktober, für den es gute Argumente gab, nimmt sich dagegen aus wie ein Nationalfeiertag aus der Retorte.» Der 9. November sei zum «gar nicht mehr so heimlichen Nationalfeiertag» geworden. «Er ist der Tag der Deutschen.»[54]

Inzwischen prägte das Gedenken an beide Ereignisse auch das Stadtbild Berlins. 1998 wurde als nationales Denkmal der «Gedenkstätte Berliner Mauer» ein 70 Meter langes Original-Teilstück der Grenzanlagen errichtet und nach und nach um eine Außenausstellung und ein Dokumentationszentrum erweitert. An der Bernauer Straße entstand ein Besucherzentrum, das am 9. November 2009 eröffnet wurde. Die Gedenkstätte wurde 2019 von 1,1 Millionen Menschen besucht. Das lang diskutierte «Denkmal für die ermordeten Juden Europas» entstand südlich des Brandenburger Tors auf einer Fläche von 19 000 qm und wurde am 10. Mai 2005 feierlich eingeweiht. Es ist mit seinen 2711 quaderförmigen Stelen aus Beton ein unübersehbares Mahnmal. 2019 wurde es von 480 000 Interessierten aus aller Welt besucht.[55] Beide Gedenkstätten erreichten 2019 Besucherrekorde. Das Interesse an beiden historischen Ereignissen nimmt keineswegs ab. Als dritter hoch frequentierter Erinnerungsort war schon 1987 das Projekt «Topographie des Terrors» mit einem Dokumentationszentrum und einer Freiluftausstellung auf dem Gelände der ehemaligen Prinz-Albrecht-Straße 8 entstanden. Dort befanden sich im «Dritten Reich» die Zentralen der Geheimen Staatspolizei, der SS und des Reichssicherheitshauptamts. Die «Topographie des Terrors» besuchen jährlich mehr als eine Million Menschen.

Die Stiftung Topographie des Terrors hatte am 10./11. November 2008 zum 70. Jahrestag der Novemberpogrome zu einer wissenschaftlichen Konferenz nach Berlin geladen. Das Thema der Konferenz wurde auch zum Titel des Buches, das die Stiftung 2009 herausgab: *Die Novemberpogrome 1938. Versuch einer Bilanz*. Der inzwischen emeritierte Hamburger Professor für Historische Grundlagen der Politik Peter Reichel plädierte in seinem Vortrag dafür, den 9. November zu einem «Tag der Demokratie in Deutschland» zu machen. Er schlug vor, an diesem Tag die Geschichte der einerseits so leidenschaftlich erkämpften und andererseits so hasserfüllt bekämpften Demokratie in vielen Geschichten zu erzählen. «Wir hätten einen unerschöpflichen Vorrat an Jahrestagsgeschichten. Und alle ihren problemgeschichtlichen Fixpunkt in der einen Frage: Warum haben sich die Deutschen so lange so schwer getan, heimisch zu werden im Haus der Demokratie».[56]

Auch in den folgenden Jahren liefen die Novemberpogrome nie Gefahr, aus den Gedenkveranstaltungen zum 9. November verdrängt zu werden. Jeder Versuch einer Relativierung der Menschheitsverbrechen des Nationalsozialismus – etwa Alexander Gaulands Rede vor der AfD-Jugendorganisation, in der er Hitler und die Nazis einen «Vogelschiss in über 1000 Jahren erfolgreicher deutscher Geschichte» nannte[57] – stieß auf massiven Widerstand. Antisemitischer Terror wie der Anschlag auf die Synagoge in Halle am 9. Oktober 2019 löste allenthalben Entsetzen aus. Er steigerte wie die Mordanschläge der Terrororganisation Nationalsozialistischer Untergrund (NSU) in Zivilgesellschaft und Politik die Entschlossenheit, den Anfängen zu wehren. Die Novemberpogrome dominieren bis heute die historische Gedenkkultur des Landes am 9. November.

Bemerkenswert war 2018 allerdings ein völlig neuer Ton im Umgang mit der Novemberrevolution von 1918. Jahrzehntelang war diese Revolution ins Räderwerk geschichtspolitischer Auseinandersetzungen geraten, für die unterschiedlichsten Zwecke missbraucht und dann beiseitegeschoben und vergessen worden.[58] Zum 100. Jahrestag erschienen gleich drei Monografien, die ihre Bedeutung als eine wesentliche Wurzel der heutigen Bundesrepublik Deutschland unterstrichen.[59] Vor allem aber fand am 9. November 2018 die bereits erwähnte Gedenkstunde des Deutschen Bundestages statt, bei der Bundespräsident Frank-Walter Steinmeier den 9. November 1918 einen «Meilenstein der deutschen Demokratiegeschichte» nannte, der «einen herausragenden Platz in der Erinnerungskultur unseres Landes» verdiene. Die Novemberpogrome und der Holocaust seien «unverrückbarer Teil unserer Identität.» Aber die Bundesrepublik erkläre sich «nicht allein ex negativo, nicht allein aus dem ‹Nie wieder!› Man kann unser Land nicht begründen ohne die weit verzweigten Wurzeln von Demokratie- und Freiheitsbestrebungen, die es über Jahrhunderte hinweg gegeben hat». Und, so Steinmeier: «Historisch gescheitert ist nicht die Demokratie – historisch gescheitert sind die Feinde der Demokratie.»[60]

Der Bundespräsident und die Bundeskanzlerin sprachen am selben Tag beim zentralen Gedenkakt zum 80. Jahrestag der Pogromnacht von 1938 in der Synagoge Rykestraße in Berlin-Prenzlauer Berg. Das war ein wichtiges Signal und wurde auch so verstanden. Die Berichterstattung in den Tages- und Wochenzeitungen, in Hörfunk und Fernsehen konzentrierte sich auf die Novemberpogrome.

2019 feierte Berlin eine ganze Woche lang, vom 4. bis zum 10. November, «30 Jahre Friedliche Revolution – Mauerfall». Es war eine Festivalwoche «zum Feiern, Erinnern, Diskutieren und Mitmachen» mit über 200 Veranstaltungen an sieben Originalschauplätzen der Friedlichen Revolution. Bundespräsident Steinmeier sprach am 9. November 2019 bei der «Mauerfallparty» am Brandenburger Tor und dankte all denen, die 30 Jahre zuvor die Mauer gestürzt hatten. Er erinnerte auch bei dieser Gelegenheit sowohl an den «Aufbruch in die erste deutsche Demokratie» als auch «an den Absturz in die Barbarei, an brennende Synagogen, an die Verfolgung und Ermordung der europäischen Juden.» Der 9. November sei ein Tag der widersprüchlichen Erinnerungen. «Ambivalenzen auszuhalten, Licht und Schatten, Freude und Trauer im Herzen zu tragen, das gehört dazu, wenn man Deutscher ist. Wenn man Teil dieses Landes und seiner Geschichte ist.»[61] So wurde der 9. November in den Jahren 2018 und 2019 in größerer Breite als Tag des Gedenkens und des

Feierns wahrgenommen, ohne dass das eine Ereignis durch das andere behindert oder geschmälert worden wäre.

2020 verschoben sich die Gewichte wieder etwas mehr hin zum 9. November 1938. Die Novemberpogrome waren das einzige Ereignis, an das die *Tagesschau* erinnerte, verbunden mit dem Hinweis, dass in vielen Städten und Gemeinden Gedenkveranstaltungen stattfinden oder stattfanden. Der Rundfunk Berlin-Brandenburg machte am 9. November auf eine ganze Reihe geplanter Veranstaltungen in Berlin und Brandenburg mit Beteiligung von Spitzenpolitikern aufmerksam. Das *Heute Journal* des ZDF erinnerte am 9. November sowohl an die Novemberpogrome 1938 als auch an den Mauerfall 1989. Bundeskanzlerin Angela Merkel wurde mit dem Satz zitiert: «Am 9. November, da erinnern wir Deutsche an das Schlimmste und das Beste in unserer Geschichte.»[62] Keine der Hauptnachrichtensendungen des Fernsehens erwähnte die Novemberrevolution 1918 und den Beginn der Demokratie in Deutschland.

Bundespräsident Frank-Walter Steinmeier warnte am 9. November 2020 davor, dass Antisemitismus in Deutschland erneut aufkeime. Es beschäme ihn, dass sich Juden mit einer Kippa auf den Straßen hierzulande nicht sicher fühlten und dass jüdische Gebetshäuser geschützt werden müssten, erklärte er in einer Videobotschaft an seinen israelischen Amtskollegen Reuven Rivlin. Die Novemberpogrome 1938, so Steinmeier, «markierten nicht den Anfang der Judenverfolgung in Deutschland. Sie waren ein widerwärtiger Gewaltausbruch, der auf lange Jahre der Diskriminierung, Einschüchterung und Anfeindung folgte. Sie waren ein Vorbote der unfassbaren Verbrechen der Shoah, die meine Landsleute einige Jahre später verüben sollten. Und sie sind eine eindringliche Warnung an uns heute.»[63]

Daneben setzte der Bundespräsident am 9. November 2020 einen besonderen Akzent, indem er in seinem Berliner Amtssitz Schloss Bellevue einen Saal zu Ehren Robert Blums einweihte. Damit wolle er diesem heute vielfach vergessenen Demokraten und Revolutionär ein kleines Denkmal setzen. In diesem Kontext erinnerte Steinmeier auch an die zentralen 9. November der deutschen Geschichte im 20. Jahrhundert. «Wie kein anderes Datum in der deutschen Geschichte führt uns der 9. November Licht und Schatten unserer Vergangenheit vor

Augen, ein kompliziertes und widersprüchliches Bild, das gemischte Gefühle auslöst – Glück und Freude ebenso wie Trauer und Entsetzen. Es ist wichtig, ja: es ist heute vielleicht wichtiger denn je, dass wir die Erinnerung an beides, an die dunklen und die hellen Seiten unserer Geschichte lebendig halten, und das nicht nur an diesem schwierigen Jahrestag.»[64]

Alle großen Tageszeitungen gedachten in der einen oder anderen Form der Novemberpogrome 1938 oder berichteten über Gedenkveranstaltungen aus diesem Anlass. Außergewöhnlich war Heribert Prantls Dreispalter mit dem Titel «Schicksalsdatum» in der *Süddeutschen Zeitung*. Er erinnerte an die Ermordung Robert Blums 1848, an die Ausrufung der Republik 1918, an den Hitler-Putsch 1923, an die Pogromnacht 1938, an Georg Elsers Attentat auf Hitler 1939 und an den Fall der Mauer 1989. Prantl zitierte Bundespräsident Gustav Heinemann, der von Deutschland als «schwierigem Vaterland» sprach, und er zitierte aus der großen Rede von Bundespräsident Frank-Walter Steinmeier am 9. November 2018. Ausgehend von Robert Blum spürte Prantl in seinem Artikel der Bedeutung von Außenseitern für die Entwicklung unserer Demokratie nach – und erzählte so eine der vielen Geschichten aus und über die deutsche Geschichte, zu denen das Datum 9. November anregen kann. Unmissverständlich formulierte er sein Bedauern darüber, dass die Politik nicht den Mut gehabt habe, «diesen Tag der Gründung der Republik, der auch der Tag des Mauerfalls ist, zum Nationalfeiertag zu erklären. Das ist schade: Ein Tag, der nicht nur im Licht, sondern auch im Zwielicht steht, macht nachdenklich.»[65]

Alles in allem reihte sich das Erinnern und Gedenken am 9. November 2020, trotz wieder etwas stärkerer Konzentration auf die Novemberpogrome, in die Entwicklung der Vorjahre ein.

Allerdings ereignete sich im Vorfeld des Datums im Hessischen Landtag ein irritierender Vorgang, der Fragen aufwirft. Dort brachte die Fraktion der Alternative für Deutschland (AfD) einen Gesetzentwurf ein, der zum Ziel hatte, den 9. November in Hessen als gesetzlichen Feiertag einzuführen. Zur Begründung verwies die AfD darauf, dass das Datum 9. November «gemeinsames Merkmal nach Inhalt und Interpretation höchst unterschiedlicher bedeutender Ereignisse der Deutschen Geschichte der letzten beiden Jahrhunderte» sei. «Die Auszeichnung dieses

Datums in Form eines Feier- und Gedenktages dient dem Zweck einer Sensibilisierung unserer Bürger für den Verlauf ihrer Nationalgeschichte sowie der hierdurch mutmaßlichen Stärkung der kulturellen Identität.»[66] Bei der ersten Lesung des Gesetzentwurfs am 30. September führte der AfD-Fraktionsvorsitzende Dr. Frank Grobe aus, dass lediglich 22 Prozent der Deutschen dem 3. Oktober etwas abgewinnen könnten, er sei ein «künstlich und krampfhaft geschaffener Feiertag», der insbesondere von den Ostdeutschen abgelehnt werde. «Ganz anders aber der 9. November. Diesen wünscht sich die Mehrheit der Deutschen als Nationalfeiertag.» Grobe verwies auf den 9. November 1989 und ging dabei vor allem ausführlich auf die Opfer der «DDR-Diktatur» ein. Er sprach über die Hinrichtung Robert Blums im Jahr 1848, über die Ausrufung der Republik im Jahr 1918, über den Hitler-Ludendorff-Putsch 1923, über den Novemberpogrom 1938, über den gescheiterten Bombenanschlag der «Tupamaros West-Berlin» gegen das Jüdische Gemeindehaus in Berlin 1969, über den Tod des RAF-Terroristen Holger Meins 1974.[67]

Die Sprecher aller übrigen Fraktionen kritisierten heftig, die AfD relativiere damit die Novemberpogrome und den organisierten Völkermord. «Aber der Kulturbruch, der Zivilisationsbruch des 9. November (1938–WN) ist beispiellos» (Dr. Stefan Nass, FDP).[68] «Dagegen kommt kein anderes geschichtliches Ereignis in Deutschland an» (Gernot Grumbach, SPD).[69] Der 9. November bleibe «der Auftakt zu der eigentlichen, systematischen Vernichtung des jüdischen Lebens in Deutschland und in großen Teilen Europas» (Christian Heinz, CDU).[70] «So einen ‹Feiertag der Deutschen Geschichte› wollen wir nicht» (Hermann Schaus, Die Linke).[71] Innenminister Peter Beuth erklärte abschließend: «Die Landesregierung lehnt diesen verheerenden Versuch der Geschichtsklitterung selbstverständlich ab.»[72] Die Fraktion der AfD zog den Gesetzentwurf am 20.10.2020 zurück.[73]

Was veranlasste ausgerechnet die AfD dazu, diesen Gesetzentwurf einzubringen? Die AfD als Vorkämpferin deutscher Demokratiegeschichte? Sicher nicht. Viel plausibler scheinen mir ganz andere Hintergründe. Erstens hat die AfD wohl die Umfragewerte zur Beliebtheit des 3. Oktober bzw. des 9. November als Chance gesehen, sich als Interessenvertretung der Mehrheit der Deutschen zu präsentieren, insbesondere der Ostdeutschen. Zweitens hat sie die Gelegenheit erkannt, alle anderen Fraktionen in eine vermutlich wohl durchdachte Falle zu locken – ihr Fraktionsvorsitzender ist promovierter Historiker.

Um der AfD möglichst entschieden und energisch entgegenzutreten, haben die Vertreter sämtlicher anderen Fraktionen es von sich gewiesen, am 9. November an ein anderes Ereignis zu erinnern als an die Novemberpogrome 1938. Es sei eine «eigentümliche Idee», an *einem* Tag feiern und gedenken zu wollen, das sei nicht möglich, erklärte beispielsweise Gernot Grumbach (SPD). Solche Argumentation verschafft der AfD die hochwillkommene Gelegenheit, sich als die angeblich einzige Partei darzustellen, von der auch deutsche Demokratiegeschichte gepflegt wird, die auch die hellen Seiten der deutschen Geschichte im Blick hat, während alle anderen Parteien ausschließlich darauf aus seien, an deutsche Schuld und den Holocaust zu erinnern.

Die AfD hat in den vergangenen Jahren bereits eine Reihe von Versuchen unternommen, Symbole der deutschen Demokratiegeschichte zu «kapern». Beispielsweise 2018 das Hambacher Fest vom Mai 1832 oder Widerstandskämpfer wie Sophie Scholl und Claus Schenk Graf von Stauffenberg. «Es ist eine Okkupation und Provokation zugleich und überdies eine geschickte Strategie», analysierte Melanie Amann im *SPIEGEL*. «Die historischen Figuren können sich nicht gegen ihre Vereinnahmung wehren.»[74] Auch Schwarz-Rot-Gold, die Farben der deutschen Demokratiebewegung vom 19. Jahrhundert bis in die Gegenwart der Bundesrepublik, usurpiert die AfD offensiv für ihre eigenen politischen Zwecke. Die national-konservativen Teile der Partei fischen mit Schwarz-Rot-Gold im bürgerlichen Lager, während der völkisch-nationalistische Flügel unter der Reichskriegsflagge die Beseitigung der liberalen Demokratie vorbereitet. Diesem Treiben ist Bundespräsident Frank-Walter Steinmeier schon in seiner Rede am 9. November 2018 entschieden entgegengetreten: «Wer heute Menschenrechte und Demokratie verächtlich macht, wer alten nationalistischen Hass wieder anfacht, der hat gewiss kein historisches Recht auf Schwarz-Rot-Gold!»[75]

Ein ähnlich klares Bekenntnis zu demokratischen Traditionen durfte man auch im Herbst 2020 in Wiesbaden erhoffen. Aber die demokratischen Fraktionen im Hessischen Landtag haben offenbar die geschichtspolitische Falle nicht erkannt, die ihnen die AfD mit ihrem Antrag gestellt hat, den 9. November zum Gedenk- und Feiertag zu machen. Sie haben weder die Novemberrevolution und die Ausrufung der Republik am 9. November 1918 noch den Sturz der Mauer am 9. November 1989 als Meilensteine der deutschen Demokratiegeschichte für ihre eigenen Traditionen beansprucht, sie haben sich nicht zu den hellen, den demokratischen Seiten des 9. November bekannt, sondern diese hellen Seiten geradezu verleugnet. So ist es der AfD-Fraktion bei dieser Gelegenheit auch noch gelungen, die Sprecher der demokratischen Parteien im Hessischen Landtag in deutliche Widersprüche zu den höchsten politischen Repräsentanten der Bundesrepublik zu bringen. In Wiesbaden wurde gegen die AfD vorgebracht, der 9. November sei nicht ein deutscher «Schicksalstag» – genau das aber hat der Bundestagspräsident am 9. November 2018 formuliert. In Wiesbaden wurde erklärt, man könne nicht am selben Tag feiern und gedenken – genau das aber wurde zuletzt 2019 von der Bundeskanzlerin in Berlin praktiziert und 2020 bekräftigt. In Wiesbaden wurde erklärt, man dürfe nicht Robert Blum neben die Novemberpogrome stellen – der Bundespräsident erinnerte am 9. November 2020 sowohl an Robert Blum als auch an die Novemberpogrome.

Warum schreibe ich so ausführlich über die Vorgänge im Hessischen Landtag im September 2020? Sollte man sie nicht besser als Episode am Rande behandeln und zur Tagesordnung übergehen – zumal die hessische AfD ja ihren Gesetzantrag zurückgezogen hat? Unter geschichtspolitischen Gesichtspunkten wäre genau dies ein großer Fehler. Offenbar hat die AfD den 9. November als Vehikel für die eigene geschichtspolitische Profilierung entdeckt. Ihre Versuche, das Datum zu kapern, werden nicht auf Hessen beschränkt bleiben. Die Demokraten im Land sollten sich den 9. November nicht wieder stehlen lassen. Nach dem Wiesbadener Auftritt der AfD stellt sich dringlicher als zuvor die Frage, wie es das demokratische Deutschland in Zukunft mit dem 9. November halten will.

16

Etwas mehr Mut, bitte ... –
Der 9. November und die Stärkung der Demokratie

Auch nach mehr als 30 Jahren kann man bedauern, dass die Politik im Sommer 1990 nicht den Mut hatte, den 9. November zum Nationalfeiertag des vereinten Deutschland zu machen. Der 3. Oktober hat in all den Jahren kein Profil gewinnen können. Er bietet als Datum wenig, was Herzen ergreift und Leidenschaft weckt. Er ist ein totes Datum ohne Bezug zu irgendeinem herausragenden Ereignis, ein Feiertag ohne große Erzählung, ohne eindrückliche Bilder und leider auch ein Nationalfeiertag, der Deutschland nicht wirklich weiterbringt, weder intellektuell noch emotional, weder beim Verstehen der eigenen Geschichte noch beim Gestalten der Zukunft, weder beim Herstellen der Einheit noch bei der Integration von Zuwanderern und schon gar nicht bei der Frage, was eigentlich uns Deutsche und unsere Demokratie ausmacht.

Wie anders der 9. November, der wohl genau deshalb seit mehr als 30 Jahren immer wieder als Konkurrenzdatum um die Ecke schaut und sich offenbar nicht wegschieben lässt. Am 9. November hat sich Weltgeschichte ereignet, die emotional bewegt, im Guten wie im Schlimmen. Jedes Gedenken an diesem Tag wirft die Frage auf, für welche Werte wir stehen. Es ist wenig verwunderlich, dass die Debatte darüber, ob der 9. November nicht der bessere Nationalfeiertag wäre, seit 1990 nie wirklich aufgehört hat. Immer wieder haben sich bis in die jüngste Zeit Journalisten und Politiker für den 9. November starkgemacht. Bei einer von der *SUPERIllu* in Auftrag gegebenen und vom Erfurter Meinungsforschungsinstitut Insa durchgeführten repräsentativen Umfrage sprachen sich im Oktober 2019 49,8 Prozent aller Befragten dafür aus, den 9. November zum Nationalfeiertag zu machen, 22,2 Prozent plädierten für die Beibehaltung des 3. Oktober, mehr als ein Viertel hatte keine Meinung zu dieser Frage.[1]

Leicht genervt hat der damalige Innenminister Wolfgang Schäuble schon 2009 gefragt: «Müssen wir denn alle fünf Jahre einen nationalen

Feiertag finden? Der 3. Oktober ist doch gut so.» Schäuble ergänzte: «Der 9. November wäre natürlich ein wichtiges Datum – Fall der Mauer. Aber der 9. November ist damals 1990 von allen Beteiligten ganz schnell wegen der besonderen deutschen Geschichte abgelehnt worden. Und nun sollte man bei der Entscheidung auch mal bleiben. Der 3. Oktober ist okay.»[2]

Natürlich müssen wir nicht alle fünf Jahre suchen, aber wäre es nicht mit der Erfahrung von mehr als dreißig Jahren eigentlich an der Zeit, noch einmal besonnen und in Ruhe abzuwägen, ob der 9. November auf lange Sicht nicht doch der bessere Tag wäre? Wichtige Argumente, die 1990 gegen ihn ins Feld geführt wurden, scheinen mir jedenfalls durch die Praxis unseres Erinnerns und Gedenkens am 9. November widerlegt. Jahr für Jahr mehr und mehr.

Die 1990 geäußerte Meinung, man könne nicht an einem einzigen Tag fröhlich den Mauersturz feiern und mit der angebrachten Trauer und Scham an den Novemberpogrom erinnern, ist seither vielfach entkräftet worden. Es gab in den vergangenen 30 Jahren zahlreiche Gedenkveranstaltungen, in denen die Verbindung der verschiedenen Novemberdaten beispielhaft gelungen ist. Die angebliche Überfrachtung des 9. November mit den unterschiedlichsten Bezügen hat sich in der Gedenk- und Erinnerungspraxis nicht zum Problem entwickelt.

Die seinerzeit vielfach geäußerten Befürchtungen, das vereinte, große Deutschland könnte machtpolitisch und ideologisch an Großmachtfantasien der Vergangenheit anknüpfen, hat sich als unbegründet erwiesen. Die Bundesrepublik ist eine liberale, pluralistische und soziale Demokratie geblieben, die sich ohne alle Einschränkungen zum europäischen Einigungsprozess bekennt. Das in den Jahrzehnten zuvor in der Bundesrepublik bereits gereifte Bekenntnis zur Verantwortung für die eigene Geschichte, gerade auch für die schlimmsten Verbrechen des nationalsozialistischen Deutschland, hat insgesamt keinesfalls abgenommen. Es gehört heute ohne jede Einschränkung zu den konstituierenden Grundsätzen von Staat und Gesellschaft. Jeder Gedanke, es in Frage zu stellen, stößt auf kräftigen Widerspruch, jeder ernsthafte Versuch, daran zu rütteln, würde an massivem Widerstand scheitern. Das Gedenken an die Novemberpogrome von 1938 ist durch die Erinnerung an den Mauersturz nicht reduziert oder gar beiseitegedrängt worden. Die Zivilgesellschaft zeigt Jahr für Jahr eindrucksvoll, dass sie sich der Verantwortung für die Gräueltaten der Nazizeit stellt und zugleich entschieden all denen entgegentritt, die in Antisemitismus, Rassismus und Nationalismus ein Zukunftsmodell sehen. Die Gefahr, die von Rechtsextremisten, Reichsbürgern, der NPD und auch Teilen der AfD für unsere freiheitlich-demokratische Ordnung ausgeht, begegnet die Bundesrepublik zunehmend als wehrhafte Demokratie. Gegenüber linkem Extremismus ist sie dabei keineswegs nachsichtiger geworden.

Nichts von dem, was 1990 gegen den 9. November als Nationalfeiertag ins Feld geführt wurde, kann heute noch ernsthaft aufrechterhalten werden. Vieles aber spricht für ihn. Anders als der 3. Oktober und andere Daten, die immer wieder als Gedenk- und Feiertag ins Gespräch gebracht werden, lässt der 9. November keine Chance, sich aus der deutschen Geschichte davonzustehlen oder in elegantem Schwung über ihre furchtbarsten Kapitel hinwegzugehen. Er wäre vielmehr Garant dafür, dass die Auseinandersetzung mit unserer schwierigen Geschichte, die inzwischen in vielen Ländern anerkannt, von manchen sogar als beispielhaft angesehen wird, konsequent weiterverfolgt wird.

Unser Weg zur Demokratie war nicht bequem und leicht. Der 9. November macht mit all seinen wichtigen Daten – 1918, 1923, 1938, 1939, 1989 – diesen langen, von furchtbaren Rückfällen in die Barbarei unterbrochenen, schließlich aber erfolgreichen Kampf um die Demokratie anschaulich und nachvollziehbar wie kein anderer Tag des Jahres. An diesem Nationalfeiertag könnten viele Geschichten vom Kampf um die Demokratie, von den schrecklichen Abgründen des Nationalismus, des Rassismus und des Antisemitismus erzählt werden, auch Geschichten vom Widerstand in der Diktatur, Geschichten über die Gleichstellung der Frau in der deutschen Gesellschaft.

Der 9. November als Nationalfeiertag könnte mit all diesen Geschichten Jahr für Jahr deutlich machen, was Demokratie in Deutschland bedeutet, wofür Demokraten stehen und wogegen sie kämpfen. Er könnte jährliche Selbstvergewisserung der gesamten deutschen Gesellschaft sein.

Die Position der Ostdeutschen wäre dabei ganz selbstverständlich neu definiert, denn nicht nur in der Friedlichen Revolution 1989, sondern auch in der Novemberrevolution 1918 spielten die Revolutionäre in Berlin, Leipzig und anderen Städten des jetzt ostdeutschen Raums eine entscheidende Rolle. An diese Rolle zu erinnern, wie das seit Mitte 2019 das «Haus der Weimarer Republik» an zentraler Stelle in Weimar unternimmt, könnte dann auch zum Bestandteil des jährlichen Gedenkens am 9. November werden. Der 9. November könnte mehr als jeder andere Tag des Jahres zum integrierenden Nationalfeiertag werden.

Das gilt auch für Deutschland als Einwanderungsland. Die Feierlichkeiten zum 9. November könnten als Visitenkarte der deutschen Nation für all diejenigen dienen, die als Zuwanderer ins Land kommen. Erinnerung und Gedenken könnten Jahr für Jahr zeigen, wofür Deutschland steht, worauf jeder sich freuen darf, worauf aber auch jeder sich einzustellen hat, der hier seine neue Heimat sieht. Der 9. November als jährliches Bekenntnis zu den Grundwerten unserer Verfassung könnte beispielsweise unmissverständlich klarmachen, dass Antisemitismus in Deutschland niemals geduldet werden wird oder dass die Gleichstellung der Frau in Deutschland unumstößliche Grundlage der Gesellschaft ist, völlig unabhängig von der Kultur des Landes, aus dem Zuwanderer kommen.

Der 9. November als Nationalfeiertag wäre auch eine zusätzliche Förderung der demokratischen Sozialisation der jungen Generation. Gelebte demokratische Traditionen und immer wieder erneuerte historische Erfahrungen könnten deutlich machen, dass Demokratie sich nicht als Hängematte eignet. Demokratie ist kein Geschenk. Sie muss sowohl erkämpft als auch verteidigt werden, denn sie kann durchaus wieder verloren gehen. Das zeigt die deutsche Geschichte besonders eindrucksvoll. Die Zerstörung der ersten deutschen Republik hat viele Millionen von Menschen das Leben gekostet. Es gilt, den Anfängen zu wehren. Der 9. November könnte mehr als jeder andere Tag republikanische Leidenschaft fördern.

Der 9. November als Nationalfeiertag könnte einlösen helfen, was der Präsident des Jüdischen Weltkongresses Nahum Goldmann schon 1979 anmahnte, als er in der *ZEIT* schrieb, dass «ein Volk sich seiner gesamten Geschichte bewusst sein muss, sowohl ihrer glanzvollen Erfolge wie ihrer schamvollen Niederlagen.»[3] Jahr für Jahr könnte von diesem Tag ein leidenschaftliches Bekenntnis zu Menschenrechten und Demokratie ausgehen.

Könnte – könnte – könnte ...

In den vergangenen Jahrzehnten sind noch manche anderen Argumente für den 9. November als Nationalfeiertag vorgetragen worden. Aber all dies hat nicht zu ernsthaften und Erfolg versprechenden Initiativen für eine Änderung des nationalen Feiertags geführt. Die Beharrungskräfte einmal getroffener bürokratischer und politischer Entscheidungen sind enorm. Noch gewichtiger ist, dass ein Staat seinen Nationalfeiertag nicht nach Belieben von einem Tag auf den anderen wechselt. Nationalfeiertage gehören zum symbolischen Kern staatlicher und gesellschaftlicher Identität. Jede Änderung eines Nationalfeiertages stellt einen tiefen Eingriff dar, der das Selbstverständnis der Nation elementar berührt, politisch realisierbar nur aufgrund einschneidender historischer Ereignisse oder wenn der Änderungsprozess von einer überwältigend breiten Mehrheit der Demokraten gemeinsam getragen wird. Die aber sehe ich zurzeit nicht.

Das gilt trotz des hohen Zustimmungswertes, den der 9. November bei der repräsentativen Umfrage im Herbst 2019 erhalten hat. Die von Insa ermittelten 49,8 Prozent plädierten dafür, den Tag des Mauerfalls zum Nationalfeiertag zu machen, nicht etwa den 9. November als den Tag, der wie kein anderer den Kampf um die Demokratie in Deutschland symbolisiert. Es wird noch Zeit vergehen, bis sich eine Vorstellung von der ganzen historischen Dimension des 9. November tatsächlich verbreitet hat. Es wird insbesondere auch noch dauern, bis die Bedeutung des 9. November 1918 als «Meilenstein der deutschen Demokratiegeschichte»[4] in großen Teilen der Gesellschaft anerkannt wird. Man darf aber hoffen, dass der 9. November in immer mehr gesellschaftlich bedeutsamen Gruppen Fürsprecher findet, die von seinem Wert für die Kraft unserer republikanischen Ordnung und für den Zusammenhalt unserer demokratischen Gesellschaft überzeugt sind: in den jüdischen Gemeinden und in den christlichen Kirchen, in den Gewerkschaften und anderen tragenden Verbänden der Gesellschaft, in den Medien und unter Intellektuellen, in Schulen und Hochschulen, in den politischen Parteien und unter den Entscheidungsträgern in Parlamenten und Regierungen. Dieser notwendige Prozess der geschichtspolitischen Diskussion und Meinungsbildung könnte durch eine überstürzte Debatte über die Änderung des Nationalfeiertags erheblichen Schaden nehmen. Es könnte zu völlig unnötigen

Verwerfungen unter den demokratischen Kräften im Land kommen – und das zu einer Zeit, in der gemeinsames Handeln gegen Rechtsextremismus und für unsere demokratische Ordnung dringend geboten sind.

Wäre es also – auch angesichts der Usurpationsgelüste der AfD – nicht klüger, konstruktiv neue Wege zu gehen, statt immer wieder aufs Neue bedauernd zurückzuschauen oder unrealistische Wünsche zu formulieren? Könnten nicht Formen gefunden werden, in denen der 9. November sein demokratisches Potential entfalten kann, ohne dass er gleich zum Nationalfeiertag gemacht werden muss?

Ein erster Anstoß in diese Richtung kam schon im Juni 2009 von der Kultusministerkonferenz. Bei der Verabschiedung einer Vereinbarung zur Stärkung der Demokratieerziehung empfahl das Gremium, an allen Schulen jährlich am 9. November einen Projekttag zur Auseinandersetzung mit der deutschen Geschichte im 20. Jahrhundert durchzuführen.[5] Es wäre ein deutlicher Fortschritt, wenn diese Empfehlung tatsächlich in der großen Mehrheit der deutschen Schulen umgesetzt würde.

Andere Institutionen, die der politischen Bildung und der demokratischen Aufklärung verpflichtet sind, könnten sich dem Gedanken anschließen, jährlich am 9. November Veranstaltungen durchzuführen, Artikel zu veröffentlichen, Sendungen auszustrahlen, Content ins Netz zu stellen – und so regelmäßig die deutsche Demokratiegeschichte in all ihren Facetten zum Thema zu machen, an «das Schlimmste und das Beste in unserer Geschichte» zu erinnern.

Die politischen Repräsentanten der Republik könnten jährlich am 9. November diesen besonderen Tag der deutschen Geschichte würdigen und an den – von furchtbaren Rückfällen in die Barbarei unterbrochenen, aber schließlich erfolgreichen – Kampf um die Demokratie erinnern. Etwa so, wie das beispielhaft 2018 und 2019 geschehen ist. Damit würde dem Nachdenken über die deutsche Geschichte ein angemessener Stellenwert gegeben. Wenn dies jährlich an einem bedeutsamen Ort der deutschen Demokratiegeschichte geschehen würde, etwa in der als «moderne Erinnerungsstätte» gedachten Frankfurter Paulskirche, würde der Erinnerung ein würdiger Rahmen und damit ein entsprechender Stellenwert gegeben.

Wenn schließlich der 9. November zum «Nationalen Gedenktag» erklärt würde – so wie schon der 27. Januar als «Tag des Gedenkens an die

Opfer des Nationalsozialismus» und der 17. Juni als «Nationaler Gedenktag des deutschen Volkes» proklamiert wurden –, wäre dies ein starkes Signal der Bundesrepublik Deutschland an die Zivilgesellschaft, dass der 9. November ein besonderer Tag in der deutschen Geschichte ist – und das jährliche Gedenken an diesem Tag von herausragender Bedeutung für die weitere Entwicklung der Demokratie in Deutschland.

Anmerkungen

Im Hinblick auf bessere Lesbarkeit des Textes sind Zitate an die geltenden Rechtschreibregelungen angepasst, wenn damit keinerlei Beeinträchtigung von Aussagen und Sinnzusammenhängen verbunden ist.

1
Der 9. November – Kein Tag wie andere

1 Begrüßungsansprache von Bundestagspräsident Dr. Wolfgang Schäuble zur Gedenkveranstaltung am 9. November (2018). Online verfügbar unter: https://www.bundestag.de/parlament/praesidium/reden/018-577028.
2 Bundespräsident Frank-Walter Steinmeier: «Es lebe die deutsche Republik». Rede bei der Gedenkstunde zum 9. November 2018. Online verfügbar unter: https://www.bundespraesident.de/SharedDocs/Reden/DE/Frank-Walter-Steinmeier/Reden/2018/11/181109-Gedenkstunde-Bundestag.html?nn=9042544.
3 Begrüßungsansprache von Bundestagspräsident Dr. Wolfgang Schäuble zur Gedenkveranstaltung am 9. November (2018). Online verfügbar unter: https://www.bundestag.de/parlament/praesidium/reden/018-577028.
4 Wolfgang Brenner: Das deutsche Datum, 2019, S. 13.
5 Anke Hillbrenner, Charlotte Jahnz: Am 9. November, 2019.

2
«Es lebe die deutsche Republik» – Die Novemberrevolution 1918

1 Die Darstellung in diesem Kapitel folgt im Wesentlichen: Wolfgang Niess: Die Revolution von 1918/19, 2017.
2 Vorwärts, Nr. 308, 8.11.1918, S. 3.
3 Zit. nach Eduard Bernstein: Die deutsche Revolution von 1918/19, 1998, S. 60.
4 Zit. nach Jörg Berlin (Hrsg.): Die deutsche Revolution 1918/19, 1979, S. 164 f.
5 Vorwärts, Nr. 309, 9.11.1918, S. 1.
6 Prinz Max von Baden: Erinnerungen und Dokumente, 1968, S. 578.
7 Zit. nach: Hans J. L. Adolph: Otto Wels und die Politik der deutschen Sozialdemokratie 1894–1939, 1971, S. 77.
8 Prinz Max von Baden: Erinnerungen und Dokumente 1968, S. 599.
9 Vorwärts, Extraausgabe 9.11.1918.
10 Zit. nach Gerhard A. Ritter, Susanne Miller (Hrsg.): Die deutsche Revolution 1918–1919, 1975, S. 77 f.
11 Zit. nach: Philipp Scheidemann: Memoiren eines Sozialdemokraten, Dresden 1928, S. 313.

12 Horst Dreier: Die deutsche Revolution 1918/19 als Festtag der Nation?, 2010, S. 152.
13 Theodor Wolff: Der Erfolg der Revolution. In: Berliner Tageblatt, Nr. 576, 10.11.1918, S. 1.
14 Vorwärts, Nr. 310, 10.11.1918, S. 1.
15 Vgl. Gerhard A. Ritter, Susanne Miller (Hrsg.): Die deutsche Revolution 1918–1919, 1975, S. 103 f.
16 Emil Barth: Aus der Werkstatt der deutschen Revolution, Berlin 1919, S. 68.
17 Vgl. Gerhard A. Ritter, Susanne Miller (Hrsg.): Die deutsche Revolution 1918–1919, 1975, S. 237–239.
18 Theodor Wolff: Die deutsche Revolution. In: Berliner Tageblatt Nr. 534, 10.11.1919. Zit. nach: Theodor Wolff: Tagebücher 1914–1919, 1984, S. 855.
19 Zit. nach: Gerhard A. Ritter, Susanne Miller (Hrsg.): Die deutsche Revolution 1918–1919, 1975, S. 208 f.
20 Zit. nach: ebenda, S. 137 f.
21 Zit. nach: ebenda, S. 138 f.
22 Die Rote Fahne, 14.12.1918.
23 Zit. nach: Rüdiger Konrad: Waldemar Pabst, 2012, S. 159–175.
24 An die gesamte Arbeiterschaft! In: Die Freiheit, 17.1.1919, S. 1.
25 Zit. nach: Rüdiger Konrad: Waldemar Pabst, 2012, S. 180.
26 Zit. nach: ebenda, S. 183.

3
Von der «größten aller Revolutionen» zum «Dolchstoß» – Der 9. November wird nicht Nationalfeiertag

1 Vgl. Wolfgang Niess: Die Revolution von 1918/19 in der deutschen Geschichtsschreibung, 2013, S. 26 ff.
2 Walter Bussmann: Politische Ideologien zwischen Monarchie und Weimarer Republik. In: Historische Zeitschrift (HZ) 190 (1960), S. 55–77, S. 56 f.
3 Elfi Bendikat: «Wir müssen Demokraten sein.» 1989, S. 154.
4 Heinz Hürten: Die Kirchen in der Novemberrevolution, 1984, S. 84.
5 Kurt Nowak: Evangelische Kirche und Weimarer Republik, Göttingen 1981, S. 291.
6 Zit. nach: Annelise Thimme: Flucht in den Mythos, 1969, S. 88.
7 Boris Barth: Dolchstoßlegenden und politische Desintegration, 2003, S. 171.
8 Eberhard Kolb (Hrsg.): Vom Kaiserreich zur Weimarer Republik, 1972, S. 12.
9 Zit. nach: Fritz Schellack: Nationalfeiertage in Deutschland von 1871 bis 1945, 1990, S. 136.
10 Ebenda.
11 Verhandlungen des Deutschen Reichstages. Nationalversammlung. 38. Sitzung. Dienstag den 15. April 1919. Online verfügbar unter: http://www.reichstagsprotokolle.de/Blatt2_wv_bsb00000011_00323f 1052f.
12 Ebenda, online verfügbar unter: http://www.reichstagsprotokolle.de/Blatt2_wv_bsb00000011_00322 1051.
13 Ebenda, online verfügbar unter: http://www.reichstagsprotokolle.de/Blatt2_wv_bsb00000011_00325 1054.
14 Um den 1. Mai und den 9. November. In: Die Freiheit, 13.4.1919, S. 2.
15 9. November kein Feiertag. In: Vorwärts, 29.11.1919, S. 3.
16 Zit. nach: Eberhard Kolb: Die Weimarer Republik, 2002, S. 33.

17 Fritz Hartung: Deutsche Geschichte, 1930, S. 405 f.
18 Dietrich Schäfer: Wie wurden wir ein Volk? 1919, S. 72.
19 Dietrich Schäfer: Deutsche Geschichte, 1919, S. 516.
20 Ebenda, S. 518.
21 Gustav Stresemann: Von der Revolution bis zum Frieden von Versailles, 1919, S. 190–194.
22 Heinrich Ströbel: Die Bilanz der Revolution, 1919, S. 3.
23 Vgl. z. B.: Zum 9. November. In: Die Rote Fahne, 9.11.1920, S. 1.
24 Theodor Wolff: Die deutsche Revolution. In: Berliner Tageblatt, Nr. 534, 10.11.1919. Zit. nach: Theodor Wolff: Tagebücher 1914–1919, 1984, S. 850–855.
25 Josef Hofmiller: Revolutionstagebuch 1918/19, 1938, S. 174, S. 156.
26 Vorwärts, Nr. 564, 4.11.1919, S. 3.
27 Friedrich Stampfer: Der 9. November, 1919, S. 35 f.
28 Generalfeldmarschall Paul v. Hindenburg: Aus meinem Leben, 1920, S. 403.
29 Zit. nach: Fritz Schellack: Nationalfeiertage in Deutschland von 1871 bis 1945, 1990, S. 182 f.
30 Vgl. Boris Barth: Dolchstoßlegenden und politische Desintegration, 2003, S. 456 f.
31 Adolf Hitler: Reden, Schriften, Anordnungen, 1992, S. 533. Zit. nach: Eberhard Kolb: Revolutionsbilder, 1993, S. 17.
32 Gerhard Paul: Der Sturm auf die Republik und der Mythos vom «Dritten Reich», 1989, S. 270 f.

4
Nur die Spitze des Eisbergs – Der «Hitler-Putsch» 1923

1 Hanns Hubert Hofmann: Der Hitlerputsch, 1961, S. 158.
2 Harold J. Gordon jr.: Hitlerputsch 1923, 1978, S. 255.
3 Ebenda.
4 Hanns Hubert Hofmann: Der Hitlerputsch, 1961, S. 158.
5 Kahrs Rede im Bürgerbräu. «Manifest an die deutsche Nation». In: Vossische Zeitung, 9.11.1923, S. 1.
6 Hanns Hubert Hofmann: Der Hitlerputsch, 1961, S. 158.
7 Ebenda, S. 161 f.
8 Ebenda, S. 162.
9 Ian Kershaw: Hitler, 1998, S. 219.
10 Hanns Hubert Hofmann: Der Hitlerputsch, 1961, S. 41.
11 Ebenda, S. 43.
12 Ebenda, S. 47.
13 Ian Kershaw: Hitler, 1998, S. 219.
14 Hanns Hubert Hofmann: Der Hitlerputsch, 1961, S. 48.
15 Ian Kershaw: Hitler, 1998, S. 219.
16 Hans Mommsen: Adolf Hitler und der 9. November 1923, 1994, S. 38.
17 Hanns Hubert Hofmann: Der Hitlerputsch, 1961, S. 52.
18 Ebenda, S. 42.
19 Ian Kershaw: Hitler, 1998, S. 159.
20 Jörg Koch: Der 9. November in der deutschen Geschichte, 2009, S. 56.
21 Ebenda.
22 Zit. nach: Ian Kershaw: Hitler, 1998, S. 173.

23 Ebenda, S. 195.
24 Hanns Hubert Hofmann: Der Hitlerputsch, 1961, S. 55–57.
25 Ian Kershaw: Hitler, 1998, S. 237.
26 Ebenda, S. 211–213.
27 Hanns Hubert Hofmann: Der Hitlerputsch, 1961, S. 67.
28 Ian Kershaw: Hitler, 1998, S. 238 f.
29 Hans Mommsen: Adolf Hitler und der 9. November 1923, 1994, S. 35.
30 Hanns Hubert Hofmann: Der Hitlerputsch, 1961, S. 72.
31 Nieder mit den Novemberverbrechern. In: Völkischer Beobachter 13.1.1923, S. 1. Zit. nach: Adolf Hitler: Sämtliche Aufzeichnungen 1905–1924, 1980, S. 783.
32 Hanns Hubert Hofmann: Der Hitlerputsch, 1961, S. 70 f.
33 Hans Mommsen: Adolf Hitler und der 9. November 1923, 1994, S. 40.
34 Heinrich August Winkler: Weimar 1918–1933, 1993, S. 193–198.
35 Jörg Koch: Der 9. November in der deutschen Geschichte, 2009, S. 59 f.
36 Ebenda, S. 59.
37 Hanns Hubert Hofmann: Der Hitlerputsch, 1961, S. 81.
38 Ian Kershaw: Hitler, 1998, S. 242.
39 Hanns Hubert Hofmann: Der Hitlerputsch, 1961, S. 73.
40 Zit. nach: ebenda, S. 83.
41 Zit. nach: Adolf Hitler: Sämtliche Aufzeichnungen 1905–1924, 1980, S. 1010–1012.
42 Heinrich August Winkler: Weimar 1918–1933, 1993, S. S. 210.
43 Ebenda, S. 209 f.
44 Zit. nach: George F. Hallgarten: Hitler, Reichswehr und Industrie, 1955, S. 67.
45 Heinrich August Winkler: Weimar 1918–1933, 1993, S. 221.
46 Wolfgang Benz, Ursula Büttner: Der Aufbruch in die Moderne, 2010, S. 421 f.
47 Hanns Hubert Hofmann: Der Hitlerputsch, 1961, S. 100.
48 Heinrich August Winkler: Weimar 1918–1933, 1993, S. 223.
49 Hanns Hubert Hofmann: Der Hitlerputsch, 1961, S. 109.
50 Ebenda, S. 111–113.
51 Ebenda, S. 117.
52 Zit. nach: Ernst Deuerlein (Hrsg.): Der Hitler-Putsch, 1962, S. 302.
53 Ian Kershaw: Hitler, 1998, S. 259.
54 Ebenda.
55 Zit. nach: Hanns Hubert Hofmann: Der Hitlerputsch, 1961, S. 163.
56 Harold J. Gordon jr.: Hitlerputsch 1923, 1978, S. 256.
57 Zit. nach: Hanns Hubert Hofmann: Der Hitlerputsch, 1961, S. 165.
58 Karl Alexander v. Müller: Im Wandel einer Welt, 1966, S. 162 f.
59 Hanns Hubert Hofmann: Der Hitlerputsch, 1961, S. 165.
60 Ebenda, S. 168.
61 Ebenda.
62 Harold J. Gordon jr.: Hitlerputsch 1923, 1978, S. 262 f.
63 Ebenda, S. 265.
64 Ebenda, S. 261 f.
65 Hanns Hubert Hofmann: Der Hitlerputsch, 1961, S. 169.
66 Zit. nach: ebenda, S. 186.
67 Harold J. Gordon jr.: Hitlerputsch 1923, 1978, S. 285.

68 Zit. nach: Hanns Hubert Hofmann: Der Hitlerputsch, 1961, S. 185 f.
69 Henry Bernhard: Finis Germaniae, Stuttgart 1947, S. 7.
70 Harold J. Gordon jr.: Hitlerputsch 1923, 1978, S. 404.
71 Heinrich August Winkler: Weimar 1918–1933, 1993, S. 235.
72 Hans Frank: Im Angesicht des Galgens. Deutung Hitlers und seiner Zeit auf Grund eigener Erlebnisse und Erkenntnisse. München 1953, S. 60 f.
73 Harold J. Gordon jr.: Hitlerputsch 1923, 1978, S. 317.
74 Christian Siepmann: Hitler-Putsch. Der Versager und die Fahne. SPIEGEL Geschichte, 8.11.2007. Online verfügbar unter: https://www.spiegel.de/geschichte/hitler-putsch-a-948822.html.
75 Heribert Prantl: Als Onkel Hans auf Adolf Hitler schoss. Prantls Blick, 4. November 2018. Online verfügbar unter: https://www.sueddeutsche.de/politik/-november-revolution-deutsch-1.4196282.
76 Ian Kershaw: Hitler, 1998, S. 266.
77 Ebenda.
78 Der Text ist vollständig abgedruckt bei Hanns Hubert Hofmann: Der Hitlerputsch, 1961, S. 284 ff.
79 Georg Bernhard: Die Masken herunter. In: Vossische Zeitung, 9.11.1923, S. 1.
80 Otto Gritschneder: Der missglückte Hitler-Putsch-Prozess von 1924, 2000, S. 49 f.
81 Ian Kershaw: Hitler, 1998, S. 269.
82 Ebenda, S. 272.
83 Zit. nach: Otto Gritschneder: Der Hitler-Prozeß, 2001, S. 129.
84 Ebenda, S. 131.
85 Hanns Hubert Hofmann: Der Hitlerputsch, 1961, S. 242 f.
86 Otto Gritschneder: Der missglückte Hitler-Putsch-Prozess von 1924, 2000, S. 55.
87 Ian Kershaw: Hitler, 1998, S. 273.
88 Heinrich August Winkler: Weimar 1918–1933, 1993, S. 236.
89 Ian Kershaw: Hitler, 1998, S. 268.
90 Stefan Zweig: Die Welt von gestern, Stockholm 1942, S. 441. Zit. nach: Ian Kershaw: Hitler, 1998, S. 267.
91 Harold J. Gordon jr.: Hitlerputsch 1923, 1978, S. 369.

5
«Geburtsstunde der Republik» oder «Landesverrat» – Der 9. November und der Kampf um die Weimarer Demokratie

1 Vgl. Wolfgang Niess: Die Revolution von 1918/19 in der deutschen Geschichtsschreibung, 2013, S. 26 ff.
2 Deutsche Tageszeitung, Nr. 376, 12.8.1924. Zit. nach: Jürgen Bergmann: «Das Land steht rechts!», 1989, S. 201.
3 Deutsche Tageszeitung, Nr. 528, 8.11.1924. Zit. nach: Jürgen Bergmann: «Das Land steht rechts!», 1989, S. 191.
4 Kölnische Volkszeitung, Nr. 48, 19.1.1924. Zit. nach: Georg Kotowski: Auf dem Boden der gegebenen vollendeten Tatsachen!, 1989, S. 172.
5 Fritz Schellack: Nationalfeiertage in Deutschland von 1871 bis 1945, 1990, S. 195.
6 Es lebe die Republik! Zum 9. November. In: Vorwärts, Nr. 530, 9.11.1924, S. 1.

7 Der Tag, Nr. 270, 11.11.1927. Zit. nach: Klaus Reimus: «Das Reich muß uns doch bleiben!», 1989, S. 241.
8 Eberhard Kolb: Revolutionsbilder, 1993, S. 17.
9 Adolf Hitler: Reden, Schriften, Anordnungen, 1992, S. 644. Zit. nach: Eberhard Kolb: Revolutionsbilder, 1993, S. 17.
10 Völkischer Beobachter, Nr. 189, 8./9.11.1925, S. 1.
11 Völkischer Beobachter, Nr. 259, 9.11.1926, S. 1.
12 Völkischer Beobachter, Nr. 258, 9.11.1927, S. 1.
13 Klaus Reimus: «Das Reich muß uns doch bleiben!», 1989, S. 238 f.
14 Zit. nach: Jens Flemming u. a. (Hrsg.): Die Republik von Weimar, 1979, S. 29.
15 Zehn Jahre deutsche Geschichte 1918–1928, Berlin 1928.
16 Detlef Lehnert: «Staatspartei der Republik» oder «revolutionäre Reformisten»?, 1989, S. 112.
17 Zit. nach: Georg Kotowski: Auf dem Boden der gegebenen vollendeten Tatsachen!, 1989, S. 169 f.
18 Eberhard Kolb: Die Weimarer Republik, 2002, S. 88.
19 Wilhelm Külz: Deutschlands innerpolitische Gestaltung. In: Zehn Jahre deutsche Geschichte, 1928, S. 55–74, S. 55.
20 Der Tag, Nr. 269, 9.11.1928. Zit. nach: Klaus Reimus: «Das Reich muß uns doch bleiben!», 1989, S. 235.
21 Der Tag, 9.11.1928; Der Montag, 12.11.1928.
22 Der Tag, 9.11.1928.
23 Klaus Reimus: «Das Reich muß uns doch bleiben!», 1989, S. 242.
24 Eberhard Kolb: Die Weimarer Republik, 2002, S. 132.
25 Der Tag, 9.11.1930. Zit. nach: Klaus Reimus: «Das Reich muß uns doch bleiben!», 1989, S. 239.
26 Ludwig Bergsträsser: Woher und wohin? Bekenntnis eines Republikaners zum 9. November, in: Vorwärts, Nr. 527, 9.11.1930, S. 2.
27 Vorwärts, Nr. 526, 7.11.1932, S. 2.
28 9. November. In: Vorwärts, 9.11.1932, S. 1 f.

6
Opferkult und Propaganda – Die Usurpation des 9. November durch das NS-Regime

1 Eberhard Kolb (Hrsg.): Vom Kaiserreich zur Weimarer Republik, 1972, S. 11.
2 Lars Pappert: Der Hitlerputsch und seine Mythologisierung, 2001, S. 105.
3 Ebenda, S. 110 f.
4 Völkischer Beobachter, Nr. 313, 9.11.1933, S. 1.
5 Zit. nach: Lars Pappert: Der Hitlerputsch und seine Mythologisierung, 2001, S. 111.
6 Ebenda, S. 133.
7 Ebenda, S. 135.
8 Zit. nach: Schultheß' Europäischer Geschichtskalender 1934, S. 255 f.
9 Zit. nach: Schultheß' Europäischer Geschichtskalender 1938, S. 184.
10 Der Führer weiht das Mahnmal. Die Ansprache Adolf Hitlers vor der Enthüllung des Ehrenmals in der Feldherrnhalle. In: Völkischer Beobachter, Nr. 314, 10.11.1933, S. 1.
11 Hans Mommsen: Die verspielte Freiheit, 1989, S. 8.

12 Wolfram Wessels: Der 9. November, «weihevollster Tag» im «Dritten Reich», 1984, S. 87.
13 Ebenda, S. 88 f.
14 Rudolf Heß: «Sie haben doch gesiegt!» In: Völkischer Beobachter, Nr. 313, 9.11.1933, S. 1.
15 Zit. nach: Wolfram Wessels: Der 9. November, «weihevollster Tag» im «Dritten Reich», 1984, S. 91.
16 Joseph Goebbels: Tagebücher, 1999, S. 327.
17 Völkischer Beobachter, Nr. 313, 9.11.1934, S. 1.
18 Lars Pappert: Der Hitlerputsch und seine Mythologisierung, 2001, S. 112.
19 Ebenda, S. 146.
20 Ebenda, S. 155.
21 Adolf Hitler an seine Getreuen. Zit. nach: Völkischer Beobachter, Nr. 315, 11.11.1935, S. 4.
22 Eugen Hadamowsky: Der 8. und 9. November. In: Der Rundfunk, Heft 4 (1937), S. 123.
23 Lars Pappert: Der Hitlerputsch und seine Mythologisierung, 2001, S. 163.
24 Ebenda, S. 164.
25 Sabine Behrenbeck: Der Kult um die toten Helden, 1996, S. 304.
26 Zit. nach: ebenda.
27 Lars Pappert: Der Hitlerputsch und seine Mythologisierung, 2001, S. 170 f.
28 Völkischer Beobachter, Nr. 314, 10.11.1935, S. 2.
29 Hans Jörg Koch: Der 9. November 1923, 2000, S. 46.
30 Völkischer Beobachter, Nr. 312, 8.11.1938, S. 1.

7
Rückfall in die Barbarei – Der Novemberpogrom 1938

1 Raphael Gross: November 1938, 2013, S. 49 f.
2 Joseph Goebbels: Tagebucheinträge über die Novemberpogrome 1938 [«Reichskristallnacht»], 10. und 11. November 1938. Online verfügbar unter: https://www.1000dokumente.de/pdf/dok_0118_gob_de.pdf.
3 Raphael Gross: November 1938, 2013, S. 50.
4 Joseph Goebbels: Tagebucheinträge über die Novemberpogrome 1938 [«Reichskristallnacht»], 10. und 11. November 1938. Online verfügbar unter: https://www.1000dokumente.de/pdf/dok_0118_gob_de.pdf.
5 Raphael Gross: November 1938, 2013, S. 52.
6 Ian Kershaw: Hitler. Bd. 2, 2000, S. 197 f.
7 Zit. nach: Raphael Gross: November 1938, 2013, S. 59.
8 Prozess vor dem Landgericht Darmstadt, Anklageschrift 24.9.1946, S. 15. Zit. nach: Wolfgang Benz: Pogrom und Volksgemeinschaft, o. J. [2009], S. 14.
9 Wolfgang Benz: Gewalt im November 1938, 2018, S. 66.
10 Alan E. Steinweis: Kristallnacht 1938, 2011, S. 79.
11 Joseph Goebbels: Tagebucheinträge über die Novemberpogrome 1938 [«Reichskristallnacht»], 10. und 11. November 1938. Online verfügbar unter: https://www.1000dokumente.de/pdf/dok_0118_gob_de.pdf.
12 Adolf Hitler: Mein Kampf. Bd. 1, 1938, S. 310.
13 Adolf Hitler: Mein Kampf. Bd. 2, 1938, S. 772.
14 Wolfgang Benz: Gewalt im November 1938, 2018, S. 34.
15 Ebenda, S. 35.

16 Wolfgang Benz: Pogrom und Volksgemeinschaft, o. J. [2009], S. 10.
17 Raphael Gross: November 1938, 2013, S. 34.
18 Alan E. Steinweis: Kristallnacht 1938, 2011, S. 19.
19 Wolfgang Benz: Gewalt im November 1938, 2018, S. 35.
20 Zit. nach: Wilhelm Gustloff. In: wikipedia. Online verfügbar unter: https://de.wikipedia.org/wiki/Wilhelm_Gustloff.
21 Carl Zuckmayer: Als wär's ein Stück von mir, 1969, S. 84.
22 Zit. nach: Ian Kershaw: Hitler. Bd. 2, 2000, S. 194.
23 Dieter Obst: «Reichskristallnacht», 1991, S. 37 f.
24 Ebenda, S. 40.
25 Joseph Goebbels: Tagebücher, 1999, S. 1227.
26 Ian Kershaw: Hitler. Bd. 2, 2000, S. 193.
27 Zit. nach: Raphael Gross: November 1938, 2013, S. 36.
28 Ian Kershaw: Hitler. Bd. 2, 2000, S. 193.
29 Raphael Gross: November 1938, 2013, S. 37.
30 Ian Kershaw: Hitler. Bd. 2, 2000, S. 188.
31 Dieter Obst: «Reichskristallnacht», 1991, S. 20.
32 Ian Kershaw: Hitler. Bd. 2, 2000, S. 193.
33 Alan E. Steinweis: Kristallnacht 1938, 2011, S. 23.
34 Raphael Gross: November 1938, 2013, S. 17.
35 Alan E. Steinweis: Kristallnacht 1938, 2011, S. 24.
36 Ebenda, S. 26.
37 Ebenda, S. 29.
38 Ebenda, S. 30 f.
39 Zit. nach: Wolfgang Benz: Gewalt im November 1938, 2018, S. 53.
40 Ein neuer Fall Gustloff. Jüdischer Mordanschlag in Paris. Mitglied der Deutschen Botschaft durch Schüsse lebensgefährlich verletzt. Der Mordbube ein 17jähriger Jude. In: Völkischer Beobachter, Nr. 312, 8.11.1938, S. 1.
41 Ian Kershaw: Hitler. Bd. 2, 2000, S. 194.
42 Alan E. Steinweis: Kristallnacht 1938, 2011, S. 35.
43 Raphael Gross: November 1938, 2013, S. 43.
44 Alan E. Steinweis: Kristallnacht 1938, 2011, S. 47.
45 Raphael Gross: November 1938, 2013, S. 43.
46 Wolfgang Benz: Gewalt im November 1938, 2018, S. 58.
47 Joseph Goebbels: Tagebucheinträge über die Novemberpogrome 1938 [«Reichskristallnacht»], 10. und 11. November 1938. Online verfügbar unter: https://www.1000dokumente.de/pdf/dok_0118_gob_de.pdf.
48 Alan E. Steinweis: Kristallnacht 1938, 2011, S. 52.
49 Zit. nach: Bundeszentrale für politische Bildung (Hrsg.): Der 9. November, 2011, S. 173.
50 Alan E. Steinweis: Kristallnacht 1938, 2011, S. 51.
51 Joseph Goebbels: Tagebucheinträge über die Novemberpogrome 1938 [«Reichskristallnacht»], 10. und 11. November 1938. Online verfügbar unter: https://www.1000dokumente.de/pdf/dok_0118_gob_de.pdf.
52 Alan E. Steinweis: Kristallnacht 1938, 2011, S. 53.
53 Zit. nach: Bundeszentrale für politische Bildung (Hrsg.): Der 9. November, 2011, S. 173.
54 Zit. nach: Eberhard Jäckel: Der Novemberpogrom 1938 und die Deutschen, o. J. [2009], S. 68.
55 Dieter Obst: «Reichskristallnacht», 1991, S. 83.

56 Zit. nach: Bundeszentrale für politische Bildung (Hrsg.): Der 9. November, 2011, S. 170.
57 Zit. nach: ebenda, S. 171.
58 Joseph Goebbels: Tagebucheinträge über die Novemberpogrome 1938 [«Reichskristallnacht»], 10. und 11. November 1938. Online verfügbar unter: https://www.1000dokumente.de/pdf/dok_0118_gob_de.pdf.
59 Ian Kershaw: Hitler. Bd. 2, 2000, S. 198.
60 Dieter Obst: «Reichskristallnacht», 1991, S. 92.
61 Raphael Gross: November 1938, 2013, S. 47.
62 Dieter Obst: «Reichskristallnacht», 1991, S. 93.
63 Joseph Goebbels: Tagebucheinträge über die Novemberpogrome 1938 [«Reichskristallnacht»], 10. und 11. November 1938. Online verfügbar unter: https://www.1000dokumente.de/pdf/dok_0118_gob_de.pdf.
64 Zit. nach: Raphael Gross: November 1938, 2013, S. 63.
65 Zit. nach: Alan E. Steinweis: Kristallnacht 1938, 2011, S. 104.
66 Dieter Obst: «Reichskristallnacht», 1991, S. 177.
67 Raphael Gross: November 1938, 2013, S. 53.
68 Alan E. Steinweis: Wer waren die Täter des Novemberpogroms?, o. J. [2009], S. 76 f.
69 Zit. nach: Wolfgang Benz: Gewalt im November 1938, 2018, S. 8.
70 Stiftung Denkmal für die ermordeten Juden Europa u. a. (Hrsg.): «Kristallnacht», 2018, S. 63.
71 Alan E. Steinweis: Wer waren die Täter des Novemberpogroms?, o. J. [2009], S. 77.
72 Wolfgang Benz: Gewalt im November 1938, 2018, S. 10.
73 Otto Dov Kulka, Eberhard Jäckel (Hrsg.): Die Juden in den geheimen NS-Stimmungsberichten 1933–1945, Düsseldorf 2004.
74 Eberhard Jäckel: Der Novemberpogrom 1938 und die Deutschen, o. J. [2009], S. 72.
75 Wolf-Arno Kropat: «Reichskristallnacht», 1997, S. 125.
76 Ebenda, S. 166.
77 Alan E. Steinweis: Kristallnacht 1938, 2011, S. 12.
78 Alan E. Steinweis: Wer waren die Täter des Novemberpogroms?, o. J. [2009], S. 77 f.
79 Raphael Gross: November 1938, 2013, S. 11.
80 Zit. nach: Wolfgang Benz: Pogrom und Volksgemeinschaft, o. J. [2009], S. 12.
81 Zit. nach: Markus Roth: «Ein Massenmord wird gewünscht», 2013, S. 926.
82 Alan E. Steinweis: Kristallnacht 1938, 2011, S. 131–133.
83 Zit. nach: Wolfgang Benz: Pogrom und Volksgemeinschaft, o. J. [2009], S. 13.
84 Zit. nach: Eberhard Jäckel: Der Novemberpogrom 1938 und die Deutschen, o. J. [2009], S. 68.
85 Zit. nach: ebenda, S. 71.
86 Wolfgang Benz: Pogrom und Volksgemeinschaft, o. J. [2009], S. 17 f.
87 Zit. nach: Bundeszentrale für politische Bildung (Hrsg.): Der 9. November, 2011, S. 165.
88 Zit. nach: Stiftung Denkmal für die ermordeten Juden Europa u. a. (Hrsg.): «Kristallnacht», 2018, S. 149.
89 Zit. nach: Joachim Perels: Wendepunkt in der Politik des Judenhasses, 2000, S. 65 f.

90 Alan E. Steinweis: Kristallnacht 1938, 2011, S. 131.
91 Raphael Gross: November 1938, 2013, S. 66.
92 Wolfgang Benz: Gewalt im November 1938, 2018, S. 81.
93 Zit. nach: Raphael Gross: November 1938, 2013, S. 68.
94 Zit. nach: Stiftung Denkmal für die ermordeten Juden Europa u. a. (Hrsg.): «Kristallnacht», 2018, S. 32.
95 Joseph Goebbels: Tagebücher, 1999, S. 1284.
96 Raphael Gross: November 1938, 2013, S. 61.
97 Wolfgang Benz: Gewalt im November 1938, 2018, S. 163.
98 Raphael Gross: November 1938, 2013, S. 45; Horst Möller: Der 9. November in der deutschen Geschichte des 20. Jahrhunderts, 2004, S. 210.
99 Raphael Gross: November 1938, 2013, S. 74 f.
100 Heinz Boberach (Hrsg.): Meldungen aus dem Reich 1938–1945, 1984, S. 26.
101 Ian Kershaw: Hitler. Bd. 2, 2000, S. 205.
102 Wolf-Arno Kropat: «Reichskristallnacht», 1997, S. 179.
103 Raphael Gross: November 1938, 2013, S. 65.

8
Was ein Einzelner vermag – Das Attentat des Georg Elser 1939

1 Reichsgesetzblatt. Teil 1. Jg. 1939. Erstes Halbjahr, Berlin 1939, S. 322.
2 Lars Pappert: Der Hitlerputsch und seine Mythologisierung, 2001, S. 96.
3 Zit. nach: Max Domarus: Hitler. Reden und Proklamationen, 1965, S. 1316.
4 Zit. nach: ebenda, S. 1393.
5 Lars Pappert: Der Hitlerputsch und seine Mythologisierung, 2001, S. 194.
6 Georg-Elser-Arbeitskreis (Hrsg.): Gegen Hitler – gegen den Krieg!, 1989, S. 48.
7 Zit. nach: Max Domarus: Hitler. Reden und Proklamationen, 1965, S. 1414.
8 Die wunderbare Errettung des Führers. In: Völkischer Beobachter, Nr. 314, 10.11.1939, S. 1 f.
9 Peter Koblank: Wenn das Elser-Attentat Erfolg gehabt hätte. Teil 1: Die unmittelbaren Auswirkungen im Bürgerbräukeller. Online-Edition Mythos Elser 2009. Online verfügbar unter: http://www.mythoselser.de/elser-folgen1.htm.
10 Joseph Goebbels: Tagebücher, 1999, S. 1347.
11 Ebenda.
12 Die wunderbare Errettung des Führers. In: Völkischer Beobachter, Nr. 314, 10.11.1939, S. 1.
13 Völkischer Beobachter, Nr. 316, 12.11.1939, S. 2.
14 Lars Pappert: Der Hitlerputsch und seine Mythologisierung, 2001, S. 195.
15 Joseph Goebbels: Tagebücher, 1999, S. 1350.
16 Georg Elser. In: Wikipedia. Online verfügbar unter: https://de.wikipedia.org/wiki/Georg_Elser.
17 Ernst Piper: Elser-Attentat vor 70 Jahren. Allein gegen Hitler. In: Spiegel Geschichte 6.11.2009. Online verfügbar unter: https://www.spiegel.de/geschichte/elseer-attentat-vor-70-jahren-allein-gegen-hitler-a-948584.html.
18 Georg Elser. In: Wikipedia. Online verfügbar unter: https://de.wikipedia.org/wiki/Georg_Elser.
19 Georg Elser: Berliner Verhörprotokoll. 2. Tag: 20.11.1939. Online verfügbar unter: http://georg-elser-arbeitskreis.de/texts/geverhoer2.htm.

20 Georg Elser. In: Wikipedia. Online verfügbar unter: https://de.wikipedia.org/wiki/Georg_Elser.
21 Georg Elser: Berliner Verhörprotokoll. 3. Tag: 21.11.1939. Online verfügbar unter: http://georg-elser-arbeitskreis.de/texts/geverhoer3.htm.
22 Ebenda.
23 Peter Steinbach, Johannes Tuchel: Allein gegen Hitler. In: ZEIT Geschichte, 4 (2009), S. 42–50. Online verfügbar unter: https://www.zeit.de/zeit-geschichte/2009/04/Georg-Elser.
24 Georg Elser: Berliner Verhörprotokoll. 3. Tag: 21.11.1939. Online verfügbar unter: http://georg-elser-arbeitskreis.de/texts/geverhoer3.htm.
25 Ebenda.
26 Ebenda.
27 Ebenda.
28 Ebenda.
29 Georg Elser: Berliner Verhörprotokoll. 4. Tag: 22.11.1939. Online verfügbar unter: http://georg-elser-arbeitskreis.de/texts/geverhoer4.htm.
30 Ebenda.
31 Georg Elser: Berliner Verhörprotokoll. 5. Tag: 23.11.1939. Online verfügbar unter: http://georg-elser-arbeitskreis.de/texts/geverhoer5.htm.
32 Walter Schellenberg: Aufzeichnungen, 1959, S. 92.

9 Hitlers Trauma – Der 9. November in den Kriegsjahren

1 Kränze des Führers vor der Feldherrnhalle und der Ewigen Wache. In: Völkischer Beobachter, 10.11.1939, Nr. 314, S. 2.
2 Lars Pappert: Der Hitlerputsch und seine Mythologisierung, 2001, S. 197.
3 Ebenda, S. 198.
4 Die Kriegsrede des Führers vor der Alten Garde. In: Völkischer Beobachter, 10.11.1940, Nr. 315, S. 1 f.
5 Die große Rede des Führers über den geschichtlichen Sinn dieses Krieges. In: Völkischer Beobachter, Nr. 314, 10.11.1941, S. 1.
6 Lars Pappert: Der Hitlerputsch und seine Mythologisierung, 2001, S. 203.
7 Ebenda, S. 204.
8 Ebenda, S. 197.
9 Wilhelm Weiß: Zum 9. November. In: Völkischer Beobachter, Nr. 314, 9.11.1940, S. 1.
10 Zit. nach: Max Domarus: Hitler. Reden und Proklamationen, 1965, S. 1777 f.
11 Zit. nach: ebenda, S. 1781.
12 Joseph Goebbels: Tagebücher, 1999, S. 1702.
13 Ian Kershaw: Hitler. Bd. 2, 2000, S. 708.
14 Joseph Goebbels: Tagebücher, 1999, S. 1829.
15 Joseph Goebbels: Tagebücher, 1999, S. 1829 f., Anm. 103 des Herausgebers. Vgl. auch: Max Domarus: Hitler. Reden und Proklamationen, 1965, S. 1932 ff.
16 Zit. nach: Max Domarus: Hitler. Reden und Proklamationen, 1965, S. 1933.
17 Zit. nach: ebenda, S. 1941.
18 Zit. nach: ebenda, S. 1940.
19 Zit. nach: ebenda, S. 1943.
20 Ian Kershaw: Hitler. Bd. 2, 2000, S. 709.
21 Joseph Goebbels: Tagebücher, 1999, S. 1963 f.

22 Ian Kershaw: Hitler. Bd. 2, 2000, S. 787.
23 Ebenda, S. 961.
24 Zit nach: Max Domarus: Hitler. Reden und Proklamationen, 1965, S. 2160.
25 Lars Pappert: Der Hitlerputsch und seine Mythologisierung, 2001, S. 210 f.
26 Ebenda, S. 213.
27 Völkischer Beobachter, 12.11.1944, S. 1.
28 Zit. nach: Max Domarus: Hitler. Reden und Proklamationen, 1965, S. 2165 f.

10
Trennendes Gedenken – Die Nachkriegsjahre

1 Vgl. Wolfgang Niess: Die Revolution von 1918/19 in der deutschen Geschichtsschreibung, 2013, S. 150–163.
2 Zit. nach: Reinhard Rürup: Die Revolution von 1918/19 in der deutschen Geschichte, 1993, S. 4.
3 Zit. nach: Sebastian Ullrich: Der Weimar-Komplex, 2009, S. 53 f.
4 Zit. nach: ebenda, 2009, S. 54.
5 Ebenda, S. 55.
6 Das Prager Manifest von 1934. Zit. nach: Wolfgang Abendroth: Aufstieg und Krise der deutschen Sozialdemokratie, 1964, S. 117.
7 Sebastian Ullrich: Der Weimar-Komplex, 2009, S. 55.
8 Julius Leber: Gedanken zum Verbot der deutschen Sozialdemokratie, 1952, S. 202, 190.
9 Friedrich Stampfer: Zwanzig Jahre. 1918 – 9. November – 1938. In: Neuer Vorwärts, 6.11.1938, S. 1.
10 Ebenda.
11 Sebastian Ullrich: Der Weimar-Komplex, 2009, S. 56.
12 Rüdiger Schütz: Proletarischer Klassenkampf und bürgerliche Revolution, 1990, S. 766.
13 Kontrollratsdirektive Nr. 24. Entfernung von Nationalsozialisten und Personen, die den Bestrebungen der Alliierten feindlich gegenüberstehen, aus Ämtern und verantwortlichen Stellungen vom 12. Januar 1946. Online verfügbar unter: http://www.verfassungen.de/de45-49/kr-direktive24.htm.
14 Harald Schmid: Erinnern an den «Tag der Schuld», 2001, S. 86.
15 Zit. nach: Franz Osterroth u. a. (Hrsg.): Chronik der deutschen Sozialdemokratie. Bd. 3, 1978, S. 27.
16 Zit. nach: Institut für Marxismus-Leninismus beim ZK der SED (Hrsg.): Illustrierte Geschichte der deutschen Novemberrevolution 1918/19, 1978, S. 429.
17 Zit. nach: Franz Osterroth u. a. (Hrsg.): Chronik der deutschen Sozialdemokratie. Bd. 3, 1978, S. 10.
18 Zit. nach: ebenda, S. 11.
19 Ebenda, S. 13.
20 Ebenda, S. 19.
21 Zit. nach: Wolfgang Malanowski: «Ist das ein Befehl?». In: Der Spiegel, Nr. 40, 1.10.1990, S. 127–145, S. 127. Online verfügbar unter: https://www.spiegel.de/spiegel/print/d-13500409.html.
22 Sebastian Ullrich: Der Weimar-Komplex, 2009, S. 123.
23 Rüdiger Schütz: Proletarischer Klassenkampf und bürgerliche Revolution, 1990, S. 766.

24 Parteivorstand der SED: Die Novemberrevolution und ihre Lehren für die deutsche Arbeiterbewegung, 1948, S. 158 f.
25 Ebenda, S. 147.
26 Zit. nach: Rüdiger Schütz: Proletarischer Klassenkampf und bürgerliche Revolution, 1990, S. 767.
27 Otto Grotewohl: Dreißig Jahre später, 1948, S. 6.
28 Harald Schmid: Erinnern an den «Tag der Schuld», 2001, S. 98 f.
29 Zit. nach: Raphael Gross: November 1938, 2013, S. 113.
30 Wolfgang Benz: Gewalt im November 1938, 2018, S. 199.
31 Harald Schmid: Erinnern an den «Tag der Schuld», 2001, S. 91 f.
32 Theodor Heuss: In Memoriam. Ansprache im Landestheater Stuttgart, 25. November 1945. In: Theodor Heuss: An und über Juden, 1964, S. 94 f.
33 Alan E. Steinweis: Kristallnacht 1938, 2011, S. 152.
34 Ebenda, S. 153.
35 Norbert Frei am 5.5.2020 im SWR2-Forum «75 Jahre nach Kriegsende – Wie soll Deutschland mit seiner Geschichte umgehen?» Online verfügbar unter: https://www.swr.de/swr2/leben-und-gesellschaft/75-jahre-nach-kriegsende-wie-soll-deutschland-mit-seiner-geschichte-umgehen-swr2-forum-2020-05-05-100.html.
36 Ulrich Herbert: Persilscheine, kollektives Beschweigen und Moral. Die deutschen «Vergangenheitsbewältigungen». In: Neue Zürcher Zeitung, Nr. 219, 1997, S. 23.
37 Harald Schmid: Erinnern an den «Tag der Schuld», 2001, S. 92 f.
38 Vgl. Raphael Gross: November 1938, 2013, S. 112.
39 Harald Schmid: Erinnern an den «Tag der Schuld», 2001, S. 102.
40 Raphael Gross: November 1938, 2013, S. 112 ff.
41 Harald Schmid: Erinnern an den «Tag der Schuld», 2001, S. 92.
42 Stiftung Denkmal für die ermordeten Juden Europa u. a. (Hrsg.): «Kristallnacht», 2018, S. 172.
43 Zit. nach: Heimstätte auf verfluchter Erde? In: DER SPIEGEL, Nr. 31, 31.7.1963, S. 24–38, S. 24. Online verfügbar unter: https://www.spiegel.de/spiegel/print/d-46171370.html.
44 Gerold, Karl: Zum 9. November. In: Frankfurter Rundschau, 9.11.1946, S. 2.
45 Frankfurter Rundschau, 12.11.1946, S. 2.
46 Harald Schmid: Erinnern an den «Tag der Schuld», 2001, S. 118.
47 Zit. nach: Harald Schmid: Erinnern an den «Tag der Schuld», 2001, S. 119 f.
48 Neun Jahre später. In: DER SPIEGEL, Nr. 46, 15.11.1947, S. 5 f. Online verfügbar unter: https://www.spiegel.de/spiegel/print/d-41123557.html.
49 Rhein-Neckar-Zeitung, 10.9.49. Zit. nach: Harald Schmid: Erinnern an den «Tag der Schuld», 2001, S. 133.
50 Harald Schmid: Erinnern an den «Tag der Schuld», 2001, S. 134.
51 Zit. nach: ebenda, S. 132.

11
Am Ende bleibt die Schuld – Der 9. November in der Geschichtskultur der Bundesrepublik

1 Vgl. Sebastian Ullrich: Der Weimar-Komplex, 2009, S. 238 ff.
2 Vgl. Wolfgang Niess: Die Revolution von 1918/19 in der deutschen Geschichtsschreibung, 2013, S. 164 ff.
3 Z. B.: Theodor Eschenburg: Die improvisierte Demokratie der Weimarer Republik, 1951; Erich Eyck: Geschichte der Weimarer Republik. 2 Bde., 1954, 1956.
4 Karl Dietrich Erdmann: Die Geschichte der Weimarer Republik als Problem der Wissenschaft, 1955, S. 7.
5 Vgl. z. B.: Trauriger November. In: Süddeutsche Zeitung, 9.11.1958, S. 1 f.
6 Bemerkenswert war insbesondere die Dokumentation «Schicksalstag des deutschen Volkes», zu der Helmut Krausnick, der Direktor des Münchner Instituts für Zeitgeschichte, das Manuskript geschrieben hatte. Vgl. Harald Schmid: Erinnern an den «Tag der Schuld», 2001, S. 224.
7 Neue Zeitung, 12.11.1951, S. 3. Zit. nach: Harald Schmid: Erinnern an den «Tag der Schuld», 2001, S. 159
8 Harald Schmid: «Als die Synagogen brannten», 2013, S. 903.
9 Der Flecken. In: Frankfurter Allgemeine Zeitung, 24.09.1954. Zit. nach: Harald Schmid: Erinnern an den «Tag der Schuld», 2001, S. 180.
10 Stiftung Denkmal für die ermordeten Juden Europa u. a. (Hrsg.): «Kristallnacht», 2018, S. 185.
11 Heinz Galinski: Wir fragen ... Der 9. November – ein Gedenktag? In: Allgemeine Wochenzeitung der Juden in Deutschland, 4.11.1955, S. 15.
12 Harald Schmid: Erinnern an den «Tag der Schuld», 2001, S. 202 f.
13 Stiftung Denkmal für die ermordeten Juden Europa u. a. (Hrsg.): «Kristallnacht», 2018, S. 114.
14 Zur Erinnerung an den 9. November 1938. In: Bulletin des Presse- und Informationsamtes der Bundesregierung, Nr. 208, 8.11.1958, S. 2066.
15 Harald Schmid: Erinnern an den «Tag der Schuld», 2001, S. 222 f.
16 Klaus Harpprecht: Im Keller der Gefühle. Gibt es noch einen deutschen Antisemitismus? In: Der Monat, 11/1959, S. 17.
17 Juliane Schwibbert: Die Kölner Synagogenschmierereien Weihnachten 1959 und die Reaktionen in Politik und Öffentlichkeit, 1993, S. 92.
18 Zit. nach: ebenda.
19 Harald Schmid: Erinnern an den «Tag der Schuld», 2001, S. 229.
20 Hans-Peter Schwarz. Zit. nach: Juliane Schwibbert: Die Kölner Synagogenschmierereien Weihnachten 1959 und die Reaktionen in Politik und Öffentlichkeit, 1993, S. 92.
21 Harald Schmid: Erinnern an den «Tag der Schuld», 2001, S. 233.
22 Fritz Fischer: Griff nach der Weltmacht. Die Kriegszielpolitik des kaiserlichen Deutschland 1914/18, 1961.
23 Eberhard Kolb: Die Arbeiterräte in der deutschen Innenpolitik 1918/1919, 1962.
24 Peter v. Oertzen: Betriebsräte in der Novemberrevolution, 1963.
25 Vgl. Jens Petersen u. a.: 1918 bis 1968. Der fünfzigste Jahrestag der Novemberrevolution im Spiegel der deutschen Presse, 1969.
26 Willy Brandt: 50 Jahre danach. Zum Jahrestag der Gründung der deutschen

Republik. In: Vorwärts, 14.11.1968. Online verfügbar unter: https://www.novemberrevolution1918.de/revolutionstheorien-geschichtszuweisungen/nach-blutigen-kaempfen-konnte-dann-fuer-einige-zeit-der-demokratische-staat-aufgebaut-werden-willy-brandt-10-11-1968.

27 Willi Brandt: Erinnerungen, 1994, S. 186.
28 Harald Schmid: «Als die Synagogen brannten», 2013, S. 902.
29 Zit. nach: Stiftung Denkmal für die ermordeten Juden Europa u. a. (Hrsg.): «Kristallnacht», 2018, S. 201.
30 Harald Schmid: Erinnern an den «Tag der Schuld», 2001, S. 392.
31 Ebenda, S. 393.
32 Zit. nach: Bulletin des Presse- und Informationsamtes der Bundesregierung, Nr. 13, 2.2.1984, S. 111.
33 Klaus Große Kracht: Die zankende Zunft, 2005, S. 96.
34 Edgar Wolfrum: Geschichtspolitik in der Bundesrepublik Deutschland, 1999, S. 340.
35 Zit. nach: Klaus Große Kracht: Die zankende Zunft, 2005, S. 101.
36 Edgar Wolfrum: Geschichtspolitik in der Bundesrepublik Deutschland, 1999, S. 327.
37 Wolfgang J. Mommsen: Die Deutschen und ihre Nation, 1990, S. 143.
38 Harald Schmid: Erinnern an den «Tag der Schuld», 2001, S. 432 f.
39 Wolfgang Benz: Gewalt im November 1938, 2018, S. 213.
40 Harald Schmid: Erinnern an den «Tag der Schuld», 2001, S. 440 f.
41 Alan E. Steinweis: Kristallnacht 1938, 2011, S. 164 f.
42 Harald Schmid: Erinnern an den «Tag der Schuld», 2001, S. 490.
43 Bürgerbräu-Attentat. Furchtbarer Knall. In: DER SPIEGEL, 10.11.1969, S. 72–75, S. 72. Online verfügbar unter: https://www.spiegel.de/spiegel/print/d-45440130.html.
44 Günter Peis: Zieh' dich aus, Georg Elser! 8-teilige Serie. In: Bild am Sonntag, 8.11., 15.11., 22.11., 29.11., 6.12., 13.12., 20.12., 27.12.1959. Vgl. https://www.georg-elser-arbeitskreis.de/texts/bams1959.htm.
45 Anton Hoch: Das Attentat auf Hitler im Münchner Bürgerbräukeller 1939, 1969.
46 Vgl. Lothar Gruchmann (Hrsg.): Johann Georg Elser, 1970.
47 K(arl-)H(einz) J(anßen): Georg Elsers Attentat auf Hitler: Tat eines Einzelgängers oder Propagandatrick der Gestapo? In: DIE ZEIT, 31.10.1969. Online verfügbar unter: https://www.zeit.de/1969/44/georg-elsers-attentat-auf-hitler?utm_referrer=https%3A%2F%2Fwww.google.com.
48 Ebenda.
49 Bürgerbräu-Attentat. Furchtbarer Knall. In: DER SPIEGEL, 10.11.1969, S. 72–75, S 72. Online verfügbar unter: https://www.spiegel.de/spiegel/print/d-45440130.html.
50 Helmut Kohl: Gerechtigkeit ist, was die Staaten erhält. Rede des Bundeskanzlers zum 20. Juli in Berlin. In: Bulletin des Presse- und Informationsamtes der Bundesregierung, Nr. 89, 26.7.1984, S. 793–797.
51 Zit. nach: Rüdiger Soldt: «Nach 1945 hat man psychologisch dichtgemacht». Warum Königsbronn so lange brauchte, bis Hitler-Attentäter Georg Elser geehrt wurde. In: Frankfurter Allgemeine Zeitung, 8.11.2014, S. 7.

12
«Vollstreckerin der historischen Lehren» – Der 9. November in der Geschichtskultur der DDR

1 Vgl. Wolfgang Niess: Die Revolution von 1918/19 in der deutschen Geschichtsschreibung, 2013, S. 328 ff.
2 Rüdiger Schütz: Proletarischer Klassenkampf und bürgerliche Revolution, 1990, S. 760.
3 Jürgen John: Das Bild der Novemberrevolution in Geschichtspolitik und Geschichtswissenschaft der DDR, 2002, S. 52.
4 Vgl. Neues Deutschland, 9.11.1950, S. 3; Neues Deutschland, 9.11.1956, S. 4; Neues Deutschland, 9.11.1968, S. 3–4.
5 Neues Deutschland, 9.11.1963, S. 4.
6 Neues Deutschland, 9.11.1958, S. 1.
7 Neues Deutschland, 9.11.1959, S. 1 f.
8 Neues Deutschland, 9.11.1968, S. 1.
9 Neues Deutschland, 9.11.1958, S. 1.
10 Neues Deutschland, 9.11.1958, S. 1.
11 Neues Deutschland, 9.11.1968, S. 1.
12 Institut für Marxismus-Leninismus beim ZK der SED (Hrsg.): Illustrierte Geschichte der Novemberrevolution in Deutschland, 1968.
13 Neues Deutschland, 29.9.1968, S. 1.
14 Institut für Marxismus-Leninismus beim ZK der SED (Hrsg.): Illustrierte Geschichte der deutschen Novemberrevolution 1918/19, 1978.
15 Peter Steinbach, Johannes Tuchel: Allein gegen Hitler. In: ZEIT Geschichte, 4 (2009), S. 42–50. Online verfügbar unter: https://www.zeit.de/zeit-geschichte/2009/04/Georg-Elser.
16 Raphael Gross: November 1938, 2013, S. 113.
17 Harald Schmid: Antifaschismus und Judenverfolgung, 2004, S. 12.
18 Ebenda, S. 40.
19 Zit. nach: ebenda, S. 44.
20 Zit. nach: ebenda, S. 48.
21 Ebenda, S. 56 f.
22 Stiftung Denkmal für die ermordeten Juden Europa u. a. (Hrsg.): «Kristallnacht», 2018, S. 192.
23 Harald Schmid: Antifaschismus und Judenverfolgung, 2004, S. 61.
24 Zit. nach: Harald Schmid: Antifaschismus und Judenverfolgung, 2004, S. 77.
25 Zit. nach: «Beteiligt am Mithetzen». In: DIE ZEIT, Nr. 40, 29.09.1978. Online verfügbar unter: https://www.zeit.de/1978/40/beteiligt-am-mithetzen.
26 Wolfgang Benz: Gewalt im November 1938, 2018, S. 200 f.
27 Stiftung Denkmal für die ermordeten Juden Europa u. a. (Hrsg.): «Kristallnacht», 2018, S. 201.
28 Harald Schmid: Antifaschismus und Judenverfolgung, 2004, S. 104.
29 Raphael Gross: November 1938, 2013, S. 117.

13
«Wahnsinn!» – Der Mauersturz 1989

1 Hans-Hermann Hertle: Chronik des Mauerfalls, 2009, S. 130.
2 Eberhard Diepgen: Nach der Euphorie der Nacht kam am nächsten Tag der Ärger. In: Kai Diekmann u. a. (Hrsg.): Die längste Nacht, der größte Tag, 2009, S. 40.
3 Ute Gretzschel: Das teuerste und beste Eis der Welt. In: Kai Diekmann u. a. (Hrsg.): Die längste Nacht, der größte Tag, 2009, S. 73–74, S. 73.
4 Elke Bitterhof (Hrsg.): Goodbye, DDR, 2014, S. 62.
5 Friedrich Nowottny. In: Heribert Schwan u. a. (Hrsg.): Mein 9. November 1989, 2009, S. 246–251, S. 249.
6 Zit. nach: Hans-Hermann Hertle: Chronik des Mauerfalls, 2009, S. 148 f.
7 Zit. nach: ebenda, S. 150.
8 Zit. nach: ebenda, S. 151.
9 Zit. nach: ebenda, S. 152.
10 Zit. nach: ebenda, S. 154.
11 Zit. nach: ebenda, S. 154.
12 Ebenda, S. 154.
13 Ebenda, S. 161.
14 Rainer Eppelmann: Wir drängten uns bis ganz nach vorn an den Schlagbaum. In: Kai Diekmann u. a. (Hrsg.): Die längste Nacht, der größte Tag, 2009, S. 52–54, S. 53.
15 Egon Krenz: «Schlagbäume hoch!» Online verfügbar unter: https://www.bpb.de/geschichte/zeitgeschichte/deutschlandarchiv/299905/krenz-zum-9-november.
16 Hans-Hermann Hertle: Chronik des Mauerfalls, 2009, S. 164.
17 Ebenda, S. 169.
18 Online verfügbar unter: https://www.tagesschau.de/multimedia/video/video-38263.html.
19 Online verfügbar unter: https://www.tagesschau.de/multimedia/video/video-38263.html.
20 Hans-Hermann Hertle: Chronik des Mauerfalls, 2009, S. 166.
21 Angela Merkel: Der 9. November 1989 hat mein Leben verändert. In: Kai Diekmann u. a. (Hrsg.): Die längste Nacht, der größte Tag, 2009, S. 151.
22 Hans-Hermann Hertle: Chronik des Mauerfalls, 2009, S. 141.
23 Hans Henning Kaysers: Sieben Tage im November. Die Woche, in der die Berliner Mauer fiel, 2004.
24 Zit. nach: Elke Bitterhof (Hrsg.): Goodbye, DDR, 2014, S. 64 f.
25 Hans-Hermann Hertle: Chronik des Mauerfalls, 2009, S. 289.
26 Zit. nach: Ilko-Sascha Kowalczuk: Endspiel, 2015, S. 35.
27 Ebenda, S. 115.
28 Zit nach: ebenda, S. 13.
29 Meckel, Markus. In: Heribert Schwan u. a. (Hrsg.): Mein 9. November 1989, 2009, S. 213.
30 Zit. nach: Ilko-Sascha Kowalczuk: Endspiel, 2015, S. 93.
31 Ebenda, S. 100.
32 Meckel, Markus. In: Heribert Schwan u. a. (Hrsg.): Mein 9. November 1989, 2009, S. 216.
33 Wolfgang Schuller: Die deutsche Revolution 1989, 2009, S. 29.

34 Zit. nach: Elke Bitterhof (Hrsg.): Goodbye, DDR, 2014, S. 68.
35 Manfred Görtemaker: Die demokratischen Revolutionen in Osteuropa. In: Bundeszentrale für politische Bildung (Hrsg.): Internationale Beziehungen I., Informationen zur Politischen Bildung, Nr. 245. Online verfügbar unter: https://www.bpb.de/izpb/10355/die-demokratische-revolution-in-osteuropa?p=all.
36 Ilko-Sascha Kowalczuk: Endspiel, 2015, S. 338.
37 Meckel, Markus. In: Heribert Schwan u. a. (Hrsg.): Mein 9. November 1989, 2009, S. 217.
38 Ilko-Sascha Kowalczuk: Endspiel, 2015, S. 78.
39 Meckel, Markus. In: Heribert Schwan u. a. (Hrsg.): Mein 9. November 1989, 2009, S. 216.
40 Ilko-Sascha Kowalczuk: Endspiel, 2015, S. 348.
41 Ebenda, S. 340.
42 Ebenda, S. 340 f.
43 Joachim Gauck. In: Heribert Schwan u. a. (Hrsg.): Mein 9. November 1989, 2009, S. 128.
44 Wolfgang Schuller: Die deutsche Revolution 1989, 2009, S. 80 ff.
45 Ebenda, S. 107–112.
46 Manfred Stolpe: Aus begründeter Angst wurde große Freude. In: Kai Diekmann u. a. (Hrsg.): Die längste Nacht, der größte Tag, 2009, S. 197.
47 Ebenda, S. 199.
48 Michail S. Gorbatschow. In: Heribert Schwan u. a. (Hrsg.): Mein 9. November 1989, 2009, S. 142.
49 Zit. nach: https://www.mdr.de/nachrichten/panorama/demonstration-leipzig-stasi-staatsicherheit-wende-friedensgebet-100.html.
50 Zit. nach: Bernd-Lutz Lange u. a.: David gegen Goliath, 2019, S. 83.
51 Ebenda, S. 97.
52 Markus Meckel. In: Heribert Schwan u. a. (Hrsg.): Mein 9. November 1989, 2009, S. 221.
53 Hans-Hermann Hertle: Chronik des Mauerfalls, 2009, S. 85 f.
54 Rede des Genossen Egon Krenz. In: Neues Deutschland, 19.10.1989, S. 1.
55 Hans-Hermann Hertle: Chronik des Mauerfalls, 2009, S. 89 ff.
56 Zit. nach: ebenda, S. 96 f.
57 Ebenda, S. 111.
58 Wolfgang Thierse. In: Heribert Schwan u. a. (Hrsg.): Mein 9. November 1989, 2009, S. 381–409, S. 394.
59 Zit. nach: Hans-Hermann Hertle: Chronik des Mauerfalls, 2009, S. 108.
60 Zit. nach: https://www.bundesregierung.de/breg-de/aktuelles/ddr-fuehrung-legt-neues-reisegesetz-vor-337240.
61 Wolfgang Schäuble: Wir konnten das nicht glauben. In: Kai Diekmann u. a. (Hrsg.): Die längste Nacht, der größte Tag, 2009, S. 181.
62 Wolfgang Schäuble. In: Heribert Schwan u. a. (Hrsg.): Mein 9. November 1989, 2009, S. 291.
63 Vgl. https://www.bundestag.de/dokumente/textarchiv/2014/kw45_mauerfall-337756.
64 Wilhelm Hennis: Aus Kohls Erbe. In: Frankfurter Allgemeine Zeitung, 28.9.2000, S. 57.

14
Angst und Sorge dominieren – Der 9. November wird (wieder) nicht Nationalfeiertag

1 9. November. Neuer Nationalfeiertag? In: Die Tageszeitung (taz), 13.11.1989, S. 2.
2 Klaus Hartung: Der 9.November. In: Die Tageszeitung (taz), 14.11.1989, S. 8.
3 Das kritische Forum. In: Allgemeine Jüdische Wochenzeitung, 24.11.1989.
4 Online verfügbar unter: https://www.bundesregierung.de/breg-de/aktuelles/kohls-zehn-punkte-plan-354022.
5 Elie Wiesel: Vergesst ihr die Vergangenheit? In: DIE ZEIT, Nr. 51/1989. Online verfügbar unter: https://www.zeit.de/1989/51/vergesst-ihr-die-vergangenheit.
6 Ebenda.
7 Michael Wolffsohn: Nicht mehr das alte Deutschland. In: DIE ZEIT Nr. 51/1989.
8 Allgemeine Jüdische Wochenzeitung, 24.11.1989; Tribüne 29 (1990) 114, S. 110 ff. Zit. nach: Harald Schmid: Erinnern an den «Tag der Schuld», 2001, S. 451.
9 Symbole für das neue Deutschland. Welcher Name? Welche Hymne? Welcher Feiertag? – Antworten auf drei Fragen der ZEIT. In: DIE ZEIT, 15.06.1990. Online verfügbar unter: https://www.zeit.de/1990/25/symbole-fuer-das-neue-deutschland/komplettansicht.
10 Ebenda.
11 Ebenda.
12 Ebenda.
13 Ebenda.
14 Symbole für das neue Deutschland. Welcher Name? Welche Hymne? Welcher Feiertag? – Zweiter Teil der ZEIT-Umfrage. In: DIE ZEIT, 22.6.1990. Online verfügbar unter: https://www.zeit.de/1990/26/symbole-fuer-das-neue-deutschland.
15 Zit. nach: Harald Schmid: Erinnern an den «Tag der Schuld», 2001, S. 453.
16 Wolfgang Schäuble. In: Heribert Schwan u. a. (Hrsg.): Mein 9. November 1989, 2009, S. 297.
17 Arnulf Baring: Niederlage und später Triumph. In: Frankfurter Allgemeine Zeitung, 2.10.2000, S. 55.
18 Deutscher Bundestag, 11. Wahlperiode, 222. Sitzung, 5.9.1990, S. 17491. Online verfügbar unter: https://dip21.bundestag.de/dip21/btp/11/11222.pdf.
19 Ebenda.
20 Rita Süßmuth im Gespräch mit dem Autor am 29.7.2020.
21 Deutscher Bundestag, 11. Wahlperiode, 226. Sitzung, 20.9.1990, S. 17823. Online verfügbar unter: https://dip21.bundestag.de/dip21/btp/11/11226.pdf.

15
Der Blick wird freier – Der 9. November in der Geschichtskultur des vereinten Deutschland

1 Die Angst der Juden vor einem starken Deutschland. In: Frankfurter Rundschau, 10.11.1990.
2 Zit. nach: Gedenken an die Pogrome nach dem Fall der Mauer. In: Frankfurter Allgemeine Zeitung, 9.11.1990, S. 57.
3 Frankfurter Allgemeine Zeitung, 10.11.1990, S. 1.
4 Harald Schmid: Erinnern an den «Tag der Schuld», 2001, S. 460.
5 Zit. nach: ebenda, S. 464.
6 Ebenda, S. 465.
7 Online verfügbar unter: http://dipbt.bundestag.de/doc/btp/12/12189.pdf.
8 Eberhard Kolb: Revolutionsbilder, 1993, S. 32.
9 Michael Wolffsohn: Gedenken an ein Datum mit zweifacher Erbschaft. In: Frankfurter Allgemeine Zeitung, 10.11.1994, S. 1.
10 Klaus Hartung: Ein deutscher Tag: Unfähig zu feiern. In: DIE ZEIT, Nr. 46, 11.11.1994. Online verfügbar unter: https://www.zeit.de/1994/46/ein-deutscher-tag-unfaehig-zu-feiern.
11 Keinen Schlussstrich unter Nationalsozialismus. Weizsäcker: Debatte nicht den Historikern überlassen, In: Frankfurter Allgemeine Zeitung, 28.11.1994, S. 42.
12 Christian Graf von Krockow für 9. November als Nationalfeiertag. Feierstunde in Paulskirche, In: Frankfurter Allgemeine Zeitung, 4.10.1995, S. 47.
13 Peter Reichel: Politik mit Erinnerung, 1999, S. 285.
14 Harald Schmid: Erinnern an den «Tag der Schuld», 2001, S. 477.
15 Bubis fordert nationalen Gedenktag, In: Die Tageszeitung (taz), 10.11.1994, S. 4.
16 Bundesgesetzblatt 1996 I, S. 17.
17 Renate Lasker-Harpprecht: Nation heißt: Sich erinnern. In: DIE ZEIT, 12.01.1996, S. 1.
18 Ulrich Herbert: Sind die Deutschen ein mörderisches Volk? In: Gegen Vergessen, 12/1996, S. 9 f.
19 Harald Schmid: Erinnern an den «Tag der Schuld», 2001, S. 477.
20 Walter Grode: 9. November, Tag der Deutschen. In: Lutherische Monatshefte, 11/1996, S. 18.
21 Y. Michal Bodemann: Deutsches Schicksalsdatum? In: Frankfurter Rundschau, 9.11.1996, S. 6.
22 Maxim Biller: Heiliger Holocaust. In: DIE ZEIT, Nr. 46, 8.11.1996. Online verfügbar unter: https://www.zeit.de/1996/46/bill46.19961108.xml.
23 Johannes Rau: Bereit, das Letzte zu wagen. In: DIE ZEIT, Nr. 28, 8.7.1994. Online verfügbar unter: https://www.zeit.de/1994/28/bereit-das-letzte-zu-wagen.
24 Zit. nach: Peter Steinbach, Johannes Tuchel: Allein gegen Hitler. In: ZEIT Geschichte, 4 (2009), S. 42–50. Online verfügbar unter: https://www.zeit.de/zeit-geschichte/2009/04/Georg-Elser.
25 Harald Schmid: Erinnern an den «Tag der Schuld», 2001, S. 480.
26 Online verfügbar unter: https://hdms.bsz-bw.de/frontdoor/deliver/index/docId/440/file/walserRede.pdf.

27 Zit. nach: Harald Schmid: Erinnern an den «Tag der Schuld», 2001, S. 483.
28 Wolfgang Thierse: Tiefpunkt in der deutschen Geschichte. In: Das Parlament, 20.11.1998, S. 12.
29 Harald Schmid: Erinnern an den «Tag der Schuld», 2001, S. 484.
30 Roman Herzog: Zum Gedenken an die Pogromnacht des 9. November 1938. In: Bulletin des Presse- und Informationsamtes der Bundesregierung (1998), S. 917 ff.
31 Dieter Langewiesche: 1848 und 1918 – zwei deutsche Revolutionen, 1998, S. 6, 23.
32 Wolfgang Thierse. Online verfügbar unter: https://www.bundestag.de/parlament/geschichte/gastredner/gorbatschow/tS.se-247414.
33 Gerhard Schröder. Online verfügbar unter: https://www.bundestag.de/parlament/geschichte/gastredner/gorbatschow/schroeder-247420.
34 Joachim Gauck. Online verfügbar unter: https://www.bundestag.de/parlament/geschichte/gastredner/gorbatschow/gauck-247418.
35 Sie hatten das Paradies geträumt und wachten auf in Nordrhein-Westfalen. In: Die Tageszeitung (taz), 10.11.1999, S. 3.
36 Harald Schmid: Erinnern an den «Tag der Schuld», 2001, S. 486.
37 Sie hatten das Paradies geträumt und wachten auf in Nordrhein-Westfalen. In: Die Tageszeitung (taz), 10.11.1999, S. 3.
38 Zit. nach: Tag der deutschen Demokraten. In der *Leipziger Volkszeitung* lesen wir zum 9. November. In: Frankfurter Allgemeine Zeitung, 11.11.1999, S. 2.
39 Der beste Nationalfeiertag. Die *Abendzeitung* (München) plädiert. In: Frankfurter Allgemeine Zeitung, 11.11.1999, S. 2.
40 Y. Michal Bodemann: Schafft diesen Gedenktag wieder ab! In: Die Tageszeitung (taz), 16.1.1999, S. 12.
41 Wilhelm Hennis: Aus Kohls Erbe. In: Frankfurter Allgemeine Zeitung, 28.9.2000, S. 57.
42 Redaktioneller Vorspann zu Wilhelm Hennis: Aus Kohls Erbe, ebd.
43 Robert Leicht: Die Einheit ist schön, der Tag der Einheit nicht. In: DIE ZEIT, 28.09.2000. Online verfügbar unter: https://www.zeit.de/2000/40/200040_robertleicht_1002.xml.
44 Lucian Hölscher: Das deutsche Datum. In: Süddeutsche Zeitung, 9.11.2000, S. 17.
45 Joschka Fischer: «Wir versuchen, was wir können». In: DIE ZEIT, Nr. 41, 5.10.2000. Online verfügbar unter: https://www.zeit.de/2000/41/Wir_versuchen_was_wir_koennen/komplettansicht.
46 Heinrich August Winkler: Jubeln oder trauern – beides geht nicht. Warum der 3. Oktober und nicht der 9. November der richtige Tag der Einheit ist. In: DIE ZEIT, Nr. 46, 9.11.2000. Online verfügbar unter: https://www.zeit.de/2000/46/Jubeln_oder_trauern_-_beides_geht_nicht.
47 Arnulf Baring: Niederlage und später Triumpf. In: Frankfurter Allgemeine Zeitung, 2.10.2000, S. 55.
48 Richard Schröder: Der 3. Oktober. In: Frankfurter Allgemeine Zeitung, 2.10.2000, S. 56.
49 Harald Schmid: Erinnern an den «Tag der Schuld», 2001, S. 487.
50 Zit. nach: Alexander Gallus (Hrsg.): Die vergessene Revolution von 1918/19 – Erinnerung und Deutung im Wandel, 2010, S. 21.
51 Alexander Gallus: Einleitung. In: ders. (Hrsg.): Die vergessene Revolution von 1918/19, 2010, S. 7–13, S. 8.

52 Alexander Gallus (Hrsg.): Die vergessene Revolution von 1918/19. Erinnerung und Deutung im Wandel, 2010, S. 37 f.

53 Claus Christian Malzahn: 20 Jahre Mauerfall. Rendezvous mit der Revolution. Online verfügbar unter: https://www.spiegel.de/politik/deutschland/20-jahre-mauerfall-rendezvous-mit-der-revolution-a-660243.html.

54 Berthold Kohler: Der Tag der Deutschen. In: Frankfurter Allgemeine Zeitung, 10.11.2009, S. 1.

55 Online verfügbar unter: https://www.berlin.de/tourismus/nachrichten/6032440-1721038-holocaustmahnmal-hatte-2019-so-viele-bes.html.

56 Peter Reichel: Der 9. November – ein deutscher Jahrestag?, o. J. [2009], S. 129–131.

57 Gauland: NS-Zeit nur ein «Vogelschiss in der Geschichte». ZEIT-Online 2.6.2018. Online verfügbar unter: https://www.zeit.de/news/2018-06/02/gauland-ns-zeit-nur-ein-vogelschiss-in-der-geschichte-180601-99-549766.

58 Wolfgang Niess: Die Revolution von 1918/19 in der deutschen Geschichtsschreibung, 2013.

59 Wolfgang Niess: Die Revolution von 1918/19, 2017; Lars-Broder Keil u. a.: Lob der Revolution, 2018; Robert Gerwarth: Die größte aller Revolutionen, 2018.

60 Bundespräsident Frank-Walter Steinmeier: «Es lebe die deutsche Republik». Rede bei der Gedenkstunde zum 9. November 2018. Online verfügbar unter: https://www.bundespraesident.de/SharedDocs/Reden/DE/Frank-Walter-Steinmeier/Reden/2018/11/181109-Gedenkstunde-Bundestag.html?nn=9042544.

61 Bundespräsident Frank-Walter Steinmeier bei den Feierlichkeiten zu 30 Jahren Friedlicher Revolution und Mauerfall am 9. November 2019 in Berlin. Online verfügbar unter: https://www.bundespraesident.de/SharedDocs/Downloads/DE/Reden/2019/11/191109-Brandenburger-Tor-9-Nov.pdf?__blob=publicationFile.

62 Heute Journal, 9.11.2020. Online verfügbar unter: https://www.youtube.com/watch?v=E-w7UcktAPY.

63 Bundespräsident Frank-Walter Steinmeier (9.11.2020): Gedenken an den 9. November 1938. Online verfügbar unter: https://www.bundespraesident.de/SharedDocs/Reden/DE/Frank-Walter-Steinmeier/Reden/2020/11/201109-Videobotschaft-Novemberpogrome.html.

64 Bundespräsident Frank-Walter Steinmeier: Einweihung des Robert-Blum-Saals, 9.11.2020. Online verfügbar unter: https://www.bundespraesident.de/SharedDocs/Reden/DE/Frank-Walter-Steinmeier/Reden/2020/11/201109-Robert-Blum-Saal.html.

65 Heribert Prantl: Schicksalsdatum. Der 9. November: von hellen und dunklen Seiten der deutschen Geschichte und von begnadeten demokratischen Außenseitern. In: Süddeutsche Zeitung, 7./8.11.2020, S. 5.

66 Gesetzentwurf der Fraktion der AfD vom 22.9.2020: Gesetz zur Änderung des Hessischen Feiertagsgesetzes, Hessischer Landtag, Drucksache 20/3677. Online verfügbar unter: http://starweb.hessen.de/cache/DRS/20/7/03677.pdf.

67 Frank Grobe. In: Hessischer Landtag, 20. Wahlperiode, 54. Sitzung, 30.9.2020, S. 4105 f. Online verfügbar unter: http://starweb.hessen.de/cache/PLPR//20/4/00054.pdf.

68 Stefan Nass. In: Hessischer Landtag, 20. Wahlperiode, 54. Sitzung, 30.9.2020,

S. 4110. Online verfügbar unter: http://starweb.hessen.de/cache/PLPR//20/4/00054.pdf.

69 Gernot Grumbach. In: Hessischer Landtag, 20. Wahlperiode, 54. Sitzung, 30.9.2020, S. 4109. Online verfügbar unter: http://starweb.hessen.de/cache/PLPR//20/4/00054.pdf.

70 Christian Heinz. In: Hessischer Landtag, 20. Wahlperiode, 54. Sitzung, 30.9.2020, S. 4111 f. Online verfügbar unter: http://starweb.hessen.de/cache/PLPR//20/4/00054.pdf.

71 Hermann Schaus. In: Hessischer Landtag, 20. Wahlperiode, 54. Sitzung, 30.9.2020, S. 4108. Online verfügbar unter: http://starweb.hessen.de/cache/PLPR//20/4/00054.pdf.

72 Peter Beuth. In: Hessischer Landtag, 20. Wahlperiode, 54. Sitzung, 30.9.2020, S. 4112. Online verfügbar unter: http://starweb.hessen.de/cache/PLPR//20/4/00054.pdf.

73 Gesetzentwurf der Fraktion der AfD vom 22.9.2020: Gesetz zur Änderung des Hessischen Feiertagsgesetzes, Hessischer Landtag, Drucksache 20/3677. Online verfügbar unter: http://starweb.hessen.de/cache/DRS/20/7/03677.pdf.

74 Melanie Amann: «Neues Hambacher Fest». Wie sich das AfD-Milieu die deutsche Geschichte zurechtbiegt. In: SPIEGEL Politik, 23.4.2018. Online verfügbar unter: https://www.spiegel.de/spiegel/neues-hambacher-fest-wie-sich-die-afd-die-deutsche-geschichte-zurechtbiegt-a-1204211.html.

75 Bundespräsident Frank-Walter Steinmeier: «Es lebe die deutsche Republik». Rede bei der Gedenkstunde zum 9. November 2018. Online verfügbar unter: https://www.bundespraesident.de/SharedDocs/Reden/DE/Frank-Walter-Steinmeier/Reden/2018/11/181109-Gedenkstunde-Bundestag.html?nn=9042544.

16
Etwas mehr Mut, bitte ... – Der 9. November und die Stärkung der Demokratie

1 Online verfügbar unter: https://www.superillu.de/magazin/heimat/ddr/mauerfall/umfrage-zum-9-november-als-feiertag-604.

2 Wolfgang Schäuble. In: Heribert Schwan u. a. (Hrsg.): Mein 9. November 1989, 2009, S. 298.

3 Nahum Goldmann: Juden und andere Deutsche. In: DIE ZEIT, 26.01.1979.

4 Bundespräsident Frank-Walter Steinmeier: «Es lebe die deutsche Republik». Rede bei der Gedenkstunde zum 9. November 2018. Online verfügbar unter: https://www.bundespraesident.de/SharedDocs/Reden/DE/Frank-Walter-Steinmeier/Reden/2018/11/181109-Gedenkstunde-Bundestag.html?nn=9042544.

5 Vgl. https://www.kmk.org/presse/pressearchiv/mitteilung/aufruf-zum-demokratietag-an-schulen-das-grundgesetz-ist-fixpunkt-unserer-gesellschaft.html.

Literaturverzeichnis

Abendroth, Wolfgang: Aufstieg und Krise der deutschen Sozialdemokratie. Frankfurt am Main 1964

Abusch, Alexander: Der Irrweg einer Nation. Ein Beitrag zum Verständnis deutscher Geschichte. Berlin 1946

Adolph, Hans J. L.: Otto Wels und die Politik der deutschen Sozialdemokratie 1894–1939. Eine politische Biografie. Berlin 1971

Albertin, Lothar; Link, Werner (Hrsg.): Politische Parteien auf dem Weg zur parlamentarischen Demokratie in Deutschland. Entwicklungslinien bis zur Gegenwart. Düsseldorf 1981

Albrecht, Niels H. M.: Die Macht einer Verleumdungskampagne. Antidemokratische Agitationen der Presse und Justiz gegen die Weimarer Republik und ihren ersten Reichspräsidenten Friedrich Ebert vom «Badebild» bis zum Magdeburger Prozeß. Diss. Bremen 2002

Asmuss, Burkhard: Republik ohne Chance? Akzeptanz und Legitimation der Weimarer Republik in der deutschen Tagespresse zwischen 1918 und 1923. Berlin 1994

Assmann, Aleida: Der lange Schatten der Vergangenheit. Erinnerungskultur und Geschichtspolitik. München 2006

Ay, Karl-Ludwig: Die Entstehung einer Revolution. Die Volksstimmung in Bayern während des Ersten Weltkrieges. Berlin 1968

Ay, Karl-Ludwig: Von der Räterepublik zur Ordnungszelle Bayern. Die politischen Rahmenbedingungen für den Aufstieg Hitlers in München. In: Mensing, Björn; Prinz, Friedrich (Hrsg.): Irrlicht im leuchtenden München? Der Nationalsozialismus in der «Hauptstadt der Bewegung». Regensburg 1991, S. 9–26

Baden, Prinz Max v.: Erinnerungen und Dokumente. Neuausgabe. Mit einer Einleitung von Golo Mann. Stuttgart 1968

Barth, Boris: Dolchstoßlegenden und politische Desintegration. Das Trauma der deutschen Niederlage im Ersten Weltkrieg 1914–1933. Düsseldorf 2003

Barth, Boris: Dolchstoßlegende und Novemberrevolution. In: Gallus, Alexander (Hrsg.): Die vergessene Revolution von 1918/19, 2010, S. 117–139

Barth, Emil: Aus der Werkstatt der deutschen Revolution. Berlin 1919

Bauer, Oberst Max: Konnten wir den Krieg vermeiden, gewinnen, abbrechen? Drei Fragen. Berlin 1919

Bauer, Oberst Max: Der große Krieg in Feld und Heimat. Erinnerungen und Betrachtungen. Tübingen 1921

Beckmann, Ewald: Der Dolchstoßprozeß in München vom 19. Oktober bis 20. November 1925. Verhandlungsberichte und Stimmungsbilder. München 1925

Behrenbeck, Sabine: Der Kult um die toten Helden. Nationalsozialistische Mythen, Riten und Symbole 1923 bis 1945. Vierow 1996

Bendikat, Elfi: «Wir müssen Demokraten sein». Der Gesinnungsliberalismus. In: Lehnert, Detlef u. a. (Hrsg.): Politische Identität und nationale Gedenktage, 1989, S. 139–158.

Benz, Wolfgang: Pogrom und Volksgemeinschaft. Zwischen Abscheu und Beteiligung: Die Öffentlichkeit des 9. November 1938. In: Stiftung Topographie des Terrors (Hrsg.): Die Novemberpogrome 1938, o. J. [2009], S. 8–19

Benz, Wolfgang; Büttner, Ursula: Der Aufbruch in die Moderne. Das 20. Jahrhundert. Weimar – die überforderte Republik 1918–1919 (Gebhardt, Handbuch der deutschen Geschichte, 10., völlig neu bearbeitete Aufl., Bd. 18). Stuttgart 2010

Benz, Wolfgang: Der Novemberpogrom 1938 in der deutschen Erinnerungskultur. In: Zeitschrift für Geschichtswissenschaft, 61 (2013), H. 11, S. 885–887

Benz, Wolfgang: Missglücktes Gedenken. Die Rede Philipp Jenningers im Deutschen Bundestag am 10. November 1988. In: Zeitschrift für Geschichtswissenschaft, 61 (2013), H. 11, S. 906–919

Benz, Wolfgang: Gewalt im November 1938. Die «Reichskristallnacht». Initial zum Holocaust. Bonn 2018

Bergmann, Jürgen: «Das Land steht rechts!». Das «agrarische Milieu». In: Lehnert, Detlef u. a. (Hrsg.): Politische Identität und nationale Gedenktage, 1989, S. 181–206

Berlin, Jörg (Hrsg.): Die deutsche Revolution 1918/19. Quellen und Dokumente. Köln 1979

Bernhard, Henry: Finis Germaniae. Stuttgart 1947

Bernstein, Eduard: Die deutsche Revolution von 1918/19. Geschichte der Entstehung und ersten Arbeitsperiode der deutschen Republik. Reprint der Ausgabe von 1921. Heinrich August Winkler (Hrsg.). Bonn 1998

Besson, Waldemar; Gaertringen, Friedrich Freiherr Hiller v. (Hrsg.): Geschichte und Gegenwartsbewusstsein. Festschrift für Hans Rothfels zum 70. Geburtstag. Göttingen 1963

Bieber, Hans-Joachim: Gewerkschaften in Krieg und Revolution. Arbeiterbewegung, Industrie, Staat und Militär in Deutschland 1914–1920. 2 Bde. Hamburg 1981

Bieber, Hans-Joachim: Bürgertum in der Revolution. Bürgerräte und Bürgerstreiks 1918–1920. Hamburg 1992

Bitterhof, Elke (Hrsg.): Goodbye, DDR. Berlin 2014

Boberach, Heinz (Hrsg.): Meldungen aus dem Reich 1938–1945. Die geheimen Lageberichte des Sicherheitsdienstes der SS, Bd. 2, Herrsching 1984

Bosl, Karl (Hrsg.): Bayern im Umbruch. Die Revolution von 1918, ihre Voraussetzungen, ihr Verlauf und ihre Folgen. München, Wien 1969

Bracher, Karl Dietrich: Die Auflösung der Weimarer Republik. Eine Studie zum Problem des Machtverfalls in der Demokratie. Stuttgart, Düsseldorf 1955

Bracher, Karl Dietrich; Funke, Manfred; Jacobsen, Hans-Adolf (Hrsg.): Die Weimarer Republik 1918–1933. Politik – Wirtschaft – Gesellschaft. Düsseldorf 1987

Bramke, Werner: Ungleiches im Vergleich: Revolution und Gegenrevolution in den deutschen Revolutionen von 1918/19 und 1989. In: Middell, Matthias (Hrsg.): Widerstände gegen Revolutionen 1789–1989, 1994, S. 263–279

Bramke, Werner: Zeitgemäße Betrachtungen über eine unzeitgemäße Revolution. In: Kinner, Klaus (Hrsg.): Revolution – Reform – Parlamentarismus, 1999, S. 23–34

Bramke, Werner: Eine ungeliebte Revolution. Die deutsche Novemberrevolution von 1918/19 im Widerstreit von Zeitgenossen und Historikern. In: Plener, Ulla (Hrsg.): Die Novemberrevolution 1918/1919 in Deutschland, 2009, S. 11–40

Bramke, Werner: Zwei Revolutionen im November. In: Plener, Ulla (Hrsg.): Die Novemberrevolution 1918/1919 in Deutschland, 2009, S. 304–308

Brandt, Willi: Erinnerungen. Berlin, Frankfurt am Main 1994

Braun, Otto: Von Weimar zu Hitler. 2. Aufl. New York 1940

Brenner, Michael: Der lange Schatten der Revolution. Juden und Antisemiten in Hitlers München 1918–1923. Berlin 2019

Brenner, Wolfgang: Das deutsche Datum. Der neunte November. Freiburg im Breisgau 2019

Bundeszentrale für politische Bildung (Hrsg.): Der 9. November. Schicksalstag der Deutschen. Themen und Materialien. Bonn 2011

Büttner, Ursula: Weimar. Die überforderte Republik 1918–1933. Leistung und Versagen in Staat, Gesellschaft, Wirtschaft und Kultur. Stuttgart 2008

Carsten, Francis L.: Reichswehr und Politik 1918–1933. Köln, Berlin 1964

Conze, Eckart: Ein schwieriger Gedenktag. Der 9. November in Geschichte und Erinnerung. In: Hessisches Jahrbuch für Landesgeschichte, 69 (2019), S. 1–16

Conze, Eckart; Nicklas, Thomas (Hrsg.): Tage deutscher Geschichte. Von der Reformation bis zur Wiedervereinigung. München 2004

Deist, Wilhelm: Militär, Staat und Gesellschaft. Studien zur preußisch-deutschen Militärgeschichte. München 1991

Deuerlein, Ernst (Hrsg.): Der Hitler-Putsch. Bayerische Dokumente zum 8./9. November 1923. Stuttgart 1962

Diekmann, Kai; Reuth, Ralf Georg (Hrsg.): Die längste Nacht, der größte Tag. Deutschland am 9. November 1989. München, Zürich 2009

Dittmann, Wilhelm: Erinnerungen. Bearbeitet und eingeleitet von Jürgen Rojan. 2 Bde. Frankfurt am Main, New York 1995

Der Dolchstoß-Prozeß in München, Oktober-November 1925. Eine Ehrenrettung des deutschen Volkes. München, 1925

Domarus, Max: Hitler. Reden und Proklamationen 1932–1945. Bd. 2.1. München 1965

Drabkin, Jakov S.: Die Novemberrevolution in Deutschland. Berlin 1968

Dreier, Horst: Die deutsche Revolution 1918/19 als Festtag der Nation? Von der (Un-)Möglichkeit eines republikanischen Feiertages in der Weimarer Republik. In: Gröschner, Rolf u. a. (Hrsg.): Tage der Revolution – Feste der Nation, 2010, S. 145–189

Dülffer, Jost; Krumeich, Gerd (Hrsg.): Der verlorene Frieden. Politik und Kriegskultur nach 1918. Essen 2002

Düwell, Franz-Josef (Hrsg.): Licht und Schatten. Der 9. November in der deutschen Geschichte und Rechtsgeschichte. Symposium der Arnold-Freymuth-Gesellschaft, Hamm, am 14. November 1999. Baden-Baden 2000

Elben, Wolfgang: Das Problem der Kontinuität in der deutschen Revolution. Die Politik der Staatssekretäre und der militärischen Führung vom November 1918 bis Februar 1919. Düsseldorf 1965

Erdmann, Karl Dietrich: Die Geschichte der Weimarer Republik als Problem der Wissenschaft. In: Vierteljahrshefte für Zeitgeschichte, 3 (1955), H. 1, S. 1–19

Erdmann, Karl Dietrich: Die Zeit der Weltkriege (Gebhardt. Handbuch der deutschen Geschichte, 8. völlig neu bearbeitete Aufl.). Stuttgart 1959

Erdmann, Karl Dietrich: Die Zeit der Weltkriege. 1. Teilband. Der Erste Weltkrieg. Die Weimarer Republik (Gebhardt. Handbuch der deutschen Geschichte, 9., neu bearbeitete Auflage, Bd. 4.1). Stuttgart 1973

Erdmann, Karl Dietrich; Schulze, Hagen (Hrsg.): Weimar. Selbstpreisgabe einer Demokratie. Eine Bilanz heute. Kölner Kolloquium der Fritz Thyssen Stiftung Juni 1979. Düsseldorf 1980

Eschenburg, Theodor: Die improvisierte Demokratie der Weimarer Republik. Laupheim 1951

Eschenburg, Theodor: Die improvisierte Demokratie. Gesammelte Aufsätze zur Weimarer Republik. München 1963

Eyck, Erich: Geschichte der Weimarer Republik. Bd. 1. Vom Zusammenbruch des Kaiserreichs bis zur Wahl Hindenburgs 1918–1925. Erlenbach-Zürich, Stuttgart 1954

Eyck, Erich: Geschichte der Weimarer Republik. Bd. 2. Von der Konferenz von Locarno bis zu Hitlers Machtübernahme. Erlenbach-Zürich, Stuttgart 1956

Falter, Jürgen: Wahlen und Abstimmungen in der Weimarer Republik. München 1986

Fischer, Alexander; Heydemann, Günther (Hrsg.): Geschichtswissenschaft in der DDR. Bd. 1. Historische Entwicklung, Theoriediskussion und Geschichtsdidaktik. Berlin 1988

Fischer, Alexander; Heydemann, Günther (Hrsg.): Geschichtswissenschaft in der DDR. Bd. 2. Vor- und Frühgeschichte bis Neueste Geschichte, Berlin 1990

Fischer, Fritz: Griff nach der Weltmacht. Die Kriegszielpolitik des kaiserlichen Deutschland 1914/18. Düsseldorf 1961

Fischer, Fritz: Der Erste Weltkrieg und das deutsche Geschichtsbild. Düsseldorf 1977

Flemming, Jens; Krohn, Claus-Dieter; Stegmann, Dirk; Witt, Peter Christian (Hrsg.): Die Republik von Weimar. Bd. 1. Das politische System, Königstein/Taunus, Düsseldorf 1979

Friedensburg, Ferdinand: Die Weimarer Republik. Berlin 1946

Friedrich Ebert als Reichspräsident (1919–1925). Konferenz der Friedrich-Ebert-Stiftung/Forum Berlin 28. Februar 2005 in Berlin. Berlin 2005

Fries-Thiessenhusen, Karen: Politische Kommentare deutscher Historiker 1918/19 zu Niederlage und Staatsumsturz. In: Kolb, Eberhard (Hrsg.): Vom Kaiserreich zur Weimarer Republik, 1972, S. 349–368

Frotscher, Kurt: Der 9. November. Ein deutsches Geschichtsdatum. Schkeuditz 2003

Funke, Hajo: Brandstifter. Deutschland zwischen Demokratie und völkischem Nationalismus. Göttingen 1993

Gaertringen, Friedrich Freiherr Hiller v.: «Dolchstoß»-Diskussion und «Dolchstoß-Legende» im Wandel von vier Jahrzehnten. In: Besson, Waldemar u. a. (Hrsg.): Geschichte und Gegenwartsbewusstsein, 1963, S. 122–160

Gailus, Manfred: «Seid bereit zum Roten Oktober in Deutschland!». Die Kommunisten. In: Lehnert, Detlef u. a. (Hrsg.): Politische Identität und nationale Gedenktage, 1989, S. 61–88

Gallus, Alexander (Hrsg.): Die vergessene Revolution von 1918/19. Göttingen 2010

Gallus, Alexander: Die vergessene Revolution von 1918/19. Erinnerung und Deutung im Wandel. In: ders. (Hrsg.): Die vergessene Revolution von 1918/19, 2010, S. 14–38

Gauck, Joachim. In: Heribert Schwan u. a. (Hrsg.): Mein 9. November 1989, 2009, S. 117–137

Georg-Elser-Arbeitskreis (Hrsg.): Gegen Hitler – gegen den Krieg! Georg Elser. Heidenheim 1989

Gerwarth, Robert: Die größte aller Revolutionen. November 1918 und der Aufbruch in eine neue Zeit, München 2018

Gietinger, Klaus: Eine Leiche im Landwehrkanal. Die Ermordung der Rosa Luxemburg. Hamburg 2008

Gietinger, Klaus: Der Konterrevolutionär. Waldemar Pabst – eine deutsche Karriere. Hamburg 2009

Goebbels, Joseph: Tagebücher 1924–1945. 5 Bde., Reuth, Ralf Georg (Hrsg.), München, Zürich 1999. Online verfügbar unter https://archive.org/stream/JosephGoebbelsTagebcher19241945vol12345_201803/Joseph%20Goebbels%20-%20Tagebücher%201924%201945%20%28vol%201%202%203%204%205%29_djvu.txt

Goldhagen, Daniel Jonah: Hitlers willige Vollstrecker. Ganz gewöhnliche Deutsche und der Holocaust. Berlin 1996

Gorbatschow, Michail S. In: Heribert Schwan u. a. (Hrsg.): Mein 9. November 1989, 2009, S. 138–145

Gordon, Harold J.: Die Reichswehr und die Weimarer Republik 1919–1926. Frankfurt am Main 1959

Gordon jr., Harold J.: Hitlerputsch 1923. Machtkampf in Bayern 1923–1924. München 1978

Grebing, Helga (Hrsg.): Die deutsche Revolution 1918/19. Eine Analyse. Berlin 2008

Gritschneder, Otto: Bewährungsfrist für den Terroristen Adolf H. Der Hitler-Putsch und die bayerische Justiz. München 1990

Gritschneder, Otto: Das mißbrauchte Volksgericht. In: Gruchmann, Lothar u. a. (Hrsg.): Der Hitlerprozess 1924. Bd. 1, 1998, S. XVII–XLI

Gritschneder, Otto: Der missglückte Hitler-Putsch-Prozess von 1924. In: Düwell, Franz-Josef (Hrsg.): Licht und Schatten, 2000, S. 47–57

Gritschneder, Otto: Der Hitler-Prozeß und sein Richter Georg Neithardt. Skandalurteil von 1924 ebnet Hitler den Weg. München 2001

Groener, Wilhelm: Lebenserinnerungen. Jugend, Generalstab, Weltkrieg. Göttingen 1957

Gröschner, Rolf; Reinhard, Wolfgang (Hrsg.): Tage der Revolution – Feste der Nation. Tübingen 2010

Gröschner, Rolf: Der 9. November als Feiertag einer Freiheitsrevolution. In: Ders. u. a. (Hrsg.): Tage der Revolution – Feste der Nation, 2010, S. 261–288

Groh, Dieter: Der Umsturz von 1918 im Erlebnis der Zeitgenossen. In: Schoeps, Hans-Joachim (Hrsg.): Zeitgeist im Wandel, 1968, S. 7–32

Große Kracht, Klaus: Die zankende Zunft. Historische Kontroversen in Deutschland nach 1945, Göttingen 2005

Gross, Raphael: November 1938. Die Katastrophe vor der Katastrophe. München 2013

Grotewohl, Otto: Dreissig Jahre später. Die Novemberrevolution und die Lehren der Geschichte der deutschen Arbeiterbewegung. Berlin 1948

Gruchmann, Lothar (Hrsg.): Johann Georg Elser. Autobiographie eines Attentäters. Aussage zum Anschlag im Bürgerbräukeller. Stuttgart 1970

Gruchmann, Lothar; Weber, Reinhard (Hrsg.): Der Hitlerprozess 1924. Wortlaut der Hauptverhandlung vor dem Volksgericht München I. 4 Bände, Bd. 1: 1.–4. Verhandlungstag. München 1998

Gruchmann, Lothar; Weber, Reinhard (Hrsg.): Der Hitlerprozess 1924. Wortlaut der Hauptverhandlung vor dem Volksgericht München I. 4 Bände, Bd. 2: 5.–11. Verhandlungstag. München 1998

Gruchmann, Lothar; Weber, Reinhard (Hrsg.): Der Hitlerprozess 1924. Wortlaut der Hauptverhandlung vor dem Volksgericht München I. 4 Bände, Bd. 3: 12.–18. Verhandlungstag. München 1998

Gruchmann, Lothar; Weber, Reinhard (Hrsg.): Der Hitlerprozess 1924. Wortlaut der Hauptverhandlung vor dem Volksgericht München I. 4 Bände, Bd. 4: 19.–25. Verhandlungstag. München 1999

Gruchmann, Lothar (1998): Der Weg zum Hitler-Putsch. Das Reich und Bayern im Krisenjahr 1923. In: Gruchmann, Lothar u. a. (Hrsg.): Der Hitlerprozess 1924. Bd. 1, 1998, S. XLIII–LXV

Gusy, Christoph (Hrsg.): Demokratisches Denken in der Weimarer Republik. Baden-Baden 2000

Gusy, Christoph (Hrsg.): Weimars lange Schatten. «Weimar» als Argument nach 1945. Baden-Baden 2003

Haller, Johannes: Die Epochen der deutschen Geschichte. Stuttgart 1923

Hallgarten, George W. F.: Hitler, Reichswehr und Industrie. Zur Geschichte der Jahre 1918–1933. 2. Aufl., Frankfurt am Main 1955

Hartung, Fritz: Deutsche Geschichte vom Frankfurter Frieden bis zum Vertrag von Versailles 1871–1919. 3., neu bearbeitete und erweiterte Aufl., Bonn, Leipzig 1930

Hartung, Fritz: Deutsche Geschichte 1971–1919. 4., neubearbeitete und erweiterte Aufl., Leipzig 1939

Heil, Johannes; Erb, Rainer (Hrsg.): Geschichtswissenschaft und Öffentlichkeit. Der Streit um Daniel J. Goldhagen. Frankfurt am Main 1998

Heinemann, Ulrich: Die verdrängte Niederlage. Politische Öffentlichkeit und Kriegsschuldfrage in der Weimarer Republik. Düsseldorf 1983

Hertle, Hans-Hermann: Chronik des Mauerfalls. Die dramatischen Ereignisse um den 9. November 1989. 11., erweiterte Aufl. Berlin 2009

Heuss, Theodor: An und über Juden. Aus Schriften und Reden (1906–1963). Düsseldorf, Wien 1964

Hillbrenner, Anke; Jahnz, Charlotte: Am 9. November. Innenansichten eines Jahrhunderts. Köln 2019

Hillgruber, Andreas: Die Reichswehr und das Scheitern der Weimarer Republik. In: Erdmann, Karl Dietrich u. a. (Hrsg.): Weimar. Selbstpreisgabe einer Demokratie, 1980, S. 177–192

Hindenburg, Generalfeldmarschall Paul v.: Aus meinem Leben. Illustrierte Volksausgabe. Leipzig 1934

Hitler, Adolf: Mein Kampf. Eine Abrechnung. 2 Bde. München 1938

Hitler, Adolf: Sämtliche Aufzeichnungen 1905–1924. Jäckel, Eberhard; Kuhn, Axel (Hrsg.). Stuttgart 1980

Hitler, Adolf: Reden, Schriften, Anordnungen. Februar 1925 bis Januar 1933.

Bd. 2/II. Institut für Zeitgeschichte (Hrsg.). München, London, New York, Paris 1992
Hoch, Anton: Das Attentat auf Hitler im Münchner Bürgerbräukeller 1939. In: Vierteljahrshefte für Zeitgeschichte, 17 (1969), S. 383–413
Hoegner, Wilhelm: Die verratene Republik. Geschichte der deutschen Gegenrevolution. München 1958
Hofmann, Hanns Hubert: Der Hitlerputsch. Krisenjahre deutscher Geschichte 1920–1924. München 1961
Hofmiller, Josef: Revolutionstagebuch 1918/19. Aus den Tagen der Münchner Revolution. Leipzig 1938
Höller, Ralf: Der Anfang, der ein Ende war. Die Revolution in Bayern 1918/19. Berlin 1999
Huber, Ernst Rudolf: Deutsche Verfassungsgeschichte seit 1789. Bd. 5. Weltkrieg, Revolution und Reichserneuerung 1914–1919. Stuttgart, Berlin, Köln, Mainz 1978
Hürten, Heinz (Hrsg.): Zwischen Revolution und Kapp-Putsch. Militär und Innenpolitik 1918–1920. Düsseldorf 1977
Hürten, Heinz: Die Kirchen in der Novemberrevolution, Regensburg 1984
Hürten, Heinz: Der Kapp-Putsch als Wende. Über Rahmenbedingungen der Weimarer Republik seit dem Frühjahr 1920. Opladen 1989
Illustrierte Geschichte der Deutschen Revolution. Berlin 1929
Illustrierte Geschichte der Deutschen Revolution. Frankfurt am Main 1970
Institut für Marxismus-Leninismus beim ZK der SED (Hrsg.): Illustrierte Geschichte der Novemberrevolution in Deutschland. Berlin 1968
Institut für Marxismus-Leninismus beim ZK der SED (Hrsg.): Illustrierte Geschichte der deutschen Novemberrevolution 1918/19. Berlin 1978
Institut für Marxismus-Leninismus beim ZK der SED (Hrsg.): Die Novemberrevolution 1918/19 und die Gründung der KPD. Protokoll der wissenschaftlichen Konferenz in Berlin am 19. und 20. September 1988 in zwei Teilen. Berlin 1989
Jäckel, Eberhard: Der Novemberpogrom 1938 und die Deutschen. In: Stiftung Topographie des Terrors (Hrsg.): Die Novemberpogrome 1938, o. J. [2009], S. 66–73.
Joachimsthaler, Anton: Hitlers Weg begann in München 1913–1923. München 2000
John, Jürgen: Das Bild der Novemberrevolution in Geschichtspolitik und Geschichtswissenschaft der DDR. In: Winkler, Heinrich August (Hrsg.): Weimar im Widerstreit, 2002, S. 43–84
Kaiser Wilhelm II.: Ereignisse und Gestalten aus den Jahren 1878–1918. Leipzig, Berlin 1922
Kaysers, Hans Henning: Sieben Tage im November. Die Woche, in der die Berliner Mauer fiel. Roman. Berlin 2004
Keil, Lars-Broder; Kellerhoff, Sven Felix: Lob der Revolution. Die Geburt der deutschen Demokratie, Darmstadt 2018
Kershaw, Ian: Indifferenz des Gewissens. Die deutsche Bevölkerung und die «Reichskristallnacht». In: Blätter für deutsche und internationale Politik, 33 (1988), H. 11, S. 1319–1330
Kershaw, Ian: Hitler. Bd. 1. 1889–1936. Stuttgart 1998
Kershaw, Ian: Hitler. Bd. 2. 1936–1945. Stuttgart 2000
Kinner, Klaus (Hrsg.): Revolution – Reform – Parlamentarismus. Zeitgemäße

Betrachtungen über die deutsche Linke zwischen Revolutionarismus und Reformismus achtzig Jahre nach der Deutschen Revolution 1918/19, der Konstituierung des deutschen Parteikommunismus und der Entstehung der ersten deutschen Republik. Leipzig 1999

Kluge, Ulrich: Soldatenräte und Revolution. Studien zur Militärpolitik in Deutschland 1918/19. Göttingen 1975

Kluge, Ulrich: Die deutsche Revolution 1918/1919. Staat, Politik und Gesellschaft zwischen Weltkrieg und Kapp-Putsch. Frankfurt am Main 1985

Kluge, Ulrich: Die Weimarer Republik. Paderborn 2006

Koch, Hans Jörg: Der 9. November 1923. In: Düwell, Franz-Josef (Hrsg.): Licht und Schatten, 2000, S. 31–46

Koch, Jörg: Der 9. November in der deutschen Geschichte. 1918 – 1923 – 1938 – 1989. 3. Aufl., Freiburg, Berlin, Wien 2009

Kolb, Eberhard: Die Arbeiterräte in der deutschen Innenpolitik 1918/1919. Düsseldorf 1962

Kolb, Eberhard (Hrsg.): Vom Kaiserreich zur Weimarer Republik. Köln 1972

Kolb, Eberhard: Revolutionsbilder. 1918/19 im zeitgenössischen Bewusstsein und in der historischen Forschung. Heidelberg 1993

Kolb, Eberhard: Die Weimarer Republik. 6., überarbeitete und erweiterte Aufl. München 2002

Kolb, Eberhard: Gustav Stresemann. München 2003

Konrad, Rüdiger: Waldemar Pabst. Noskes «Bluthund» oder Patriot? Beltheim-Schnellbach 2012

Kotowski, Georg: Auf dem Boden der gegebenen vollendeten Tatsachen! Der politische Katholizismus. In: Lehnert, Detlef u. a. (Hrsg.): Politische Identität und nationale Gedenktage, 1989, S. 159–180

Kowalczuk, Ilko-Sascha: Endspiel. Die Revolution von 1989 in der DDR. 3., überarbeitete, korrigierte und erweiterte Neuausgabe. München 2015

Kropat, Wolf-Arno: «Reichskristallnacht». Der Judenpogrom vom 7. bis 10. November 1938 – Urheber, Täter, Hintergründe. Wiesbaden 1997

Krumeich, Gerd; Fehlemann, Silke (Hrsg.): Versailles 1919. Ziele – Wirkung – Wahrnehmung. Essen 2001

Külz, Wilhelm: Deutschlands innerpolitische Gestaltung. In: Zehn Jahre deutsche Geschichte, 1928, S. 55–74

Kulka, Otto Dov; Jäckel, Eberhard (Hrsg.): Die Juden in den geheimen NS-Stimmungsberichten 1933–1945. Düsseldorf 2004

Landesausschuß der S. P. D. in Bayern: Hitler und Kahr. Die bayerischen Napoleonsgrößen von 1923. Ein im Untersuchungsausschuß des Bayerischen Landtags aufgedeckter Justizskandal. 2 Bde. München 1928

Lange, Bernd-Lutz; Lange, Sascha: David gegen Goliath. Erinnerungen an die Friedliche Revolution. Berlin 2019

Langewiesche, Dieter: 1848 und 1918 – zwei deutsche Revolutionen. Vortrag vor dem Gesprächskreis Geschichte der Friedrich-Ebert-Stiftung in Bonn am 4. November 1998. Bonn 1998

Leber, Julius: Ein Mann geht seinen Weg. Reden, Schriften, Briefe. Berlin 1952

Leber, Julius: Gedanken zum Verbot der deutschen Sozialdemokratie Juni 1933. In: Leber, Julius: Ein Mann geht seinen Weg, 1952, S. 185–247

Lehnert, Detlef: Sozialdemokratie und Novemberrevolution. Die Neuordnungsdebatte 1918/19 in der politischen Publizistik von SPD und USPD. Frankfurt am Main 1983

Lehnert, Detlef; Megerle, Klaus (Hrsg.): Politische Identität und nationale Gedenktage. Zur politischen Kultur in der Weimarer Republik. Opladen 1989

Lehnert, Detlef: «Staatspartei der Republik» oder «revolutionäre Reformisten»? Die Sozialdemokraten. In: Lehnert, Detlef u. a. (Hrsg.): Politische Identität und nationale Gedenktage, 1989, S. 89–113

Lehnert, Detlef: Die Weimarer Republik. Parteienstaat und Massengesellschaft. Stuttgart 1999

Lindenberg, Paul (Hrsg.): Hindenburg-Denkmal für das deutsche Volk. Berlin 1926

Longerich, Peter: Die braunen Bataillone. Geschichte der SA. München 1989

Longerich, Peter: Deutschland 1918–1933. Die Weimarer Republik. Handbuch zur Geschichte. Hannover 1995

Lösche, Peter: Der Bolschewismus im Urteil der deutschen Sozialdemokratie 1903–1920. Berlin 1967

Ludendorff, Erich: Auf dem Weg zur Feldherrnhalle. Lebenserinnerungen an die Zeit des 9.11.1923 mit Dokumenten in 5 Anlagen. München 1937

Lüttwitz, Walther Freiherr v.: Im Kampf gegen die November-Revolution. Berlin 1934

Mann, Golo: Deutsche Geschichte des 19. und 20. Jahrhunderts. Frankfurt am Main 1992

Marx-Engels-Stiftung (Hrsg.): 75 Jahre Deutsche Novemberrevolution. Bonn 1994

Matthias, Erich: Zur Geschichte der Weimarer Republik. Ein Literaturbericht. In: Die neue Gesellschaft, 3 (1956), S. 312–320

Matthias, Erich: Zwischen Räten und Geheimräten. Die deutsche Revolutionsregierung 1918–1919. Düsseldorf 1970

Meckel, Markus. In: Heribert Schwan u. a. (Hrsg.): Mein 9. November 1989, 2009, S. 211–243

Megerle, Klaus: Aus dem Gefühl der Defensive erwächst keine Führung. Gesellschaftliche Elitegruppen am Beispiel der Industriellen. In: Lehnert, Detlef u. a. (Hrsg.): Politische Identität und nationale Gedenktage, 1989, S. 207–230

Megerle, Klaus: Zum Handlungsspielraum der Sozialdemokratie in der Frühphase der Weimarer Republik. In: Süß, Werner; Bütow, Hellmuth G. (Hrsg.): Übergänge, 1989, S. 177–193

Meier-Welcker, Hans: Seeckt. Frankfurt am Main 1967

Meinecke, Friedrich: Nach der Revolution. Geschichtliche Betrachtungen über unsere Lage. München, Berlin 1919

Meinecke, Friedrich: Erinnerungen. Straßburg, Freiburg, Berlin. Stuttgart 1949

Meinecke, Friedrich: Politische Schriften und Reden. Darmstadt 1958

Mensing, Björn; Prinz, Friedrich (Hrsg.): Irrlicht im leuchtenden München? Der Nationalsozialismus in der «Hauptstadt der Bewegung». Regensburg 1991

Michaelis, Herbert; Schraepler, Ernst (Hrsg.): Die Weimarer Republik. Das kritische Jahr 1923. Berlin 1961

Michalka, Wolfgang (Hrsg.): Die nationalsozialistische Machtergreifung. Paderborn, München, Wien, Zürich 1984

Middell, Matthias (Hrsg.): Widerstände gegen Revolutionen 1789–1989. Leipzig 1994

Miller, Susanne: Die Bürde der Macht. Die deutsche Sozialdemokratie 1918–1920. Düsseldorf 1978

Miller, Susanne; Ritter, Gerhard A.: Die November-Revolution 1918 im Erleben und Urteil der Zeitgenossen. In: Aus Politik und Zeitgeschichte (1968), H. 45, S. 3–40

Möller, Horst: Weimar. Die unvollendete Demokratie. München 1985

Möller, Horst: Der 9. November in der deutschen Geschichte des 20. Jahrhunderts. In: Conze, Eckart u. a. (Hrsg.): Tage deutscher Geschichte, 2004, S. 195–216

Mommsen, Hans: Die verspielte Freiheit. Der Weg der Republik von Weimar in den Untergang 1918 bis 1933. Frankfurt am Main 1989

Mommsen, Hans: Adolf Hitler und der 9. November 1923. In: Willms, Johannes (Hrsg.): Der 9. November, 1994, S. 33–48

Mommsen, Wolfgang J.: Nation und Geschichte. Über die Deutschen und die deutsche Frage. München, Zürich 1990

Mommsen, Wolfgang J.: Die Deutschen und ihre Nation. Geschichtsschreibung und politisches Bewusstsein in der Bundesrepublik. In: ders.: Nation und Geschichte, 1990, S. 119–143

Mommsen, Wolfgang J. (1990): Welche Vergangenheit hat unsere Zukunft? Anmerkungen zum «Historikerstreit» (1987). In: ders.: Nation und Geschichte, 1990, S. 145–164

Mommsen, Wolfgang J. (1990): Zum historischen Selbstverständnis der Deutschen (1988). In: ders.: Nation und Geschichte, 1990, S. 185–196

Mühlhausen, Walter: Friedrich Ebert 1871–1925. Reichspräsident der Weimarer Republik. Bonn 2006

Müller, Karl Alexander v.: Im Wandel einer Welt. Erinnerungen 1919–1932. München 1966

Müller, Richard: Vom Kaiserreich zur Republik. Ein Beitrag zur Geschichte der revolutionären Arbeiterbewegung während des Weltkrieges. Berlin 1974

Müller, Richard: Der Bürgerkrieg in Deutschland. Berlin 1974

Müller, Richard: Die Novemberrevolution. 2. Aufl. Berlin 1976

Neitzel, Sönke: Weltkrieg und Revolution. 1914–1918/19. Berlin 2008

Neuhäusser-Wespy (1988): Erbe und Tradition in der DDR. Zum gewandelten Geschichtsbild der SED. In: Fischer, Alexander u. a. (Hrsg.): Geschichtswissenschaft in der DDR. Bd. 1, 1988, S. 129–153

Niess, Wolfgang: Die Revolution von 1918/19 in der deutschen Geschichtsschreibung. Deutungen von der Weimarer Republik bis ins 21. Jahrhundert. Berlin, Boston 2013

Niess, Wolfgang: Die Revolution von 1918/19. Der wahre Beginn unserer Demokratie. Berlin, München, Zürich, Wien 2017

Noske, Gustav: Von Kiel bis Kapp. Berlin 1920

Noske, Gustav: Erlebtes aus Aufstieg und Niedergang einer Demokratie. Offenbach 1947

Die Novemberrevolution 1918 in Deutschland. Thesen anläßlich des 40. Jahrestages. In: Zeitschrift für Geschichtswissenschaft, 6 (1958), Sonderheft, S. 1–27

Nowak, Kurt: Evangelische Kirche und Weimarer Republik, Göttingen 1981

Obst, Dieter: «Reichskristallnacht». Ursachen und Verlauf des antisemitischen Pogroms vom November 1938. Frankfurt am Main 1991

Oertzen, Peter v.: Betriebsräte in der Novemberrevolution. Eine politikwissenschaftliche Untersuchung über Ideengehalt und Struktur der betrieblichen und wirtschaftlichen Arbeiterräte in der deutschen Revolution 1918/19. Düsseldorf 1963

Osterroth, Franz; Schuster, Dieter (Hrsg.): Chronik der deutschen Sozialdemokratie. Bd. 3. Nach dem Zweiten Weltkrieg. 2., neu bearbeitete und erweiterte Aufl., Berlin, Bonn 1978

Pappert, Lars: Der Hitlerputsch und seine Mythologisierung im Dritten Reich. Neuried 2001

Parteivorstand der SED: Die Novemberrevolution und ihre Lehren für die deutsche Arbeiterbewegung. Beschluß des Parteivorstandes vom 16. September 1948. In: Otto Grotewohl: Dreißig Jahre später, 1948, S. 147–167

Paul, Gerhard: Der Sturm auf die Republik und der Mythos vom «Dritten Reich». Die Nationalsozialisten. In: Lehnert, Detlef u. a. (Hrsg.): Politische Identität und nationale Gedenktage, 1989, S. 255–279

Perels, Joachim: Wendepunkt in der Politik des Judenhasses. Die Reichspogromnacht und die Komplizenschaft der Gesellschaft. In: Franz-Josef Düwell (Hrsg.). Licht und Schatten, 2000, S. 59–70

Petersen, Jens; u. a.: 1918 bis 1968. Der fünfzigste Jahrestag der Novemberrevolution im Spiegel der deutschen Presse. In: Geschichte in Wissenschaft und Unterricht, 20 (1969), S. 454–479

Petzold, Joachim (1989): Zur Charakterbestimmung der Novemberrevolution. In: Institut für Marxismus-Leninismus beim ZK der SED (Hrsg.): Die Novemberrevolution 1918/19 und die Gründung der KPD, 1989, S. 216–223

Peukert, Detlev: Die Weimarer Republik. Krisenjahre der Klassischen Moderne. Frankfurt am Main 1987

Picker, Henry: Hitlers Tischgespräche im Führerhauptquartier 1941–42. Bonn 1951

Plener, Ulla (Hrsg.): Die Novemberrevolution 1918/1919 in Deutschland. Für bürgerliche und sozialistische Demokratie. Allgemeine, regionale und biographische Aspekte. Beiträge zum 90. Jahrestag der Revolution. Berlin 2009

Presse- und Informationsamt der Bundesregierung (Hrsg.): Deutschland 1990. Dokumentation zu der Berichterstattung über die Ereignisse in der DDR und die deutschlandpolitische Entwicklung. Bonn 1993

Pyta, Wolfram: «Weimar» in der bundesdeutschen Geschichtswissenschaft. In: Gusy, Christoph (Hrsg.): Weimars lange Schatten, 2003, S. 21–62

Pyta, Wolfram: Die Weimarer Republik. Opladen 2004

Pyta, Wolfram: Hindenburg. Herrschaft zwischen Hohenzollern und Hitler. München 2007

Rabenau, Friedrich v.: Seeckt. Aus seinem Leben 1918–1936. Unter Verwendung des schriftlichen Nachlasses im Auftrag von Frau Dorothee von Seeckt. Leipzig 1940

Die Regierung des Prinzen Max von Baden. Bearb. von Erich Matthias u. Rudolf Morsey. Düsseldorf 1962

Die Regierung der Volksbeauftragten 1918/19. Erster Teil. Eingeleitet von Erich Matthias; bearb. von Susanne Miller unter Mitwirkung von Heinrich Potthoff. Düsseldorf 1969

Die Regierung der Volksbeauftragten 1918/19. Zweiter Teil. Eingeleitet von Erich Matthias; bearb. von Susanne Miller unter Mitwirkung von Heinrich Potthoff. Düsseldorf 1969

Reichel, Peter: Politik mit Erinnerung. Gedächtnisorte im Streit um die nationalsozialistische Vergangenheit. München, Wien 1995

Reichel, Peter: Politik mit Erinnerung. Gedächtnisorte im Streit um die national-

sozialistische Vergangenheit. Überarbeitete Ausgabe. Frankfurt am Main 1999
Reichel, Peter: Vergangenheitsbewältigung in Deutschland. Die Auseinandersetzung mit der NS-Diktatur von 1945 bis heute. München 2001
Reichel, Peter: Robert Blum. Ein deutscher Revolutionär 1807–1848. Göttingen 2007
Reichel, Peter: Der 9. November – ein deutscher Jahrestag? In: Stiftung Topographie des Terrors (Hrsg.): Die Novemberpogrome 1938, o. J. [2009], S. 117–131
Reimus, Klaus: «Das Reich muß uns doch bleiben!». Die nationale Rechte. In: Lehnert, Detlef u. a. (Hrsg.): Politische Identität und nationale Gedenktage, 1989, S. 231–253
Richter, Ludwig: Die Deutsche Volkspartei 1918–1933. Düsseldorf 1992
Ritter, Gerhard A.; Miller, Susanne (Hrsg.): Die deutsche Revolution 1918–1919. Dokumente. Zweite, erheblich erweiterte und überarbeitete Ausgabe. Hamburg 1975
Röhm, Ernst: Die Geschichte eines Hochverräters. München 1928
Rosenberg, Arthur: Geschichte der Deutschen Republik. Karlsbad 1935
Rosenberg, Arthur: Demokratie und Klassenkampf. Ausgewählte Studien. Frankfurt am Main, Berlin, Wien 1974
Rosenberg, Arthur (1974): Zum 9. November (1918). In: ders.: Demokratie und Klassenkampf, 1974, S. 209–216
Roth, Markus: «Ein Massenmord wird gewünscht». Konrad Heiden und die Novemberpogrome 1938. In: Zeitschrift für Geschichtswissenschaft, 61 (2013), S. 920–926
Rürup, Reinhard: Probleme der Revolution in Deutschland 1918/19. Wiesbaden 1968
Rürup, Reinhard: Die Revolution von 1918/19 in der deutschen Geschichte. Vortrag vor dem Gesprächskreis Geschichte der Friedrich-Ebert-Stiftung in Bonn am 4. November 1993. Bonn 1993
Rürup, Reinhard: Der 9. November in der deutschen Geschichte. Zur Erinnerungskultur in einer demokratischen Gesellschaft. Berlin 2009
Sabrow, Martin (Hrsg.): Verwaltete Vergangenheit. Geschichtskultur und Herrschaftslegitimation in der DDR. Leipzig 1997
Sabrow, Martin (Hrsg.) (2000): Geschichte als Herrschaftsdiskurs. Der Umgang mit der Vergangenheit in der DDR. Köln, Weimar, Wien 2000
Sabrow, Martin: Aufbruch zwischen den Zeiten. Die junge Weimarer Demokratie zwischen Revolution und Reaktion. In: Friedrich Ebert als Reichspräsident (1919–1925), 2005, S. 17–33
Sabrow, Martin; Jessen, Ralph; Große Kracht, Klaus (Hrsg.): Zeitgeschichte als Streitgeschichte. Große Kontroversen seit 1945. München 2003
Schäfer, Dietrich: Deutsche Geschichte. 7. Aufl., Jena 1919
Schäfer, Dietrich: Die Schuld am Kriege. Berlin 1919
Schäfer, Dietrich: Wie wurden wir ein Volk? Wie können wir es bleiben? München 1919
Schäuble, Wolfgang. In: Heribert Schwan u. a. (Hrsg.): Mein 9. November 1989, 2009, S. 287–299
Schäuble, Wolfgang: Wir konnten das nicht glauben. In: Kai Diekmann u. a. (Hrsg.): Die längste Nacht, der größte Tag, 2009, S. 176–182
Scheidemann, Philipp: Memoiren eines Sozialdemokraten. 2 Bde. Dresden, 1928

Schellack, Fritz: Nationalfeiertage in Deutschland von 1871 bis 1945. Frankfurt am Main, New York 1990

Schellenberg, Walter: Aufzeichnungen. Die Memoiren des letzten Geheimdienstchefs unter Hitler, Köln 1959

Schirmer, Dietmar: Politisch-kulturelle Deutungsmuster: Vorstellungen von der Welt der Politik in der Weimarer Republik. In: Lehnert, Detlef u. a. (Hrsg.): Politische Identität und nationale Gedenktage, 1989, S. 31–60

Schmid, Harald: Erinnern an den «Tag der Schuld». Das Novemberpogrom von 1938 in der deutschen Geschichtspolitik. Hamburg 2001

Schmid, Harald: Antifaschismus und Judenverfolgung. Die «Reichskristallnacht» als politischer Gedenktag in der DDR. Göttingen 2004

Schmid, Harald: «Als die Synagogen brannten». Narrative des Gedenkens der Novemberpogrome. In: Zeitschrift für Geschichtswissenschaft, 61 (2013), S. 888–905

Schmolze, Gerhard (Hrsg.): Revolution und Raterepublik in München 1918/19 in Augenzeugenberichten. Düsseldorf 1969

Schoeps, Hans-Joachim (Hrsg.): Zeitgeist im Wandel. Bd. 2. Zeitgeist der Weimarer Republik. Stuttgart 1968

Schoeps, Julius H. (Hrsg.): Ein Volk von Mördern? Die Dokumentation zur Goldhagen-Kontroverse um die Rolle der Deutschen im Holocaust. Hamburg 1996

Schröder, Richard: Die wichtigsten Irrtümer über die deutsche Einheit. Freiburg im Breisgau 2007

Schütz, Rüdiger: Proletarischer Klassenkampf und bürgerliche Revolution. Zur Beurteilung der deutschen Novemberrevolution in der marxistisch-leninistischen Geschichtswissenschaft. In: Fischer, Alexander; Heydemann, Gerd (Hrsg.): Geschichtswissenschaft in der DDR, 1990, S. 759–795

Schuller, Wolfgang: Die deutsche Revolution 1989, Berlin 2009

Schultheß' Europäischer Geschichtskalender 1923. Ulrich Thürauf (Hrsg.), München 1928

Schulze, Hagen: Weimar. Deutschland 1917–1933. Berlin 1982

Schwan, Heribert; Steininger, Rolf (Hrsg.): Mein 9. November 1989. Düsseldorf 2009

Schwibbert, Juliane: Die Kölner Synagogenschmierereien Weihnachten 1959 und die Reaktionen in Politik und Öffentlichkeit. In: Geschichte in Köln, 33 (1993), S. 73–96

70 Jahre Kampf für Sozialismus und Frieden, für das Wohl des Volkes. Thesen des Zentralkomitees der SED zum 70. Jahrestag der Gründung der Kommunistischen Partei Deutschlands. Entschluß der 6. Tagung des Zentralkomitees der Sozialistischen Einheitspartei Deutschlands, 9./10. Juni 1988. In: Einheit, 43 (1988), S. 586–629

Sontheimer, Kurt: Antidemokratisches Denken in der Weimarer Republik. Die politischen Ideen des deutschen Nationalismus zwischen 1918 und 1933. München 1962

Stampfer, Friedrich: Der 9. November. Berlin 1919

Stampfer, Friedrich: Die vierzehn Jahre der ersten deutschen Republik. Karlsbad 1936

Steinbach, Peter: Der 9. November in der deutschen Geschichte des 20. Jahrhunderts und in der Erinnerung. In: Aus Politik und Zeitgeschichte, (1999), H. 43–44, S. 3–11

Steinweis, Alan E.: Wer waren die Täter des Novemberpogroms? In: Stiftung Topographie des Terrors (Hrsg.): Die Novemberpogrome 1938, o. J. [2009], S. 74–78

Steinweis, Alan E.: Kristallnacht 1938. Ein deutscher Pogrom. Stuttgart 2011

Stiftung Denkmal für die ermordeten Juden Europas; Stiftung Topographie des Terrors (Hrsg.): «Kristallnacht». Antijüdischer Terror 1938. Ereignisse und Erinnerung. Katalog zur Ausstellung. Berlin 2018

Stiftung Topographie des Terrors (Hrsg.): Die Novemberpogrome 1938. Versuch einer Bilanz. Berlin o. J. [2009]

Stolpe, Manfred: Aus begründeter Angst wurde große Freude. In: Kai Diekmann u. a. (Hrsg.): Die längste Nacht, der größte Tag, 2009, S. 197–200

Stresemann, Gustav: Von der Revolution bis zum Frieden von Versailles. Reden und Aufsätze. Berlin 1919

Ströbel, Heinrich: Die Bilanz der Revolution. Ein Rückblick und ein Ausblick. Berlin 1919

Stürmer, Michael (Hrsg.): Die Weimarer Republik. Belagerte Civitas. Königstein/Taunus 1980

Süß, Werner; Bütow, Hellmuth G. (Hrsg.): Übergänge. Zeitgeschichte zwischen Utopie und Machbarkeit. Beiträge zu Philosophie, Gesellschaft und Politik. Hellmuth G. Bütow zum 65. Geburtstag. Berlin 1989

Thaer, Generalmajor a. D. Albrecht v.: Generalstabsdienst an der Front und in der O. H. L. Aus Briefen und Tagebuchaufzeichnungen. Göttingen 1958

Thierse, Wolfgang. In: Heribert Schwan u. a. (Hrsg.): Mein 9. November 1989, 2009, S. 381–409

Thiessenhusen, Karen: Politische Kommentare deutscher Historiker zur Revolution und Neuordnung 1918/19. In: Aus Politik und Zeitgeschichte (1969), H. 45, S. 3–63

Thimme, Annelise: Flucht in den Mythos. Die Deutschnationale Volkspartei und die Niederlage von 1918. Göttingen 1969

Thoss, Bruno: Der Ludendorff-Kreis 1919–1923. München als Zentrum der mitteleuropäischen Reaktion zwischen Revolution und Hitlerputsch. München 1977

Toller, Ernst: Eine Jugend in Deutschland. Reinbek 1993

Tormin, Walter: Zwischen Rätediktatur und sozialer Demokratie. Die Geschichte der Rätebewegung in der deutschen Revolution 1918/19. Düsseldorf 1954

Troeltsch, Ernst: Die Fehlgeburt einer Republik. Spektator in Berlin 1918 bis 1922. Zusammengestellt und mit einem Nachwort versehen von Johann Hinrich Claussen. Frankfurt am Main 1994

Ulbricht, Walter: Über den Charakter der Novemberrevolution. Rede in der Kommission zur Vorbereitung der Thesen über die Novemberrevolution. In: Zeitschrift für Geschichtswissenschaft, 6 (1958), S. 717–729

Ullrich, Sebastian: Im Schatten einer gescheiterten Demokratie. Die Weimarer Republik und der demokratische Neubeginn in den Westzonen 1945–1949. In: Winkler, Heinrich August (Hrsg.): Griff nach der Deutungsmacht, 2004, S. 185–208

Ullrich, Sebastian: Der Weimar-Komplex. Das Scheitern der ersten deutschen Demokratie und die politische Kultur der frühen Bundesrepublik 1945–1959, Göttingen 2009

Ullrich, Volker: Die Revolution von 1918/19. München 2009

Ullrich Volker: Adolf Hitler. Die Jahre des Aufstiegs 1889–1939. Frankfurt am Main 2013

Ullrich, Volker: Adolf Hitler. Die Jahre des Untergangs 1939–1945. Frankfurt am Main 2018

Ulrich, Bernd; Ziemann, Benjamin: Krieg im Frieden. Die umkämpfte Erinnerung an den Ersten Weltkrieg. Frankfurt am Main 1997

Watt, Donald C. (1958): Die bayerischen Bemühungen um eine Ausweisung Hitlers 1924. In: Vierteljahrshefte für Zeitgeschichte, 6 (1958), S. 270–280

Wehler, Hans-Ulrich (Hrsg.): Scheidewege der deutschen Geschichte. Von der Reformation bis zur Wende 1517–1989. München 1995

Wehler, Hans-Ulrich: Deutsche Gesellschaftsgeschichte. Bd. 4. Vom Beginn des Ersten Weltkriegs bis zur Gründung der beiden deutschen Staaten 1914–1949. München 2003

Weißmann, Karlheinz: Der Weg in den Abgrund 1933–1945. Berlin 1995

Wende, Peter (Hrsg.): Große Revolutionen der Geschichte. Von der Frühzeit bis zur Gegenwart. München 2000

Wessels, Wolfram: Der 9. November, «weihevollster Tag» im «Dritten Reich». In: Rundfunk und Geschichte, 10 (1984), H. 1, S. 82–100

Wette, Wolfram: Gustav Noske. Eine politische Biographie. Düsseldorf 1987

Wickert, Christl (1989): «Zu den Waffen des Geistes ... Durchgreifen Republik!». Die Linksintellektuellen. In: Lehnert, Detlef u. a. (Hrsg.): Politische Identität und nationale Gedenktage, 1989, S. 115–137

Willing-Franz, Georg: Der Ursprung der Hitlerbewegung. 1919–1922. 2. Aufl. Preußisch Oldendorf 1974

Willing-Franz, Georg: Krisenjahr der Hitlerbewegung. 1923. Preußisch Oldendorf 1975

Willms, Johannes (Hrsg.): Der 9. November. Fünf Essays zur deutschen Geschichte. Von Peter Bender, Wolfgang Benz, Hans Mommsen, Fritz Stern, Heinrich August Winkler. München 1994

Winkler, Heinrich August: Die Sozialdemokratie und die Revolution von 1918/19. Ein Rückblick nach 60 Jahren. Berlin, Bonn 1979

Winkler, Heinrich August: Von der Revolution zur Stabilisierung. Arbeiter und Arbeiterbewegung in der Weimarer Republik 1918 bis 1924. Berlin, Bonn 1984

Winkler, Heinrich August: Weimar 1918 – 1933. Die Geschichte der ersten deutschen Demokratie. München 1993

Winkler, Heinrich August: Revolution als Konkursverwaltung. 9. November 1918: Der vorbelastete Neubeginn. In: Willms, Johannes (Hrsg.): Der 9. November, 1994, S. 11–32

Winkler, Heinrich August: Streitfragen der deutschen Geschichte. Essays zum 19. und 20. Jahrhundert. München 1997

Winkler, Heinrich August: Weimar im Widerstreit. Deutungen der ersten deutschen Republik im geteilten Deutschland. München 2002

Winkler, Heinrich August (Hrsg.): Griff nach der Deutungsmacht. Zur Geschichte der Geschichtspolitik in Deutschland. Göttingen 2004

Wirsching, Andreas: Die Weimarer Republik. Politik und Gesellschaft. München 2000

Witt, Peter Christian: Friedrich Ebert. Parteiführer, Reichskanzler, Volksbeauftragter, Reichspräsident. Bonn 1987

Wolff, Theodor: Der Marsch durch zwei Jahrzehnte. Amsterdam 1936

Wolff, Theodor: Tagebücher 1914–1919. Der Erste Weltkrieg und die Entstehung der Weimarer Republik in Tagebüchern, Leitartikeln und Briefen des Chefredakteurs am «Berliner Tageblatt» und Mitbegründers der «Deutschen Demokratischen Partei». Sösemann, Bernd (Hrsg.). Boppard am Rhein 1984

Wolff, Theodor: Der Chronist. Krieg, Revolution und Frieden im Tagebuch 1914–1919. Sösemann, Bernd (Hrsg.). Düsseldorf, München 1997

Wolfrum, Edgar: Geschichtspolitik in der Bundesrepublik Deutschland. Der Weg zur bundesrepublikanischen Erinnerung. Darmstadt 1999

Wulf, Peter: Hugo Stinnes. Wirtschaft und Politik 1918–1924. Stuttgart 1979

Zehn Jahre deutsche Geschichte 1918–1928, Berlin 1928

Zuckmayer, Carl: Als wär's ein Stück von mir. Horen der Freundschaft. Frankfurt am Main 1969

Dank

Zum Gelingen dieses Buches haben viele beigetragen. Besonders danken möchte ich meinem Agenten Prof. Dr. Ernst Piper, auf dessen klugen Rat und engagierte Vertretung ich mich stets verlassen konnte, Prof. Dr. Eberhard Kolb und Sir Ian Kershaw, die mir nach der Lektüre des Manuskripts wichtige Hinweise und Anregungen gaben und mich zugleich durch ihr positives Urteil sehr bestärkten, und meinem Lektor Dr. Sebastian Ullrich, der mit großer Kompetenz und präziser Kritik das Endprodukt maßgeblich mitgeprägt hat.

Bildnachweis

S. 21	Bundesarchiv, Bild Y 1-300-642
S. 27	Bundesarchiv, Bild Y 1-306-23332
S. 41	Bundesarchiv, Bild 146-1981-126-29A
S. 43	Bundesarchiv, Bild 146-1976-067-25A
S. 44	Bundesarchiv, Plak 002-004-011/v. Kursell, Otto
S. 55	Bundesarchiv, Bild 183-J0305-0600-003
S. 77	Bundesarchiv, Bild 183-S71581
S. 78	Bundesarchiv, Plak 002-009-038
S. 93	ullstein bild
S. 105	Bayrisches Hauptstaatsarchiv, Bildersammlung, Sign. Nr. 3081
S. 107	akg-images
S. 108	Bayerische Staatsbibliothek München/Bildarchiv, Fotoarchiv Heinrich Hoffmann
S. 111	Yad Vashem Archives, Sign.nr. 4620/2506
S. 127	Süddeutsche Zeitung Photo
S. 131	Bundesarchiv, Bild 146-1970-083-42
S. 142	ullstein bild – Süddeutsche Zeitung Photo
S. 143	ullstein bild – Süddeutsche Zeitung Photo
S. 146	Schweizerisches Bundesarchiv E4320B#1970/25#2*
S. 171	Bundesarchiv, Plak 100-055-008/Völkel, Heinz
S. 189	Bundesarchiv, B 145 Bild-00171104/Gräfingholt, Detlef
S. 199	Bundesarchiv, Bild 183-59870-0005/Weiß, Günter
S. 216	Andreas Kämper, Quelle: Robert-Havemann-Gesellschaft
S. 228/229	Gerhard Gäbler, Leipzig
S, 235	akg-images/picture alliance/Wolfgang Kumm
S. 251	Bundesarchiv, B 145 Bild-00440278/Denzel, Jesco

Personenregister